公共管理核心课程教材

管理定量分析：方法与实践

吕燕 朱慧 编著

上海人民出版社

序　言

随着社会经济发展和科技进步,人类面临的管理问题越来越复杂多变,现实中存在的大量管理问题使人们很难通过人类的经验、直觉或定性分析获得准确的判断。运用管理定量分析方法从量化数据中寻找问题的根源、解决方案或事物发展的规律成为重要的途径。半个多世纪以来,管理定量分析方法得到了很好的发展,特别是随着计算机技术、互联网和信息技术在众多领域的渗透、应用和发展,传统条件下管理定量分析方法在实践中存在的计算工作量大、计算过程复杂等问题迎刃而解,现代多领域科技发展使管理定量分析方法如虎添翼,在现实应用中变得更加广泛、更加便捷。对于初学者来说,更是遇上了好时代,可以把更多的时间聚焦在学习管理定量分析方法的基本原理、操作流程、求解思路和适用条件等理论问题上,而把计算的工作交给相关软件来完成。

管理定量分析作为一门以数据为研究对象的方法论科学,旨在为揭示真相,发现规律,以及为解决人类面临的问题寻找解决方案提供定量依据。管理定量分析理论和方法必须根据数据型态和问题本质的变化而发展。数据型态是由数的表现方式和量两个维度决定的,问题本质是由事物的本质属性和人类的诉求两个维度决定的。管理定量分析的研究对象是数据而不是数字,它是有灵魂的。数据中蕴含了丰富的信息和内容。在从初级数据到科学数据再到大数据的演进过程中,管理定量分析的价值日益凸显,特别是大数据时代的数据科学发展催生了许多新兴职业,如数据分析师、数据科学家等,也提供了许多数据驱动型工作机会,也使得这些新兴职业所需求的人才变得稀缺而高价值。这样的变化也使得像管理定量分析这样以数据为研究对象的方法科学变得更加重要。

大数据时代用户行为数据、用户业务活动和交易记录、用户社交数据及其相关信息,还有可感知的智能数据采集构成了大数据生态环境。如果说科学的数据资源为管理定量分析提供了沃土,那么大数据时代的到来将为管理定量分析学科的发展提供新的历史机遇,管理定量分析迫切需要利用智能的算法、强大的数据处理平台和新的数据处理技术来更好地分析、预测和实时处理大规模的数据,管理定量分析也将更好地造福人类社会。

管理定量分析属于管理类大学本科学生的核心专业基础课,在构建与夯实管理类学生专业理论基础和定量方法运用能力方面具有相当重要的地位,是培养学生科学调研、预测、决策和数据挖掘等系统管理思想、框架体系和分析方法的交叉综合性课程。本书在有效传递管理定量分析基础知识的前提下,侧重于培养管理类学生定量分析的兴趣和直觉,训练他们自觉运用定量理性思维来理解、解读和分析现实问题的能力。

　　本书不仅可以成为高校学生学习管理定量分析课程的教材,也可以成为对管理定量分析感兴趣的所有读者的入门读本。全书分五个部分,共十二章内容。第一部分,即第一章的内容,主要介绍了管理定量分析的基础知识,主要阐述了管理与定量分析的关系、管理定量分析的主要理论基础、主要程序和主要内容等;第二部分包括第二、三、四章,重点介绍了调查方法、描述统计和推断统计方法、相关与回归分析等;第三部分包括第五、六章,主要介绍了各类定性和定量预测方法、确定型决策方法、风险型决策方法和不确定型决策方法;第四部分重点介绍了线性规划、整数规划、网络计划技术、层次分析法和博弈论;第五部分主要介绍了大数据时代与数据分析方法的特点、Python、网络爬虫方法、文献计量研究方法和社会网络分析方法等。

　　本书由吕燕和朱慧合作完成。吕燕完成了第一章、第七章至第十二章的撰写,朱慧完成了第二章至第六章的撰写,吕燕负责全书统稿。

　　当然,本书能够顺利出版,除了著书团队自身的努力,更多的是因为我们得到了完成团队目标所需的社会支持。本书的出版得到了"扬州大学出版基金"资助,被评为扬州大学第三批重点教材。在本书的撰写与修订过程中,上海人民出版社的刘林心老师和于力平老师付出了很多心血,他们所展现的专业、耐心、严谨和细致让我们深深地折服和感动,同样也时刻督促着我们对团队目标做出更大的努力。扬州大学商学院的同学们是本书的首批阅读者,他们协助我们发现了不少文字错误,并在校对过程中很好地扮演了小助手的角色。

　　最后,我们想对本书的读者说,本书系统、全面地介绍了管理定量方法的"科学知识"和"经验知识"。有些地方可能稍显晦涩,但我们相信,耐心读完本书后,您对管理决策和管理定量方法的了解一定会更加深刻,您也一定会更加相信管理定量方法的价值和力量! 我们希望并祝愿,从本书中习得的知识能够帮助您将个人生活管理得更加充实和美满,将学业管理得更加轻松和有成就感,将事业管理得更加顺利和兴旺!

　　由于作者知识和水平有限,难免会出现一些错误之处,敬请广大读者批评指正!

吕　燕

2021 年 5 月

目　　录

第一章 绪 论

第一节 管理与定量分析

一、管理、决策与定量分析

管理,顾名思义,既管又理,就是通过计划、组织、控制、激励和领导等环节来协调人力、物力和财力资源,以期更好地达到组织目标的过程。这个定义包含三层含义:(1)管理的五大基本职能是计划、组织、控制、激励和领导。计划职能就是根据对未来趋势预测的结果,制定各种方案、政策和达到的目标以及具体步骤。组织职能是指为实施计划而建立起来的一种结构和为实现计划目标而进行的组织过程。控制职能是与计划职能紧密相关的,它包括制定各种控制标准、分析并纠正工作上发生的偏差、确保实现组织目标。激励和领导职能主要涉及组织活动中人的问题,研究人的需要、动机和行为,指导、训练和调动他们的工作积极性,解决各种矛盾,保证各单位、各部门之间信息渠道的畅通无阻。(2)管理的手段和方法是利用五大职能协调组织的人力、物力和财力等各种资源。(3)管理的根本目的是为了使整个组织活动更加富有活力和成效,达到组织的根本目标。

决策思想和方法在我国古代的典籍早有记载,如《史记·高祖本纪》:"夫运筹帷幄之中,决胜于千里之外,吾不如子房。"这里的"运筹"就是决策。用英语来说就是"decision-making",这个词首先是由美国管理学者巴纳德(Ch.Baruard)和斯特恩(E.Stene)等人在其管理著作中采用的,用以说明组织管理中的分权问题。因为在权力的分配中,作出决定的权力是个重要问题。后来美国的著名管理学家赫伯特·A.西蒙(H.A.Simon)进一步发展了组织理论,强调决策在组织管理中的重要地位,提出了"管理就是决策"的著名观点。决策的含义究竟是什么呢? 应当说对其内涵的理解也是逐步加深的。从字面上来讲,就是"作出决定",俗话称为拍板。其含义是在几种方案中选择其一,犹如人到多岔路口,决定要走哪一条路一样。这是对"决策"概念最狭义的理解。实际上任何人作出任何决定都包括明确问题或目标、提出解决问题或达到目标的各种可行方案,然后从中选择一种解决问题或达到目标的最优方案这一系列的活动过程。作出决定或拍板是指对各种方案的抉择这一个活动。因此,决策可以定义为:决策是为了按预期的目的去完成某项任务或解决某个问题,运用各种方法,在系统地分析了主客观条件之后,考虑到未来的状态,根据决策准则,对提出的多种可行方案进行优选评比,选择合理方案的一个分析过程。

综上所述,决策是管理中经常发生的一种活动,也可以说,决策是贯穿管理全过程的活动,凡是有管理的地方一定存在决策。管理和决策的过程主要有三个阶段:第一个是问题形成阶段,包括认清和找出问题,找出解决问题的多种方案,确定目标和形成评价方案的准则;第二个阶段是分析问题阶段,包括评价和选择最佳方案;第三个阶段是组织实施阶段。第一、第二两个阶段是决策的关键阶段,在传统管理中主要依靠管理者的判断能力和经验,也就是说侧重于定性分析,这对于不太复杂的管理问题有时是一类很好的方法。但随着科学技术的发展和社会生产力的提高,人类拥有的财富不断丰富,事物之间的相互联系日益增强,世界变得越来越复杂,这是不以人的意志为转移的。面对这种复杂性的挑战,现代管理决策就不能再主要依靠定性分析,而必须倚重于定量分析,也就是说定量分析在现代管理中扮演着十分重要的角色。

所谓管理定量分析,是指一种管理决策的科学方法,它从能刻画问题本质的数据和数量关系入手,建立能反映事物本质特征的模型,运用各种数量方法对数据进行加工和处理,获得解决问题的最佳(或满意)的方案及形成对人们有用的信息。

现代社会分工越来越细,新鲜事物越来越多,社会价值观分化越来越明显,社会阶层分化日益突显,人与人之间的关系越来越复杂,事物之间的联系也越来越复杂,整个社会经济都呈现出多元化态势,这给管理者和决策者提供了前所未有的新情况和新环境,也提出了更高的要求。在现代管理中,为了提高决策者和管理者的决策能力,不仅要在专业学习和实践中积累经验,提高定性分析的能力,还必须学习和掌握定量分析的思想和方法,提高定量分析问题的能力和对数量的敏感程度。尤其在当前我国社会经济转型时期,在国民经济与社会发展的快速增长时期,无论是企业还是政府,在管理中都需要学会和掌握更有效地解决复杂问题的新本领和新手段。学习定量分析方法,是提高处理管理中复杂问题的能力的有效途径。

二、管理定量分析的发展

现代管理定量分析借助于经济学、数学、计算机科学、统计学、概率论以及帮助决策的决策理论来进行逻辑分析和推论。但早期的管理推崇经验科学的研究方法,把观测、实验、对比、抽样、案例、访谈、调查等方法,作为主要的定量分析方法。从管理定量分析的发展过程看,它主要有三大来源:军事、管理、经济。

(一) 定量分析思想在古代军事中的实践

定量分析思想在我国古代军事实践中有很多经典案例。1981 年美国军事运筹学会出版了一本书,书中第一句话就是说孙武子是世界上第一个军事运筹学的实践家,并给予高度评价,认为中国古代的“孙子兵法”在质的论断中渗透着量的分析。此外,中国古代定量分析思想的例子还有很多,如田忌赛马、围魏救赵、行军运粮等等。

国外历史上阿基米德、伽利略也都研究过作战问题;第一次世界大战时,英国的兰彻斯特(Lanchester)提出了战斗方程,指出了数量优势、火力和胜负的动态关系;美国的爱迪生为美国海军咨询委员会研究过潜艇攻击和潜艇回避攻击的问题。

(二) 管理定量分析在近现代的发展

管理定量分析在 20 世纪得到了前所未有的发展,在第二次世界大战期间及以后,吸取了一些新兴学科如系统工程、运筹学、现代管理学的成果快速发展起来。它在军事、管理、经济等方面都有很好的进展,下面主要通过一些应用和发展案例介绍管理定量分析在这三方面的成就。

1. 军事方面。

在第二次世界大战期间,由于战争的需要世界各国政府都很重视对定量分析方法的研究,政府投入大量的人力和物力组织专家学者参与开发新的定量技术。

1939 年,以布莱克特(Blackett)为首的一个研究小组(代号"Blackett 马戏团"),研究如何改进英国的空防系统,鲍德西(Bawdsey)提出了应对整个防空作战系统(包括许多雷达站、高炮阵地、机场和飞机等)的运行问题并进行研究,以解决各雷达站之间以及与整个防空作战系统之间的系统配合问题,从而能有效提高反击德国飞机空袭英国本土的能力。1941 年 12 月,布莱克特应盟国政府的要求,写了五份题为"Scientists at the Operational Level"的简短备忘录,建议在各大指挥部建立运筹学小组,此建议被迅速采纳。据不完全统计,二战期间,仅在英、美和加拿大,参加运筹学工作的科学家超过 700 名。战后,英国军方的一份总结报告中曾说:"这种由资深科学家进行的、改善海军技术和物资运作的科学方法,被称为运筹学";"和以往的历次战争相比,这次战争更是新的技术策略和反策略的较量……我们在这几次关键战役中加快了反应速度,运筹学使我们赢得了胜利。"运筹学的广泛运用是定量分析方法形成和发展的重要因素。

1944 年 5 月,世界上第一颗原子弹试验成功,对推动系统工程的发展起了很大作用。美国"曼哈顿计划"的领导者奥本海默(Aubinhaym)运用系统工程方法对由 1.5 万余名科学家和工程师组成的这项复杂工程进行的卓有成效的组织和管理,使整个工程协调有序,使各个工作环节,包括进行科学实验、研制各种各样的装置、设备和仪器以最快的速度完成,取得了显著成效。

第二次世界大战以后,美军中成立了以兰德公司为首的一些部门,专门进行以定量分析为主的战略性问题研究。如他们研究了苏联的军事能力和未来预报,分析苏联政治局计划的行动原则和将来的行动预测。

1958 年美国海军特种计划局在研制"北极星"导弹的实践中,提出并采用了"计划评审技术"(PERT),使研制工作提前两年完成。

2. 管理方面。

在管理方面,也有大量的定量分析方法的出现,如泰罗对工人时间动作的研究、甘特的用于生产计划与控制的"甘特图"、吉尔布雷思夫妇的动作研究等。

1909 年至 1920 年间,丹麦哥本哈根电话公司工程师爱尔朗(Erlong)陆续发表了关于电话通路数量等方面的分析与计算公式,尤其是 1909 年的论文《概率与电话通话理论》,开创了运筹学的重要分支——排队论。

20 世纪 30 年代,苏联数理经济学家康托洛维奇从事生产组织与管理中的定量化方法研究,取得了很多重要成果。1939 年,出版了堪称运筹学先驱著作的《生产组织与计划中的数学方法》,其思想和模型被归入线性规划范畴。1947 年丹捷克发表了他在研究美国空军军事计划时提出的求线性规划问题的单纯形方法。这极大地推动了线性规划的发展。

3. 经济及其他方面。

1932 年,冯·诺伊曼(Von Neumann)提出一个广义经济平衡模型;1939 年,他提出了一个属于宏观经济优化的控制论模型;1944 年,他与摩根斯坦(Morgenstern)共著的《对策论与经济行为》开创了对策论分支。

20 世纪 40 年代,美国贝尔电报电话公司首次用"系统工程"来命名横贯美国东西海岸的无线电微波通讯网络工程。在筹备和建立这项无线电微波通讯网络时,为了提高整个网络的功效,也为了缩短科学技术从发明到投入使用的时间,采用一套新系统方法来研究这项巨大工程,取得很大成功。

美国阿波罗登月计划是一项规模庞大、结构复杂的大系统开发项目。这样大的工程项目,全部构件达 3 000 万个,调动了两万多家公司、工厂和 120 所大学实验室的 42 万多研制人员,耗资 300 多亿美元,历时 11 年,终于获得了圆满的成功。这个空前未有的创举是成功运用系统工程的典型例子。

进入 20 世纪 70 年代以后,定量分析方法得到蓬勃发展,其运用范围已超出了传统分析方法的概念。从社会学到自然科学,从经济基础到上层建筑,从城市规划到生态环境,从生物科学到军事科学都需要定量分析方法。但是,系统工程、运筹学、现代管理学作为新兴的综合性的边缘科学群体,在理论上、方法上、体系上都处于发展之中,因此,定量分析方法在未来将需要在实践和理论两方面不断推进和发展。

第二节　管理定量分析的主要理论基础

管理定量分析吸收和借鉴了许多学科的研究成果,尤其在近现代科学技术的发展成果中,数理统计学、系统工程、运筹学和管理学的数量化方法为管理定量分析提供了重要的工具和方法。事实上,这些学科的发展既得益于其他学科的发展,如预测学、经济学、心理学和计算机等学科,又表现为相互渗透、相互促进、相互交融的特点,所以管理定量分析与这些学科之间是一种既交叉渗透,又各有侧重、各有分工的关系,管理定量分析的发展会推动其他学科的发展,相关学科的发展也会为管理定量分析提供更多思路和方法。因此,管理定量分析的主要理论基础为数理统计学、系统工程、运筹学和管理学。

一、数 理 统 计 学

数理统计的创始人是 19 世纪比利时的凯特勒(A. Quetelet,1796—1874)。他把概率论引入了社会科学的研究中。他最先提出,用数学中的大数定律——平均数定律作为分析社会经济现象的一种工具,并提出社会现象的发展并非偶然,而是具有其内在规律性的。凯特勒写过不少运用概率论的著作,如《社会物理学》。到 19 世纪 60 年代,他又进一步将国势学、政治算术、概率论的科学方法结合起来,使之形成近代应用数理统计学。

其后,经过多方面的研究,特别是数理统计学吸取生物学研究中的有益成果,由高尔顿(F.Galton,1822—1911)、皮尔逊(K.Pearson,1857—1936)、戈塞特(W.S.Gosset,1876—1937)和费希尔(R.A.Fisher,1890—1962)等统计学家,提出并发展了回归和相关、假设检验、χ^2分布和t分布等理论,数理统计学逐渐发展成为一门完整的学科。

由于数理统计方法在社会实践中的广泛应用,对社会统计学发生了深刻的影响,而且很快地应用于自然技术领域,促进自然技术统计学的形成与发展。列宁十分重视统计在社会主义管理中的作用,他曾写过一篇《统计学和社会学》的文章,对统计学作了十分精辟的论述。列宁被称为社会主义统计的奠基者,他在开展社会主义统计工作和发展马克思列宁主义统计学方面作出了许多重要贡献,使统计在社会主义革命和建设中充分发挥其认识社会、管理经济的作用。

由此可见,数理统计是适应社会政治经济的发展和国家管理的需要而建立起来的,作为统计实践经验的理论概括——数理统计学,其发展是和社会生产力的发展紧密联系在一起的。可以说,统计工作的手段和方法反映着一个企业乃至一个国家的科学管理水平。

二、系　统　工　程

系统工程是以系统为研究对象的。事实上,我们对系统这个词并不陌生,例如人体有呼吸系统,通信联络要通过邮政系统、电话系统等。总之,凡是由两个或两个以上可以互相区别,而又存在一定联系的元素(或称要素)组成具有某种特定功能的集合体,就是系统。系统是一个普遍的社会存在,在自然界有,在社会中也有,如太阳系、银河系、原子核结构系统、生命系统等都是自然系统。它们是天然形成的,而在现代社会中,人类为了实现某种目的,有组织有计划地建立了很多系统。例如政府就是这类系统的典型例子。它由不同的人、财、物、信息等组成科室、部门,它们之间相互独立,而又在政府管理中形成一个有序的整体,各自发挥不同的职能,最终完成一个共同的目标——为社会提供公共产品和公共服务。实际上大多数系统都是由人造系统和自然系统两者结合而成的复合系统。在这些复合系统内,既有人为组织和控制的一面,又有不以人的意志为转移的客观规律性。正如一般系统论创始人冯·贝塔朗菲(Von Bertalanffy)所指出的:"无论如何,我们将被迫在知识的一切领域中运用'整体'或者'系统'来处理复杂性问题,这将是对科学思维的一个根本改造。"应当指出的是,系统工程所研究的系统是指人造系统和复合系统,一般的自然系统不在系统工程的研究范围之内。从这种含义出发,系统具有下面几个特征:

1. 系统的集合性。任何系统都是由两个或两个以上的元素组成的集合体,各元素之间相互区别,各自独立。

2. 系统的层次性。一般来说,系统由若干子系统构成,这些子系统又由更小一点的分系统组成,而这个系统又从属于更大的母系统。这样,系统之间就形成了一种多级递阶层次结构。

3. 系统的相关性。系统元素之间或子系统、分系统之间有相互依赖的特定关系,依靠这种关系,系统元素之间构成一个有机的整体。

4. 系统的目的性。凡是人造系统和复合系统都有特定的目的,这也是区分和评价系统的主要依据。

5. 系统的随机性。系统工程所研究的系统都是多输入多变量的系统,这些参数在时间、空间和数量上的变化是随机的,因此系统的变化带有随机性。

6. 系统的适应性。任何系统都是生存、活动在一定的环境之中,系统与环境之间相互作用,相互影响。为了保持系统原有的功能,系统要有适应环境变化的特殊功能,例如自适应系统,自学习系统等。

随着人类的各种活动日益变得多样化、复杂化和高级化,为了实现人类的某一目标,不是一个人或少数几个人能够完成的,往往需要大量的人、设备、资源等的高度组织和配合,这种组织的集合体就是实现某一特定目标的人造系统或复合系统。在这样的系统中,包含着人和物的多层次复杂关系,它们之间相互作用、相互影响、相互制约。如果把它们机械地凑合在一起,系统只能是个别事物的集合,丧失应有的功能而成为一堆废物;如果把它们有机地组合起来,协调它们之间的关系,能使系统中各元素各部分不仅完成本身应担负的任务,还与其他元素和部分最有效地配合,以最优的方式达到整个系统的目标。"系统工程学就是为了研究多个子系统构成的整体系统所具有的多种不同目标的相互协调,以期系统功能的最优化、最大限度地发挥系统组成部分的能力而发展起来的一门科学"。所以它是一种设计、规划、建立一个最优化系统的科学方法,是一种为了有效地运用系统而采取的各种组织管理技术的总称。

系统工程与运筹学的关系极为密切,运筹学是系统工程的主要理论基础。直到目前,还有少数数学工作者并不认为有必要把运筹学与系统工程严格分开,他们认为运筹学与系统工程无论从思维过程,还是采用的方法都极为相似,只不过现代系统的发展已使系统工程的适用范围更广泛了。无论怎样评价这两门学科的关系及其今后的发展,目前谁都不否认运筹学是系统工程的主要理论基础。运筹学的各个分支,如数学规划、网络分析、排队论、存贮论、决策论、对策论等仍然是处理系统优化的主要技术手段。

三、运 筹 学

运筹学作为一门科学出现在 20 世纪 30 年代末。运筹学(operation research)是一门应用学科,它广泛应用现有的科学技术知识和数学方法,解决实践中提出的专门问题,为决策者选择最优决策提供定量化依据。学界至今对其还没有一个统一的定义。下面提出几个定义来说明运筹学的性质、特点。莫尔(P.M.Morse)和金博尔(G.E.Kimball)1976 年在《系统分析与运筹学》一文中对运筹学下的定义是,为决策机构在对其控制下业务活动进行决策时提供以数量化为基础的科学方法。这一定义强调以量化为基础的科学方法。另一定义是,运筹学是一门应用学科,它广泛应用现有的科学技术知识和数学方法,解决实际中提出的专门问题,为决策者选择最优决策提供定量化依据。这一定义表明运筹学具有多学科交叉的特点,强调最优决策。实际上,任何决策都包含定量和定性两个方面,而定性因素是难以简单地用数学表示的。最优决策过分理想化,往往用次优、满意等概念代替最优比较可行。因此,运筹学的又一定义是,运筹学是一种给出问题坏的答案的艺术,否则的话问题的结果会更坏。由此可见,运筹学的性质与特点可概括为:(1)应用数学方法解决实际问题,具有定性与定量方法结合的特点;(2)从全局考察问题,重视系统与整体性的特点;(3)具有交叉学科的特征,主要涉及经济、管理、数学、工程和系统等多学科;(4)开放性,随着社会经济的发展运筹学不断解决新产生的问题和出现新的学科分支;(5)运筹学具有众多分支,这主要是因为所研究的问题具有复杂性和多样性特征;(6)应用性广泛,运筹学源于实践、为了实践、服务于实践。

为了有效地应用运筹学,前英国运筹学会会长托姆林森提出了以下六条基本原则:

1. 合伙原则。运筹学工作者要与实际部门工作者合作。

2. 催化原则。在多学科共同解决问题时,要引导人们改变一些常规的看法。

3. 相互渗透原则。要求部门之间相互渗透地考虑问题,而不是只局限于本部门。

4. 独立原则。在解决问题时,不应受某人或某部门的特殊政策所左右,应独立从事研究工作。

5. 包容原则。解决问题的思路要宽、方法要多,而不是局限于某种特定的方法。

6. 平衡原则。要考虑各种关系、矛盾的平衡,各种因素的权衡。

运筹学的主要分支有线性规划、非线性规划、目标规划、整数规划、动态规划、图论、网络计划技术、排队论、存贮论、对策论、决策论和多目标决策等。

四、管 理 学

管理学是一门综合性、实践性很强的学科,它既是一门科学,又是一种艺术。说它是科学,因为它所遵循的原则和使用的方法不仅有普适性,而且反映了客观规律;说它是艺术,因为需要丰富的经验和处理人与人之间关系的能力和技巧才能在实践中取得成功。

美国人泰罗于 1911 年发表了《科学管理原理》一书,标志着科学管理的诞生,泰罗也被称为"科学管理之父"。此后还有很多学者追随泰罗进行了以科学管理代替经验管理的研究,为提高管理效率提供了许多行之有效的方法。一般说来,现代管理学具有这样几个特点:

1. 一般性。管理学是研究所有管理活动中的共性原理的基础理论学科,管理学是各门具体的或专门的管理学科的共同基础。

2. 多科性,或综合性。管理学的综合性表现为:在内容上,它需要从社会生活的各个领域、各个方面以及各种不同类型组织的管理活动中概括和抽象出对各门具体管理学科都具有普遍指导意义的管理思想、原理和方法;在方法上,它需要综合运用现代社会科学、自然科学和技术科学的成果,研究管理活动过程中普遍存在的基本规律和一般方法。管理活动是很复杂的活动,影响这一活动的因素是多种多样的。搞好管理工作,必须考虑到组织内部和组织外部的多种错综复杂的因素,利用经济学、数学、生产力经济学、工程技术学、心理学、生理学、仿真学、行为科学等的研究成果和运筹学、系统工程、信息论、控制论、电子计算机等最新成就,对管理进行定性的描述和定量的预测,从中研究出行之有效的管理理论,并用以指导管理的实际工作。所以从管理学与许多学科的相互关系来看,可以说,管理学是一门交叉学科或边缘学科,但从它又要综合利用上述多种学科的成果才能发挥自己的作用来看,它又是一门综合性的学科。

3.历史性。任何一种理论都是实践和历史的产物,管理学尤其如此。管理学是对前人管理实践、经验和管理思想、理论的总结、扬弃和发展。割断历史,不了解管理历史发展和前人对管理经验的理论总结,不进行历史考察,就很难理解建立管理学的依据。

4.实用性,或实践性。管理学是为管理者提供从事管理的有用的理论、原则和方法的实用性学科。管理的实践性表现为它具有可行性,而它的可行性标准是通过经济效益和社会效益来加以衡量的。因此,管理学又是一门实用学科,只有把管理理论同管理实践相结合,才能真正发挥这门学科的作用。

5.强调系统化。运用系统思想和系统方法指导研究管理实践,把组织看作一个整体,同时也是一个子系统。

传统科学方法论有两大弱点:一是把复杂事物归结为简单事物;二是割裂不同层次事物之间的联系。而系统观点则认为任何组织都是由若干不同的基本概念组成的概念网络,构成整个概念体系,各概念间存在互补、竞争、甚至对抗的关系。

6.重视人的作用,强调创新。现代管理把人放在中心,研究人的合理需要的满足,重视人的发展,把人当作组织的目的。管理作为理论需要不断更新和发展,这非常重要。因此,管理和管理学都需要创新。

第三节　管理定量分析的主要程序

一、管理定量分析的主要程序

管理定量分析作为一门科学,在解决实际问题的过程中必须遵循科学的程序,通常分为四个方面:从问题的出现到认清问题;理论或模型的建立;理论与实际问题的结合,并力图从理论方面解决问题;用理论研究的结果指导实际问题的解决,并将实际发生的情况与理论进行对比分析,对理论进行修正,如此反复不断促进理论与实践的升华。管理定量分析的工作步骤具体分为以下几个方面:

1.确定问题,定义问题,要求问题必须清晰、明确、可测。

任何决策问题在进行管理定量分析之前都必须进行定性分析。一是确定决策的目标,明确主要解决什么问题,评价和衡量目标的准则是什么;二是要分析和确定解决问题的关键因素,分清问题的主要和次要矛盾,分析各种因素之间存在的关系及所研究问题的外在环境因素,弄清分析解决问题的层次和结构,最终尽量用清晰、明确、可测的语言表述问题。

2.建立模型。

模型应该是对所要解决问题的抽象概括和严格的逻辑表达,模型建立的质量在很大程度上决定了定量分析的质量和成效。模型主要反映问题中各种变量的性质和相互关系。因此,在建模时首先要确定影响问题目标的变量,并分清主次;其次,要在主要变量中区分出可控制和不可控制的变量;最后,理清各变量间的相互影响关系,并用数学表达式或关系图表示出来。一般建模时要尽量选用数学模型,即用数学语言表达这个模型。如果问题确实很难用数学语言表达清楚,也可以考虑用关系图构建问题的模型。在进行定量分析时建模主要依靠专业知识、经验和技巧,因此建立模型不仅是科学,也是艺术。

3. 获取数据。

在建立了所要解决问题的模型以后,就要通过各种途径收集变量对应的数据资料。收集资料的方法主要有两个:一个是想方设法寻找现成资料,如查阅相关文献,购买和交换资料等方式;另一个是实地调查研究,收集第一手资料,如问卷法、观察法和实验法等。不管通过什么方式收集资料,都要确保资料的准确性、真实性和完整性,只有这样的数据才是有价值和意义的。

4. 确定求解方法,求解问题并检验所得的解。

建立模型后,接下来要做的是确定合适的求解模型的方法。对于一些解法成熟的模型可以直接应用相应的方法求解,而对于一些没有现成解法的模型首先必须研究模型的求解方法,这是一项研究性创造性的工作。将实际数据代入模型,求出的解只能说明它是数学意义下的解,即模型解。模型解通常并不仅仅是一个确定参数下的结果,还应该包括参数在多大幅度内变化不会对解产生影响,解的稳定性如何等灵敏度分析。此外,为了证明这个解也是实际问题的解,还必须进一步地进行检验和验证。对模型解的检验和控制方法主要有两种:期待性检验和回顾性检验。期待性检验就是指将模型解的结果与正在发生和即将发生的事实进行比较,也就是说在未来的实践中不断地进行观察和反馈,从而检验模型和它的解的方法。回顾性检验是指将历史的资料输入模型,研究得到的解与历史事实的相符情况,以判断模型和解是否正确。不管是进行期待性检验,还是进行回顾性检验,当发现所得的模型解与实际情况不相吻合时,就要对前面所有的工作进行分析,寻找出现这种误差或差错的原因,并立即进行修正。

5. 组织实施并跟踪观察、改进。

根据前面的分析和结论,组织最优或满意方案的实施。这是很重要的一步,也是很困难的一步,方案只有通过实施,其研究成果才有意义。在这一步中工作要求和责任人要明确,在实施前要制定详细周密的计划,要充分考虑到各种阻力和困难,并在实践中坚持观察和记录,为以后的研究打下好的基础。因为任何问题的解决都不是一劳永逸的,这个问题解决了还会有新的问题出现。

在实际应用定量分析时,上述步骤往往是交叉反复进行的。整个定量分析的过程最重要的是建立一个用以描述现实世界复杂问题的数学模型,这个模型虽然是对现实的近似,但它必须能精确到足以反映问题的本质,又粗略到足以求出数量上的解。因此,只有深刻领会了上述过程的实质,才能真正理解把握定量分析的思想和逻辑,也才能掌握定量分析问题的科学方法和艺术。

二、管理定量分析过程中应该注意的几个问题

面对错综复杂的管理问题,定量分析给我们提供了一个解决这类问题的新视角和新手段,虽然这种手段和方法具有很多的优点,但是现实问题并不都能用数据表达,有的问题只有局部可以量化,但同时也有很多方面难以量化,因此,管理定量分析并不是万能的。在解决实际问题时,管理者或决策者必须同时考虑定性和定量因素,既要进行定量分析,也要进行定性分析。一个具体的定量技术在解决实际问题时可能会因为应用不当而失败。因此,在使用定量分析技术时要注意以下几个方面:

1. 由于使用定量分析技术需要一定的资源投入,尤其在解决一些规模较大情况复杂的问题时不仅需要智力投入而且需要物质投入,因此在使用定量技术之前要对所需的总费用进行估计,作好充分的资金准备。

2. 在开发和实施最适合的技术方法时对时间要有充分的估计,千万不能因为时间不足而仓促进行分析。对于不成熟的技术一定要有充分的开发和论证,只有这样定量分析的结果才能有价值,才能真正成为指导实践的理论和成果。

3. 对所定义的问题必须清晰、明确、可测,这是定量分析的第一步,是决定后续工作的关键,因此要十分重视对问题的把握。通常可以采用多种方法和途径集中各方面的智慧,获取全面的信息,对问题进行恰当的定义。

4. 在进行定量分析时不仅要强调理论,而且要强调应用。定量分析的过程是一个理论与实践相结合的过程,是理论指导实践的过程,也是从实践提升和发展理论的过程。

5. 定量分析人员要注意将定量分析的结果转化成决策者或管理者比较能理解和接受的表达形式。因为通常决策者或管理者对定量分析技术不熟悉,从而对取得的结果缺乏信任,不一定愿意使用。

6. 要充分认识到定量分析技术具有局限性。正确运用定量技术不仅要知道如何运算,而且必须熟悉它的局限性和假设条件及适用范围。定量分析技术的成功应用通常可以得到一个适时、准确、弹性、经济、可靠以及易于理解和应用的结果。

第四节   管理定量分析的主要内容

一、管理定量分析的模型分类

管理定量分析研究问题需要广泛使用模型。所谓模型是指为了某个特定目的,对真实系统或现象所作的一种简化表述。模型具有简单和精确的特征。通常,模型的形式有三种,即形象模型、模拟模型、符号或数学模型。形象模型是对实物和实际情形的缩小或放大。模拟模型是一种具有某种性质的简单事物,它可以代替具有相同性质的复杂事物。符号或数学模型是管理定量分析中最常使用的模型,下面主要介绍从不同角度对这类模型在定量分析中的分类。

1. 根据所解决问题的类型,定量分析模型可分为统计模型、预测技术模型、决策模型、线性规划模型、其他数学规划模型(运输问题、分派问题)、网络分析模型、排队模型及对策模型等。

2. 根据模型有没有考虑随机因素,模型可分为确定性模型、随机模型。

3. 根据可控变量的性质,可将模型分为离散模型、连续模型。

4. 根据模型所使用的数学工具,模型分为代数方程模型、微分方程模型、概率统计模型和逻辑模型等。

5. 根据模型的用途,可分为分配模型、运输模型、排队模型、计划模型、存贮模型等。

6. 根据模型研究对象,可分为能源模型、教育模型、军事模型和宏观经济模型等。

二、管理定量分析的主要内容

现在我们知道定量分析的主要理论基础是数理统计、系统工程、管理学与运筹学等学科。数理统计主要用量化方法研究具有大样本的随机现象。系统工程强调用系统的观点对整个系统进行规划、研究、设计、制造、试验,主要的方法是建模(仿真)、分析、预测、评价、决策等。管理学强调为了达到有效管理的目的,必须合理使用人力、物力和财力资源。运筹学强调以量化为基础的最优决策。因此,本书的主要内容也紧紧围绕管理和定量分析,一方面考虑到管理的实用性,另一方面也考虑到定量分析技术的应用性,并根据现实管理过程中的一般程序和思路来进行安排,主要内容包括社会调查(定量)技术、抽样推断技术、相关分析与回归分析技术、预测技术、决策技术、线性规划技术、整数规划技术、网络计划技术、层次分析法技术和对策论技术等。

1. 社会调查技术是收集、处理和研究社会信息的基本方法和技术。在社会调查技术中包含三大技术体系,一类是如何选择调查对象的技术,如普遍调查、典型调查、重点调查、抽样调查和个案调查等;另一类是如何从调查对象中收集资料的技术,如问卷法、访谈法、观察法、实验法和文献法等;还有一类技术是如何整理和分析所收集到的资料的方法,包括定性分析技术和定量分析技术。社会调查中的定量分析技术在管理定量分析中是十分重要的组成部分,也是在复杂系统研究中的重要技术。本书中重点介绍问卷设计技术、抽样技术及单变量描述性统计技术中的统计分组和统计表(图)的分析方法、集中趋势分析、离散趋势分析。通过这些方法和技术的学习,人们可以更好地认识到社会现象和社会问题的本质和规律。

2. 抽样推断技术主要介绍抽样调查方法中单变量统计推断,包括抽样分布与抽样误差分析、抽样推断的方法和假设检验。

3. 相关分析与回归分析技术是抽样调查方法中多变量统计推断的常用技术。在各种社会现象社会活动中存在许多相互关联的因素。相关分析与回归分析正是通过统计量研究总体中各种变量之间相关性及相关程度与方向的方法,由于变量间的关系主要有线性关系和非线性关系,且线性关系比较容易处理,因此本书主要介绍相关分析和线性回归分析。

4. 预测技术是管理定量分析中非常重要的技术。古人云:"凡事预则立,不预则废。"因此,在管理中进行正确的预测是十分重要的,准确可靠的预测既依赖于全面准确的信息,也依赖于科学合适的预测技术。预测分析方法可分为定量分析法和定性分析法。定量分析法又可分为时间序列法和因果关系分析法。本书主要介绍定性定量相结合的预测方法,即德尔斐法的具体操作技术;研究事物随时间变化规律的重要方法,即时间序列分析法;以及研究通过变量间关系进行预测的方法,即回归预测。

5. 决策技术是科学决策的重要基础,现代管理面临的问题常常是复杂多变、从未经历过的,因此决策是管理的重心。本书中主要介绍决策技术中三大类决策技术,即确定型决策、不确定型决策和风险型决策技术。

6. 线性规划技术是数学规划中最成熟的一个分支,在现实中有着广泛的应用,线性规划问题的目的在于针对所研究的系统求得一个合理运用人力、物力和财力的最佳方案,发挥和提高系统的效能和效益,最终达到系统的最优目标。主要的问题类型有两种:一种是在资源一定的条件下,如何科学管理可以使资源发挥最大的功效,获得最大的收益;另一类问题是当任务确定的情况下,怎样合理配置资源才能在消耗最少资源的情况下完成任务。线性规划方法研究和解决问题的核心是正确建立和使用模型,求解最一般的方法为单纯形解法。

7. 整数规划技术是一类变量全部或部分必须取整数的数学规划问题。求解的方法主要有分支定界法和割平面法等。本书重点介绍整数规划中的一类特殊问题即 0-1 规划的建模以及求解方法枚举法和 0-1 规划中的一类特殊问题指派问题的求解方法匈牙利法。

8. 网络计划技术主要应用于大型复杂系统和工程项目计划管理和时间的有效控制,对于一次性或重复较少的工程项目有明显的优越性。其主要有:用于时间的计划管理,用于成本的计划管理,用于资源的调配,用于生产的调度。内容包括网络图的绘制、作业时间的确定、网络图的参数与计算、任务按期完成的概率分析与计算及网络图的调整与优化。

9. 层次分析法技术,是萨特教授开发的一种综合定量与定性分析,模拟人的决策思维过程,以解决多因素复杂系统,特别是难以描述的社会系统的分析方法。层次分析法适用于多目标、多准则的复杂的公共问题。

10. 对策论技术,主要解决具有对抗性和竞争性问题。其思路和结论对于现实中具有竞争现象的问题具有很大的启发。本书主要介绍矩阵对策模型及其求解、经典案例在现代的研究成果及其对实践中各种现象的分析。

第五节   管理定量分析的应用

虽然管理定量分析技术发展的历史并不很长,但是它的应用却相当广泛,特别是随着计算机技术的发展,管理定量分析技术在实际应用中的计算困难瓶颈被迎刃而解。这里从两个方面来考察,首先看一看管理定量分析技术在社会科学领域中的具体应用。

1. 行政管理方面。使用管理定量分析技术对经济运行状态进行分析和预测,制定各层次的经济计划、经济规划和预算系统及公共事业规划,可以用于金融政策、国防、治安保卫、外交信息、经济信息服务、司法信息、人事管理、紧急服务系统的设计和运行以及供水、污水处理等方面。

2. 社会管理方面。主要用于地区规划、城市规划、防灾措施、垃圾处理、地区生活信息系统、地区社会公共事业规划、老人和残疾人安置及地区医疗系统建设等方面。

3. 文化教育方面。在文化教育领域定量分析技术的应用很多，如广播电台电视台的节目编排和组合以及经费的合理使用、文化教育信息服务、教育计划的编制、学校规模的控制和布局、人力资源优化管理、教学质量控制与多媒体教学管理等。

4. 外交和国际事务方面。大多应用于国际合作、国际关系、国际贸易、国际能源问题、粮食问题、国际资源问题、国际环境保护、国际信息网络等方面。

5. 国内交通服务系统管理。各种交通工具和交通形式的布局、各地区交通方面的投资和建设规模管理、铁路公路航空水上运输票务管理、交通管制、各种导航系统建设和管理，甚至包括服务窗口的数量和服务形式等方面都可应用管理定量分析技术。

6. 医疗卫生管理。在这一领域应用也很多，如医疗卫生机构的类型分布规划、医疗机构的选址、医务人员的数量和工作安排、服务窗口的设立和管理、科室分工和布局、组织结构等。

7. 环境生态与水资源管理。环境生态和水资源都属于规模大非常复杂的巨大系统，因此对这类问题的管理不能只从局部考虑，必须从全局出发进行统筹安排。管理定量分析在解决这类问题时有很大的作用。

8. 工商管理。定量分析在工商业的应用很多，其具体有：(1)市场销售：广告预算与媒体选择、竞争性定价、销售计划的制定等；(2)生产计划：资源配置和生产作业计划等；(3)库存管理；(4)运输问题：航班与机组人员的安排、港口装卸设备的配置、行车时刻表、船厂运输计划、调度；(5)财务与会计：预算、贷款、成本分析、定价、投资、证券管理和现金管理等。

上面只列出了管理定量分析的一些应用领域，实际上，在实际管理工作中它的应用十分广泛。定量分析是一门非常实用的学科，它在管理方面，包括公共管理、经济管理和企业管理等，将会有非常光明的前景。

另一方面从管理定量分析的现状看，管理定量分析发展至今，有不少具体的技术和方法已经非常成熟，但也有不少技术和方法还处在不断发展的过程中，还有些技术和方法才刚刚被人们认识，处于萌芽状态，因此，管理定量分析还是一个年轻的学科，有着很好的发展前景。展望管理定量分析的发展，它的成熟的学科分支将向纵深发展；新的研究领域会不断产生，不断发展；它将会继续汲取其他学科的最新成果，与新的技术结合，不断拓展和壮大；它将不断改进传统优化观念，与时俱进，不断创新。

思考题

1. 管理定量分析在管理和决策中的作用和地位如何？
2. 管理定量分析的主要理论基础有哪些，它们之间的区别和联系是什么？
3. 管理定量分析的主要特点是什么？在应用定量分析方法时应该注意哪些方面？
4. 结合实践谈谈在我国社会转型期学习管理定量分析的目的和意义。

第二章 调查与信息描述

第一节 调查的方法和种类

一、调查的意义和要求

（一）调查的意义

决策者需要利用信息以便作出决策。一般情况下，信息可以从公开出版物中获得。有时，这样的信息来源不存在。决策者要借助某些调查形式获取研究所需的原始信息。调查就是根据预定的管理任务，运用科学的方法，有计划、有组织地向被研究对象搜集原始信息的工作过程。

调查是现代管理工作的基础。定量分析的过程就是从搜集反映社会现象全部或部分单位以数字资料为主体的原始信息开始的，所有的计算和分析都是在原始信息搜集的基础上建立起来的。只有做好调查，保证调查信息的质量，才能真实反映社会现象的特点和发展变化规律。调查是认识事物的起点，是管理工作的基础。

（二）调查的要求

1. 准确性。这是指调查所搜集的信息要如实反映客观情况。定量分析工作能否顺利完成任务，在很大程度上取决于所搜集的信息是否准确。如果所搜集的信息数字不准，情况失实，那么依据这样的信息整理和分析，必将得出错误结论，因此，可以说信息的准确性是定量分析工作的生命。

2. 及时性。这是指各项调查信息要及时传送，从时间上满足决策机构对信息的需求。如果搜集到的信息是准确的，但由于提供不及时，犹如"雨后送伞"，起不到应有的作用。调查中准确性和及时性是相互结合的。及时离不开准确，而准确又是达到及时的重要途径，要把准确和及时结合起来，做到准中求快，快中求准。

二、调 查 方 法

调查的形式多种多样，常见的方法有现场调查法、报告调查法、访问调查法、问卷调查法等。

1. 现场调查法。

现场调查法是指调查人员亲自深入现场,对被研究对象进行观察和计量的社会调查方法,如实地参观、参加会议、出国考察等。这种方法可以取得大量真实的第一手信息,是获得感性认识和发现问题的重要途径,但需要大量的人力、物力、财力和较长的时间,在应用上也存在很大的局限性,只能在有限的范围内使用。

2. 报告调查法。

报告调查法是由被研究单位根据原始记录和核算资料,以调查表的形式逐级向上提供信息的社会调查方法。我国现有的企事业单位所填报的统计报表就属于这种调查方法。如果原始记录和核算工作制度健全,能得到比较可靠的信息。这种方法可以同时进行大量调查,但需耗费大量的人力、物力。

3. 访问调查法。

访问调查法是调查人员向受访者提出问题,根据受访者的答复获取信息的社会调查方法。访问调查的传统方式是访谈,如个别询问、开调查会等。这种调查方法取得的信息的准确程度主要取决于被访问者的合作态度。为了取得准确可靠的资料,在进行调查前必须先做好宣传动员工作。

4. 问卷调查法。

问卷调查法是分析研究部门将根据研究内容和调查要求制定的调查问卷广泛地发放给被研究者,征询意见,然后回收并进行分析的社会调查方法。问卷调查法是社会调查的主要方法,在调查研究活动中,问卷调查法或单独使用,或与采访法、直接观察法等其他调查方法同时使用。这种调查的优点是调查范围广,调查目标明确,便于分析;局限性在于调查问卷的回收率低,调查结果易受调查问卷设计的影响。因此,在问卷调查中,必须认真合理地设计问卷,并有计划地发放给有关单位和个人,采用适当的办法确保一定的回收率。

三、调 查 的 种 类

由于调查对象的性质和分析研究的任务不同,调查需要采用不同的方式和方法。一般按照调查对象包括的范围不同,将调查分为全面调查和非全面调查两大类。

全面调查就是对被研究对象中的每一个单位无一例外地进行观察和登记。它可以反映事物的全貌,有利于对事物的状况和发展趋势作出正确的判断,但要花费较多的人力、物力、财力和时间,组织工作也比较复杂,出现登记误差的可能性也较大,通常将全面调查称为"普查"。

非全面调查就是只对被研究对象中的部分单位进行观察和登记。非全面调查具有灵活简便的特点,能及时取得信息,还可省时、省力和节省调查费用。重点调查、典型调查和随机抽样调查都是非全面调查。

(一) 普查

1. 普查的意义。

普查是指为搜集某种社会经济现象在某时某地的情况而专门组织的一次性全面调查。

它是了解国情国力基本情况的重要手段,例如"人口普查""经济普查""全国单位基本普查"等。普查,特别是全国性的普查涉及面广、项目繁多、工作量大、投入大,为确保一次成功,必须严格周密地设计、部署和实施。

2. 普查必须注意的问题。

(1) 普查必须少而精,应当是事关重大的重要问题。

(2) 必须统一规定调查对象、调查项目、调查问卷、调查方式、数据处理方式和调查结果的汇总、上报方法等,以保证调查内容的统一。

(3) 必须明确规定普查的标准时点,保证调查信息的准确性。如我国第六次人口普查以 2010 年 11 月 1 日 0 时为准,某婴儿 2010 年 11 月 1 日 10 时出生,则不被统计到人口数中去。

(4) 必须统一规定进行调查的起讫期限,确保调查按期完成,各地信息能按时上报汇总。如第六次人口普查的工作期限是 2010 年 11 月 1 日至 11 月 10 日。

(5) 同类普查尽可能按一定的周期进行,以便研究事物发展变化的规律。如我国统计制度规定,每逢末尾数字为"0"的年份进行人口普查,逢"3"进行第三产业普查,逢"5"进行工业普查,逢"7"进行农业普查,逢"1"或"6"进行统计基本单位普查。

(6) 必须加强领导,统一指挥,严密组织,妥善安排。

(二) 重点调查

1. 重点调查的意义。

重点调查是指只对被研究对象中为数不多但影响颇大的重点单位进行研究的一种非全面调查,适用于分布比较集中的事物。重点调查是以较少的人力、物力和财力,及时地掌握被研究对象总体的基本状况及其发展变化的基本趋势。能否开展重点调查,是由调查任务和被研究对象的特点所决定的。当调查任务只要求掌握基本情况,而且调查对象中又确实存在重点单位时,方可实施。

2. 重点单位的选择。

重点单位是指在被研究对象总体中,单位数目虽然不多,但就所调查的标志来说,在总体的标志总量中占有很大的比重,能够反映出总体的基本情况。重点单位可以是一些地区或城市(产区、市场等),也可以是一些企业、行业。例如对环境污染源的调查,可把重点放在冶金、电力、化工、石油等重点行业的企业进行调查。

(三) 典型调查

1. 典型调查的意义。

典型调查是根据调查目的,在对被研究对象进行全面分析的基础上,有意识地选出少数具有代表性的单位,进行深入细致地调查的一种非全面调查。典型调查从研究个别到了解一般,然后又以一般指导个别,是认识事物的科学方法。它灵活方便,反应迅速,省时省力,深入具体,可以弥补其他调查方法的不足,在有些情况下,可用典型调查估算总体数字或验证全面调查数字的真实性。

2. 典型单位的选择。

搞好典型调查的重要条件是要正确地选择典型单位,使典型单位真正具有代表性。如果典型单位选择不当,就会降低典型资料的作用,甚至会从典型资料中导出错误结论,造成危害和损失。因此,选择典型单位时,要注意以下问题:

(1) 要根据调查目的和被研究对象的特点,从事物的联系中去挑选典型。如果为了总结成功的经验,就要选择先进单位为典型;如果为了找出失败的教训,就要选择后进单位为典型;如果是为了掌握一般规律,反映一般情况,或为了推断全面资料,就要选择中等水平的单位为典型。这就是说,某类事物的典型单位必须从某类事物中去挑选,不能信手拈来,更不允许为了某种目的而故意选择没有代表性的单位为典型。

(2) 典型单位数目的多少要依被研究对象各单位之间的差异程度而定。差异程度大时,典型单位应多些,或采取"划类选典"的方法,从各类中分别选择典型;差异程度小时,典型单位数则可少些,也不一定要"划类选典"。

（四）随机抽样调查

随机抽样调查是根据调查目的,在全部被研究对象中,随机抽取部分单位进行观察,获取资料,深入分析。这种调查的方法,将在下一章详细论述。

第二节　调查方案与问卷设计

一、调查方案的意义

为了使调查能有条不紊地进行,按照统一的内容、方法、步调和期限顺利完成,收集到合乎要求的资料,必须预先制定一个周密的调查工作计划。这个关于调查的目的、对象、内容、方法、步骤、时间、经费和组织领导等的工作计划,就是调查方案。调查方案是指导调查的纲领性文件。

二、调查方案的基本内容

一个完整的调查方案主要包括以下内容:

1. 确定调查目的。

这是制定调查方案首先要解决的问题。不同的调查目的决定着不同的调查内容和范围。要根据工作、研究的实际需用,结合被研究对象本身的特点来确定调查目的。

2. 确定调查对象、调查单位和报告单位。

为了知道向谁调查、由谁来具体地提供调查资料,调查方案中还必须明确规定调查对象、调查单位和报告单位。

调查对象就是指在某项调查中需要进行研究的现象的总体。它是由性质相同的许多个别单位组成的。首先,要根据调查目的对研究现象进行认真分析,掌握其主要特征,科学地规定调查对象的含义。其次,要明确规定调查对象的范围,划清它与其他现象的界限。例如第六次全国人口普查的调查对象为具有中华人民共和国国籍并在中华人民共和国境内常住的人。

调查单位是指在某项调查中登记其具体特征的单位,是构成调查对象的个体,是调查项目的承担者。调查单位的确定,决定于调查目的和调查对象。

报告单位(填报单位)是负责向上报告调查内容、提交调查资料的单位。报告单位与调查单位是不同的,报告单位一般是在行政上、经济上具有一定独立性的机构和人,而调查单位可以是人、企事业单位,也可以是物。

3. 确定调查项目。

调查项目是所要调查的具体内容,包括调查单位所须登记的标志及其他有关情况。确定调查项目时必须考虑以下几点:(1)调查项目要少而精。(2)只列入能够得到确定答案的项目。(3)调查项目之间要能够互相验证。(4)有的项目可以拟订"选择式"。

4. 确定调查表格和问卷设计。

调查表就是将各个调查项目按照一定的顺序排列在一定的表格上,形成调查表。调查表是调查方案的核心部分,它是容纳调查项目、搜集原始资料的工具。在调查中,调查项目和调查表通常表现为一张调查问卷。因此,调查问卷的设计是调查方案设计的核心内容。

5. 确定调查时间和调查期限。

调查时间是资料所属的时间,调查期限是调查工作的起讫时间。第六次全国人口普查搜集数据的所属时间是"2010 年 11 月 1 日 0 时",普查的工作期限是 2010 年 11 月 1 日至 11 月 10 日。

6. 调查方法的选择。

统计调查到底采用什么方式方法,应根据调查的内容和特点,结合各种调查方式方法的优缺点来考虑,在权衡利弊之后作出取舍,并在调查方案中加以明确的规定。

7. 确定调查的组织实施计划。

调查方案中还应对调查的组织实施问题作出妥善安排。这些问题包括调查的组织领导机构、宣传教育、人员培训、文件印刷、经费筹措、调查资料的报送程序与报送方式、调查结果公布的时间等。

三、调查问卷的设计

调查问卷,又称调查表,是调查者根据一定的调查目的精心设计的一份调查表格。问卷设计的好坏,直接决定着能否获得准确可靠的信息。在设计问卷时,应考虑以下内容:

1. 确定所需信息。

确定所需信息是问卷设计的前提工作。调查者必须在问卷设计之前就把握所有达到研究目的和验证研究假设所需要的信息,并决定所有用于分析使用这些信息的方法,比如频率分布、统计检验等,并按这些分析方法所要求的形式来收集资料,把握信息。

2. 确定问卷的类型。

制约问卷选择的因素很多,而且研究课题不同,调查项目不同,主导制约因素也不一样。在确定问卷类型时,先必须综合考虑这些制约因素:调研费用、时效性要求、被调查对象、调查内容。

3. 确定问题的内容。

确定问题的内容似乎是一个比较简单的问题。事实上不然,这其中还涉及个体的差异性问题,也许你认为容易的问题对他人是困难的问题,你认为熟悉的问题对他人是生疏的问题。因此,确定问题的内容,最好与被研究对象联系起来。

4. 确定问题的类型。

问题的类型归结起来分为四种:自由问答题、两项选择题、多项选择题和顺位式问答题,其中后三类均可以称为封闭式问题。

(1) 自由问答题。自由问答题,也称开放型问答题,只提问题,不给具体答案,要求被调查者根据自身实际情况自由作答。自由问答题主要限于探索性调查,在实际的调查问卷中,这种问题不多。自由问答题的优点是被调查者的观点不受限制,便于深入了解被调查者的建设性意见、态度、需求问题等;缺点是难于编码和统计。

(2) 两项选择题。两项选择题,是多项选择的一个特例,一般只设两个选项,如"是"与"否"、"有"与"没有"等。两项选择题的特点是简单明了,缺点是所获信息量太小,两种极端的回答类型有时往往难以了解和分析被研究群体中客观存在的不同态度层次。

(3) 多项选择题。多项选择题是从多个备选答案中选择一项或选择几项。这是各种调查问卷中采用最多的一种问题类型。多项选择题的优点是便于回答、编码和统计,缺点是问题提供答案的排列次序可能引起偏见。

(4) 顺位式问答题。顺位式问答题,又称序列式问答题,是在多项选择的基础上,要求被调查者对询问的问题答案,按自己认为的重要程度和喜欢程度顺位排列。

在现实的调查问卷中,往往是几种类型的问题同时存在,单纯采用一种类型问题的问卷并不多见。

5. 确定问题的措辞。

很多人可能不太重视问题的措辞,而把主要精力集中在问卷设计的其他方面,这样做的结果有可能降低问卷的质量。在问题的措辞上,应当注意:(1)问题的陈述应尽量简洁。(2)避免提带有双重或多重含义的问题。(3)不用反义疑问句,避免否定句。(4)注意避免问题的从众效应和权威效应。

6. 确定问题的顺序。

问题的排列次序会影响被调查者的兴趣、情绪,进而影响其合作积极性。一份好的问卷应对问题的排列作出精心的设计。一般而言,问卷的开头部分应安排比较容易的问题,这样可以给被调查者一种轻松、愉快的感觉,以便于他们继续答下去。中间部分最好安排一些核心问题,即调查者需要掌握的资料,这一部分是问卷的核心部分,应该妥善安排。结尾部分可以安排一些背景资料,如职业、年龄、收入等。还有一点就是注意问题的逻辑顺序。有逻辑顺序的问题,即使打破上述规则也一定要按逻辑顺序排列。

7. 问卷的测试。

问卷的初稿设计完毕之后,不要急于投入使用,特别是对于一些大规模的问卷调查,最好的办法是先组织问卷的测试,如果发现问题,应及时修改。测试通常选择 20—100 人,样本数不宜太多,也不要太少。如果第一次测试后有很大的改动,则要组织第二次测试。

8. 问卷的定稿。

当问卷的测试工作完成,确定没有必要再进一步修改后,可以考虑定稿。问卷定稿后就可以交付打印,正式投入使用。

9. 问卷的评价。

问卷的评价实际上是对问卷的设计质量进行一次总体性评估。对问卷进行评价的方法很多,包括专家评价、上级评价、被调查者评价和自我评价。

第三节   数 据 整 理

通过各种调查,我们可以获得大量的原始数据。为了向决策者提供有价值的信息,还要对原始数据进行必要的加工整理。数据整理是整个定量分析过程的中间环节,是调查的继续,又是分析的基础,起着承前启后的作用。调查所搜集到的数据,只有通过科学的审核、分类、汇总等整理工作,才能在定量分析中发挥作用。

一、数据整理排序法

进行数据整理时,首先需要将原始数据按照一定的顺序重新排列。在排序前先要选定数据归类法,确定"标志列"及相应变量,例如被调查对象的职业,被调查对象的年龄等都可以做标志列。在分析时,标志列的元素常被当作"自变量"使用。

例 2.1   对 2018 年度全国普通高校专任教师年龄进行调查,以年龄为标志的变量数列见表 2.1。

表 2.1   2018 年度全国普通高校专任教师年龄情况统计表   单位:人

年龄(岁)	正高级	副高级	中级	初级	未定职称	合 计
29 及以下	84	983	37 771	80 738	67 572	187 148
30—34	1 647	21 744	180 084	60 927	30 705	295 107
35—39	11 172	107 958	236 561	23 502	10 102	389 295
40—44	26 771	118 401	107 841	6 913	3 349	263 275
45—49	44 048	104 617	53 184	3 417	1 906	207 172
50—54	63 719	89 737	27 801	1 899	1 200	184 356
55—59	47 433	48 034	11 307	925	830	108 529
60—64	17 095	9 621	934	45	153	27 848
65 及以上	5 905	3 624	400	24	70	10 023
合 计	217 874	504 719	655 883	178 390	115 887	1 672 753

资料来源:教育部网站,http://www.moe.gov.cn/。

在数据归类的基础上,可以将数据按照某一指标的大小进行排序。主要有降序排列和升序排列两种方法。

（一）降序排列法

降序排列法是将某一指标的数值按照由大到小的顺序排列。排在最前面的观察值是最大值，排在最后面的观察值是最小值。

例 2.2　根据表 2.1 的资料，将正高级职称人数进行降序排列，可以得到相应的降序排列的表格（表 2.2）。

表 2.2　正高级职称人数的降序排列表

年龄（岁）	人数（人）	年龄（岁）	人数（人）
50—54	63 719	35—39	11 172
55—59	47 433	65 及以上	5 905
45—49	44 048	30—34	1 647
40—44	26 771	29 及以下	84
60—64	17 095	合　计	217 874

可以看出，正高级职称人数最多的是 50—54 岁年龄段的 63 719 人；人数最少的是 29 岁及以下年龄段的 84 人。

（二）升序排列法

升序排列法是将某一指标的数值按照由小到大的顺序排列。排在最前面的观察值是最小值，排在最后面的观察值是最大值。

例 2.3　根据表 2.1 的资料，将副高级职称人数进行升序排列，可以得到相应的升序排列表，见表 2.3。

表 2.3　副高级职称人数的升序排列表

年龄（岁）	人数（人）	年龄（岁）	人数（人）
29 及以下	983	50—54	89 737
65 及以上	3 624	45—49	104 617
60—64	9 621	35—39	107 958
30—34	21 744	40—44	118 401
55—59	48 034	合　计	504 719

可以看出，副高级职称人数最多的是 40—44 岁年龄段的 118 401 人；人数最少的是 29 岁及以下年龄段的 983 人。

二、频数分布数列

（一）频数分布的含义

频数分布就是指在分组的基础上，计算出观察数据落在各组中的频数或频率。

（二）频数分布数列的编制方法

下面通过一个例子，说明频数分布数列的编制方法。

例 2.4　对某社区居民的生活状况进行调查，得到 50 个家庭的月食品消费支出，如表 2.4 所示。

表 2.4　某社区 50 个家庭月食品消费支出　　　　　单位：元

	A	B	C	D	E	F	G	H	I	J
1	590	730	870	650	1 100	850	770	940	1 080	970
2	800	1 180	950	960	500	1 060	880	910	900	1 150
3	930	790	740	650	740	890	830	1 010	850	940
4	670	1 050	860	930	700	870	1 050	870	860	540
5	620	760	860	1 120	860	700	920	690	1 020	890

按以下步骤编制频数分布表：

1. 排序。

对原始数据按照升序排列，结果见表 2.5。

表 2.5　50 个家庭月食品消费支出升序排列表　　　　单位：元

	A	B	C	D	E	F	G	H	I	J	K	L	M	N
1	500	540	590											
2	620	650	650	670	690									
3	700	700	730	740	740	760	770	790						
4	800	830	850	850	860	860	860	860	870	870	870	880	890	890
5	900	910	920	930	930	940	940	950	960	970				
6	1 010	1 020	1 050	1 050	1 060	1 080								
7	1 100	1 120	1 150	1 180										

2. 求极差。

将最大的观察数据与最小的观察数据相减便得到极差。此例中，极差为 680（1 180－500）。

3. 确定分组数。

确定分组数的要求是：

（1）划分的组数，既不能太多，也不能太少。组数过多，达不到通过分组压缩数据的目的；组数太少，将造成分组后资料的还原能力差，原始数据的信息丢失过多，使得由频数分布资料计算的特征数字值与原始资料的特征数字值相差过大。

（2）组数的确定，要尽量保证组间资料的差异性与组内资料的同质性。

（3）采用的分组办法，要能够充分显示客观现象本身存在的状态。

关于分组组数问题,不少统计学家曾做过研究,并给出了经验公式。比较有代表性的是斯特基斯方法,他认为分组数的计算公式为:$K = 1 + 3.32 \lg n$,K 为分组组数,n 为观察数据数。根据这个公式,本例中分组数 $K = 1 + 3.32 \lg 50 = 6.64 \approx 7$。

4. 确定各组组距。

在实行等距分组的情况下,组距的确定办法为:组距＝极差/组数。

根据上式计算出来的组距,可能带有小数,为了编表和计算方便,最好把它取成接近于能被 5 除尽的一个数。本例中,组距可取 100。

5. 确定组限。

组限是组与组之间的界限,或者说是每组数据变化的范围。组限有上组限与下组限之分,各个组的起点值叫下限,终点值叫上限。各组数据变动范围的中点值,称之为组中值。组中值的一般计算方法为:组中值＝(上限＋下限)/2。

确定组限时应注意:

(1)第一组的下限值应比最小的观察值小一点,最后一组的上限值应比最大的观察值大一点。

(2)除非特别需要或不得已,最好不要使用开口组。

(3)组限应取得美观些,按数字偏好,组限值应能被 5 除尽,且一般要用整数表示。

6. 确定各组数据出现的频数。

凡观察数据落在某一区间的,就计算发生一次,最后统计各组观察数据发生的总次数。在连续型变量数列中,如果某个观察值刚好与某组上限值相同,根据"上限不计入"原则,要把观察值归在下一组。

7. 制作频数分布数列,并填上相关内容,以及其他需要说明事项。本例中所得到的数据显示在表 2.6 中。

表 2.6　50 个家庭月食品消费支出频数分布表

食品消费支出(元)	频数(户)	频率(%)	食品消费支出(元)	频数(户)	频率(%)
500—600	3	6	900—1 000	10	20
600—700	5	10	1 000—1 100	6	12
700—800	8	16	1 100—1 200	4	8
800—900	14	28	合　计	50	100

(三)累计频数与累计频率

为了分析的需要,有时需要观察某一数值以下或某一数值以上的频数之和,这就需要在分组的基础上计算出累计频数。可以从观察值小的一方向观察值大的一方累加频数,称为向上累计,表示上限以下的单位数或比重;也可以从观察值大的一方向观察值小的一方累加频数,称为向下累计,表示下限以上(含下限)的单位数或比重。

例 2.5　在表 2.6 的基础上,编制居民月食品消费支出累计频数分布表,见表 2.7。

表 2.7   居民月食品消费支出累计频数分布表

食品消费支出（元）	频数（人）	频率（%）	向上累计		向下累计	
			频数（人）	频率（%）	频数（人）	频率（%）
500—600	3	6	3	6	50	100
600—700	5	10	8	16	47	94
700—800	8	16	16	32	42	84
800—900	14	28	30	60	34	68
900—1 000	10	20	40	80	20	40
1 000—1 100	6	12	46	92	10	20
1 100—1 200	4	8	50	100	4	8
合 计	50	100	—	—	—	—

三、频 数 分 布 图

频数分布图是以图形形象地表现数据资料的一种形式。用频数分布图表现数据资料，具有鲜明醒目、富于表现、易于理解的特点，因而绘制频数分布图也是数据整理的重要内容之一。常用的频数分布图主要有条形图、折线图、圆形图等。

（一）直方图和折线图

直方图和折线图是用于显示连续型变量的次数分布。直方图是用矩形的宽度和高度来表示频数分布的图形。在平面直角坐标中，用横轴表示数据分组，用纵轴表示频数或频率，这样，各组组限与相应的频数形成一个矩形，即直方图。在直方图中，实际上是用矩形的面积来表示各组的频数分布。在直方图基础上添加趋势线，形成折线图。

例如，根据表 2.6 资料绘制的直方图如图 2.1 所示，折线图如图2.2所示。

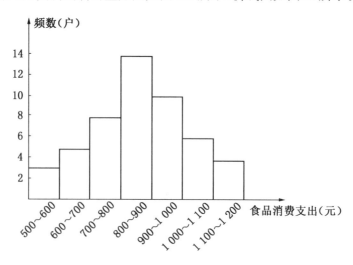

图 2.1   社区 50 户家庭月食品消费频数分布直方图

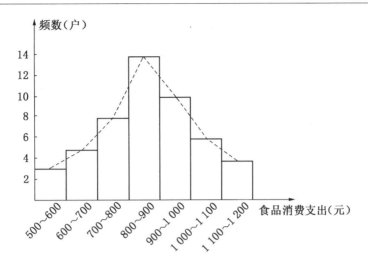

图 2.2　社区 50 户家庭月食品消费频数分布折线图

(二) 条形图

条形图可用于显示离散型变量的次数分布,最主要是显示顺序数据和分类数据的频数分布。条形图是用宽度相同的条形的高度或长短来表示数据多少的图形,如图 2.3 所示。

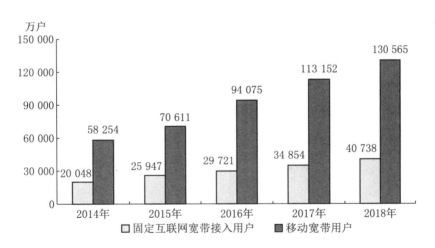

资料来源:国家统计局网站,http://www.stats.gov.cn。

图 2.3　2014—2018 年末固定互联网宽带接入用户和移动宽带用户数

1. 绘制条形图应注意的问题。

(1) 在图形中条形的宽度、条形之间距离要相等。

(2) 图形中要注明相应的数字。

(3) 各条形的排列应有一定的顺序,如比较现象在时间上的变动时,条形应按时间顺序排列。

2. 条形图与直方图的区别。

(1) 条形图是用条形的高度表示各类别频数的多少,其宽度(表示类别)则是固定的;直方图是用高度表示每一组的频率,宽度则表示各组的组距,面积表示各组频数的多少,当各组宽度都相等时,也可以用矩形的高度表示频数的大小。

(2)由于分组数据具有连续性,直方图的各矩形通常是连续排列,而条形图则是分开排列。

(3)条形图主要用于展示分类数据,而直方图主要用于展示数值型数据。

（三）圆形图(饼图)

圆形图用于显示定类变量的次数分布。它是用圆形及圆内扇形的面积来表示数值大小的图形。圆形图主要用于表示总体中各组成部分所占的比例,对于研究结构性问题十分有用。在绘制圆形图时,总体中各部分所占的百分比用圆内各个扇形面积表示,这些扇形的中心角度,是按各部分比占 360 度的比例确定的,如图 2.4 所示。

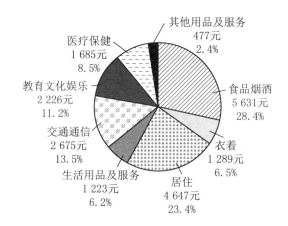

资料来源:国家统计局网站,http://www.stats.gov.cn。

图 2.4   2018 全国居民人均消费支出及其构成

第四节   变量集中趋势分析

了解一组观察值的分布规律是量化分析的重要内容,在做频率分布的概率度量中,首先要知道这组观察值的"中心"所在。本节主要介绍度量集中趋势的参数。

一、算 术 平 均 数

在社会经济现象中,有许多研究对象,各单位观察值的算术总和常常形成一个具有独立经济范畴的总量指标,如各个职工的工资总和形成工资总额,各单位面积收获量的总和形成总收获量。而算术平均数的计算方法与社会经济现象的这种特点相适应,即研究对象的某个总量等于各单位某一观察数据的算术总和,所以算术平均数得以广泛的应用。

（一）简单算术平均数

在计算算术平均数时,若所掌握的资料是研究对象各单位的观察值,那么就可以将各单位的观察值简单相加求得观察值总和,然后除以观察值的数量,即得平均数。这种方法通常称为简单算术平均法。

用公式表示：

$$\bar{x} = \frac{x_1 + x_2 + \cdots + x_n}{n} = \frac{\sum x}{n}$$

式中，$\bar{x}$ 为算术平均数；x 代表各研究对象的观察值；n 代表观察值的数量；$\sum$ 代表总和的符号。

例 2.6 某农作物在五亩生产条件基本相同的地块上试种，其收获率（公斤/亩）分别为：950、900、1 100、1 050、1 000。要求计算此农作物的平均收获率。

〔解〕 平均收获率 $\bar{x} = \frac{\sum x}{n} = \frac{950 + 900 + 1\,100 + 1\,050 + 1\,000}{5} = 1\,000$（公斤/亩）

1 000（公斤/亩）可作为这种农作物在 5 亩地块试种收获率的一般水平。

（二）加权算术平均数

1. 以绝对数为权数的加权算术平均数。

在计算算术平均数时，如果资料已经分组，则不能简单地将各组观察值相加作为全部观察值的总和，而是将各组观察值（若使用组距分组资料，则用组中值代表）乘以相应的频数求出各组观察值总和，然后将其加总求得全部观察值总和，同时把各组频数相加求出频数总和，最后用全部观察值总和除以频数总和。此法计算的平均数为加权算术平均数。

计算公式为：

$$\bar{x} = \frac{x_1 f_1 + x_2 f_2 + \cdots + x_n f_n}{f_1 + f_2 + \cdots + f_n} = \frac{\sum xf}{\sum f}$$

f 代表各组的频数，亦称权数。

例 2.7 根据表 2.6 家庭月食品消费支出频数分布表，计算这 50 户家庭平均每户月食品消费支出额。

〔解〕 直接以"户数"为频数，计算过程见表 2.8。

表 2.8 家庭平均每户月食品消费支出额计算表

消费支出（元）	组中值（x）	频数（f）	xf
500—600	550	3	1 650
600—700	650	5	3 250
700—800	750	8	6 000
800—900	850	14	11 900
900—1 000	950	10	9 500
1 000—1 100	1 050	6	6 300
1 100—1 200	1 150	4	4 600
合　　计	—	50	43 200

平均月食品消费支出额 $\bar{x} = \dfrac{\sum xf}{\sum f} = \dfrac{43\ 200}{50} = 864(元)$

从上述的计算过程中可以看出,家庭平均食品消费支出的大小,既受各组家庭消费支出多少的影响,又受各组家庭户数多少的影响。也就是说加权算术平均数 $\bar{x}$ 不但受各组观察值 x 大小的影响,而且也受各组频数 f 多少的影响。某组出现频数多,平均数受该组的影响就大;反之,频数少,对平均数影响也小。频数 f 在这里起着权衡轻重的作用,因此常称它为"权数",加权算术平均数也由此而得名。

2. 以相对数为权数的加权算术平均数。

权数可用绝对数来表示,也可用各组频数在频数总和中所占的比重来表示,其计算结果是完全一样的。即:

$$\bar{x} = \sum x \frac{f}{\sum f}$$

上式中,$\dfrac{f}{\sum f}$ 为各组频数占频数总和的比重,也称"频率"。

例 2.8　仍以表 2.6 家庭月食品消费支出频数分布表为例,以各组频数在频数总和中所占的比重为权数,计算 50 户家庭平均每户月食品消费支出额。

[解]　以各组频数在频数总和中所占的比重为权数,其计算过程如表 2.9 所示。

表 2.9　家庭平均每户月食品消费支出额计算表

消费支出(元)	组中值(x)	频数(f)	频率($f/\sum f$)(%)	$\sum x \dfrac{f}{\sum f}$
500—600	550	3	6	33
600—700	650	5	10	65
700—800	750	8	16	120
800—900	850	14	28	238
900—1 000	950	10	20	190
1 000—1 100	1050	6	12	126
1 100—1 200	1 150	4	8	92
合　　计	—	50	100	864

$$\bar{x} = \sum x \frac{f}{\sum f} = 864(元)$$

用频率为权数计算的结果与用频数为权数计算的结果完全一致。

二、几何平均数

几何平均数是 n 个比率乘积的 n 次方根。一般适用于计算平均比率和平均速度。

(一) 简单几何平均数

当各个比率出现次数相同时,应计算简单几何平均数,其计算公式为:

$$G = \sqrt[n]{x_1 x_2 \cdots x_n}$$

式中,G 代表几何平均数;x 代表观察到的比率;n 代表比率个数。

例 2.9　假定某人在储蓄所存入 100 元人民币,在 5 年内按不同的利率加息(按复利计算),其存款额变动见表 2.10 所示,要求:计算平均年本利率。

表 2.10　复利条件下年末存款额变动表

年　　份	利率(%)	本利率	年末存款额(元)
1	7	1.07	107.00
2	8	1.08	115.56
3	10	1.10	127.12
4	12	1.12	142.37
5	18	1.18	168.00

[解]　如果用每年本利率的算术平均数作固定本利率:

$$\frac{1.07 + 1.08 + 1.10 + 1.12 + 1.18}{5} = 1.11$$

五年后的本息总和是:

$$100 \times 1.11^5 = 168.51(元)$$

可见,这五年的实际平均年本利率小于 1.11。正确的平均年本利率应该用几何平均数计算:

$$G = \sqrt[5]{1.07 \times 1.08 \times 1.10 \times 1.12 \times 1.18} = 1.109\,3$$

即:各年平均本利率为 110.93%。

(二) 加权几何平均数

当各个比率出现的次数不同时,应计算加权几何平均数,其计算公式为:

$$G = \sqrt[f_1 + f_2 + \cdots + f_n]{x_1^{f_1} x_2^{f_2} \cdots x_n^{f_n}}$$

式中,f 为各标志值出现的次数。

例 2.10　某地区 2006—2019 年间 GDP 发展速度资料如表 2.11 所示,试求其平均发展速度。

表 2.11   某地区 2006—2019 年间 GDP 发展速度

时　　间	发展速度(%)x	间隔时间(年)f
2006—2010 年	108.2	5
2011—2013 年	107.8	3
2014—2019 年	113.5	6

［解］　$G = \sqrt[14]{1.082^5 \times 1.078^3 \times 1.135^6} = 1.103\ 5$

即:各年平均发展速度为 110.35%。

三、众　　数

众数是资料中重复出现次数最多的观察数据,用字母 M_0 表示。在调查单位数目很多,且有明显的集中趋势的情况下,采用众数来代表现象数量方面的一般水平,既简便又富有代表性,有其独到的使用效果。

(一)由未分组资料计算众数

对于未分组资料,不需计算,只要通过大量观察,找出出现次数最多的数据,即为众数。

例 2.11　根据 2018 年某省 30 个县级市万人拥有公交车辆(标准台)调查数据(如表 2.12 所示)求众数。

表 2.12   2018 年某省 30 个县级市万人拥有公交车辆(标准台)调查数据表

	A	B	C	D	E	F	G	H	I	J
1	23	11	7	5	5	9	7	7	18	8
2	11	7	10	7	6	7	7	9	7	6
3	6	8	8	8	9	10	6	16	4	13

资料来源:建设部网站 http://www.cin.gov.cn。

［解］　将 2018 年某省 30 个县级市万人拥有公交车辆(标准台)升序排列,如表 2.13 所示。

表 2.13   2018 年某省 30 个县级市万人拥有公交车辆(标准台)升序排列表

	A	B	C	D	E	F	G	H	I	J
1	4	5	5	6	6	6	6	7	7	7
2	7	7	7	7	7	8	8	8	8	9
3	9	9	10	10	11	11	13	16	18	23

观察表 2.13 中经升序排列的数据,就能看出出现次数最多的是 7 标准台,共出现了 8 次,即众数为 7。

(二)分组资料计算众数

在资料已分组的条件下计算众数,先确定众数的所在组,然后用"差数法"来推算众数的近似值。计算众数有下限公式和上限公式两种,其计算结果相同,可根据情况任选一个。

下限公式:

$$M_0 = L + \frac{\Delta_1}{\Delta_1 + \Delta_2} \cdot d$$

上限公式:

$$M_0 = U - \frac{\Delta_2}{\Delta_1 + \Delta_2} \cdot d$$

式中,M_0 代表众数;L 代表众数组的下限;U 代表众数组的上限;Δ_1 代表众数组与前一组的频数之差;Δ_2 代表众数组与后一组的频数之差;d 代表众数组的组距。

例 2.12　2018 年某省 30 个县级市空气质量指标见表 2.14 所示,求众数。

表 2.14　2018 年某省 30 个县级市空气质量指标

空气质量到达二级以上天数占全年比重	60%—70%	70%—80%	80%—90%	90%—100%
城市数(个)	3	6	11	10

[解]　观察表中资料,发现 80%—90% 这一组出现的次数最多,这一组就是众数组。究竟众数的具体数值是多少呢? 这就要用公式来推算。

将表中次数代入下限公式:$M_0 = 80\% + \frac{5}{5+1} \times 10\% = 88.33\%$

上限公式:$M_0 = 90\% - \frac{1}{5+1} \times 10\% = 88.33\%$

采用下限公式和上限公式计算结果都是 88.33%。

必须强调,众数只有在总体单位数充分多而又有明确的集中趋势时使用才有意义。

四、中　位　数

中位数是将调查单位的观察值排序,处于中心位置的观察值,用字母 M_e 表示。中位数将数列分为相等的两部分,一部分的观察值小于中位数,另一部分的观察值大于中位数。在许多不易计算平均数的情况下,可用中位数代表调查对象的一般水平。例如,人口年龄中位数,可表示人口总体年龄的一般水平。

(一) 由未分组资料计算中位数

如果资料未经分组,一般是先把观察数据排序,然后用 $\frac{n+1}{2}$(n 代表观察数据的次数总和)的公式计算中位数所在位次。在 n 为奇数时,这个位次的观察值即为中位数。在 n 为偶数时,中位数就是最中间的两个观察值的平均数。

例 2.13　2018 年某省 30 个县级市万人拥有公交车辆(标准台)调查数据如表 2.12 所示,求中位数。

［解］　根据资料,可知 $n=30$,中位数所在位次为 $\frac{n+1}{2}=15.5$,由表 2.13 2018 年某省 30 个县级市万人拥有公交车辆(标准台)升序排列表可知,中位数介于第 15 项和第 16 项的中间, $M_e=\frac{7+8}{2}=7.5$。

(二) 由分组资料计算中位数

在观察数据已分组的情况下,要先计算累计次数,然后用 $\frac{\sum f}{2}$ 来确定中点的位次和中位数的所在组。假定频数在组内分配是均匀的,就可按比例推算出中位数的近似值。

通常具体计算可分下限公式或上限公式:

下限公式为:

$$M_e=L+\frac{\frac{\sum f}{2}-S_{m-1}}{f_m}\cdot d$$

上限公式为:

$$M_e=U-\frac{\frac{\sum f}{2}-S_{m+1}}{f_m}\cdot d$$

式中, M_e 代表中位数; L 代表中位数所在组的下限; U 代表中位数所在组的上限; S_{m-1} 代表中位数所在组以下的累计频数; S_{m+1} 代表中位数所在组以上的累计频数; f_m 代表中位数所在组的频数; d 代表中位数所在组的组距。

例 2.14　2018 年某省 30 个县级市空气质量指标见表 2.14 所示,求中位数。

［解］　在表 2.14 的基础上,编制空气质量指标累计频数分布表,见表 2.15。

表 2.15　2018 年某省 30 个县级市空气质量指标累计频数分布表

空气质量达到二级以上天数占全年比重(%)	频数(个)	频率(%)	向上累计		向下累计	
			频数(个)	频率(%)	频数(个)	频率(%)
60—70	3	10.00	3	10.00	30	100.00
70—80	6	20.00	9	30.00	27	90.00
80—90	11	36.67	20	66.67	21	70.00
90—100	10	33.33	30	100.00	10	33.33
合　　计	30	100	—	—	—	—

从上表累计次数中,可知中位数的所在组是第三组,即在 80%—90% 组内,这样我们可在 80%—90% 这个组内确定中位数的具体数值。代入公式计算如下:

下限公式:

$$M_e=80\%+\frac{\frac{30}{2}-9}{11}\times 10\%=85.45\%$$

上限公式：

$$M_e = 90\% - \frac{\dfrac{30}{2} - 10}{11} \times 10\% = 85.45\%$$

五、算术平均数、众数、中位数的关系

算术平均数与众数、中位数的关系取决于频数分布的状况。如果观察数据的频数分布呈正态分布时，这种分布必定是对称的，在这种状态下，算术平均数与众数、中位数三者完全相等，即 $\bar{x} = M_e = M_0$，因为正态分布曲线的顶端平均点上的数据，正处在中间位置上，同时也是频数出现最多的数据。这一关系如图 2.5 所示。

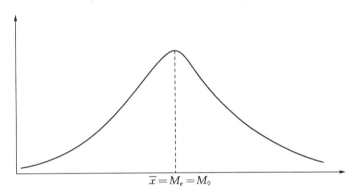

$$\bar{x} = M_e = M_0$$

图 2.5 总体次数分布的对称分布图

如果观察数据的频数分布是非对称的，算术平均数、众数、中位数会出现不相等现象，这种现象是经常发生的。三者之间的差异，取决偏度的大小，其偏度越大，三者的差异也越大。而它们之间集中趋势值大小排序，则取决于偏斜的倾向。当频数分布呈现右偏态时，说明数据存在极大值，必然拉动算术平均数向极大值一方靠，则三者之间的关系为 $\bar{x} > M_e > M_0$，这一关系如图 2.6 所示。

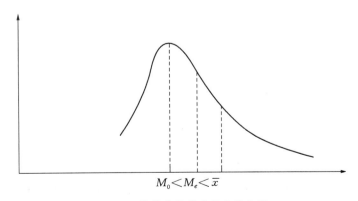

$$M_0 < M_e < \bar{x}$$

图 2.6 总体次数分布的右偏态图

当频数分布呈现左偏态时,说明数据存在极小值,必然拉动算术平均数向极小值一方靠,而众数和中位数由于是位置平均数,不受极值的影响,因此,三者之间的关系为 $\bar{x} < M_e < M_0$,这一关系如图 2.7 所示。

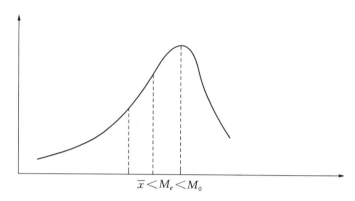

$$\bar{x} < M_e < M_0$$

图 2.7　总体次数分布的左偏态图

对于一般的偏态分布,统计学家皮尔逊曾证明过定理:

$$频数分布呈右偏态:\bar{x} - M_0 = 3(\bar{x} - M_e)$$

$$频数分布呈左偏态:M_0 - \bar{x} = 3(M_e - \bar{x})$$

这两个公式是等价的,表明中位数与算术平均数的距离大约在算术平均数与众数距离的 1/3 处。

从上面的分析我们可以看出,当频数分布出现偏态时,极端值对算术平均数产生很大的影响,而对众数、中位数没有影响,此时,用众数、中位数作为一组数据的中心值比算术平均数有较高的代表性。

第五节　变量离散趋势分析

在定量分析中,一方面要计算平均数,用以反映观察值的一般水平,另一方面也要测定离散趋势,用以反映调查单位观察值的差异程度。例如,有两个乡的水稻平均单产都是 400 公斤,甲乡的水稻单产在 350—450 公斤之间的地块占播种面积的 60%,而乙乡在 350—450 公斤之间的地块,只占播种面积的 30%。显然,在这种情况下,甲乡的收获量是比较稳定可靠的。所以,在计算平均数之后,还应该测定观察值的变动度。描述离散趋势的量有全距、四分位数差、平均差、标准差(也叫均方差)。

一、全　　距

全距就是一组观察数据中最大值与最小值之差,它说明观察数据的变动范围。因为它是观察数据中两个极端数值之差,故又称极差,一般用 R 表示,计算公式为:

$$R = 最大观察数据 - 最小观察数据$$

例如,根据表 2.12 显示的 2018 年某省 30 个县级市万人拥有公交车辆(标准台)调查数据,可以计算出全距 R 为 19 标准台。

对于分组资料,全距等于最大组的上限与最小组的下限之差。例如,根据表 2.14 显示的 2018 年某省 30 个县级市城市空气质量到达二级以上天数占全年比重的调查数据,可以计算出全距 R 为 40%。

全距的意义在于它能说明调查对象中两个极端观察值的变异范围,计算方法简便、易懂、容易掌握。但它受极端值影响很大,不能全面反映观察值的差异程度。所以,在实际应用上有一定的局限性。

二、四分位数差

(一) 四分位数的概念

中位数是用一个数将数列分成两个相等部分,每一部分含有相同个数的观察数据。依照此法,可以用两个数将数列分成三个相等部分,而用三个数将数据分成四个相等部分,用 $n-1$ 个数将数据分成 n 个相等部分。在定量分析中最常用的是将数列四等分。四分位数就是将排列数据分为四等份,使每一份含有相同个数的观察数据,其分割点称为四分位数。从数据小的一端算起。第一分割点称为第一四分位数(或下四分位数)Q_1,第二分割点称为中位数 M_e,第三分割点称为第三四分位数(或上四分位数)Q_3。Q_1、M_e、Q_3 将排列数据分为四等份,如图 2.8 所示。

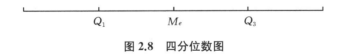

图 2.8 四分位数图

(二) 四分位数的计算

计算四分位数,首先要求出它们所在的位置点,再根据位置点确定四分位数。位置点的确定方法:

$$Q_1 = \frac{n+1}{4}$$

$$M_e = \frac{2(n+1)}{4} = \frac{n+1}{2}$$

$$Q_3 = \frac{3(n+1)}{4}$$

例 2.15 2016 年全国各地区城镇新增失业人口调查数据如表 2.16,求其四分位数。

表 2.16　2016 年全国各地区城镇新增失业人口调查数据升序表　　　单位:千人

	A	B	C	D	E	F	G	H	I	J
1	1.5	2.9	6.7	9.7	10.7	12.2	13.4	16.9	19	20.8
2	24.6	26.4	28.3	28.8	30.8	32.5	35.2	36.9	37.9	39
3	39.4	41	42.5	46.7	47.9	52.6	61	61.9	69.4	93.5
4	113									

资料来源:人力资源和社会保障部网站 http://www.mohrss.gov.cn。

［解］　Q_1 的位置点:$\dfrac{32}{4} = 8$,第八项数值是 16.9。

M_e 的位置点:$\dfrac{32}{2} = 16$,第十六项数值是 32.5。

Q_3 的位置点:$\dfrac{3 \times 32}{4} = 24$,第二十四项数值是 46.7。

(三)四分位数差

将上四分位数值与下四分位数值相减,就得到四分位数差。用公式表示就是:

$$IRQ = Q_3 - Q_1$$

利用例 2.15 计算出来的四分位数,可以求得四分位数差 $IRQ = Q_3 - Q_1 = 46.7 - 16.9 = 29.8$(千人),这比直接由表 2.16 调查数据求出的极差 111.5 千人小得多。

四分位数差同全距在计算上有共同点,也是根据两个值计算的。如果去掉四份之中一个较小观察数据和四份之中一个较大观察数据,以下四分位数和上四分位数与剩下的观察数据组成新的顺序量,则四分位数差便是极差了。四分位数差的计算比极差复杂得多。计算四分位数差的好处是可以避免极值的干扰,一定程度上能够比较客观地反映观察数据的离散情况。但四分位数差仍然只是根据观察数据的顺序位置计算的,并没有考虑各个观察数据本身的信息,所以,它只消除了极差的一个缺陷,而没有改善其他方面的不足。

三、平　均　差

平均差就是观察值与算术平均数的离差的绝对值的算术平均数,它能综合反映各观察数据的差异程度,通常用 $A \cdot D$ 表示。

(一)由未分组资料计算平均差

在观察数据未经分组时,采用简单平均式。其计算公式为:

$$A \cdot D = \frac{\sum |x - \bar{x}|}{n}$$

例 2.16　2017 年华东地区研究与试验发展(R&D)经费支出情况如表 2.17 所示,要求计算 R&D 经费支出的平均差。

表 2.17 2017 年华东地区研究与试验发展（R&D）经费支出情况　　　单位：亿元

地　区	R&D 经费支出	地　区	R&D 经费支出
上　海	1 205.2	福　建	543.1
江　苏	2 260.1	江　西	255.8
浙　江	1 266.3	山　东	1 753
安　徽	564.9		

资料来源：国家统计局网站 http://www.stats.gov.cn。

［解］ 首先要求出算术平均数，$\bar{x} = \dfrac{\sum x}{n} = \dfrac{7\ 848.4}{7} = 1\ 121.2$

然后计算离差及离差总和，$\sum |x - \bar{x}| = 3\ 999.6$

最后代入平均差计算公式求得平均差。$A \cdot D = \dfrac{\sum |x - \bar{x}|}{n} = \dfrac{3\ 999.6}{7} = 571.37$（亿元）

计算结果表明，R&D 经费支出的平均差为 571.37 亿元。具体过程见表 2.18。

表 2.18 平均差计算表　　　单位：亿元

地　区	R&D 经费支出	$|x - \bar{x}|$
上　海	1 205.2	84.0
江　苏	2 260.1	1 138.9
浙　江	1 266.3	145.1
安　徽	564.9	556.3
福　建	543.1	578.1
江　西	255.8	865.4
山　东	1 753	631.8
总　和	7 848.4	3 999.6
均　值	1 121.2	—
平均差	—	571.37

（二）由已分组资料计算平均差

根据频数分布数列计算平均差时，采用加权平均式，其计算公式为：

$$A \cdot D = \frac{\sum |x - \bar{x}| \cdot f}{\sum f}$$

例 2.17 由表 2.6 中 50 个家庭食品消费支出的资料，要求计算食品消费支出的平均差。

［解］ 首先计算算术平均数，$\bar{x} = \dfrac{\sum xf}{\sum f} = \dfrac{43\ 200}{50} = 864$（元）

然后计算离差及离差总和,具体过程见表2.19。

最后代入加权平均式,计算平均差。$A \cdot D = \dfrac{\sum |x - \bar{x}| \cdot f}{\sum f} = \dfrac{620}{50} = 124.8$(元)。 具体过程见表2.19。

计算结果表明,该社区50户家庭的月食品消费支出的差异程度平均为124.8元。

表 2.19　平均差计算表

消费支出(元)	组中值 x	家庭数 f	xf	离差 $x - \bar{x}$	离差绝对值 $|x - \bar{x}|$	离差总和 $|x - \bar{x}| \cdot f$
500—600	550	3	1 650	−314	314	942
600—700	650	5	3 250	−214	214	1 070
700—800	750	8	6 000	−114	114	912
800—900	850	14	11 900	−14	14	196
900—1 000	950	10	9 500	86	86	860
1 000—1 100	1 050	6	6 300	186	186	1 116
1 100—1 200	1 150	4	4 600	286	286	1 144
总　　和	—	50	43 200	—	—	6 240
均　　值	—	—	864	—	—	—
平均差	—	—	—	—	—	124.8

平均差计算简便,意义明确,而且平均差是根据所有观察数据计算的,因此它能够准确、全面地反映数据的变异程度。但是,由于平均差是用绝对值进行运算的,它不适宜于代数形式处理,所以在实际应用上受到很大的限制。

四、方差和标准差

方差是各观察值与其算术平均数离差平方的算术平均数。标准差是方差的平方根。

方差和标准差同平均差一样,也是根据全部数据计算的,反映每个数据与其算术平均数相比平均相差的数值,因此它能准确地反映出数据的差异程度。但与平均差不同之处是在计算时的处理方法不同,平均差是取离差的绝对值消除正负号,而方差、标准差是取离差的平方消除正负号,这更便于数学上的处理。因此,方差、标准差是实际中应用最广泛的离散程度度量值。

(一) 方差

1. 方差的计算公式。

未分组数据:
$$\sigma^2 = \frac{\sum (x - \bar{x})^2}{n}$$

已分组数据：
$$\sigma^2 = \frac{\sum (x - \bar{x})^2 f}{\sum f}$$

2. 方差的计算步骤：

(1) 求观察数据的算术平均数；

(2) 把观察数据与算术平均数相减，得出观察数据的离差；

(3) 用平方的方法消除离差的正负号，即求出离差的平方；

(4) 计算离差平方和；

(5) 计算离差平方和的算术平均数，得到方差。

(二) 标准差

对方差开平方就得到标准差，所以，标准差是观察值与它们的算术平均数离差平方的算术平均数的算术平方根。

1. 由未分组资料计算标准差。

计算公式为：
$$\sigma = \sqrt{\frac{\sum (x - \bar{x})^2}{n}}$$

例 2.18　根据表 2.17 的资料，计算 2017 年华东地区研究与试验发展(R&D)经费支出的方差和标准差。

[解]　计算过程见表 2.20。

表 2.20　2017 年华东地区研究与试验发展(R&D)经费支出的方差和标准差

地　区	R&D 经费支出(亿元)	离差 $x - \bar{x}$	离差平方 $(x - \bar{x})^2$
上　海	1 205.2	84.0	7 056.00
江　苏	2 260.1	1 138.9	1 297 093.21
浙　江	1 266.3	145.1	21 054.01
安　徽	564.9	−556.3	309 469.69
福　建	543.1	−578.1	334 199.61
江　西	255.8	−865.4	748 917.16
山　东	1 753.0	631.8	399 171.24
总　和	7 848.4	—	3 116 960.92
均　值	1 121.2	—	—
方　差	—	—	445 280.13
标准差	—	—	667.29

2. 由已分组资料计算标准差。

计算公式为:

$$\sigma = \sqrt{\frac{\sum (x - \bar{x})^2 f}{\sum f}}$$

例 2.19   2015 年度全国 101 个县(市)社会经济综合发展指数测评结果见表 2.21。根据表 2.21 计算标准差。

表 2.21   2015 年度全国 101 个县(市)社会经济综合发展指数测评结果

综合发展指数(%)	县(市)数	向上累计	向下累计
50—60	2	2	101
60—70	54	56	99
70—80	25	81	45
80—90	8	89	20
90—100	5	94	12
100—110	1	95	7
110—120	4	99	6
120—130	2	101	2
合 计	101	—	—

资料来源:国家统计局网站 http://www.stats.gov.cn。

[解]   (1)求观察数据的算术平均数:

$$\bar{x} = \frac{\sum xf}{\sum f} = \frac{7\,465}{101} = 73.91(\%)。$$

(2)把观察数据与算术平均数相减,得出观察数据的离差。

(3)用平方的方法消除离差的正负号;即求出离差的平方。

(4)计算离差平方和。

上述四步的计算过程见表 2.22。

(5)计算离差平方和的算术平均数,得到方差:

$$\sigma^2 = \frac{\sum (x - \bar{x})^2 f}{\sum f} = \frac{21\,180.39}{101} = 209.71(\%)$$

(6)求方差的算术平方根,得到标准差:

$$\sigma = \sqrt{\frac{\sum (x-\bar{x})^2 f}{\sum f}} = \sqrt{209.71} = 14.48(\%)$$

表 2.22 社会经济综合发展指数算术平均数和标准差计算表

综合发展指数 （%）	县(市)数 f	组中值(%) x	xf	离差 $x-\bar{x}$	离差平方 $(x-\bar{x})^2$	离差平方加权 $(x-\bar{x})^2 f$
50—60	2	55	110	−18.91	357.59	715.18
60—70	54	65	3 510	−8.91	79.39	4 287.06
70—80	25	75	1 875	1.09	1.19	29.75
80—90	8	85	680	11.09	122.99	983.92
90—100	5	95	475	21.09	444.79	2 223.95
100—110	1	105	105	31.09	966.59	966.59
110—120	4	115	460	41.09	1 688.39	6 753.56
120—130	2	125	250	51.09	2 610.19	5 220.38
合　计	101		7 465			21 180.39
均　值			73.91			
方　差						209.71
标准差						14.48

标准差和算术平均数是统计学中两个基本测度,在正态频数分布中,标准差和算术平均数起着关键性作用,一旦给定算术平均数与标准差,正态分布就完全确定了。对于一个正态频数分布,在算术平均数的两端各标出一个标准差的距离,那么得到的范围包括观察值个数的 68.27%,即 68.27% 观察数据落在算术平均数正负一个标准差之间。同样可以证明,算术平均数正负两个标准差之间的观察数据个数为 95.45%,三个标准差之间的观察数据个数为 99.73%,如图 2.9 所示。

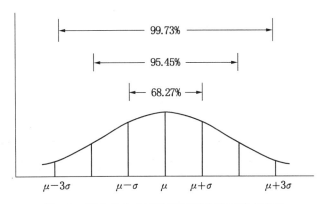

图 2.9 正态分布中平均数两侧观察值分布情况

五、变异系数和偏态系数

(一) 变异系数

对于不同的社会现象由于指标的计量单位不同,不能直接进行对比;即使是同类现象在平均指标不相等的情况下,也不能直接对比。这是因为离散趋势指标数值的大小不仅受观察值之间差异程度的影响,而且还直接受观察值本身水平高低的影响。只有在两组观察值的平均数相同的情况下,才可以通过平均差或标准差直接进行比较;如果平均数不等,就不能直接进行比较,这时,必须计算变异系数才能进行比较。

变异系数是用来对比分析不同数列离散趋势大小的指标,它是标准差与其相应的平均数的比,其公式为:

$$\nu = \frac{\sigma}{\bar{x}}$$

上式 ν 代表变异系数。

例 2.20　从某校一年级大学生中随机抽取 100 人,测得他们的身高和体重平均值分别是 168 厘米和 52 公斤,相应的标准差为 9 厘米和 5 公斤,问身高和体重的哪一个差异大。

〔解〕　身高与体重不是同一类性质的指标,尽管知道了身高的标准差是 9 厘米,体重的标准差 5 公斤,但仍然无法判断它们差别的大小。但如果计算了它们的变异系数,将身高和体重的标准差转换成抽象的无名数,情况就不同了。

身高变异系数:

$$\nu = \frac{9}{168} = 0.053\ 6$$

体重变异系数:

$$\nu = \frac{5}{52} = 0.096\ 2$$

0.096 2 大于 0.053 6,表明体重的差异比较大。

变异系数也是离散趋势的一个重要测度,在观察值基数水平和研究对象性质不同的几组资料间进行比较时,变异系数更能够反映问题。

(二) 偏态系数

如前所述,在完全对称分布中,算术平均数与众数、中位数合而为一,在非对称的分布中,算术平均数与众数、中位数彼此分离,算术平均数与众数分居两边,中位数介于两者之间。因此,用算术平均数与众数之间的距离作为测定偏态的一个尺度。即偏态=算术平均数－众数。 这是偏态的绝对数。算术平均数与众数之间的距离愈大,偏态的绝对数愈大,表示频数分布的非对称程度愈大;算术平均数与众数之间的距离愈小,偏态的绝对数愈小,表示频数分布的非对称程度愈小。

由于偏态的绝对数的大小往往受其观察值大小的影响,同一个偏态绝对数,如原有数列的观察值较小,则可以代表较大的偏态;如原有数列的观察值较大,则可以代表较小的偏态。因此,用偏态的绝对数不能直接对比不同数列的偏态程度。

为了使不同数列的偏态数值能够相互对比,就需要计算偏态系数。偏态系数是从相对数上表明偏态程度,简称偏度。其公式为:

$$SK_p = \frac{\bar{x} - M_0}{\sigma}$$

式中,SK_p 代表偏态系数,M_0 代表众数,σ 代表标准差。

由上列公式可知:当 $\bar{x} = M_0$(即算术平均数等于众数时),偏态系数(SK_p)为零,分布是对称的(如图 2.5);当 $\bar{x} > M_0$(即算术平均数大于众数时),偏态系数(SK_p)为正值,属于右偏(如图 2.6);当 $\bar{x} < M_0$(即算术平均数小于众数时),偏态系数(SK_p)为负值,属于左偏(如图 2.7)。因为偏态系数是以标准差为单位的算术平均数与众数的离差程度,因而其数值的变动范围,一般在 0 与 ±3 之间,+3 表示极右偏态,-3 表示极左偏态。

计算偏态系数时,如果公式中的众数不易计算,可以用中位数代替。根据前述英国统计学家皮尔逊证明过的定理 $\bar{x} - M_0 = 3(\bar{x} - M_e)$,得

$$SK_p = \frac{3(\bar{x} - M_e)}{\sigma}$$

例 2.21　2015 年度全国 101 个县(市)社会经济综合发展指数测评结果见表 2.21,要求计算偏态系数,并说明分布曲线特征。

[解]　(1)计算众数。观察表 2.21 中资料,发现次数最多的县(市)数在 60%—70% 这一组,这就是众数组。究竟众数的具体数值是多少呢? 这要用公式来推算。下限公式:

$$M_0 = L + \frac{\Delta_1}{\Delta_1 + \Delta_2} \times d = 66.42\%$$

上限公式:$M_0 = U - \frac{\Delta_2}{\Delta_1 + \Delta_2} \times d = 66.42\%$

(2)计算标准差。由例 2.19 的计算可知,标准差为 14.48%。

(3)计算偏态系数。

$$SK_p = \frac{\bar{x} - M_0}{\sigma} = 0.52$$

由于偏态系数大于 0,该分布是向右倾斜的。

应用案例

2015 年全国 1% 人口抽样调查方案

根据《国务院办公厅关于开展 2015 年全国 1% 人口抽样调查的通知》(国办发〔2014〕33 号)和《全国人口普查条例》(中华人民共和国国务院令第 576 号),制定 2015 年全国 1% 人口

抽样调查方案。

一、调查目的和组织实施

（一）2015 年全国 1% 人口抽样调查的目的是了解 2010 年以来我国人口在数量、素质、结构、分布以及居住等方面的变化情况，为制定国民经济和社会发展规划提供科学准确的统计信息支持。

（二）调查工作按照"统一领导、分工协作、分级负责、共同参与"的原则组织实施。

国家和县以上地方各级人民政府成立 2015 年全国 1% 人口抽样调查工作领导机构及其办公室，被抽中的乡、镇和街道办事处成立 1% 人口抽样调查办公室，领导和组织实施全国和本地区的 1% 人口抽样调查工作。

2015 年全国 1% 人口抽样调查领导机构各成员单位要按照各自职能分工，认真做好相关工作。

（三）2015 年全国 1% 人口抽样调查所需经费，按照分级负担原则，由中央和地方各级人民政府共同负担，并列入相应年度的财政预算，按时拨付、确保到位。

（四）各级调查机构及其工作人员要坚持依法调查。严格执行《中华人民共和国统计法》和《全国人口普查条例》的有关规定。调查取得的数据，严格限定用于调查目的，不得作为任何部门和单位对各级行政管理工作实施考核、奖惩的依据，不得作为对调查对象实施处罚的依据。

（五）各级宣传部门和调查机构应采取多种方式，积极做好 1% 人口抽样调查的宣传工作，为 1% 人口抽样调查工作的开展营造良好的社会氛围。

（六）各级 1% 人口抽样调查领导机构对本行政区域的调查数据质量负责，确保调查数据真实、准确、完整、及时。

二、调查标准时点、对象、内容和方式

（七）调查的标准时点为 2015 年 11 月 1 日零时。

（八）调查对象为抽中调查小区内的全部人口（不包括港澳台居民和外国人）。

应在抽中调查小区内登记的人包括：2015 年 10 月 31 日晚居住在本调查小区的人；户口在本调查小区，2015 年 10 月 31 日晚未居住在本调查小区的人。

中国人民解放军现役军人由军队领导机关统一进行调查。

（九）调查内容主要包括姓名、性别、年龄、民族、受教育程度、行业、职业、迁移流动、社会保障、婚姻、生育、死亡、住房情况等。

（十）调查以户为单位进行登记，户分为家庭户和集体户。

（十一）调查采用调查员手持电子终端设备（PDA）入户登记与互联网自主填报相结合的方式。

住户可以选择由调查员手持电子终端设备（PDA）入户登记的方式，也可以选择在互联

网上填写调查表直接上报的方式。

（十二）调查表分为《2015 年全国 1‰人口抽样调查表》《2015 年全国 1‰人口抽样调查死亡人口调查表》。

三、抽样方法、调查小区划分和绘图

（十三）全国调查的样本量约占全国总人口的 1‰左右。调查以全国为总体，各地级市为子总体，采取分层、二阶段、概率比例、整群抽样方法，其中群即最终样本单位为调查小区。

（十四）二阶段抽样的方法为：第一阶段抽取村级单位，第二阶段抽取调查小区。在第一阶段抽样时，抽取方法为分层、概率比例抽样。

样本的抽取由全国 1‰人口抽样调查办公室负责实施。

（十五）调查小区的划分、编码和绘图。2015 年全国 1‰人口抽样调查小区规模划分原则为 80 个住房单元，常住人口大约 250 人左右。在划分调查小区的同时，绘制抽中村级单位内调查小区分布图、并给调查小区升序编码，绘制抽中调查小区内所有建筑物的分布图。

四、调查的宣传、试点和物资准备

（十六）各级宣传部门和调查机构要组织协调新闻媒体，通过报刊、广播、电视、互联网、新媒体和户外广告等多种渠道，宣传调查的重大意义、政策规定和工作要求，积极营造良好的调查氛围。

（十七）全国 1‰人口抽样调查办公室负责组织国家级试点。省级 1‰人口抽样调查办公室负责组织本地区的试点。

（十八）调查所需的物资由各级 1‰人口抽样调查办公室根据所承担的工作任务负责准备。

五、调查指导员和调查员的借调、招聘和培训

（十九）每个调查小区至少配备一名调查员，每个被抽中的乡、镇、街道至少配备一名调查指导员。

（二十）调查指导员和调查员应当由具有初中以上文化水平、身体健康、经培训能够使用手持电子终端设备（PDA），工作认真负责、能够胜任调查工作的人员担任。

（二十一）调查指导员和调查员的借调、招聘工作由县级 1‰人口抽样调查领导机构负责。

（二十二）调查指导员和调查员可以从党政机关、社会团体、企业事业单位借调，也可以从村民委员会、居民委员会或者社会招聘。

（二十三）培训工作分级进行。全国 1‰人口抽样调查办公室负责对省级 1‰人口抽样调查办公室的业务骨干进行培训；省级 1‰人口抽样调查办公室负责对市、县级 1‰人口抽样调查办公室的业务骨干进行培训；市、县级 1‰人口抽样调查办公室共同负责培训调查指

导员和调查员。

　　培训工作应于 2015 年 10 月 15 日前完成。

六、调查摸底、登记

　　（二十四）调查登记以前，调查员和调查指导员要对调查小区的人口状况进行摸底工作，明确调查登记的范围、绘制调查小区图、编制调查小区户主姓名底册。

　　摸底工作应于 2015 年 10 月 31 日前完成。

　　（二十五）现场登记工作从 2015 年 11 月 1 日开始，采用调查员手持 PDA 入户询问、现场填报，或由住户通过互联网自主填报的方式进行。

　　对完成 PDA 登记的住户，调查指导员应及时组织调查员进行复查，经核实无误后上报。

　　选择互联网填报的住户应于 2015 年 11 月 7 日前完成调查表的填写和提交。对在规定时间内没有完成的住户，调查员将再次入户使用 PDA 进行登记。

　　全部登记工作应于 11 月 15 日前完成。

七、事后质量抽查

　　（二十六）登记工作完成后进行事后质量抽查。全国 1‰人口抽样调查办公室负责事后质量抽查样本的抽取，省级 1‰人口抽样调查办公室负责事后质量抽查工作的组织实施。

　　（二十七）事后质量抽查工作应于 2015 年 11 月 25 日以前完成。

　　（二十八）事后质量抽查结果只作为评价全国调查数据质量的依据。

八、调查数据的汇总、发布和管理

　　（二十九）登记工作结束后，县级 1‰人口抽样调查办公室负责组织调查表的行业和职业编码。编码前应对编码人员进行严格培训。

　　编码工作应于 2015 年 11 月 20 日以前完成。

　　（三十）调查数据的处理工作由 1‰人口抽样调查办公室负责。汇总程序由全国 1‰人口抽样调查办公室统一下发。

　　（三十一）国家统计局和全国 1‰人口抽样调查办公室对数据进行审核后发布主要数据公报。各省、自治区、直辖市的主要数据应于国家公报发布之后发布。

　　（三十二）调查的原始数据由全国和省级 1‰人口抽样调查办公室负责管理。

九、其　　他

　　（三十三）调查工作全部结束后，各级 1‰人口抽样调查办公室要对这次调查工作进行全面的总结，并报同级人民政府和上级调查领导机构。

（三十四）交通极为不便的地区,需采用其他登记时间和方法的,须报请全国1‰人口抽样调查工作协调小组批准。

（三十五）全国1‰人口抽样调查办公室根据本方案制定各项工作实施细则和有关技术文件。

（三十六）本方案由全国1‰人口抽样调查办公室负责解释。

（资料来源:国家统计局网站,http://www.stats.gov.cn/ztjc/zdtjgz/cydc/xw/201510/t20151028_1263109.htm。）

思考题

1. 2018年,我国各省、直辖市职工年平均工资资料如下:

（单位:万元）

	A	B	C	D	E	F	G	H	I	J
1	29.67	21.75	12.93	12.94	13.32	14.92	12.43	12.56	30.09	18.20
2	23.51	12.93	15.60	11.86	14.33	12.11	11.86	13.94	22.12	13.56
3	12.65	14.36	14.06	12.43	14.58	30.87	13.02	13.62	17.23	14.62
4	14.48									

要求:

（1）职工年平均工资的中位数是多少?

（2）职工年平均工资的众数是多少?

（3）四分位数、四分位差是多少?

2. 某地101例30—49岁男子血清总胆固醇值(mg/100 ml)如下:

```
184.0   130.0   237.0   152.5   137.4   163.2   166.3   181.7
219.7   176.0   168.8   208.0   243.1   201.0   278.8   214.0
151.7   201.0   199.9   222.6   184.9   197.8   200.6   197.0
181.4   183.1   135.2   169.0   188.6   241.2   205.5   173.6
178.8   139.4   171.6   171.1   155.7   225.7   157.9   129.2
157.5   185.1   204.8   191.7   122.7   199.1   196.7   226.3
185.0   206.2   163.8   166.9   184.0   245.6   188.5   214.3
117.5   175.7   129.3   188.0   160.9   225.7   199.2   174 6
168.9   166.3   176.7   220.7   252.9   183.6   177.9   160.8
172.6   131.2   150.9   104.2   177.5   157.9   230.0   211.5
170.0   207.8   150.0   177.7   172.6   140.6   167.6   199.9
237.1   125.1   117.9   159.2   251.4   181.1   164.0   153.4
246.4   196.6   155.4   175.7   189.2
```

要求:

（1）编制频数分布表;

（2）利用频数分布表计算众数,中位数,四分位数;

（3）利用频数分布表计算平均数,标准差及变异系数;

（4）计算偏态系数,并说明正负号的含义。

3. 有甲乙两个品种的粮食作物,经播种实验后得知甲品种的平均亩产量为 998 公斤,标准差为 162.7 公斤。乙品种实验资料如下:

亩产量(公斤/亩)	播种面积(亩)
1 000	0.8
950	0.9
1 100	1.0
900	1.1
1 050	1.2

要求:研究两个品种的平均亩产量,确定哪个品种具有较大稳定性,更有推广价值。

第三章　抽　样　推　断

第一节　抽样推断的基本问题

一、抽样推断的基本概念

(一) 抽样推断的概念

抽样调查是一种非全面调查,它是按随机原则从全部研究对象中抽取一部分单位进行观察,获得各项观察数据。而抽样推断则是根据抽样调查所取得的数据资料,对研究对象全体的数量特征作出具有一定可靠性的估计和判断,以达到对现象总体的认识。简言之,抽样推断就是根据抽样调查的资料推算总体数量特征的一种研究方法。

在日常生活和工作中,人们的知识和经验以及对某事物形成的看法,在很大程度上都是以样本为依据的。比如,卫生防疫部门为检查饮用水是否符合卫生标准,通常会抽取一部分样品进行化验;环保部门对空气质量、大气污染等调查,也是抽取一部分样品进行的。

(二) 总体与样本

总体是指所要研究的调查对象的全体,是由调查对象的所有单位构成的集合体。例如,我们要研究某城市职工的生活水平,则该城市全部职工就构成总体。总体单位数称为总体容量,通常用大写的字母 N 代表总体的单位数。

样本是按随机原则从总体中抽取的一部分单位组成的集合体,它是总体的一个子集。样本单位数称为样本容量,用小写字母 n 代表样本的单位数。

例如,某城市有 20 万个住户,我们要采用抽样推断的方法研究该城市住户的家庭收支情况,则该城市全部住户构成总体,总体容量 N 为 20 万。如果从全部住户中随机抽取千分之五即 1 000 户进行调查,则被抽中的 1 000 户构成样本,样本容量 n 为 1 000。按照样本容量的大小可以将样本分为大样本和小样本。一般地说,$n \geqslant 30$ 时为大样本,$n < 30$ 时为小样本。在对社会经济现象进行抽样推断时,多数采用大样本。

应当注意的是,作为抽样推断对象的总体是唯一确定的,但作为观察对象的样本就不是唯一的。从一个总体中可以抽取很多个样本,每次抽到哪个样本是不确定的。明白这一点对理解抽样推断是很重要的。

(三) 参数与统计量

参数是根据总体各单位标志值计算的,反映总体数量特征的综合指标。参数主要包括总体平均数和总体标准差。相应的计算公式是:

总体平均数:
$$\mu = \frac{\sum x}{N} \text{ 或 } \mu = \frac{\sum xf}{\sum f}$$

总体标准差:
$$\sigma = \sqrt{\frac{\sum (x-\mu)^2}{N}} \text{ 或 } \sigma = \sqrt{\frac{\sum (x-\mu)^2 f}{\sum f}},$$

总体参数的特点是:参数所反映的总体范围是明确的;参数的计算方法是已知的,但具体参数值却是未知的,需要用抽样估计推断它。

统计量是指由样本各单位标志值计算的,反映样本数量特征的综合指标。它是用来估计总体参数的,因此与常用的参数相对应的统计量包括样本平均数和样本标准差。相应的计算公式是:

样本平均数:
$$\bar{x} = \frac{\sum x}{n} \text{ 或 } \bar{x} = \frac{\sum xf}{\sum f}$$

样本标准差:
$$s = \sqrt{\frac{\sum (x-\bar{x})^2}{n}} \text{ 或 } s = \sqrt{\frac{\sum (x-\bar{x})^2 f}{\sum f}}$$

修正的样本标准差:
$$s = \frac{1}{n-1}\sqrt{\sum (x-\bar{x})^2}$$

统计量的特点是:当抽取一个样本后,则不论样本的范围,统计量的计算方法和具体数值都是可以求得的。但不同的样本会有不同的数值,所以统计量是样本变量的函数,它本身也是随机变量。

二、抽样推断的特点

1. 按随机原则从全及总体中抽取样本。

随机原则又称为等可能性原则,是指在抽取样本时,排除人们主观意图的作用,使得总体中的各单位均以相等的机会被抽中。例如,从一定面积的小麦田中,通过随机抽样,抽取若干地块实割实测,计算平均亩产,以此来推断全部面积的小麦产量。再如,对一批产品进行质量检查时,从全部产品中随机抽取部分产品进行检测计算合格率,以此来推断全部产品的合格率等等。

2. 用样本指标数值去推断和估计总体指标数值。

根据抽样调查所获得的样本数据资料对总体的数量特征进行推断,是抽样调查的基本特征和目的所在。重点调查和典型调查与抽样调查一样属于非全面调查,但一般不用其调查结果估计总体指标数值。

3. 在抽样调查中不可避免的存在抽样误差,但事先可以对抽样误差进行计算并加以控制。

抽样调查是以样本的统计量来估计总体的数量特征,必然存在一定的误差,但在随机抽样条件下,误差可以事先通过资料计算出来并加以控制,从而使抽样调查在一定的可信度下来进行。

三、抽样推断的作用

1. 对无法进行全面调查的现象,可以通过抽样推断的方法,掌握全面资料。

有些现象是无法进行全面调查的,为了测算全面资料,必须采用抽样的方法。例如,对无限总体不能采用全面调查;另外,有些产品的质量检查具有破坏性,如电视机使用寿命检验、罐头的防腐期限试验、轮胎的里程试验等,这些调查所使用的测试手段对产品具有破坏性,不可能进行全面调查,只能采用抽样调查。

2. 对没有必要或很难进行全面调查的现象,也要采用抽样推断。

从理论上讲,有些现象虽然可以进行全面调查,但实际上没有必要或很难办到,也要采用抽样推断。例如,要了解全国城乡居民的家庭生活状况,从理论上讲可以挨门逐户进行全面调查,但是调查范围太大,调查单位太多,实际上难以办到,也没有必要。采用抽样调查可以节约时间、人力、物力和财力,提高调查结果的时效性,又能达到和全面调查同样的目的和效果。

3. 可以用抽样推断的结果对全面调查的结果进行检查和修正。

全面调查涉及面宽,工作量大,参加人员多,调查结果容易出现差错。所以,要在全面调查(如人口普查)之后进行抽样复查,根据抽查结果计算差错率,并以此为依据检查和修正全面调查结果,提高全面调查质量。

4. 可以对某些总体的假设进行检验,以决定行动的取舍。

利用抽样推断原理,可以对某些总体的假设进行检验,来判别这种假设的真伪,以决定行动的取舍。例如,某地区上年职工家庭年收入为72 000元,当年抽样调查结果表明,职工家庭年收入为71 000 元,这是否意味着职工生活水平下降呢? 我们还不能下这个结论,最好先通过假设性检验,检验这两年职工家庭收入是否存在显著性统计差异,然后才能判断该地区当年职工年收入是否低于上年水平。

总之,抽样推断是一种科学实用的方法,目前它不仅广泛应用于自然科学领域,也愈来愈多地应用于社会经济现象数量方面的研究。随着抽样推断理论的发展,抽样推断技术的进步和完善,抽样推断在管理领域的应用将会愈加普及。

四、抽样调查的方法

在所有随机抽样调查方式中,最基本、最常用的方式有简单随机抽样、类型抽样、机械抽样、整群抽样。

（一）简单随机抽样

简单随机抽样，又称为纯随机抽样，它是按照随机原则直接从总体 N 个单位中抽取 n 个单位作样本，使每个总体单位都有同等的机会被抽中。简单随机抽样是抽样调查中最基本的，也是最单纯的方式，适合于均匀总体。

简单随机抽样最原始的抽样方法就是抽签摸球。具体做法是将每一个被抽选总体单位都用一个签或球来代表，然后把它们搅均匀，从中随机摸取，抽中者即为样本单位，直到抽满所需的样本容量 n 为止。显然，这种方法一般适用于总体单位比较少的情况。如果总体单位数目很大，手续比较麻烦则不宜采用。

最常用的抽样方法是利用随机数表，这种表是由计算机或其他随机方法制成的，即 0、1、2 ⋯ 9 这 10 个数字出现的概率是相同的，但排列的先后顺序则是随机的。在使用随机数表抽取样本之前，首先应将各个总体单位编上号码；然后在随机数表中任意地取数，凡是抽中的数字与相应的总体单位号码相一致时，该单位即为抽中的单位。若抽中的数字无相应的总体单位号码，则该数字被放弃，再重新抽取下一个数，直到抽满预定的样本容量 n 为止。

虽然简单随机抽样从理论上说最符合随机原则，它是其他抽样方式的基础，也是衡量其他抽样方式抽样效果的标准。但是，它在实践中受到很大的限制：首先，当总体很大时，编号工作就很困难，对于连续生产的企业产品编号也不可能。另外，当总体各单位标志值之间差异很大时，采用这种抽样方式并不能保证样本的代表性。

（二）类型抽样

类型抽样，又称为分层抽样。它首先把总体各单位按某一标志分成若干个类型组，使各组组内标志值比较接近，然后分别在各组组内按随机原则抽取样本单位。类型抽样的特点在于它把分组法和贯彻随机原则结合起来。

类型抽样的优点：(1)它提高了样本的代表性。因为样本单位是从各类型组中抽取的，样本中有各种标志值水平的单位。(2)降低了影响抽样平均误差的总体方差。在总体分组的情况下，总体方差有两部分组成：一部分是组间方差，即各类型组之间标志值差异程度；另一部分是组内方差，即各组组内各单位标志值之间差异程度。在类型抽样的情况下，因为从各类型组都抽取了样本单位，所以，对各类型组来说是全面调查，因此，组间方差是可以不考虑的。影响抽样误差的总方差是组内方差。

提高类型抽样的效果，关键是如何分组。分组的原则是，从客观经济现象出发，在定性分析的基础上，尽量缩小组内标志值变异，增加组间标志值变异，这种做法能缩小组内方差增大组间方差，从而降低影响抽样误差的总方差。

类型抽样具体分为两种方法：等比例类型抽样和不等比例类型抽样。

（三）机械抽样

机械抽样又称为等距抽样或系统抽样，它是事先将总体各单位按某一标志排列，然后依固定顺序和间隔抽选调查单位的一种抽样组织形式。如对职工按姓氏笔画顺序排队，然后按此顺序等间隔地抽取样本单位进行调查。等距抽样要计算抽取间隔,间隔等于总体单位数除以样本容量。

例如从 10 000 名职工中抽取 2% 即 200 名进行调查,职工可先按姓氏笔画排队列表,然后按排队顺序分 200 组(组数等于样本容量),每组 50 人(50 也是抽取间隔)。假设第一组随机抽取第 5 号职工,那么第一组样本单位的顺序号是 5,第二个样本单位的顺序号是 55,第三个样本单位的顺序号是 105,其余类推,最后一个样本单位的顺序号是 9 955。

(四) 整群抽样

整群抽样是先将总体各单位划分成若干群(组),然后以群(组)为单位从总体中随机抽取一些群(组),对中选群(组)的所有单位进行全面调查的抽样组织形式。例如,对一城市居民进行生活水平调查,如果不是从全部城市住户中直接抽选住户进行调查,而是从城市全部居民委员会中随机抽选若干居委,对被抽中的居委会所有住户都进行调查,这就是整群抽样。该城市的每一居委会就是一群。再如,对连续生产的企业,每小时都抽选最后 10 分钟生产的全部产品进行调查,那么每小时最后 10 分钟生产的全部产品就是一群。如果一天 24 小时生产的全部产品构成全及总体,则全及总体有 144 群,样本有 24 群。

整群抽样的优点是节约和方便。例如,整群抽样不需要编制总体单位名单,只需要编制总体群的名单。两者相比后者工作量少多了。在社会经济调查中,总体单位通常总是以某种社会经济组织形式结合为群体,所以利用这些群体作为整群抽样的"群"会给调查的组织工作和搜集资料工作提供方便。例如以居委会和街道为单位组织城市住户调查是非常方便的。

整群抽样对抽样误差的影响可以分两种情况:如果总体群内方差小,群间方差大,则样本的代表性降低,抽样误差增加;如果总体群内方差大,群间方差小,则样本代表性提高,抽样误差减小。因此,为了减小抽样平均误差,总体在分群的时候,注意增大群内方差,降低群间方差。

第二节 抽样分布与抽样误差

一、抽 样 分 布

(一) 抽样分布的含义

抽样分布就是从总体中抽出相同容量的全部样本,并计算出统计量的值,然后以统计量的值为标志编制的频数分布表。通常把这种样本指标的频数分布叫抽样分布。为了更好地理解抽样分布的概念,我们还是举例说明。

例 3.1 有一个包括 4 名学生的总体,他们的体重是甲 85 磅,乙 95 磅,丙 105 磅,丁 115 磅。其平均体重是 100 磅,即总体平均数 μ 是 100 磅。假定从 4 人中按简单随机抽样的方法抽取 2 人进行调查,测定其平均体重的抽样分布。

[解] 在重复抽样条件下从 4 人中抽选 2 人组成一个样本,一共可能组成 4^2 共 16 个样本。每个样本都有一个平均数,计算过程见表 3.1。

表 3.1   样本平均数计算表

样	本	体重(x)		样本平均数($\bar{x}$)
甲	甲	85	85	85
甲	乙	85	95	90
甲	丙	85	105	95
甲	丁	85	115	100
乙	甲	95	85	90
乙	乙	95	95	95
乙	丙	95	105	100
乙	丁	95	115	105
丙	甲	105	85	95
丙	乙	105	95	100
丙	丙	105	105	105
丙	丁	105	115	110
丁	甲	115	85	100
丁	乙	115	95	105
丁	丙	115	105	110
丁	丁	115	115	115
合	计	—	—	1 600

根据表 3.1 的资料,可以得到总体分布和样本均值分布的情况,见表 3.2、表 3.3、图 3.1、图 3.2。

表 3.2   总体均值分布表

体重(x)	85	95	105	115
频数(名)	1	1	1	1

总体均值:
$$\mu = \frac{\sum x}{N} = 100(磅)$$

总体方差:
$$\sigma^2 = \frac{\sum (x - \mu)^2}{N} = 125(磅)$$

表 3.3   样本均值分布表

样本均值($\bar{x}$)	85	90	95	100	105	110	115
频 数(次)	1	2	3	4	3	2	1

样本均值：

$$\bar{x} = \frac{\sum xf}{\sum f} = 100（磅）$$

样本方差：

$$s^2 = \frac{\sum (x - \bar{x})^2 f}{\sum f} = 62.5（磅）$$

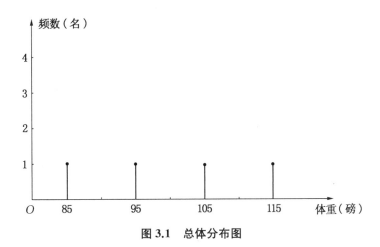

图 3.1　总体分布图

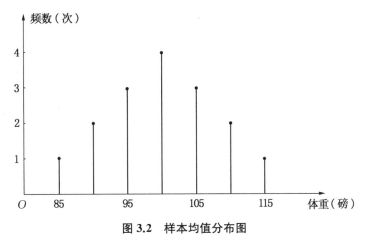

图 3.2　样本均值分布图

从图 3.1 和图 3.2 的比较中可以清晰地看出，抽样分布与总体分布是不同的，总体分布为离散均匀分布，抽样分布则为对称的二项分布。抽样分布的均值与总体分布的均值完全相等，抽样分布的方差是总体方差与样本容量之比，即 $s^2 = \frac{\sigma^2}{n}$。

了解抽样分布与总体分布之间的这种关系十分必要，它是建立抽样推断的理论依据。抽样分布的作用表现在多方面，其中最重要的两点是：(1)可据抽样分布研究统计量的性质；(2)可对推断方法进行评价。

(二) 样本均值的抽样分布

样本均值的抽样分布，与总体范围的大小有关，与总体的分布性质有关，还与样本容量和样本的抽取方式有关。总体是正态总体,不管样本容量的大小,样本均值都服从正态分布。总体为非正态的,当样本容量很大时,由中心极限定理可知,样本均值的抽样分布可以用正态分布来近似;当样本容量较小时,样本均值的抽样分布将不再服从正态分布。

1. 单样本均值抽样分布。

(1) x_1, x_2, $\cdots$, x_n 为来自均值为 μ,方差为 σ^2 的正态总体的样本 $(n \geqslant 30)$,$\bar{x}$ 为样本均值,则统计量 $\bar{x}$ 服从期望为 μ,方差为 $\dfrac{\sigma^2}{n}$ 的正态分布,即 $\bar{x} \sim N\left(\mu, \dfrac{\sigma^2}{n}\right)$。进一步,可得统计量 $\dfrac{\bar{x} - \mu}{\sigma / \sqrt{n}}$ 服从标准正态分布,即 $\dfrac{\bar{x} - \mu}{\sigma / \sqrt{n}} \sim N(0, 1)$。

在总体均值的区间估计和假设检验时,由于总体方差 σ^2 是未知的,一般用修正的样本方差 s^2 替代,即 $\dfrac{\bar{x} - \mu}{s / \sqrt{n}} \sim N(0, 1)$,$s^2 = \dfrac{1}{n-1} \sum (x - \bar{x})^2$。

(2) x_1, x_2, $\cdots$, x_n 为来自均值为 μ,方差为 σ^2 的正态总体的样本 $(n < 30)$,$\bar{x}$ 为样本均值。这时,统计量 $\dfrac{\bar{x} - \mu}{s / \sqrt{n}}$ 不服从标准正态分布,而是服从自由度为 $n-1$ 的 t 分布:

$$\frac{\bar{x} - \mu}{s / \sqrt{n}} \sim t(n-1)。$$

(3) x_1, x_2, $\cdots$, x_n 为来自二项分布的样本,p 为总体中具有某种特征或属性的单位所占的比重,q 为总体中不具有某种特征或属性的单位所占的比重,$p + q = 1$。$\hat{p}$ 为样本中具有某种特征或属性的单位所占的比重。当样本容量很大 $(n \geqslant 30)$ 且都能满足 np 和 nq 都大于 5 的条件,根据中心极限定理,其样本成数的分布近似地服从期望为 p,方差为 $\dfrac{p(1-p)}{n}$ 的正态分布,记为:

$$\hat{p} \sim N\left(p, \frac{p(1-p)}{n}\right)$$

进一步地,还有 $\qquad \dfrac{\hat{p} - p}{\sqrt{\dfrac{p(1-p)}{n}}} \sim N(0, 1)$。

在总体成数的区间估计和假设检验时,由于总体成数 p 是未知的,一般用样本成数 $\hat{p}$ 替代。

2. 两样本均值差的抽样分布。

x_1, x_2, $\cdots$, x_n 为来自均值为 μ_x,方差为 σ_x^2 的正态总体的样本,y_1, y_2, $\cdots$, y_m 为来自均值为 μ_y,方差为 σ_y^2 的另一正态总体的样本,且相互独立,$\bar{x}$, $\bar{y}$ 为两样本的均值,s_x^2, s_y^2 为两样本的方差。

(1) 两总体皆为正态总体,且 σ_x^2, σ_y^2 已知,则分别来自这两个总体的样本均值差服从均

值为 $\mu_x - \mu_y$，方差为 $\frac{\sigma_x^2}{n} + \frac{\sigma_y^2}{m}$ 的正态分布。记为：$\bar{x} - \bar{y} \sim N\left(\mu_x - \mu_y, \frac{\sigma_x^2}{n} + \frac{\sigma_y^2}{m}\right)$，进一步有：

$$\frac{(\bar{x} - \bar{y}) - (\mu_x - \mu_y)}{\sqrt{\frac{\sigma_x^2}{n} + \frac{\sigma_y^2}{m}}} \sim N(0, 1)$$

（2）两总体皆为正态总体，且 σ_x^2、σ_y^2 未知，但 $\sigma_x^2 = \sigma_y^2 = \sigma^2$，则：

$$\frac{(\bar{x} - \bar{y}) - (\mu_x - \mu_y)}{s_w \sqrt{\frac{1}{n} + \frac{1}{m}}} \sim t(n + m - 2)$$

其中，

$$s_w = \sqrt{\frac{(n-1)s_x^2 + (m-1)s_y^2}{n + m - 2}} \text{。}$$

（三）样本方差的抽样分布

1. 单样本方差的抽样分布。

$x_1, x_2, \cdots, x_n$ 为来自均值为 μ，方差为 σ^2 的正态总体的简单随机样本，s^2 为样本方差。

（1）总体均值 μ 已知时，样本方差 $s^2 = \frac{1}{n} \sum (x - \mu)^2$，则有：$\frac{ns^2}{\sigma^2} \sim \chi^2(n)$。

（2）总体均值 μ 未知时，样本方差 $s^2 = \frac{1}{n-1} \sum (x - \bar{x})^2$，统计量服从自由度为 $n-1$ 的 χ^2 分布，有 $\frac{(n-1)s^2}{\sigma^2} \sim \chi^2(n-1)$。

2. 两样本方差比的抽样分布。

$x_1, x_2, \cdots, x_n$ 为来自均值为 μ_x，方差为 σ_x^2 的正态总体的样本，$y_1, y_2, \cdots, y_m$ 为来自均值为 μ_y，方差为 σ_y^2 的另一正态总体的样本，且相互独立，s_x^2，s_y^2 为两样本的方差。

（1）μ_x，μ_y 已知，$s_x^2 = \frac{1}{n} \sum (x - \mu_x)^2$，$s_y^2 = \frac{1}{m} \sum (y - \mu_y)^2$ 则：

$$F = \frac{s_x^2}{s_y^2} \cdot \frac{\sigma_y^2}{\sigma_x^2} \sim F(n, m)$$

（2）μ_x，μ_y 未知，$s_x^2 = \frac{1}{n-1} \sum (x - \bar{x})^2$，$s_y^2 = \frac{1}{m-1} \sum (y - \bar{y})^2$ 则

$$F = \frac{s_x^2}{s_y^2} \cdot \frac{\sigma_y^2}{\sigma_x^2} \sim F(n-1, m-1)$$

二、抽 样 误 差

(一) 抽样误差的概念

1. 抽样误差的一般概念。

一般来说,抽样误差是指样本统计量与被它估计的未知的总体参数(总体特征值)之差。具体是指样本平均数 $\bar{x}$ 与总体平均数 μ 的差 $(\bar{x} - \mu)$。 例如,某地区全部小麦平均亩产 400 公斤,而抽样调查得到的平均亩产为 391 公斤,则样本指标与总体指标之间的误差为 −9 公斤。

2. 抽样误差的种类。

在抽样中,误差的来源有许多方面。其中一类是登记性误差,即在调查过程中由于主观原因而引起登记上的差错所造成的误差。另一类是代表性误差,即样本各单位的结构情况不足以代表总体特征。代表性误差的发生,又有以下两种情况:一种是由于违反抽样调查的随机原则,如有意地多选较好的单位或较坏的单位进行调查,这样,所据以计算的抽样指标出现偏高或偏低现象的误差。另一种是虽然遵守随机原则,但由于被抽选的样本其内部各单位被研究标志的构成比例和总体有所出入,就会出现或大或小的偶然的代表性误差。偶然的代表性误差是无法消除的。

抽样误差就是指这种偶然的代表性误差。即按随机原则抽样时,在没有登记误差条件下,由于不同的随机样本得出不同的统计量而产生的误差。抽样误差是抽样调查所固有的,虽然无法避免,但可以精确地计算,确定它具体的数量界限,并通过抽样设计加以控制。

3. 影响抽样误差的因素。

(1) 总体方差或总体标准差。总体标准差数值大,抽样误差也大;总体标准差数值小,抽样误差也小。抽样误差的大小与总体标准差的大小成正比例。

(2) 样本容量 n。抽取的样本单位越多,抽样误差越小;样本单位数越少,抽样误差越大。抽样误差的大小与样本容量的平方根成反比例。

(3) 抽样的组织形式。不同的抽样的组织形式就有不同的抽样误差,而且同一组织形式的合理程度不同也有不同的抽样效果。

(二) 抽样平均误差

1. 抽样平均误差的概念。

抽样误差是样本指标与总体参数之间的绝对离差。由于从一个总体中可以抽取很多个样本,因而样本指标(如抽样平均数等)就有许多不同的数值,对总体参数(如总体平均数等)的离差也就有大有小,这就有必要用一个指标来衡量抽样误差的一般水平。通常用抽样平均数的标准差作为衡量抽样误差一般水平的尺度,称为抽样平均误差。

2. 抽样平均误差的计算。

在社会经济领域内,一方面,不可能从拥有很多总体单位的总体中,连续抽取若干个可能的样本,从而不可能求出若干个可能的抽样指标。另一方面,进行抽样调查之前,总体参数也是未知数。因而用计算抽样平均数的标准差作为抽样平均误差是根本不现实的。数理统计已经证明,抽样平均误差与总体的标准差以及抽样单位数目有着密切的关系,因而可以根据它们之间的关系来进行实际计算。一般来说,重复抽样的误差大于不重复抽样的误差,但当抽样单位数目很少,而总体单位数目很多时,不重复抽样的误差几乎等于重复抽样的误差,所以在实际运用时,计算不重复抽样误差常常可以用重复抽样误差公式来替代。

(1) 平均指标的抽样平均误差的计算公式为:

$$\mu_{\bar{x}} = \frac{\sigma}{\sqrt{n}}$$

式中,$\mu_{\bar{x}}$ 表示抽样平均误差,σ 为总体标准差,n 为样本单位数。

通常,在计算抽样平均误差时,得不到总体标准差 σ 的数值,一般可以用样本的标准差 s 来代替,其计算公式为:

$$\mu_{\bar{x}} = \frac{s}{\sqrt{n}}$$

(2) 成数的抽样平均误差的计算公式为:

$$\mu_p = \sqrt{\frac{p(1-p)}{n}}$$

式中,p 为总体成数(具有某种表现的单位数占总体单位数目的比重)。同样,总体成数 p 在实际工作中也难于取得,通常用样本的成数 $\hat{p}$ 来代替,计算公式为:

$$\mu_p = \sqrt{\frac{\hat{p}(1-\hat{p})}{n}}$$

例 3.2 要估计某地区 200 000 名学生的肥胖率,随机从中抽取 100 名学生,检查有 18 名学生体重超标。计算抽样肥胖率的平均误差。

［解］ 根据已知条件 $\hat{p} = 18/100 = 0.18$

$$\mu_p = \sqrt{\frac{\hat{p}(1-\hat{p})}{n}} = \sqrt{\frac{0.18 \times (1-0.18)}{100}} = 0.038\,4$$

(三) 抽样极限误差

1. 抽样极限误差的意义。

抽样极限误差是从另一个角度来考察抽样误差问题。以样本的统计量来估计总体参数,要达到完全正确、毫无误差,这是不可能的。所以在做抽样估计时,应该根据研究对象的差异程度和分析任务的需要来确定可允许的误差范围,这种允许的误差范围称为抽样极限误差。它小于或等于样本指标与总体指标之差的绝对值。我们通常用 Δ 表示抽样极限误差,设 $\Delta_{\bar{x}}$ 和 Δ_p 分别表示抽样平均数和抽样成数的可能误差范围,则有:

$$\Delta_{\bar{x}} \leqslant |\bar{x} - \mu| \qquad \Delta_p \leqslant |\hat{p} - p|$$

上面不等式可变换为下列不等式:

$$\mu-\Delta_{\bar{x}}\leqslant\bar{x}\leqslant\mu+\Delta_{\bar{x}} \qquad p-\Delta_p\leqslant\hat{p}\leqslant p+\Delta_p$$

上式表明抽样平均数 $\bar{x}$ 是以总体平均数 μ 为中心,在 $\mu\pm\Delta_{\bar{x}}$ 之间变动。同样,抽样成数 $\hat{p}$ 是以总体成数 p 为中心,在 $p\pm\Delta_p$ 之间变动。

由于总体平均数和总体成数是未知的,它要求靠实测的抽样平均数和抽样成数来估计。因此,抽样极限误差的实际意义是希望总体平均数 μ 落在抽样平均数 $\bar{x}\pm\Delta_{\bar{x}}$ 的范围内,总体成数 p 落在抽样成数 $\hat{p}\pm\Delta_p$ 的范围内。因而上面不等式应该变换为:$\bar{x}-\Delta_{\bar{x}}\leqslant\mu\leqslant\bar{x}+\Delta_{\bar{x}}$,$\hat{p}-\Delta_p\leqslant p\leqslant\hat{p}+\Delta_p$。 例如,要估计某乡粮食亩产和总产水平,从 1 000 亩粮食作物当中,抽取 500 亩求出平均亩产为 300 公斤,如果确定抽样限误差为 5 公斤,这就要求该县粮食亩产在 300 ± 5 公斤的范围内,即在 295 至 305 公斤之间,而粮食总产量则在 $1\,000\times(300\pm5)$ 公斤,即在 29.5 万公斤至 30.5 万公斤之间。

又如,要估计某农作物幼苗的成活率,从播种的这一品种幼苗地块中随机抽取 1 000 棵幼苗,其中死苗 80 棵,则样本幼苗成活率为 $\hat{p}=1-80/1\,000=92\%$。 如果确定抽样极限误差范围为 5%,这就要求该种农作物幼苗成活率 p 落在 $92\%\pm5\%$ 的范围内,即 87% 至 97% 之间。

2. 置信度与置信区间的意义。

置信度是指总体指标落在某个区间的概率保证程度,用 $F(t)$ 表示。

用抽样极限误差除以相应的抽样平均误差得到相对数称为概率度,表示极限误差范围为抽样平均误差的若干倍,用 t 表示,公式为:

$$t=\frac{\Delta_{\bar{x}}}{\mu_{\bar{x}}}\text{ 或 }t=\frac{\Delta_p}{\mu_p}$$

即

$$p\left(\frac{\Delta_{\bar{x}}}{\mu_{\bar{x}}}=\left|\frac{\bar{x}-\mu}{\mu_{\bar{x}}}\right|\leqslant t\right)=F(t)$$

或

$$p\left(\frac{\Delta_p}{\mu_p}=\left|\frac{\hat{p}-p}{\mu_p}\right|\leqslant t\right)=F(t)$$

所以,可以求得总体均值 μ 满足某一置信度的置信区间:

$$\bar{x}-t\mu_{\bar{x}}\leqslant\mu\leqslant\bar{x}+t\mu_{\bar{x}}$$

总体均值 p 满足某一置信度的置信区间:

$$\hat{p}-t\mu_p\leqslant p\leqslant\hat{p}+t\mu_p$$

即在置信度为 $F(t)$,概率度为 t 的情况下,总体平均数的数值将在 $\bar{x}-t\mu_{\bar{x}}$ 和 $\bar{x}+t\mu_{\bar{x}}$ 的范围内。其中,$\bar{x}-t\mu_{\bar{x}}$ 称为估计下限,$\bar{x}+t\mu_{\bar{x}}$ 称为估计上限。区间 $[\bar{x}-t\mu_{\bar{x}},\bar{x}+t\mu_{\bar{x}}]$ 称为置信区间。在置信度为 $F(t)$,概率度为 t 的情况下,总体成数的置信区间 $[\hat{p}-t\mu_p,\hat{p}+t\mu_p]$。

抽样推断中常用的置信度可以参照概率度 t 和概率函数 $F(t)$ 的对应关系来选择。

第三节 抽样推断的方法

一、抽样推断的特点

抽样推断就是利用实际调查资料计算出样本指标值来估计和推断相应的总体指标的数值,又称为参数估计。显然,这种估计不同于人们所说的"拍脑袋的估计"。抽样估计具有以下三个主要特点:

1. 它在逻辑上运用的是归纳推理,而不是演绎推理。

2. 它在方法上运用不确定的概率估计法,而不是运用确定的数学分析法。

3. 抽样估计的结论存在着一定的抽样误差,并且抽样误差总是和抽样估计的可靠程度联系在一起的。

二、抽样推断的方法

(一) 点估计

点估计又称定值估计。它是用实际样本指标数值代替总体指标数值,即总体平均数的点估计值就是样本平均数,总体成数的点估计值就是样本成数。这种估计不考虑是否有抽样误差。

例如,对一批某种型号的电子元件 10 000 只进行耐用时间检查,随机抽取 100 只,测试的平均耐用时间为 1 055 小时,合格率为 91%,我们推断说 10 000 只电子元件的平均耐用时间为 1 055 小时,全部电子元件的合格率也是 91%。

点估计方法简单,但不很实用,因为抽样估计中抽样指标完全等于总体指标的可能性极小。

(二) 区间估计

区间估计是用样本指标和它的抽样极限误差构成的区间来估计总体指标,并以一定的概率保证总体指标将落在所估计的区间内。下面分别介绍几种常用的区间估计。

1. 总体平均数的估计区间。

(1) 总体为正态总体,方差 σ^2 已知。

如果总体服从正态分布,总体方差已知,即使在小样本情况下,也可以用正态分布建立总体均值的置信区间。

例 3.3 在一所大学管理定量分析学科期末考试后,有 144 份试卷被选为样本,这些样本试卷平均得分为 78 分。已知总体服从正态分布,其标准差为 24 分。试用 95.45% 的置信度,推断该大学全体学生管理定量分析学科的平均成绩。

[解] 由于总体服从正态分布 $N(\mu, \sigma^2)$,其 $\bar{x}$ 的抽样分布仍然服从 $N(\mu, \sigma^2/n)$。采用统计量 Z,将非标准正态分布转化为标准正态分布:

$$Z = \frac{\bar{x} - \mu}{\sigma / \sqrt{n}} \sim N(0, 1)$$

抽样平均误差 $\mu_{\bar{x}} = \frac{\sigma}{\sqrt{n}}$。

当样本容量 $n=144$，总体标准差 $\sigma=24$ 时，抽样平均误差 $\mu_{\bar{x}} = \frac{\sigma}{\sqrt{n}} = \frac{24}{\sqrt{144}} = 2$。

由于 $p\left(\frac{\Delta_{\bar{x}}}{\mu_{\bar{x}}} = \left| \frac{\bar{x} - \mu}{\mu_{\bar{x}}} \right| \right) \leqslant t = F(t)$，所以在 95.45% 的置信度下，$t = Z_{\frac{\alpha}{2}} = 2$。

全体学生平均成绩的估计区间为：$[\bar{x} - t\mu_{\bar{x}}, \bar{x} + t\mu_{\bar{x}}]$，当 $\bar{x}=78$ 时，估计区间为 $[78 - 2 \times 2, 78 + 2 \times 2] = [74, 82]$。可以 95.45% 的概率保证该大学全体学生管理定量分析学科期末考试平均成绩在 74 分至 82 分之间。

(2) 总体为正态总体，方差 σ^2 未知，大样本情况下。

如果总体方差 σ^2 未知，大样本情况下，要用修正后的样本方差替代总体方差计算置信区间的上下限。

例 3.4   保险公司从投保人中随机抽取 36 人，得到他们的年龄数据如表 3.4 所示。若总体为正态总体，方差未知，试建立投保人年龄 90% 的置信区间。

表 3.4   36 名投保人的年龄调查表   单位:岁

	A	B	C	D	E	F
1	23	35	39	27	36	44
2	36	42	46	43	31	33
3	42	53	45	54	47	24
4	34	28	39	36	44	40
5	39	49	38	34	49	50
6	34	39	45	48	45	32

[解]   已知 $n=36$，总体方差 σ^2 未知，但为大样本，故可用样本方差代替总体方差。

根据样本资料计算:

样本均值:
$$\bar{x} = \frac{\sum x}{n} = \frac{1\,423}{36} = 39.5$$

样本方差:
$$s^2 = \frac{1}{n-1} \sum (x - \bar{x})^2 = 60.94$$

样本标准差:
$$s = 7.81$$

计算抽样平均误差:
$$\mu_{\bar{x}} = \frac{s}{\sqrt{n}} = 1.30$$

总体为正态分布,总体方差 σ^2 未知,但为大样本,所以样本均值的抽样分布也近似地服从正态分布。由于 $p\left(\dfrac{\Delta_{\bar{x}}}{\mu_{\bar{x}}}=\left|\dfrac{\bar{x}-\mu}{\mu_{\bar{x}}}\right|\right)\leqslant t=F(t)$,所以在 90% 的置信度下,$t=Z_{\frac{a}{2}}=1.645$。

全体投保人年龄的估计区间为:$[\bar{x}-t\mu_{\bar{x}},\ \bar{x}+t\mu_{\bar{x}}]=[37.36,\ 41.64]$,投保人平均年龄在 90% 的置信水平下的置信区间为 37.36 岁至41.64岁。

(3)总体为正态总体,方差未知,小样本情况下。

如果总体服从正态分布,总体方差 σ^2 未知,在小样本情况下,应用 t 分布来建立总体均值的置信区间。

t 分布是类似正态分布的一种对称分布,它通常要比正态分布平坦和分散。随着自由度的增大,t 分布逐渐趋于正态分布。

例 3.5 已知某政府部门工作人员工资服从正态分布,现从全部工作人员中随机抽取 16 个,测得其月工资收入如表 3.5 所示。试建立该政府部门工作人员工资 95% 的置信区间。

表 3.5 某政府部门工作人员工资调查表 单位:元

	A	B	C	D	E	F
1	1 510	1 450	1 480	1 460	1 520	1 480
2	1 490	1 460	1 480	1 510	1 530	1 470
3	1 500	1 520	1 510	1 470		

[解] 总体为方差 σ^2 未知正态总体,$n=16$,为小样本,应用 t 分布来建立总体均值的置信区间。

根据样本资料计算的样本均值和样本标准差为:

样本均值:
$$\bar{x}=\frac{\sum x}{n}=\frac{23\ 840}{16}=1\ 490$$

样本方差:
$$s^2=\frac{1}{n-1}\sum(x-\bar{x})^2=24.77^2$$

计算抽样平均误差:
$$\mu_{\bar{x}}=\frac{s}{\sqrt{n}}=6.192\ 5$$

由于 $t=\dfrac{\bar{x}-\mu}{s/\sqrt{n}}$ 近似地服从自由度为 $n-1$ 的 t 分布,所以在 95% 的概率度下,$t_{\frac{a}{2}}(n-1)=t_{0.025}(15)=2.131\ 5$,则该政府部门工作人员工资 95% 的置信区间为:$[\bar{x}-t\mu_{\bar{x}},\ \bar{x}+t\mu_{\bar{x}}]=[1\ 476.8,\ 1\ 503.2]$。

该政府部门工作人员工资在 95% 的置信水平下的置信区间为 1 476.8 元至 1 503.2 元。

2. 总体成数的区间估计。

一般经验规则认为,在 $np>5$ 和 $n(1-p)>5$ 同时成立的大样本条件下,样本成数的抽样分布近似服从正态分布。在小样本条件下,近似地服从自由度为 $n-1$ 的 t 分布。

例 3.6　某城市想要估计失业职工中女性所占的比例,采取重复抽样方法随机抽取了 100 名失业职工,其中 65 人为女性。试以 95% 的置信水平估计该城市失业职工中女性所占比例的置信区间。

[解]　已知 $n=100$, $\hat{p}=0.65$, $n\hat{p}=65>5$, $n(1-\hat{p})=35>5$,样本成数的抽样分布可用正态分布近似。

计算抽样平均误差: $\mu_p=\sqrt{\dfrac{\hat{p}(1-\hat{p})}{n}}=\sqrt{\dfrac{0.65\times(1-0.65)}{100}}=0.0477$。

在 95% 的置信度下, $t=Z_{\frac{\alpha}{2}}=1.96$。

该城市失业职工中女性所占比例的置信区间为: $[\hat{p}-t\mu_p, \hat{p}+t\mu_p]=[55.65\%, 74.35\%]$。即 95% 的置信水平下估计该城市失业职工中女性所占比例的置信区间为 55.65% 至 74.35%。

三、样本容量的确定

(一) 影响样本容量的因素

抽样推断的目的是用样本资料推断总体。抽样推断的基础是样本,而样本的取得是按随机原则从总体中抽取一部分单位组成的集合体。在遵从随机原则的条件下,样本容量究竟应为多大才合适呢? 这是抽样调查中的一个至关重要的问题。抽样单位数目太多会增加抽样组织的困难,造成人力、物力的浪费;抽样单位数目太少又会使误差增大,不能有效地反映总体情况,直接影响到抽样推断结果的准确性。其次,抽样推断的一个重要方面则是要求推断的结果能满足在一定可靠性的条件下,保证抽样误差不超过事先规定的范围。而推断的可靠性要求主要是根据研究问题的性质和对抽样结果的用途不同而定。当可靠性要求已确定时,抽样误差的控制尤为重要。而抽样单位数目是影响抽样误差大小的重要因素,在其他条件相同时,就可以用增加或减少抽样单位数目的方法来控制抽样误差的大小,以达到用最合适的抽样单位数满足抽样调查任务的要求。

抽样调查的必要的抽样数目,取决于以下几个因素:

1. 总体中各单位之间标志变异的程度,即 σ^2 或 $p(1-p)$ 的大小。方差数值愈大,需要抽取的样本单位数目也就愈多,方差数值愈小,需要抽取的样本单位数目也就愈少。

2. 抽样极限误差,即 Δ 数值。极限误差大可以少抽些样本单位,极限误差小则要多抽一些。抽样极限误差是在调查之前,根据调查对象的性质、调查的目的和调查力量的多少来规定的。

3. 概率度,即 t 的数值。t 值大,要求把握程度高,要多抽样本单位;t 值小,要求的把握程度低,则可少抽样本单位。把握程度也是在调查之前根据其目的和要求来规定的。

4. 抽样方法。在同样条件下,重复抽样需要多抽样本单位,不重复抽样则可少抽一些。

5. 抽样组织方式。抽样单位数目的多少还和抽取样本单位的组织方式有关,在采用类型抽样、有关标志排队等距抽样等方式,比简单随机抽样可以少抽一些样本。根据统计学的要求,样本数量一般不应低于 50。一般来说,社会调查的样本容量都在 50—5 000 之间,具体数目则不可一概而论。

(二) 样本容量的计算

1. 抽样平均数的抽样单位数目的计算。

在重复抽样的条件下,平均指标的简单随机抽样误差的计算公式为:

$$\mu_{\bar{x}} = \frac{\sigma}{\sqrt{n}}, \ \Delta_{\bar{x}} = t\mu_{\bar{x}}$$

所以

$$n = \frac{t^2 \sigma^2}{\Delta_{\bar{x}}^2}$$

例 3.7 在某企业中采用简单随机抽样调查职工月平均奖金额,设职工月奖金额服从标准差为 10 元的正态分布,要求估计的绝对误差为 3 元,可靠度为 95%,试问应抽多少职工?

〔解〕 已知 $\Delta_{\bar{x}} = 3$, $\sigma = 10$。

总体为正态总体,可靠度为 95% 时, $t = Z_{\frac{\alpha}{2}} = 1.96$,

$$n = \frac{t^2 \sigma^2}{\Delta_{\bar{x}}^2} = 42.68 \approx 43$$

即需抽取 43 名职工作为样本进行调查。

2. 抽样成数的抽样单位数目的计算。

同样有:

$$n = \frac{t^2 p(1-p)}{\Delta_p^2}$$

例 3.8 根据以往的生产统计,某种产品的合格率为 90%,现要求绝对误差为 5%,在置信水平为 95% 的置信区间时,应抽取多少个产品作为样本?

〔解〕 已知 $p = 90\%$, $\Delta_p = 5\%$。

当可靠度为 95% 时, $t = Z_{\frac{\alpha}{2}} = 1.96$,

$$n = \frac{t^2 p(1-p)}{\Delta_p^2} = 139$$

应抽取 139 个产品作为样本进行调查。

(三) 确定样本容量应注意的问题

1. 以上计算公式只适用于简单随机抽样。

2. 在同样条件下,不重复抽样比重复抽样要求的抽样单位数目少。

3. 同一总体往往同时需要计算抽样平均数和抽样成数,由于它们的方差和允许误差要求不同,因此,对于抽样单位数目多少的要求也不一样,为了防止抽样单位数目的不足,而扩大抽样误差,在实际工作中,往往根据抽样单位数目比较大的一个数目进行抽样,以满足共同要求。

第四节　假 设 检 验

抽样推断是凭借一组样本信息导出有关总体特征,并得出结论和判断的过程。在第三节中介绍了的抽样推断的一种形式——点估计与区间估计。在本节中,将介绍抽样推断的另一种形式——假设检验。在假设检验中,对总体参数(总体均值、比例、方差等)的数值所作的陈述,称为假设。对总体参数的数值提出某种假设,然后利用样本所提供的信息来判断假设是否成立的过程,称为假设检验。假设检验是在判断样本提供的数据是否可以确定总体的某个特征或属性时使用的方法。它一般分为参数假设检验和非参数假设检验。

一、假设检验的基本要素

我们可以把假设检验的要素,归结为以下五个方面。

(一) 问题的提出

产生假设检验的原因大致有两个:

第一,当对总体参数的真实性感到怀疑,需要通过样本来考察其正确与否时,往往借助于假设检验作判断。例如对某产品的质量是否达到规定的标准产生怀疑时,就需要抽取样本,检验该产品的质量,以作出该产品的质量是否达到标准的判断。

第二,当对变量间存在着某种关系的证据(平均值之差、方差之比等)怀疑时,也会要求进行假设检验。例如,对消费和可支配收入之间关系的均值之差的检验等。

(二) 假设的设立

进行假设检验时,我们一般同时提出两个相互对立的假设:原假设和备择假设。原假设又称零假设,是等待检验的假设,通常将研究者想要收集证据予以反对的假设作为原假设,用"H_0"表示;备择假设是原假设的"对立面",通常将研究者想要收集证据予以支持的假设作为备择假设。备择假设是当原假设被否定时,才能生效的假设,因而也称为拒绝假设,用"H_1"表示。原假设和备择假设是一个完备事件组,并且相互排斥,接受 H_0,就否定 H_1;拒绝 H_0,就接受 H_1。

1. 建立原假设和备择假设的规则。

(1) 检验某项说明的真实性。

将所作出的说明作为原假设,而将对该说明的质疑作为备择假设。一般先确立原假设 H_0。例如某灯泡制造商声称,该企业所生产的灯泡的平均使用寿命在 1 000 小时以上。除非样本能提供证据表明平均使用寿命在 1 000 小时以下,否则就应认为厂商的声称是正确的,因此建立的原假设与备择假设应为:

$$H_0: \mu \geqslant 1\,000; \; H_1: \mu < 1\,000。$$

(2) 检验某项研究的成功性。

我们将所研究的结果是有效的假设作为备择假设 H_1,而将认为研究结果是无效的说法

或理论作为原假设 H_0。或者说,把希望(想要)证明的假设作为备择假设。一般先确立备择假设 H_1。例如采用新配方生产后,将会使某新药品治疗某种疾病的成功率在 95％以上。该例属于研究中的假设,应该"宁可信其无,不可信其有",建立的原假设与备择假设应为:

$$H_0:\mu \leqslant 95\%;\ H_1:\mu > 95\%$$

(3) 决策中的假设检验。

双侧检验属于决策中的假设检验。也就是说,不论是拒绝 H_0 还是接受 H_0,我们都必须采取相应的行动措施。例如某种零件的尺寸,要求其平均长度为 10 厘米,大于或小于 10 厘米均属于不合格,则建立的原假设与备择假设应为:

$$H_0:\mu = 10;\ H_1:\mu \neq 10$$

2. 假设检验的种类。

假设检验可以分为双尾检验和单尾检验。

在"决策"假设检验中,我们提出的原假设为"$H_0:\mu = 10$",那么,只要"$\mu > 10$"或"$\mu < 10$"两者中有一个成立,就可以否定原假设,此种假设称为双尾检验。

而在"真实性"和"成功性"假设检验中,提出的原假设为"$H_0:\mu \geqslant 1\,000$"和"$H_0:\mu \leqslant 95\%$",只要"$\mu < 1\,000$"和"$\mu > 95\%$"就可以否定原假设,此种假设称为单尾检验。

假设检验的具体分类如表 3.6 所示:

表 3.6 假设检验的种类、原假设和备择假设

假 设	研 究 的 问 题		
	双尾检验	左尾检验	右尾检验
H_0	$H_0:\mu = \mu_0$	$H_0:\mu \geqslant \mu_0$	$H_0:\mu \leqslant \mu_0$
H_1	$H_1:\mu \neq \mu_0$	$H_1:\mu < \mu_0$	$H_1:\mu > \mu_0$

(三)确定检验统计量

在参数的假设检验中,如同在参数估计中一样,要借助于样本统计量进行统计推断。用于假设检验问题的统计量称为检验统计量。在具体问题里,选择什么统计量作为检验统计量,需要考虑的因素与参数估计相同。例如,用于进行检验的样本是大样本还是小样本,总体方差已知还是未知等等。在不同的条件下应选择不同的检验统计量,并计算统计量的值。

(四)确定显著性水平

1. 假设检验的基本思想。

假设检验的基本思想是应用小概率的原理。所谓小概率原理,是指发生概率很小的随机事件在一次实验中是几乎不可能发生的。根据这一原理,可以作出是否接受原假设的决定。例如,有一个厂商声称其产品的合格品率很高,可以达到 99％,那么从一批产品(如 100件)中随机抽取 1 件,这一件恰好是次品的概率就非常小,只有 1％。如果厂商的宣称是真的,随机抽取 1 件是次品的情况就几乎是不可能发生的,但如果这种情况确实发生了,我们就有理由怀疑原来的假设,即产品中只有 1％次品的假设是否成立,这时就可以推翻原来的假设,可以作出厂商的宣称是假的这样一个推断,我们进行推断的依据就是小概率原理,如图 3.3 所示。

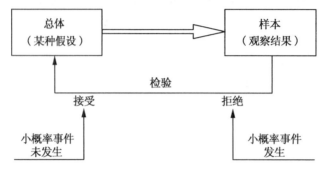

图 3.3   假设检验的理论基础

2. 假设检验中的两类错误。

假设检验是围绕对原假设内容的审定而展开的。如果原假设正确我们接受了(同时也就拒绝了备择假设),或原假设错误我们拒绝了(同时也就接受了备择假设),这表明我们作出了正确的决定。但是,由于假设检验是根据样本提供的信息进行推断的,也就有犯错误的可能。错误一般有以下两种情况:

第一类错误(弃真错误)是指当原假设为真时而拒绝原假设。犯第一类错误的概率一般记为 α。

第二类错误(取伪错误)是指当原假设为假时接受原假设。犯第二类错误的概率通常记为 β。

假设检验就如同一场审判,两者的关系如图 3.4 所示。

陪审团审判			假设检验		
判决	真实的情况		结论	总体参数的实际情况	
	无罪	有罪		原假设为真	备择假设为真
无罪	判决正确	判决错误	未拒绝原假设	结论正确	第二类错误 II
有罪	判决错误	判决正确	拒绝原假设	第一类错误 I	结论正确

图 3.4   假设检验过程的两类错误

在假设检验中,人们希望犯这两类错误的概率越小越好。但对于一定的样本容量 n,不能同时做到犯这两类错误的概率都很小。如果减小犯第一类错误的概率,就会犯增大第二类错误的概率;若减小犯第二类错误的概率,也会增大犯第一类错误的概率。一般在假设检验中,事先规定犯第一类错误的概率 α,然后,再尽量减少犯第二类错误的概率 β。

3. 显著性水平的确定。

所谓检验的显著性水平就是小概率事件发生的概率,即假设检验中事先规定的犯第一类错误的概率 α。取值一般有 0.01、0.05、0.1 等。

(五)作出判断

在假设检验中,一旦原假设和备择假设确立,就必须制定一套判断法则。根据这一法则,可以通过对样本值的判断作拒绝或接受原假设的判断。

在双尾检验时,假定原假设是正确的,即 $\mu = \mu_0$,如果我们研究的是总体平均数,且服从正态分布,那么其样本平均数即 $\bar{x}$ 的抽样分布,也应服从期望值为 μ,方差为 $\dfrac{\sigma^2}{n}$ 的正态分布。因此,选择检验量为 $Z = \dfrac{\bar{x} - \mu}{\sigma / \sqrt{n}}$。在原假设下,样本平均数即 $\bar{x}$ 的正态分布标准化后得到的变量 Z,其否定域位于标准正态分布两边的尾部。当我们将否定域的端点作为临界值时,在显著性水平 α 下,每个尾部的面积分别为 $\dfrac{\alpha}{2}$,由于标准正态分布是对称的,故临界值分别为 $Z_{\frac{\alpha}{2}}$ 和 $-Z_{\frac{\alpha}{2}}$,犯第一类错误的概率为 $\dfrac{\alpha}{2}$。所以,只要 $Z \geqslant Z_{\frac{\alpha}{2}}$ 或 $Z \leqslant -Z_{\frac{\alpha}{2}}$,就拒绝原假设,如图 3.5 所示。它的判断法则可表达为:

接受 H_0:假如 $Z < |Z_{\frac{\alpha}{2}}|$ 即 $-Z_{\frac{\alpha}{2}} < Z < Z_{\frac{\alpha}{2}}$;

拒绝 H_0:假如 $Z \geqslant |Z_{\frac{\alpha}{2}}|$ 即 $Z \geqslant Z_{\frac{\alpha}{2}}$ 或 $Z \leqslant -Z_{\frac{\alpha}{2}}$。

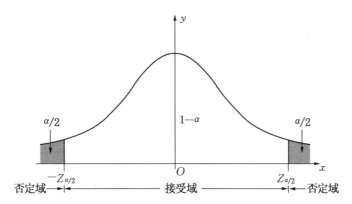

图 3.5 双尾检验的否定域和接受域

在单尾检验中,若假设为:

$$H_0: \mu \geqslant \mu_0;\ H_1: \mu < \mu_0$$

即拒绝域为 $Z \leqslant -Z_\alpha$,接受域为 $Z > -Z_\alpha$,如图 3.6 所示。此时,犯第一类错误的概率为 α,即显著性水平为 α,临界值为 $-Z_\alpha$,临界值在正态分布曲线的左尾,故称左尾检验。它的判断法则可归纳为:

接受 H_0:假如 $Z > -Z_\alpha$;

拒绝 H_0：假如 $Z \leqslant -Z_\alpha$。

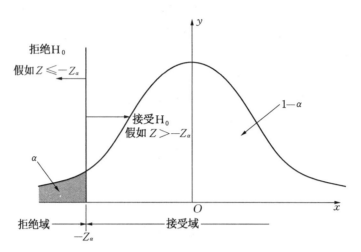

图 3.6　左尾检验判断法则示意图

再假若：

$$H_0 : \mu \leqslant \mu_0 ; \ H_1 : \mu > \mu_0$$

即拒绝域为 $Z \geqslant Z_\alpha$，接受域为 $Z < Z_\alpha$，如图 3.7 所示。此时，显著性水平为 α，临界值为 Z_α，临界值在正态分布曲线的右尾，故称右尾检验。它的判断法则可归纳为：

接受 H_0：假如 $Z < Z_\alpha$；

拒绝 H_0：假如 $Z \geqslant Z_\alpha$。

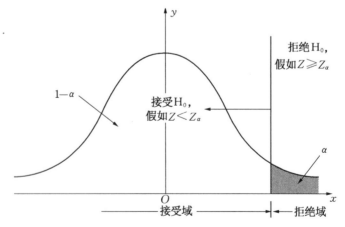

图 3.7　右尾检验判断法则示意图

二、总体均值的假设检验

总体均值的假设检验分为单一总体的假设检验和两总体均值之差的假设检验，单一总体的假设检验是指通过从某一总体中抽取的样本来判断这一总体的均值与某一已知值的大小关系。两总体均值之差的假设检验指通过从两个总体中抽取的样本来判断这两个总体的均值大小关系。

（一）单一总体的假设检验

根据抽样分布理论，样本平均数服从以总体均值为均值，总体方差的 n 分之一为方差的正态分布，在总体方差已知时，可转化为标准正态分布，若总体方差未知，则可用 t 分布。因此，总体均值的显著性检验的计算公式一般根据总体方差是否已知分为两种情况。

1. 总体方差已知或总体方差未知但大样本的条件下，要使用 Z 统计量：$Z = \dfrac{\bar{x} - \mu}{\sigma/\sqrt{n}} \sim N(0, 1)$。

例 3.9 有人调查早期教育对儿童智力发展的影响，从受过良好早期教育的儿童中随机抽取 70 人进行韦氏儿童智力测验（常模 $\mu_0 = 100$，$\sigma = 15$），结果样本平均为 103.3，能否认为受过良好早期教育的儿童的智力高于一般水平，设显著性水平为 0.05。

［解］ ① 用 μ 代表受过良好早期教育的儿童的平均智商，根据题意，显然这是一个单侧检验，因此提出如下假设：

$$H_0: \mu \leqslant \mu_0 = 100; \quad H_1: \mu > \mu_0 = 100$$

② 在方差已知且为大样本的条件下，用 Z 统计量：

$$Z = \frac{\bar{x} - \mu_0}{\sigma/\sqrt{n}} = \frac{(103.3 - 100) \times \sqrt{70}}{15} = 1.84$$

③ 在标准正态分布中，单侧概率为 0.05 时，$Z_\alpha = 1.645$。

④ 根据右尾检验的原则，当 $Z < Z_\alpha$ 时，接受 H_0；当 $Z \geqslant Z_\alpha$ 时，拒绝 H_0。由于 $Z = 1.84$，$Z_\alpha = 1.645$，所以应该拒绝原假设，接受备择假设，即认为受过良好早期教育的儿童的智力高于一般水平。

2. 总体方差未知且小样本的条件下，要使用 t 统计量：$t = \dfrac{\bar{x} - \mu}{s/\sqrt{n}} \sim t(n-1)$。

例 3.10 在排放的工业废水中，按环保条例规定，某种有害物质的含量不能超过 0.5%。现欲检查一企业的废水排放是否达标，抽测 5 份水样，得到的数据分别为 0.53%，0.542%，0.51%，0.495%，0.515%。检查结果能否说明这个企业的废水排放符合规定。（$\alpha = 0.05$）

［解］ ① 由样本资料计算样本平均数和样本方差：

$$\bar{x} = \frac{\sum x}{n} = 0.005\,184$$

$$s^2 = \frac{\sum (x - \bar{x})^2}{n-1} = 0.000\,000\,033\,03$$

$$s = 0.000\,181\,7$$

② 提出假设:

$$H_0:\mu \leqslant \mu_0; \ H_1:\mu > \mu_0$$

③ 建立检验统计量 $t = \dfrac{(\bar{x} - \mu_0)}{s/\sqrt{n}} \sim t(n-1)$

计算统计量的值 $t = \dfrac{\bar{x} - \mu_0}{s/\sqrt{n}} = \dfrac{(0.005\,184 - 0.005) \times \sqrt{5}}{0.000\,181\,7} = 2.264$

④ 对于 $\alpha = 0.05$,查表得 $t_{0.05}(4) = 2.131\,8$。由于 $2.264 > 2.131\,8$,故可以认为该企业的废水排放没有达标。

(二) 两总体均值之差的假设检验

两总体均值之差的假设检验,仍然根据总体的分布形态,总体方差是否已知,以及样本大小来选择检验统计量。

1. 两总体皆为正态总体,且 σ_x^2、σ_y^2 已知,可用检验统计量为:

$$Z = \dfrac{(\bar{x} - \bar{y}) - (\mu_x - \mu_y)}{\sqrt{\dfrac{\sigma_x^2}{n} + \dfrac{\sigma_y^2}{m}}} \sim N(0,\,1)$$

例 3.11 在管理定量分析考试中,某学校随机抽取的 40 位男生的平均成绩为 70 分,35 位女生的平均成绩为 75 分。根据以往的经验,男生总体成绩的标准差为 8 分,女生为 7 分。是否可以认为这个学校女生的成绩好于男生。($\alpha = 0.05$)

[解] ① 设女生的成绩 μ_x,男生的成绩为 μ_y,如果女生的成绩好于男生,那么 $\mu_x - \mu_y > 0$,如果女生的成绩与男生一样或差于男生,那么 $\mu_x - \mu_y \leqslant 0$,故提出如下假设:

$$H_0:\mu_x - \mu_y \leqslant 0; \ H_1:\mu_x - \mu_y > 0$$

② 建立检验统计量。

显然,这是两个相关总体,而且考试成绩一般服从正态分布,在大样本的情况下,可以选择 Z 统计量。

$$Z = \dfrac{(\bar{x} - \bar{y}) - (\mu_x - \mu_y)}{\sqrt{\dfrac{\sigma_x^2}{n} + \dfrac{\sigma_y^2}{m}}}$$

已知 $\bar{x} = 75$, $\sigma_x = 7$, $n = 35$;$\bar{y} = 70$, $\sigma_y = 8$, $m = 40$。代入上述公式可得:

$$Z = \dfrac{(75 - 70)}{\sqrt{\dfrac{7^2}{35} + \dfrac{8^2}{40}}} = 2.887$$

③ 这是一个右尾假设检验的问题,在标准正态分布中,$\alpha = 0.05$,单侧概率为 0.05 时,$Z_\alpha = 1.645$。

④ 根据右尾检验的原则,当 $Z < Z_\alpha$ 时,接受 H_0;当 $Z \geqslant Z_\alpha$ 时,拒绝 H_0。由于 $Z = 2.887$, $Z_\alpha = 1.645$,所以应该拒绝原假设,接受备择假设,即认为这个学校女生的成绩好于男生。

2. 两总体皆为正态总体,且 σ_x^2、σ_y^2 未知,但 $\sigma_x^2 = \sigma_y^2 = \sigma^2$,可以选择 t 统计量,

$$t = \frac{(\bar{x} - \bar{y}) - (\mu_x - \mu_y)}{s_w\sqrt{\dfrac{1}{n} + \dfrac{1}{m}}} \sim t(n + m - 2)$$

例 3.12 为检验某种新药对痊愈时间的影响,选择了 20 个性别、年龄、身体素质大致相同的患者,其中 10 个患者服用该药,这一组称为实验组;另 10 个患者作为控制组,不服用该药,得到的痊愈时间资料如表 3.7 所示。

表 3.7　两组患者痊愈时间调查表　　　　　单位:天

序　号	1	2	3	4	5	6	7	8	9	10
实验组	6	2	4	2	3	5	5	6	3	4
控制组	4	2	6	7	5	5	4	7	5	5

假设痊愈时间服从正态分布,且方差相等,试检验服用该药对缩短痊愈时间有无显著影响。($\alpha = 0.05$)

[解] ① 设实验组的平均痊愈时间为 μ_x,对照组的平均痊愈时间为 μ_y,如果两组病人的痊愈时间不存在任何差异,那么,原假设就是 $\mu_x - \mu_y = 0$。如果样本证据导致拒绝原假设,就可以得出该药对缩短痊愈时间有显著影响。这样原假设和备择假设可表述如下:

$$H_0 : \mu_x - \mu_y = 0; \quad H_1 : \mu_x - \mu_y \neq 0$$

② 计算样本平均数和样本方差。

$$\bar{x} = \frac{\sum x}{n} = 4 \qquad \bar{y} = \frac{\sum y}{m} = 5$$

$$s_x^2 = \frac{1}{n-1}\sum(x - \bar{x})^2 = \frac{20}{9}$$

$$s_y^2 = \frac{1}{m-1}\sum(y - \bar{y})^2 = \frac{20}{9}$$

③ 建立统计量。

两总体皆为正态总体,方差未知,但相等,则可用检验统计量为 t 统计量,

$$t = \frac{(\bar{x} - \bar{y}) - (\mu_x - \mu_y)}{s_w\sqrt{\dfrac{1}{n} + \dfrac{1}{m}}} \sim t(n + m - 2)$$

$$s_w = \sqrt{\frac{(n-1)s_x^2 + (m-1)s_y^2}{n+m-2}} = \sqrt{\frac{9 \times \frac{20}{9} + 9 \times \frac{20}{9}}{10+10-2}} = 1.491$$

可以求得 $t = \dfrac{\bar{x} - \bar{y}}{s_w \sqrt{\dfrac{1}{n} + \dfrac{1}{m}}} = \dfrac{4-5}{1.491 \times \sqrt{\dfrac{1}{10} + \dfrac{1}{10}}} = -1.4997$。

④ 查 t 分布表,$t_{\frac{0.05}{2}}(10+10-2) = t_{0.025}(18) = 2.101$。

⑤ 根据双尾检验的原则,$|t| = 1.4997 < t_{0.025}(18) = 2.101$,所以接受原假设,即根据样本数据可以得出结论:服用该药对缩短痊愈时间没有显著影响。

三、总体方差的假设检验

与总体均值的假设检验一样,总体方差的假设检验也分为单样本总体方差检验和两总体方差比的检验。

(一) 单样本总体方差检验

单样本总体方差的假设检验是指通过从某一总体中抽取的样本来判断这一总体的方差与某一已知值的大小关系。

1. 总体均值 μ 已知。

总体均值 μ 已知时,根据抽样分布定理 $\dfrac{ns^2}{\sigma^2} \sim \chi^2(n)$,可以用 $\dfrac{ns^2}{\sigma^2}$ 作为检验统计量。

$$\chi^2 = \frac{ns^2}{\sigma^2} \sim \chi^2(n)$$

例 3.13 在一次全市统考中,全体学生成绩的总方差为 18^2,从某校随机抽取的 40 名学生成绩的方差为 12^2,假设总体均值已知。问该校学生成绩的方差与全市方差是否有显著性差异。($\alpha = 0.05$)

[解] ① 提出假设:

$$H_0 : \sigma^2 = 18^2 ; \quad H_1 : \sigma^2 \neq 18^2$$

② 建立统计量。

已知 $\sigma^2 = 18^2$,$s^2 = 12^2$,$n = 40$

则
$$\chi^2 = \frac{ns^2}{\sigma^2} = 17.78$$

③ 查自由度为 40 的卡方表,得:

$$\chi^2_{\frac{\alpha}{2}}(n) = \chi^2_{0.025}(40) = 59.3$$

$$\chi^2_{1-\frac{\alpha}{2}}(n) = \chi^2_{0.975}(40) = 24.4$$

④ 作出判断:

$$17.78 < 24.4 = \chi_{1-\frac{\alpha}{2}}^2, \text{ 拒绝 } H_0。$$

可以认为该校学生成绩的方差与全市方差之间存在显著性差异。

2. 总体均值 μ 未知。

总体均值 μ 未知时,由抽样分布定理 $\frac{(n-1)s^2}{\sigma^2} \sim \chi^2(n-1)$,可以知道关于 σ^2 检验,采用的统计量为 $\frac{(n-1)s^2}{\sigma^2}$。

$$\chi^2 = \frac{(n-1)s^2}{\sigma^2} \sim \chi^2(n-1)$$

例 3.14 某汽车运输公司为增进公司的良好形象,最近采取措施激励其驾驶员准时行车。该公司希望各站到达时间的方差尽量地小,即要求每辆汽车均能按时到达各站,因此,该公司规定的标准是到站时间的方差必须等于或小于 4 分钟。为判断该标准是否合乎实情,该公司定期从沿途各汽车站收集了汽车到站时间的资料。假定从某一特定市区十字路口抽取 10 辆汽车的到站时间作为一个随机样本。并已知该总体的到站时间服从正态分布,样本方差为 s^2 为 4.8,问在 $\alpha = 0.05$ 的显著性水平下检验该标准能否维持?

[解] ① 提出假设:

$$H_0: \sigma^2 \leqslant 4; \quad H_1: \sigma^2 > 4$$

② 建立统计量。

已知 $s^2 = 4.8, n = 10$

则

$$\chi^2 = \frac{(n-1)s^2}{\sigma^2} = 10.8$$

③ 查自由度为 $10 - 1 = 9$ 的卡方表,得:

$$\chi_\alpha^2(n-1) = \chi_{0.05}^2(9) = 16.92$$

④ 作出判断:

若 $\chi^2 < 16.92$,则接受 H_0;

若 $\chi^2 \geqslant 16.92$,则拒绝 H_0。

因为 $\chi^2 = 10.8 < 16.92$,所以接受 H_0,即该标准符合实际,可以维持。

(二) 两样本方差比的检验

$x_1, x_2, \cdots, x_n$ 为来自均值为 μ_x,方差为 σ_x^2 的正态总体的样本,$y_1, y_2, \cdots, y_m$ 为来自均值为 μ_y,方差为 σ_y^2 的另一正态总体的样本,且相互独立,s_x^2、s_y^2 为两样本的方差。

1. 在 μ_x, μ_y 已知时,则:

$$s_x^2 = \frac{1}{n} \sum (x - \mu_x)^2$$

$$s_y^2 = \frac{1}{m} \sum (y - \mu_y)^2$$

则
$$F = \frac{s_x^2}{s_y^2} \cdot \frac{\sigma_y^2}{\sigma_x^2} \sim F(n, m)$$

2. μ_x, μ_y 未知时,

$$s_x^2 = \frac{1}{n-1} \sum (x - \bar{x})^2$$

$$s_y^2 = \frac{1}{m-1} \sum (y - \bar{y})^2$$

则
$$F = \frac{s_x^2}{s_y^2} \cdot \frac{\sigma_y^2}{\sigma_x^2} \sim F(n-1, m-1)$$

例 3.15   用老工艺生产的机械零件的方差比较大,抽查了 25 个,得 $s_x^2 = 6.37$,现改用新工艺生产,抽查了 25 个零件,得 $s_y^2 = 3.19$,假设两种生产过程服从正态分布,问新工艺的精确度是否比老工艺显得更好($\alpha = 0.05$)。

［解］   已知 $s_x^2 = 6.37$,$s_y^2 = 3.19$,$n = m = 25$,$\alpha = 0.05$。

① 提出假设。
$$H_0 : \sigma_x^2 = \sigma_y^2 ; \ H_1 : \sigma_x^2 \neq \sigma_y^2$$

② 建立检验统计量。

$$F = \frac{s_x^2}{s_y^2} \cdot \frac{\sigma_y^2}{\sigma_x^2} \sim F(n-1, m-1)$$

$$F = \frac{s_x^2}{s_y^2} = \frac{6.37}{3.19} = 1.997$$

③ 查自由度为 $25 - 1 = 24$ 的 F 分布表,得到临界值为 2.27 和 0.44。

④ 作出判断。

因为 $0.44 < 1.997 < 2.27$,所以不能拒绝 H_0,只好认为新工艺比老工艺精度可能要高一些。

应用案例

2015 年全国 1‰人口抽样调查主要数据公报

根据《全国人口普查条例》和《国务院办公厅关于开展 2015 年全国 1‰人口抽样调查的通知》,我国以 2015 年 11 月 1 日零时为标准时点进行了全国 1‰人口抽样调查。这次调查以全国为总体,以各地级市(地区、盟、州)为子总体,采取分层、二阶段、概率比例、整群抽样方法,最终样本量为 2 131 万人,占全国总人口的 1.55%。在党中央、国务院的正确领导下,

在地方各级人民政府的精心组织和调查对象的支持配合下,经过广大调查工作人员的艰苦努力,目前已基本完成各项调查任务。现将根据这次调查推算的人口主要数据公布如下:

一、总 人 口

全国31个省、自治区、直辖市和现役军人的人口为137 349万人。同第六次全国人口普查2010年11月1日零时的133 972万人相比,五年共增加3 377万人,增长2.52%,年平均增长率为0.50%。

二、家 庭 户 人 口

31个省、自治区、直辖市共有家庭户40 947万户,家庭户人口为126 935万人,平均每个家庭户的人口为3.10人,与2010年第六次全国人口普查持平。

三、性 别 构 成

31个省、自治区、直辖市和现役军人的人口中,男性人口为70 356万人,占51.22%;女性人口为66 993万人,占48.78%。总人口性别比(以女性为100,男性对女性的比例)由2010年第六次全国人口普查的105.20下降为105.02。

四、年 龄 构 成

31个省、自治区、直辖市和现役军人的人口中,0—14岁人口为22 696万人,占16.52%;15—59岁人口为92 471万人,占67.33%;60岁及以上人口为22 182万人,占16.15%,其中65岁及以上人口为14 374万人,占10.47%。同2010年第六次全国人口普查相比,0—14岁人口比重下降0.08个百分点,15—59岁人口比重下降2.81个百分点,60岁及以上人口比重上升2.89个百分点,65岁及以上人口比重上升1.60个百分点。

五、民 族 构 成

31个省、自治区、直辖市和现役军人的人口中,汉族人口为125 614万人,占91.46%;各少数民族人口为11 735万人,占8.54%。同2010年第六次全国人口普查相比,汉族人口增加3 021万人,增长2.46%;各少数民族人口增加356万人,增长3.13%。

六、各种受教育程度人口

31个省、自治区、直辖市和现役军人的人口中,具有大学(指大专以上)教育程度人口为

17 093 万人;具有高中(含中专)教育程度人口为 21 084 万人;具有初中教育程度人口为 48 942 万人;具有小学教育程度人口为 33 453 万人(以上各种受教育程度的人包括各类学校的毕业生、肄业生和在校生)。

同 2010 年第六次全国人口普查相比,每 10 万人中具有大学教育程度人口由 8 930 人上升为 12 445 人;具有高中教育程度人口由 14 032 人上升为 15 350 人;具有初中教育程度人口由 38 788 人下降为 35 633 人;具有小学教育程度人口由 26 779 人下降为 24 356 人。

七、城 乡 人 口

31 个省、自治区、直辖市和现役军人的人口中,居住在城镇的人口为 76 750 万人,占 55.88%;居住在乡村的人口为 60 599 万人,占 44.12%。同 2010 年第六次全国人口普查相比,城镇人口增加 10 193 万人,乡村人口减少 6 816 万人,城镇人口比重上升 6.20 个百分点。

八、人 口 的 流 动

31 个省、自治区、直辖市的人口中,居住地与户口登记地所在的乡镇街道不一致且离开户口登记地半年以上人口为 29 247 万人,其中市辖区内人户分离人口为 4 650 万人,不包括市辖区内人户分离的人口为 24 597 万人。同 2010 年第六次全国人口普查相比,居住地与户口登记地所在的乡镇街道不一致且离开户口登记地半年以上人口增加 3 108 万人,增长 11.89%。

(资料来源:国家统计局网站 http://www.stats.gov.cn/tjsj/zxfb./201604/t20160420_1346151.html。)

思考题

1. 对某地 1 500 个家庭调查,从中抽 5% 的家庭户,调查得知平均月收入 14 344 元,标准差为 468 元。

要求:

(1) 计算抽样平均误差;

(2) 以 86.4% 的把握程度估计该地家庭平均月收入;

(3) 以 95% 的把握程度估计该地家庭平均月收入。

2. 一个电视节目主持人想了解观众对某一个电视专题节目的喜欢情况,他选取了 500 个观众作样本,结果发现喜欢该节目的有 175 个人。

要求:

(1) 以 95% 的概率估计观众喜欢这一专题节目的区间范围;

(2) 若该节目主持人希望估计的极限误差不超过 5%,问有多大把握程度?

3. 某中学负责人估计有 80% 以上的教工会参加将要进行的校办主任的选举,根据以往的经验,标准差为 10%。为此对 150 名教工进行调查,结果有 75% 的教工表示参加选举。

要求:在 $\alpha = 0.05$ 的条件下,检验参加选举的教工人数在 80% 以上的假设。

4. 过去汽车驾驶执照考试的平均成绩为 80 分,方差为 60 分。目前一种新的考照测验已经设计好了,为评估新测验的效果,某一含有 4 名驾驶员的样本已完成了此测验。该样本测验成绩的方差为 35 分。

要求:用 $\alpha = 0.05$ 检验新测验总体方差是否和过去的 60 分一样。

第四章　相关分析与回归分析

第一节　相　关　分　析

一、相关关系的概念

世界是普遍联系的,孤立的现象或事物是不存在的。客观事物之间常常存在某种程度的关联关系。例如,子女的身高在某种程度上与父母的身高之间存在某种关联关系;利率的降低往往会导致居民储蓄增长速度减缓;消费品价格的提高会导致销售量的下降等等。

一般而言,这种关系无法用精确的数学表达式来描述,只能通过对大量观测数据的统计处理,才能找到它们之间的内在关联关系。而相关分析与回归分析就是通过大量的数据来研究量与量之间的关联或依存关系的分析方法。

如果进一步加以考察,可以发现,现象之间的依存关系可区分为以下两种不同的类型:

1. 函数关系。它反映着现象之间存在着严密的依存关系,在这种关系中,对于某一变量的一个数值都有另一变量的确定的值与之对立,如 $S=\pi r^2$,圆的面积 S 与半径 r 是函数关系,r 值发生变化,则有确定的 S 值与之对应。又如,当前我国银行的 1 年期存款利率为 2.52%,存入的本金用 x 表示,到期本息用 y 表示,则 $y=x+2.52\% x$(不考虑利息税)。这都是函数关系。在客观世界广泛存在着函数关系。

2. 相关关系。它是指现象之间确实存在的,但关系值不固定的相互依存关系。即对于某一变量的每一个数值,另一变量有若干个数值与之相适应。例如身高 1.75 米的人可以表现为许多不同的体重。再如,生育率与人均 GDP 的关系也属于典型的相关关系:人均 GDP 高的国家,生育率往往较低,但两者没有唯一确定的关系,这是因为除了经济因素外,生育水平还受教育水平、城市化水平以及不易测量的民族风俗、宗教和其他随机因素的共同影响。

3. 函数关系与相关关系的联系与区别。函数关系是一种最严格的、确定的因果关系,也就是说,给出一个自变量 x 的值,只有一个相应的因变量 y 的值;给出一对有序的实数组 (x,y),只有一个 z 值与之对应。例如,$y=ax^2+bx+c$(抛物线),$z=x^2-y^2$(双曲抛物面)等。而相关关系与函数关系不同,两个有相关关系的量,虽互相依存,但不一定是"一对一"的,不一定有计算式建立其间的对应关系。也就是说,自变量 x 的取值范围内取不同的值,因变量 y 虽然跟着变化,但是变化可能不是唯一的,也没有固定的严格的对应规律。例如给贫困地区扶贫资助,贫困状况会得到改善,虽然改善的程度不能用一个固定的标准要求,但是两者之间存在相关关系。

函数关系是相关关系,但相关关系不一定是函数关系。在一定条件下,存在相关关系的变量之间又可能存在着某种确定的函数关系,找出这种关系要应用统计中的回归分析与相关分析的方法。

二、相关的表现形式

进行相关分析必须具备若干个自变量与因变量的对应的实际(观察)资料,作为相关分析的原始数据。将资料列成相关表并绘制出相关图,是判断现象之间关系密切程度和关系表现形式的直观方法,而且也是计算相关指标的基础。

(一)相关表

进行相关分析,先要将原始资料进行整理。根据总体单位的原始资料,将其中一个变量的数值按一定的顺序排列,同时列出与之对应的其他变量的变量值,这样形成的表格称为相关表,如表 4.1 所示。

表 4.1　棉纱产量与单位成本之间的关系

月　份	产量(吨)	单位成本(千元/吨)
1	97	7.2
2	100	7
3	103	6.9
4	109	6.7
5	110	6.5
6	115	6.5
7	108	6.8
8	106	6.9
9	114	6.5
10	118	6.4

从上述相关表可以看出,随着棉纱产量的增加,其单位成本有减少的趋势。

(二)相关图

相关图也称散点图,是根据原始数据,在直角坐标中绘制出两个变量相对应的观察值的所有点,从这些点的分布情况观察分析两个变量间的关系。如将上表的资料画在一坐标系中,以 x 轴代表产量,y 轴代表单位成本,各点的分布状况如图 4.1,即相关图。

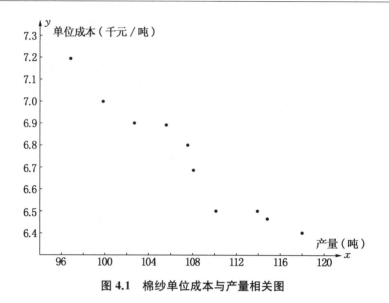

图 4.1　棉纱单位成本与产量相关图

从图 4.1 中 10 个点的分布情况看,产量越大单位成本越低,点的分布接近一条直线,该直线是从左上角至右下角,即变量之间呈负相关。另外,从图 4.1 中还可以看出,各点是比较密集的,说明这两个变量之间的相关关系是比较密切的。

三、相关关系的种类

1. 按影响因素的多少分为一元相关与多元相关。

一元相关是指当研究的是两个变量之间的关系时,因变量只与一个自变量有关系。多元相关是指与因变量有联系的自变量不只是一个。

2. 按相关关系的表现形态分为线性相关和非线性相关。

线性相关是指变量之间存在相关关系,并且当 x 值发生变动时,y 随之发生大致均等的变动(增加或减少),在图形上表现为观察点分布于狭长的带形区域之内。其相关关系可以用一条直线表示,如图 4.2(a)、4.2(b)、4.2(c)、4.2(d)所示。非线性相关是指变量之间存在相关关系,并且当 x 值发生变动时,y 发生的变动呈现出曲线趋势,如图 4.2 (i)、4.2 (j)所示。线性相关关系是本章研究的主要相关关系。

3. 按变量之间相关关系的方向分为正相关与负相关。

正相关是指当自变量 x 增加时,因变量 y 的值也随之相应地增加,如图 4.2(a)、4.2(c)所示。

负相关是指当自变量 x 增加时,因变量 y 的值随之相应地减小,如图 4.2(b)、4.2(d)。

4. 按相关的程度分为完全相关、不完全相关和不相关。

对于正相关与负相关来说,完全相关是指所有的点都落在一条直线上。它具体分为完全正相关和完全负相关。完全正相关如图 4.2(c)所示;完全负相关如图 4.2(d)所示。不完全相关是指存在相关关系,但并不是指所有的点都落在同一条直线上。不完全相关分为不完全正相关和不完全负相关。不完全正相关如图 4.2(a)所示;不完全负相关如图 4.2(b)所示。不相关是指变量之间不存在相关关系,如图 4.2(e)、4.2(f)、4.2(g)、4.2(h)所示。

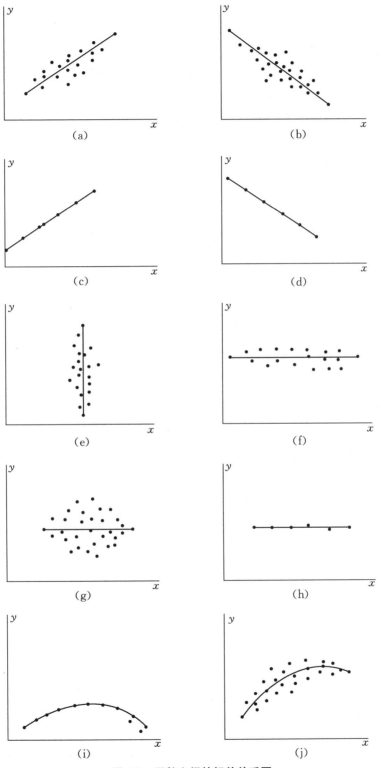

图 4.2　函数之间的相关关系图

四、相关系数的测定和应用

(一) 相关系数的定义

通过编制相关表和绘制相关图对现象之间的关系做了初步的了解,关系的密切程度如何,还需计算相关系数。相关系数是说明两个变量之间有无直线相关关系及相关关系密切程度的统计指标。如测度收入和储蓄、身高和体重、工龄和收入等变量间的线性关系时,可以用简单相关系数。

(二) 相关系数的计算

设相关变量 x 与 y 共有 n 对观测值 $(x_i, y_i)(i=1, 2, \cdots, n)$。相关系数可以用下列公式计算:

$$r = \frac{\sum(x-\bar{x})(y-\bar{y})}{\sqrt{\sum(x-\bar{x})^2}\sqrt{\sum(y-\bar{y})^2}}$$

直接按照这一公式计算比较麻烦,还容易造成较大的计算误差,可以将公式简化为:

$$r = \frac{n\sum xy - \sum x \sum y}{\sqrt{n\sum x^2 - (\sum x)^2}\sqrt{n\sum y^2 - (\sum y)^2}}$$

式中,r 表示相关系数,x 代表自变量,y 代表因变量。

例 4.1　根据表 4.2 的数据计算我国人均消费水平与人均可支配收入的相关系数。

〔解〕　① 编制相关系数计算表,见表 4.2。

表 4.2　人均消费水平与人均可支配收入的相关系数计算表

年份	人均可支配收入 (x)	人均消费 (y)	xy	x^2	y^2
2013	18 311	13 220	242 071 420	335 292 721	174 768 400
2014	20 167	14 491	292 239 997	406 707 889	209 989 081
2015	21 966	15 712	345 129 792	482 505 156	246 866 944
2016	23 821	17 111	407 601 131	567 440 041	292 786 321
2017	25 974	18 322	475 895 628	674 648 676	335 695 684
2018	28 228	19 853	560 410 484	796 819 984	394 141 609
合计	138 467	98 709	2 323 348 452	3 263 414 467	1 654 248 039

资料来源:国家统计局,www.stats.gov.cn。

② 根据公式计算相关系数。

$$r = \frac{n\sum xy - \sum x \sum y}{\sqrt{n\sum x^2 - (\sum x)^2}\sqrt{n\sum y^2 - (\sum y)^2}}$$

$$= \frac{6 \times 2\,323\,348\,452 - 138\,467 \times 98\,709}{\sqrt{6 \times 3\,263\,414\,467 - 138\,467^2} \times \sqrt{6 \times 1\,654\,248\,039 - 98\,709^2}}$$

$$= 0.999\,4$$

③ 相关系数为 0.999 4,表示人均消费水平与人均可支配收入之间存在高度正相关关系。

(三) 相关系数的性质

从相关系数的计算公式可以看出:

1. r 取正值或负值决定于分子,当分子为正值,得出 r 为正,x 与 y 是正相关;当分子为负值,得出 r 为负,变量 x 与 y 为负相关。

2. r 是一个相对数,不受计量单位的影响,无论 x 与 y 的计算单位如何,x 与 y 相关的相关系数只有一个。

3. r 数值有个范围,在 $+1$ 和 -1 之间,即 $-1 \leqslant r \leqslant 1$。$r$ 值大小表明相关关系的强弱程度。

$|r|$ 值越大,说明相关程度越高。反之,$|r|$ 值越小,说明相关程度越低。特别地,当 $|r|=1$,说明现象之间存在完全相关关系,$|r|=0$,说明现象之间完全没有相关关系。

对于相关关系的强弱程度,通常有个经验标准可供参考:

$$|r| < 0.3 \qquad 弱相关$$
$$0.3 \leqslant |r| < 0.5 \qquad 低度相关$$
$$0.5 \leqslant |r| < 0.8 \qquad 显著相关$$
$$0.8 \leqslant |r| < 1 \qquad 高度相关$$

(四) 相关系数的显著性检验

由于存在抽样的随机性和样本数量较少等原因,通常样本的相关系数 r 不能直接用来说明样本来自的两总体是否具有显著的线性相关性,而需要通过假设检验的方式检验相关系数 r 对总体相关系数 ρ 的代表性。其基本步骤是:

1. 提出原假设 $H_0: \rho = 0$,即两总体不相关。

2. 选择检验统计量。简单相关系数的检验统计量为 t 统计量,其数学定义为:

$$t = \frac{r\sqrt{n-2}}{\sqrt{1-r^2}} \sim t(n-2)$$

3. 计算检验统计量 t 和对应的概率度 $t_{\frac{\alpha}{2}}(n-2)$。

4. 决策。如果检验统计量 $|t|$ 大于给定的显著性水平 α 下的概率度 $t_{\frac{\alpha}{2}}(n-2)$,应拒绝原假设,认为两总体相关;反之,如果检验统计量 $|t|$ 小于给定的显著性水平 α 下的概率度

$t_{\frac{a}{2}}(n-2)$，则不能拒绝原假设,可以认为是两总体是不相关。

例 4.2   对例 4.1 中求得的相关系数进行显著性检验,$\alpha = 0.05$。

[解]   ① 提出假设:

$$H_0: \rho = 0; \quad H_1: \rho \neq 0$$

② 计算 t 统计量,得:

$$t = \frac{r\sqrt{n-2}}{\sqrt{1-r^2}}$$

$$t = \frac{0.999\,4 \times \sqrt{6-2}}{\sqrt{1-0.999\,4^2}} = 57.77$$

③ 选择自由度为 4,查 t 分布表,显著性水平 $\alpha = 0.05$,得:

$$t = t_{\frac{a}{2}}(n-2) = t_{0.025}(4) = 2.776$$

④ 由于 $|t| = 57.77 > t_{0.025}(4) = 2.776$,应拒绝原假设,表明相关关系显著,说明人均消费水平与人均可支配收入之间存在线性相关关系。

(五) 相关分析中应注意的问题

1. 相关系数不能解释两变量间的因果关系。

相关系数只是表明两个变量间互相影响的程度和方向,它并不能说明两变量间是否有因果关系,以及何为因,何为果,即使是在相关系数非常大时,也并不意味着两变量间具有显著的因果关系。例如,根据一些人的研究,发现抽烟与学习成绩有负相关关系,但不能由此推断是抽烟导致了成绩差。

因与果在很多情况下是可以互换的。例如研究发现收入水平与股票的持有额正相关,并且可以用收入水平作为解释股票持有额的因素,但是否存在这样的情况,你赚的钱越多,买的股票也越多,而买的股票越多,赚的钱也就越多,何为因? 何为果? 众所周知,经济增长与人口增长相关,可是究竟是经济增长引起人口增长,还是人口增长引起经济增长呢? 这不能从相关系数中得出结论。

2. 警惕虚假相关导致的错误结论。

有时两变量之间并不存在相关关系,但却可能出现较高的相关系数,如存在另一个共同影响两变量的因素。在时间序列资料中往往就会出现这种情况,有人曾对教师薪金的提高和酒价的上涨作了相关分析,计算得到一个较大的相关系数。这是否表明教师薪金提高导致酒的消费量增加,从而导致酒价上涨呢? 经分析,事实上是由于经济繁荣导致教师薪金和酒价的上涨,而教师薪金增长和酒价之间并没有什么直接关系。

原因的混杂也可能导致错误的结论。如有人做过计算,发现在美国经济学专业学位越高的人,收入越低,笼统地计算学位与收入之间的相关系数会得到负值。但分别对大学、政府机构、企业各类别计算学位与收入之间的相关系数得到的则是正值,即对同一行业而言,学位高,收入也高。另外,注意不要在相关关系据以成立的数据范围以外,推论这种相关关系仍然保持。雨下得多,农作物长得好,在缺水地区、干旱季节雨是一种福音,但雨量太大,却可能损坏庄稼。又如,广告投入多,销售额上涨,利润增加,但盲目加大广告投入,却未必使销售额再增长,利润还可能减少。正相关达到某个极限,就可能变成负相关。这个道理似乎人人都明白,但在分析问题时却容易忽视。

第二节 回 归 分 析

一、回归分析的意义

回归一词是英国统计学家皮尔逊在研究父亲身高和他们成年儿子身高关系时提出的。从大量的父亲身高和其成年儿子身高数据的散点图中,皮尔逊天才地发现了一条贯穿其中的直线,它能够描述父亲身高和其成年儿子身高之间的关系,并可用于预测某父亲其成年儿子的平均身高。他的研究发现,如果父亲的身高很高,那么他的成年儿子也会较高,但不会像他父亲那么高;如果父亲的身高很矮,那么他的成年儿子也会较矮,但不会像他父亲那么矮。他们会趋向于子辈身高的平均值。皮尔逊将这种现象称为"回归",将那条贯穿于数据点中的线称为"回归线"。后来,人们借用"回归"这个名词,把测定现象之间数量变化上的一般关系所使用的数学方法总称为回归分析法。

二、回归分析的步骤

1. 确定回归方程中的自变量和因变量。

由于回归分析用于分析一个变量是如何随其他变量的变化而变化的,因而回归分析的第一步应确定哪个变量是因变量(记为 y),哪些变量是自变量(记为 x)。回归分析正是要建立 y 关于 x 的回归方程,并在给定 x 的条件下,通过回归方程预测 y 的平均值。

2. 确定回归模型。

根据函数拟合方式,通过观察散点图确定应通过哪种数学模型来描述回归线。如果因变量与自变量之间存在线性关系,则应进行线性回归分析,建立线性回归模型;如果因变量与自变量之间存在非线性关系,则应进行非线性回归分析,建立非线性回归模型。

3. 建立回归方程。

根据收集到的样本数据以及所确定的回归模型,在一定的拟合准则下估计出模型中的各个参数,得到一个确定的回归方程。

4. 对回归方程进行各种检验。

前面已经提到,由于回归方程是在样本数据基础上得到的,回归方程是否真实反映了事物总体间的关系以及回归方程能否用于预测等都需要进行检验。

5. 利用回归方程进行预测。

建立回归方程的目的之一是根据回归方程对事物的未来发展趋势进行控制和预测。

三、回归分析与相关分析的关系

(一) 回归分析与相关分析的区别

1. 相关关系是用来度量变量与变量之间关系的紧密程度的一种方法,在本质上只是对客观存在的关系的测度。回归分析是根据所拟合的回归方程研究自变量与因变量一般关系值的方法,可由已给定的自变量数值来推算因变量的数值,它具有推理的性质。

2. 在研究相关关系时,不需要确定哪个是自变量,哪个是因变量,但回归分析的首要问题就是确定哪个是自变量,哪个是因变量。

3. 现象之间的相关关系的研究,只能计算一个相关系数;而回归分析时回归系数可能有两个,也就是两现象互为因果关系时,可以确定两个独立回归方程,从而就有两个不同的回归系数。

(二) 回归分析与相关分析的联系

两者是相辅相成的,由相关分析法测定的变量之间相关的密切程度,对是否有必要进行回归分析以及进行回归分析意义的大小起着决定性的作用,相关程度大,进行回归分析的意义也大,相关程度小,进行回归分析的意义就小,甚至没有必要进行回归分析。同时,相关系数还是检验回归系数的标准,回归分析的结果也可以推算相关系数。因此,相关分析与回归分析是相互补充密切联系的,相关分析需要回归分析来表明现象数量关系的具体形式,而回归分析则应建立在相关分析的基础上。

四、简单直线回归方程的建立和求解

1. 建立回归方程。

设变量 x 与 y 共有 n 对观测值 (x_1, y_1), (x_2, y_2), $\cdots (x_n, y_n)$。其中,y 为被解释变量(因变量),x 为解释变量(自变量)。y 与 x 之间存在某种线性关系,其简单直线回归方程为:

$$\hat{y} = a + bx$$

式中,a 与 b 是特定参数,a 为直线的截距。b 为直线斜率,又称回归系数。它表明自变量增加(或减少)一个单位,因变量相应增加(或减少)多少。当 $b > 0$ 时,x 与 y 正相关;$b < 0$ 时,x 与 y 负相关;$b = 0$,直线平行于 x 轴,说明 x 与 y 之间无线性相关关系。

2. 求解回归方程。

参数 a、b 的确定方法有许多,其中使用广泛的是最小平方法。

(1) 采用最小平方法,分别对上式两边求和,以及乘以 x 再求和,得到:

$$\begin{cases} \sum y = na + b \sum x \\ \sum xy = a \sum x + b \sum x^2 \end{cases}$$

（2）对上两等式求解，解出 a、b 参数为：

$$a = \frac{\sum y - b \sum x}{n} = \bar{y} - b \bar{x}$$

$$b = \frac{n \sum xy - \sum x \sum y}{n \sum x^2 - (\sum x)^2}$$

（3）将参数 a、b 代入回归直线方程，得到一个确定的回归直线方程。该回归直线方程的意义是，自变量每变动 1 个单位，因变量平均变动 b 个单位。

例 4.3　2013—2018 年人均可支配收入和人均消费资料如表 4.2 所示。要求：根据资料，绘制相关图并配合适当的回归方程。

［解］　① 绘制相关图。根据消费理论，决定消费的主要因素是可支配收入，消费与可支配收入呈同方向变化。在两者的关系中，人均可支配收入为自变量，用 x 表示；人均消费为因变量，用 y 表示。建立直角坐标，绘制相关图（见图 4.3）。由散点图看出两者为线性关系，可以配合简单直线回归方程。

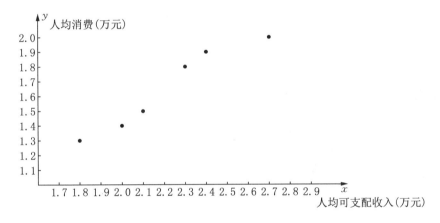

图 4.3　人均消费与人均可支配收入相关图

② 建立简单直线回归方程：

$$\hat{y} = a + bx$$

③ 估计参数。列表计算有关数据（见表 4.2），由计算结果得：

$$b = \frac{n \sum xy - \sum x \sum y}{n \sum x^2 - (\sum x)^2} = 0.67$$

$$a = \bar{y} - b\bar{x} = 989.35$$

所求简单直线回归方程为：

$$\hat{y} = 989.35 + 0.67x$$

上式表明人均国民收入每增加 1 元,人均消费将增加 0.67 元,两者为正相关关系。

五、回归估计标准误差

(一) 直线回归的变差

在直线回归中,实际观察值 y 的大小是围绕其平均值 $\bar{y}$ 上下波动的,y 的这种波动现象称为变差。这种变差产生的原因有两个方面:一是受自变量 x 的影响,x 取值不同不会引起 y 取值不同;二是受其他因素(包括未知的因素和观测误差)的影响。

对每个观察值来说,变差的大小可通过离差 $(y-\bar{y})$ 来表示,而全部 n 个观察值的总变差(用 L_{yy} 表示)则可由这些离差的平方和表示。

$$L_{yy} = \sum (y-\bar{y})^2,\text{其自由度为 } n-1。$$

由于每个观察点的离差 $y-\bar{y}$ 都可分解为:$y-\bar{y}=(y-\hat{y})+(\hat{y}-\bar{y})$。对上式两端平方并对所有 n 点求和有

$$\sum (y-\bar{y})^2 = \sum [(y-\hat{y})+(\hat{y}-\bar{y})]^2$$

$$= \sum (y-\hat{y})^2 + \sum (\hat{y}-\bar{y})^2 + 2\sum (y-\hat{y})(\hat{y}-\bar{y})$$

回归分析理论已证明,上式中的最后一项等于 0,所以总变差 L_{yy} 可以分解为两个部分:

$$L_{yy} = \sum (y-\bar{y})^2 = \sum (\hat{y}-\bar{y})^2 + \sum (y-\hat{y})^2$$

上式右端第一项是回归估计值 $\hat{y}$ 与平均值 $\bar{y}$ 离差的平方和,根据

$$\hat{y} = a+bx = \bar{y}-b\bar{x}+bx = \bar{y}+b(x-\bar{x})$$

可知:

$$\hat{y}-\bar{y} = b(x-\bar{x})$$

即离差 $(\hat{y}-\bar{y})$ 只是 $x-\bar{x}$ 的函数,可以认为是 x 的变动所引起的,因而 $\sum (\hat{y}-\bar{y})^2$ 就反映了 y 的总变差中由于 x 与 y 的直线回归关系而引起的 y 的变化部分,通常称为回归变差,以 U 表示,即 $U = \sum (\hat{y}-\bar{y})^2$,其自由度为 1。

在总变差的两个影响因素中,减去 U,即 x 变动对回归直线的影响后,剩余的因素都反映在 $\sum (y-\hat{y})^2$ 之中,所以称它为剩余变差(或随机变差),以 Q 表示,即:

$$Q = \sum (y-\hat{y})^2,\text{其自由度为 } n-2。$$

将一元线性回归方差分析列表,如表 4.3 所示。

表 4.3　一元线性回归变差分析表

变差来源	平方和	自由度	F 值
回　归	$U = \sum(\hat{y} - \bar{y})^2$	1	$F = \dfrac{U/1}{Q/(n-2)}$
剩　余	$Q = \sum(y - \hat{y})^2$	$n-2$	
总　和	$L_{yy} = U + Q$	$n-1$	

　　在总变差 L_{yy} 中,回归变差 U 越大,剩余变差 Q 就越小,变量间线性相关性越高;回归变差 U 越小,剩余变差 Q 就越大,变量间线性相关性越低。所以 U/Q 的比值反映了 x 对 y 的线性影响的显著性。

　　例 4.4　以表 4.2 资料,计算一元线性回归的各项变差。

　　[解]　计算过程见表 4.4。

表 4.4　总变差、回归变差、剩余变差计算表

年份	人均可支配收入(x)	人均消费(y)	$\hat{y} = a + bx$ $a = 989.35$ $b = 0.67$	$y - \hat{y}$	$(y - \hat{y})^2$	$\hat{y} - \bar{y}$ $\bar{y} = 16\,452$	$(\hat{y} - \bar{y})^2$	$y - \bar{y}$ $\bar{y} = 16\,452$	$(y - \bar{y})^2$
2013	18 311	13 220	13 258	-38	1 444	$-3\,194$	10 201 636	$-3\,232$	10 445 824
2014	20 167	14 491	14 501	-10	100	$-1\,951$	3 806 401	$-1\,961$	3 845 521
2015	21 966	15 712	15 707	5	25	-745	555 025	-740	547 600
2016	23 821	17 111	16 949	162	26 244	497	247 009	659	434 281
2017	25 974	18 322	18 392	-70	4 900	1 940	3 763 600	1 870	3 496 900
2018	28 228	19 853	19 902	-49	2 401	3 450	11 902 500	3 401	11 566 801
合计	138 467	98 709	—	—	35 114	—	30 476 171	—	30 336 927

$$L_{yy} = 30\,336\,927,\ U = 30\,476\,171,\ Q = 35\,114$$

　　上述这种总变差的分解在相关分析中很重要,它把各项影响因素的具体数量估算出来了。关于它的用途我们不展开讨论,在此只是用它来计算估计标准误差。

　　(二) 回归估计标准误差

　　1. 回归估计标准误差概念。

　　回归估计标准误差简称回归标准差是指实际值 y 与估计值 $\hat{y}$ 之间的离差的平方的平均数的平方根,即是剩余变差平均数的平方根,反映了实际观察值 y 与估计值 $\hat{y}$ 之间的平均离差程度。

　　2. 回归估计标准误差的测定。

　　回归估计标准误差的公式为:

$$SSE = \sqrt{\frac{\sum (y - \hat{y})^2}{n - 2}}$$

通常用于一元回归的计算公式是:

$$SSE = \sqrt{\frac{\sum y^2 - a \sum y - b \sum xy}{n - 2}}$$

3. 回归估计标准误差作用。

从拟合函数关系上反映变量之间的相互关系的密切程度。SSE 越大,拟合程度越差;SSE 越小,拟合程度越好。

六、回归模型的检验

当我们得到一个实际问题的经验回归方程 $\hat{y} = a + bx$ 后,还不能用它去进行经济分析和预测,因为 $\hat{y} = a + bx$ 是否真正描述了变量 y 与 x 之间的统计规律性,还需要用经济理论和统计方法对回归方程进行检验。

(一) 经济理论检验

经济理论检验即检查模型中参数的关系与经济理论是否相符。在回归模型 $\hat{y} = 989.35 + 0.67x$ 中,y 表示人均消费,x 为人均可支配收入。很显然,人均可支配收入愈大,人均消费也应愈大,两者之间的关系为正相关关系。

(二) 统计检验

统计检验有相关系数检验、t 检验、F 检验等。相关系数检验在上一节中已作介绍,这里只介绍 t 检验和 F 检验。

1. t 检验。

t 检验是利用统计学中的 t 统计量检验回归系数的显著性。其具体检验步骤为:

(1) 提出假设:$H_0: b = 0$(回归系数为零,变量 x 和 y 不存在线性关系);$H_1: b \neq 0$(变量 x 和 y 存在线性关系)。

(2) 建立检验统计量。

计算回归系数 b 的 t 统计量:

$$t_b = \frac{b}{S_b}$$

S_b 代表参数 b 的标准差,

$$S_b = \frac{SSE}{\sqrt{\sum (x - \bar{x})^2}}$$

于是得到

$$t_b = \frac{b\sqrt{(n-2)\sum(x-\bar{x})^2}}{\sqrt{\sum(y-\hat{y})^2}} \sim t_{\frac{\alpha}{2}}(n-2)$$

（3）查 t 分布表，求得显著性水平为 α，自由度为 $n-2$ 的概率度 $t_{\frac{\alpha}{2}}(n-2)$。

（4）作出判断：

将 t_b 与 $t_{\frac{\alpha}{2}}(n-2)$ 比较，可以决定是接受还是否定 H_0 假设。若 $|t_b| > t_{\frac{\alpha}{2}}(n-2)$，则拒绝 H_0，表明回归系数显著不为 0，t 检验通过。反映了变量 x 和 y 的线性关系假设合理，意味着所选择的自变量能比较有效地解释预测对象的变化。若 $|t_b| < t_{\frac{\alpha}{2}}(n-2)$，则接受 H_0，表明回归系数为 0 的可能性较大，t 检验未通过。说明变量 x 和 y 的线性关系假设不合理，意味着所选择的自变量能无法较好地描述预测对象的变化，应该重新考虑新的自变量。

例 4.5 对例 4.3 建立的预测人均消费额的线性回归模型 $\hat{y} = 989.35 + 0.67x$ 进行 $\alpha = 0.05$ 的 t 检验。

［解］ ① 提出假设：

$$H_0 : b = 0; \quad H_1 : b \neq 0。$$

② 计算回归系数 b 的 t 统计量。

计算过程见表 4.5，将表中数据代入公式，得到：

$$t_b = \frac{b\sqrt{(n-2)\sum(x-\bar{x})^2}}{\sqrt{\sum(y-\hat{y})^2}}$$

$$= \frac{0.67 \times \sqrt{(6-2) \times 67\,896\,119}}{\sqrt{35\,114}} = 58.92$$

表 4.5 例 4.5 的 t 检验计算表

年份	人均可支配收入(x)	人均消费(y)	$\hat{y} = a + bx$	$y - \hat{y}$	$(y-\hat{y})^2$	$x - \bar{x}$	$(x-\bar{x})^2$
2013	18 311	13 220	13 258	−38	1 444	−4 767	22 724 289
2014	20 167	14 491	14 501	−10	100	−2 911	8 473 921
2015	21 966	15 712	15 707	5	25	−1 112	1 236 544
2016	23 821	17 111	16 949	162	26 244	743	552 049
2017	25 974	18 322	18 392	−70	4 900	2 896	8 386 816
2018	28 228	19 853	19 902	−49	2 401	5 150	26 522 500
合计	138 467	98 709	—	—	35 114	—	67 896 119

③ 查自由度为 $6-2=4$ 的 t 分布表，求得显著性水平 a 为 0.05，自由度为 $n-2$ 的数值：

$$t_{\frac{\alpha}{2}}(n-2) = t_{0.025}(4) = 2.776$$

④ 由于 $|t_b|=58.92>t_{0.025}(4)=2.776$,所以,参数 t 检验通过,说明人均可支配收入对消费有显著影响。

2. F 检验。

F 检验是利用方差分析所提供的 F 统计量检验回归方程是否真正线性相关的一种方法。具体检验步骤为:

(1) 提出假设: $H_0:b=0$ (回归系数为零,变量 x 和 y 不存在线性关系); $H_1:b\neq0$ (变量 x 和 y 存在线性关系)。

(2) 建立检验统计量:

$$F=\frac{U/1}{Q/n-2}=\frac{\sum(\hat{y}-\bar{y})^2}{\sum(y-\hat{y})^2/n-2}\sim F(1,n-2)$$

(3) 查 F 分布表,求得 $F_a(1,n-2)$。

(4) 作出判断。

若 $F>F_a(1,n-2)$,则拒绝 H_0,回归方程较好地反映了变量 x 和 y 的线性关系,回归效果显著,方程的 F 检验通过,预测模型从整体上适用。

若 $F\leqslant F_a(1,n-2)$,则接受 H_0,回归方程不能较好地反映了变量 x 和 y 的线性关系,回归效果不显著,方程的 F 检验未通过,预测模型不适用。

例 4.6　对例 4.3 建立的预测人均消费额的线性回归模型 $\hat{y}=989.35+0.67x$ 进行 $\alpha=0.05$ 的 F 检验。

［解］　① 根据表 4.4 的数据,计算 F 值:

$$F=\frac{\sum(\hat{y}-\bar{y})^2}{\sum(y-\hat{y})^2/n-2}=\frac{30\,476\,171}{35\,114/4}=3\,471.68$$

② 以显著性水平 $\alpha=0.05$,自由度 $n_1=1$, $n_2=6-2=4$,查 F 分布表,得到 $F_{0.05}(1,4)=7.71$。

③ 因为 $F=3\,471.68>F_{0.05}(1,4)=7.71$,所以,方程的 F 检验通过。预测模型 $\hat{y}=989.35+0.67x$ 在置信度为 95% 的情况下,回归效果显著,因而用此模型对人均消费进行预测,可靠性较高。

拟合的回归直线方程经检验具有意义,就可以进行预测。预测是回归模型在统计中的重要应用,我们将在下一章介绍。

应用案例

子女身高与父母身高的回归分析

一、问 题 的 提 出

早在 19 世纪后期,英国生物学家皮尔逊通过观察 1 078 个家庭中父亲、母亲身高的平均

值 x 和其中一个成年儿子身高 y，建立了关于父母身高与子女身高的线性方程：$y=33.73+0.516x$。

从方程可以看出，子女身高有回归平均的倾向。那么，时隔一百多年后的今天，人类的物质生活和精神生活都已发生巨大的变化，父母身高与子女身高之间将呈现出什么样的关系呢？

在现实生活中，我们都知道父母身高对子女身高是有影响的，但父亲与母亲的影响分别有多大？他们对儿子和女儿的影响程度是否相同？能否用定量的形式回答这个问题呢？如果可以利用回归方法，进一步揭示父亲身高、母亲身高与子女身高之间量化关系的秘密，将有助于那些关注自己后代身高的年轻父母们进行早期预测，同时也可为那些未婚青年男女在选择理想配偶时提供科学的参考依据。

二、数据的收集

为了问题的研究，我们要求所调查的家庭满足下列条件：(1)家庭中有一个或多个子女；(2)家庭成员身体健康，发育正常，无先天性和遗传性疾病，无残疾；(3)子女的年龄均在 23 岁(含 23 岁)以上。考虑到调查范围的广泛性，我们随机抽取了机关干部、职员、工人、农民、城市居民、军人、大学生家庭，并特意选择了一所全国招生的院校应届毕业生，他们来自全国各地，家庭背景相对复杂，这样使得样本更具代表性。

在收回的 410 份(发放 460 份)调查表中，符合要求的有 290 个家庭，其中，有儿子 405 人，有女儿 270 人。

三、方法的确定

根据所收集的数据，应用二元回归分析方法，研究父亲身高、母亲身高与儿子或女儿身高的关系。

1. 建立回归方程。

设 x_1 为父亲身高，x_2 为母亲身高，Y 为儿子或女儿身高。则父母身高与子女身高的回归模型为：$y=\beta_0+\beta_1 x_1+\beta_2 x_2+\varepsilon$

根据样本数据建立估计二元回归方程：$\hat{y}=b_0+b_1 x_1+b_2 x_2$

2. 显著性检验。

对回归方程进行 F 检验，拒绝区域为 $F>F_a(2, n-3)$；对回归系数进行 t 检验，拒绝区域为 $t>t_{\frac{a}{2}}(n-3)$。

3. 预测。

若某一家庭父亲和母亲身高分别为 x_{10} 和 x_{20}，则子女身高的点估计为：

$$\hat{y}=b_0+b_1 x_{10}+b_2 x_{20}$$

四、结 果 分 析

1. 父母身高对儿子身高的影响。

$$\hat{y}=53.640+0.368x_1+0.349x_2$$

显著性检验:在 $\alpha=0.01$ 的显著水平下,

$$F=62.71>F_a(2,400)=4.68$$
$$t_1=7.857>t_{\frac{a}{2}}(400)=2.689$$
$$t_2=6.71>t_{\frac{a}{2}}(400)=2.689$$

结果说明回归方程显著,两个偏回归系数显著。因此,所建立回归方程是有意义的,即父母身高与儿子身高有显著的线性关系。

2. 父母身高对女儿身高的影响。

$$\hat{y}=47.140+0.249x_1+0.455x_2$$

显著性检验:在 $\alpha=0.01$ 的显著水平下,

$$F=46.81>F_a(2,300)=4.68$$
$$t_1=4.927>t_{\frac{a}{2}}(300)=2.689$$
$$t_2=7.61>t_{\frac{a}{2}}(300)=2.689$$

结果说明回归方程显著,回归系数显著,故所建立回归方程有效,即女儿身高与父母身高有显著的线性关系,特别是母亲身高对女儿身高的影响更为重要。

3. 从以上结果可以看出,在某种程度上,父母身高对子女身高有重要影响,且在不同时期,子女身高有回归平均身高的趋势,即个子矮的父母,其子女身高未必低于自己,个子高的父母,其子女身高未必高于自己。表 4.7 给出了部分家庭子女身高的预测值,其中,区间估计的把握程度为 95%。

表 4.6 部分家庭子女身高的预测值 （单位:厘米）

父亲身高	母亲身高	儿子身高			女儿身高		
		点估计	下限	上限	点估计	下限	上限
160	155	166.57	165.32	167.83	157.50	155.99	159.02
160	160	168.32	167.16	169.48	159.78	158.43	161.13
165	160	170.15	169.41	170.91	161.02	160.14	161.90
165	165	171.90	171.01	172.91	163.30	162.26	164.33
170	160	172.00	171.53	172.46	162.27	161.74	162.79
170	165	173.74	173.12	174.36	164.54	163.77	165.30

(续表)

父亲身高	母亲身高	儿子身高			女儿身高		
		点估计	下限	上限	点估计	下限	上限
175	160	173.84	173.27	174.40	163.51	162.94	164.07
175	165	175.58	174.93	176.22	165.78	164.98	166.59
180	160	175.67	174.73	176.50	164.75	163.79	165.71
180	165	177.42	176.47	178.36	167.03	165.91	168.14
180	170	177.41	176.47	178.36	169.30	167.76	170.83

（资料来源：胡晶等：《子女身高对父母身高的再回归分析》，载《数学的实践与认识》2001年第3期。）

思考题

1. 某地高校教育经费 x 与高校学生人数 y 连续六年的统计资料如下表：

教育经费 x（万元）	316	343	373	393	418	455
在校学生数 y（万人）	12	16	19	21	22	25

要求：

(1) 建立回归直线方程。

(2) 估计教育经费为500万元的在校学生数。

2. 检查5位同学管理定量分析的学习时间与成绩分数如下表：

每周学习时数	学习成绩	每周学习时数	学习成绩
6	50	10	80
7	60	13	90
7	65		

要求：

(1) 由此计算出学习时数与学习成绩之间的相关系数。

(2) 建立直线回归方程。

(3) 计算估计标准误差。

3. 下面是7个地区2018年的人均国民收入和人均消费水平的统计数据。

地区	人均国民收入（元）	人均消费水平（元）
1	22 460	7 326
2	11 226	4 490
3	34 547	11 546

(续表)

地区	人均国民收入(元)	人均消费水平(元)
4	4 851	2 396
5	5 444	2 208
6	2 662	1 608
7	4 549	2 035

要求:

(1) 以人均国民收入为自变量、人均消费水平为因变量,绘制散点图,并说明两者之间的相关关系。

(2) 计算两个变量之间的线性相关系数。

(3) 利用最小二乘法求出估计的一元线性回归方程,并解释回归系数的实际意义。

(4) 检验回归方程线性关系的显著性($\alpha = 0.05$)。

4. 2018 年 10 家航空公司的航班正点率和顾客投诉次数的数据如下:

航空公司编号	航班正点率(%)	投诉次数
1	82	22
2	77	60
3	77	65
4	76	70
5	74	74
6	72	93
7	71	95
8	70	122
9	91	18
10	69	125

要求:

(1) 以航班正点率为自变量,顾客投诉次数为因变量,求出估计的回归方程,并解释回归系数的意义。

(2) 检验回归系数的显著性($\alpha = 0.05$)。

(3) 如果航班正点率为 80%,估计顾客的投诉次数。

第五章 预 测 技 术

第一节 预测分析方法概述

"凡事预则立,不预则废";"人无远虑,必有近忧"。我们做任何事情,小至个人的日常生活,大到国计民生,都必须有科学的预见,周密的计划,才能达到预期的效果。大家所熟知的《孙子兵法》,实际上就包含很多预测问题。如"死生之地,存亡之道,不可不察也",这个察,就是预测。这部书历时两千多年长盛不衰,至今仍被中外军事战略家、企业家奉为经典,主要原因是因为它提供的种种预测方法,能够帮助人们进行正确的预测。诸葛亮敢于唱"空城计",是基于他对司马懿军事决策行为特点的分析和预测;敢于"借东风",是基于他对当地气候变化的预测。人类在其社会实践中早就有预测思想的萌芽,但预测科学和预测技术的产生,则是 20 世纪的事。在 20 世纪初,资本主义经济危机日益加重,垄断资本迫切需要了解经济的未来前景,以便进行生产经营决策,随着调查技术的进步和分析方法的优化,各种预测方法在西方资本主义国家应运而生。各国建立了大量的预测咨询机构,致力发展高深的预测新技术,定期公布经济活动的主要预测结果,作为制定和执行政策的依据。从 20 世纪40 年代预测科学研究开始萌发至今,预测科学已经从单项预言发展到对活动规律进行预测的深入研究,并已形成百种以上的科学预测方法。在现代社会的各个领域中,预测已成为一种促进自身发展的重要手段和活动。

一、预测的意义和分类

(一) 预测的意义

预测是人们对未来要发生的事物进行的估计和推测,是根据过去的历史数据和现实的客观条件,运用科学的方法和逻辑推理手段,对其未来的情况进行推测、估计和分析。即根据过去和现在判断未来,根据已知推测未知。虽然预测含有主观成分,但却并非是毫无科学根据的主观臆测。一项有价值的预测必须建立在对客观事物进行深入研究和充分分析的基础上,抓住过去、现在和未来之间的联系,找出这种联系的内在规律,并根据这些规律描绘出事物未来的状态和特征。因此,预测是一门科学的方法论。

(二) 预测的分类

预测是预测方法和手段的总称。由于客观事物的多样性和复杂性,导致预测的种类繁多,但总体上可进行如下分类:

1. 按预测的方法分类,可分为定性预测法、时间序列预测法和因果预测法。

定性预测是对研究对象的性质作出描述性分析来预测,是用定性的方法,研究、分析和确定未来事物发展的性质和发展规律。定性预测的数据或结果,不是依据历史统计数据直接计算获取的,而是充分发挥人的智慧、经验的作用,依据直观材料、人的实践和主观判断得到的预测结果。最常见的定性预测方法是德尔斐法。

时间序列预测是以时间数列所能反映的研究现象的发展过程和规律性,进行引申外推,预测其发展趋势的方法。它是一种以历史作为预测起点的方法,立足于"将来是过去和现在的延伸"的基本原则,主要包括移动平均法、指数平滑法、趋势外推法等。

因果预测法按事物之间的因果关系,知因测果或倒果查因。它是根据预测目的,找出影响某种结果的主要因素,建立数学模型,根据自变量的变化预测因变量的变化。因果预测分析主要有线性回归分析法、投入产出分析法等。它是整个预测分析的基础。为了直观,这三类预测方法可归纳如表 5.1。

表 5.1 预测方法分类

定性预测法	头脑风暴法 德尔斐法 关联树法 类推法 ……	未来预测 科学技术预测 新产品开发预测
时间序列预测法	移动平均法 指数平滑法 周期变动分析法 马氏概率分析法 ……	长、中、短期需求预测 科学技术预测 其他各种预测
因果预测法	回归分析法 投入产出法 前导指标法	中、短期需求预测 模型预测 其他各种预测

2. 按预测的时间分类,可分为长期预测、中期预测和短期预测。

不同的预测目的决定着不同的预测期限。长期预测一般为 10—15 年;中期预测一般为 5—10 年;短期预测一般为 1—5 年或更短。由于时间越长,不确定性因素的影响越大,通常预测的期限越长,其预测的精度越差。短期预测较中期预测精确,中期预测较长期预测精确。在预测之前,根据预测对象和要求正确选择预测期限是十分重要的。

二、预 测 的 步 骤

为了保证预测工作的顺利进行,能够为决策提供有价值的情报,必须有组织有计划地安排其工作进程,通常的预测步骤如下所述。

1. 确定预测目标。

预测是为决策服务的,就具体的一项决策活动而言,它有着特定的目的,需要特定的信息。预测者应参照决策的目标确定预测的对象、预测的内容以及预测的期限,以能够为决策提供有价值的信息为预测的宗旨。例如,若为企业制定新产品计划而进行的预测则至少需要这样几种:(1)市场预测,对新产品的市场需求量及其变化前景进行预测;(2)技术预测,对新产品工艺流程的先进性是否已达到可以获取经济效益及获得效益的幅度进行预测;(3)计划效果预测,包括对某项具体投资的预期收入和支出进行预测,对新产品工程的直接经济效益和间接经济效益进行预测,以及对该工程可能给社会和生态环境带来的影响进行预测等等。

2. 调查、收集和整理必要的资料,并建立数据库。

根据问题的性质和预测目标的要求,广泛收集有关预测对象历史的、目前的资料以及预测的背景材料。尽可能多地占有资料是提高预测有效性的必要前提,收集资料时既要注重量,更要注重质。对收集到的资料进行去伪存真、去粗取精的整理,才能够保证所选用资料的质量。对于一些重要预测,应建立资料档案和数据库,数据的采集取决于指标体系和数据源,而数据库的建立取决于数据和计算机软件。

3. 选择预测方法和建立预测模型。

根据所得资料作出初步分析,找出与预测对象密切相关的影响变量,判断变量间关系的性质,确定变量的数学特征,选定一种或几种预测方法作为进行预测的主要工具,并按照选择的预测方法建立起预测模型。一般来说,预测进行初步分析的途径有三条:一是因果分析,通过研究事物的形成原因来预测事物未来发展变化的必然结果;二是类比分析,通过类比来预测事物的未来发展;三是统计分析,通过一系列的数学方法,对事物过去和现在的数据资料进行分析,揭示出历史数据背后隐藏着的必然规律,给出事物未来的变化趋势。

4. 检验模型,实施预测。

预测模型建立之后必须经过检验才能用于预测。模型的检验主要包括参数估计值在理论上是否有意义,统计显著性如何,模型是否具有良好的超样本特性。当然,不同类型的模型检验的方法、标准也不同。评价模型优劣的基本原则有:(1)理论上要合理;(2)统计可靠性高;(3)预测能力强;(4)简单实用。

对于经过检验的模型,定量预测应将实际数据输入数学模型,并将结果外延类推,通过计算将模型推展到未来;定性预测则应利用所选定的预测方法,在某些人和某些群体的主观认识和经验的基础上,通过逻辑推理,对未来加以判断。预测所得的结论即为预测结果,它们应该是明确的、可检验的。

5. 预测评价。

对预测结果的精度和可靠性需要进行预先论证,通过对几种预测方法所得出的结论进行比较,可以估计预测可能出现的误差范围。一般地,短期预测的误差在±3%之内,中期预测的误差在±5%之内,长期预测的误差不超过±15%,均可看作是成功的预测。

6. 提交预测报告。

将预测结果及预测过程以书面形式表达出来,提交决策者或计划制定人员。其中,应当说明假设前提、所用方法和预测结果合理性判断的依据。

7. 预测结果的事后验证。

将预测结果和实际发生的情况作比较,总结经验,为以后预测提供参考。

第二节　定性预测方法

一、定性预测方法概述

定性预测,是主要以预测人员的经验判断为依据而进行的预测。预测者根据自己掌握的实际情况、实践经验、专业水平,对经济发展前景的性质、方向和程度作出判断。其特点是:需要的数据少,能考虑无法定量的因素,简便可行。

定性预测法的前提是用"专家"进行预测,把预测所必须的事实、知识和信息交给专家处理,而不是单纯地用数学模型处理。专家们通过思维过程作出最佳的预测。有时在定性分析的基础上也可以作出数量估计,因此,是一种不可缺少的灵活预测方法。这里,只介绍一种最常用的定性预测方法——德尔斐法。

德尔斐法是二战后发展起来的一种定性预测法,是兰德公司的一个杰作。现已成为全球 120 多种预测法中使用率最高的一种。德尔斐法又称专家小组法或专家意见征询法,是由调查组织者制定一系列简明扼要的调查表,按规定程序用匿名方式征求专家意见,经过几轮反复分析判断,进行不断收敛与量化,最后由主持者进行综合分析,确定趋势分析与预测值。

近 60 年来,德尔斐法已成为一种广泛运用的预测方法。许多决策咨询专家和决策者,常把德尔斐法作为一种重要的规划决策工具。斯坦纳(G.A.Steiner)在其所著的《高层次管理决策》一书中,把德尔斐法当作最可靠的技术预测工具。麦克黑尔(J.Mchale)在对美国未来研究作分类考察时,发现德尔斐法的应用仅次于脚本法。据《未来》杂志报道,20 世纪 40年代至 70 年代,德尔斐法在各类预测方法中所占的比重从 20.8% 上升到 24.2%。德尔斐法如此广泛应用,说明方法本身在技术领域和社会预测方面具有较大价值。

二、德尔斐法的特点、原则和参加人员

(一) 德尔斐法的特点

1. 匿名性。它要求向每个参加者发一份意见咨询表以获得匿名反应。在整个调查过程中不暴露参加成员的姓名和参加的人数。匿名的目的在于只依照意见本身的价值去判断意见,而避免受发表意见人的声誉、地位等的影响。

2. 反馈沟通性。德尔斐法是逐步进行的,要经过几次迭代即几轮询问,每一轮都把收集到的意见经统计处理后反馈给群体中的成员,经过这种信息反馈,使成员的意见逐步集中。

3. 作定量处理。这是德尔斐法的一个重要特点。为了定量评价预测结果,德尔斐法对群体的回答进行统计处理,以概率的形式反映出群体成员意见的集中程度和协调程度,并将

其反馈给群体成员,使群体成员对预测结果产生明确的定量认识。

由上述特征可知:德尔斐法是对群体中的成员的意见进行统计处理、归纳和综合,经过多次信息反馈,使意见逐步集中,从而作出群体判断的策划方法。

(二)原则

德尔斐法是一项技术性很强的预测方法,一般必须遵循下述原则:

1. 必须选择有关事先同意的专家参加策划。

2. 向专家说明德尔斐法的程序,参加专家彼此之间不能就策划问题进行接触。

3. 调查表要简明扼要,所提问题不能模棱两可,以便于专家明确回答。

4. 每一名专家至少有一次修改自己主观意见的机会。

5. 保证反馈意见的客观性,切忌把主持者的意见强加进去。

(三)参加人员

德尔斐法的参加人员包括三部分。一是策划委托人,他提出问题,要求进行德尔斐法分析并使用分析的结果。二是专业人员,由他们负责德尔斐法实施中的技术问题,包括设计、收集咨询表并整理咨询的意见等。这两部分人是德尔斐法的组织者。三是应答者,他们是征求意见的对象,是制定决策的群体成员,通常是各方面的专家。

三、德尔斐法的实施步骤

德尔斐法的具体实施可以分为四轮九步。

1. 第一轮。

第一步,提出问题,即提出要作策划的中心问题。

第二步,选择和确定群体的成员。

第三步,制定第一个调查表,并把它发放给群体成员。这个调查表只提出策划的问题和要达到的目标,而由群体成员提出达到目标的各种可能方案。

第四步,组织者收回第一个调查表并进行分析。这时需要把成员们提出的策划方案进行筛选、分类、归纳和整理,合并那些相似的,删除那些对特定目的不重要的,理清方案或事件之间的关系,以准确的技术语言和简洁的方式制定方案或事件的一览表。

2. 第二轮。

第五步,制定第二个调查表并发放给群体成员。这时要将根据第一轮调查结果整理成的一览表发给群体成员,开始新一轮的调查。这一轮除了要求应答者对表中所列各项方案或事件继续发表补充或修改意见外,还要进行评估,选择最佳方案,或对所有方案进行排序。

第六步,收集第二个调查表,对意见、方案进行统计分析,再制定第三个调查表。这个表中除了有统计的结果外,还应当把成员所说明的理由作一小结。这个小结既要通俗易懂,又要正确反应成员间

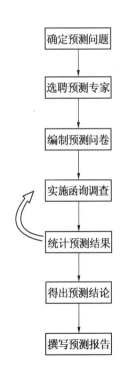

图 5.1 德尔斐法操作流程图

的不同意见。

3. 第三轮。

第七步,组织者把第三个调查表发给群体成员,要求他们审阅统计的结果,了解意见的分歧和持各种意见的理由,再对方案或事件作出新的评估。同时,在这一步允许群体成员作匿名的辩论。

第八步,组织者回收第三个调查表,处理收集到的意见和新的方案,对成员间的辩论作出小结。至此,完成了德尔斐法的三轮。

4. 第四轮。

第九步,进行第四轮咨询。这只是第三轮的重复。在第四轮末收集和整理第四个调查表的结果。一般情况下,专家们的意见这时便可取得相当的一致,预测组织者可以据此得出最终的结论。

四、德尔斐法运用的注意事项

要做好一次成功的德尔斐法,相当不容易,有若干的易犯错误应予避免。

1. 考虑专家的广泛性,并根据预测结果的保密性,考虑是否需要聘请外界专家。

2. 德尔斐法能否成功,要看这些专家是否全心全意且不断地参与。因此,必须先获得对方的承诺,并解说其研究目的、程序、安排、要求和激励方法。

3. 问题必须提得非常清楚明确,其含义只能有一种解释,要消除任何不明确或容易产生多义的情况,因而问题不能讲得太简单或太繁冗。

4. 问题要构成一个整体,不要分散,数量不能太多,最好不超过 2 小时就能答完一轮。问卷形式必须易于填答,也就是说,问卷须容易阅读,答案应该为选择式或填空式,希望能有评论时应留出足够的空白,回件的信封及邮票须一并备妥,等等。

5. 无论在任何情况下,组织者须避免将自己的看法暴露给成员。任何成员均不应知道其他成员的名字,这种不具名方式才能确保对概念及意见的判断公正。

6. 要有足够的人员处理问卷。如果只有一个讨论会,则一位职员加上一名秘书就已足够。但若不止一个,相应增加人手。

五、对德尔斐法的评价和发展

(一) 评价

德尔斐法的优点在于集体性、匿名性、客观性和统计分析性。它的缺点主要在于:第一,直观性。德尔斐法基本上是直观预测法,在很大程度上受到专家个人观念、知识、经验等条件的制约。第二,缺乏严格考证。由于讨论的结果不是会上激烈辩论得来的,因而其论证往往不充分,并容易排除掉少数人的正确意见。

(二) 德尔斐法的发展

发展了的德尔斐法主要特点有:

1. 取消第一轮咨询，由组织者根据已掌握信息直接拟订若干方案以减轻应答群体的负担并缩短周期。

2. 提供背景材料和数据信息，以缩短成员查找资料和计算数据的时间，使群体成员能在较短时间内作出正确的判断。

3. 部分取消匿名和部分取消反馈。匿名和反馈本来是德尔斐法的重要特点，但在某些情况下，将匿名询问与口头讨论相结合，会有利于加快进程。同时随着计算机技术的发展，还出现了采用足够数量的计算机终端装置用于传递信息和编制整理各次循环的结果，缩短了应答周期，加快了德尔斐法的进行。

德尔斐法是建立在专家们主观判断的基础上，它特别适用于客观材料和数据缺少情况下进行策划。它是系统分析方法在意见和价值判断领域内的一种有益延伸，它突破了传统的数量分析限制，为更科学地策划开辟了新的道路。由于能够对未来发展中的各种"可能出现"和"期待出现"的前景作出概率估价，德尔斐法为策划者提供了多方案选择的可能性。

第三节　时间序列分析法

一、时间序列概述

（一）时间序列的含义

时间序列是指被观察到的某种指标的数值，按时间先后顺序排列的数据序列。它是可以得到的真实的有限的数据集合。我们一般用 $y_1, y_2, \cdots, y_t$ 表示时间序列，t 为时间。我们比较熟悉的时间序列有人口数量、产量、GDP 等，对这些数据的分析就称为时序分析。例如，表 5.2 就是我国国内生产总值、人口等在不同时间上得到的观察值排列而成的序列。

表 5.2　国内生产总值等时间序列

年份	国内生产总值（亿元）	年末总人口（万人）	人口自然增长率（‰）	居民消费水平（元）
2012	537 329	135 404	4.95	14 699
2013	592 963	136 072	4.92	16 190
2014	643 563	136 782	5.21	17 778
2015	688 858	137 462	4.96	19 397
2016	746 395	138 271	5.86	21 285
2017	832 036	139 008	5.31	22 935
2018	919 281	139 538	3.81	25 002

资料来源：国家统计局网站 http://www.stats.gov.cn。

可以看出，时间序列由现象所属的时间和现象在不同时间上的观察值两部分组成。

(二) 时间序列的因素分析

在许多时间序列中,随时间的连续变化,观察值有明显的持续上升或下降趋势,有的时间序列则呈现明显周期性变化的规律。在时间序列的传统理论中,将时间序列的发展水平分解为四种成分:长期趋势、季节变动、循环变动和不规则变动。

1. 长期趋势是指由于某种根本性原因的影响,时间序列在相当长的时间内呈现持续上升或下降的倾向性变动的总趋势。统计资料表明,随着经济的不断增长,国内生产总值、国民收入逐年上升是一种普遍发展趋势。长期趋势反映了经济现象在一个较长时间内的发展方向,它一旦形成,总能延续一段相当长的时期。因此,分析预测经济现象的长期趋势对于正确预测经济现象的发展具有十分重要的意义,是时间序列分析预测的重点。

2. 季节变动是指由于自然条件、社会条件的影响,社会经济现象在一年内随季节的转变而引起的一种比较稳定的短期周期性变动。季节变动既包括自然季节影响所形成的波动,如农作物的生长受季节影响,从而导致农产品加工也随季节变动;也包括人为季节的影响,如零售市场商品的需求在我国的传统节日特别旺盛。

3. 循环变动也称周期变动,是以若干年为周期的起伏性涨落、上下波动。它是受各种经济因素影响形成的上下起伏不定的波动。例如,历史上资本主义社会出现的周期性经济危机,每一周期经过危机、萧条、复苏和高涨等几个阶段。

季节变动和周期变动的区别:季节变动的波动长度固定为12个月、1个季度、1个月或1个星期等;而周期变动的长度则一般是不一样的,上次出现以后下次何时出现难以预料。另外,季节变动的长度一般在一年以内,而周期变动的波动长度短则在一年以上,长则数年、数十年。

4. 不规则变动,亦称随机变动,指由大量无法控制的偶然因素引起的变动。不规则变动一般又可以分为突然变动和随机变动。突然变动,是指诸如战争、自然灾害、方针政策的改变所引起的变动;随机变动是指由于大量的随机因素所产生的影响。

(三) 时间序列分解模型

从上面的分析可知,时间序列由长期趋势、季节变动、周期性变动和不规则变动这四个因素组成,可以认为时间序列是这四个因素的函数,即时间序列的四种变动成分综合起来形成时间序列的发展水平。

时间序列的分解方法很多,常用的分解模型有:加法模型、乘法模型和混合模型。

设 y_t 表示时间序列在 t 时的水平,T_t 表示 t 时的长期趋势成分,S_t 表示 t 时的季节变动成分,C_t 表示 t 时的周期性变动成分,I_t 表示 t 时的不规则变动成分。

加法模型为:

$$y_t = T_t + S_t + C_t + I_t$$

加法模型通常假设各成分之间是相互独立的。

乘法模型为:

$$y_t = T_t \cdot S_t \cdot C_t \cdot I_t$$

乘法模型中各成分间存在一定联系。在乘法模型中,时间序列 y_t 和长期趋势 T_t 用绝对数表示,季节变动、周期性变动和不规则变动用相对数(百分数)表示。

混合模型为:

$$y_t = T_t + S_t \cdot C_t \cdot I_t$$

经济分析中乘法模型较常用。对于一个具体的时间序列,要由哪几种变动组合,采取哪种组合形式,应根据所掌握的资料、时间序列及研究的目的来确定。

二、移 动 平 均 法

移动平均法假设预测值与预测期相邻的若干观察期数据有密切关系,根据时间序列资料逐项推移,依次计算包含一定项数的时序平均数,以反映长期趋势的方法。移动平均法可以消除季节性变动、周期性变动和随机性变动成分的影响,突出长期趋势的影响。

移动平均法按次数的多少,有一次移动平均法、二次移动平均法和三次移动平均法等。

(一) 一次移动平均

设有一时间序列$\{y_1, y_2, \cdots, y_t\}$,按数据点的顺序逐点推移求出 N 个数的平均数,利用这一均值作为下一期的预测值。

一次移动平均值的计算公式:

$$\hat{y}_{t+1} = M_t^{(1)} = \frac{y_t + y_{t-1} + \cdots + y_{t-N+1}}{N} \quad (t \geqslant N)$$

式中$\hat{y}_{t+1}$代表第$t+1$期的预测值;$M_t^{(1)}$代表第t期的移动平均数,(1)为一次移动平均数的标志;$y_t, y_{t-1}, \cdots, y_{t-N+1}$分别是$t, t-1, \cdots, t-N+1$期的实际观察值;$N$代表移动平均项数,即求移动平均数使用的观察值的个数。

这里N的选取甚为重要,应根据观察期数据特点、数目以及预测的目的和要求来确定,一般取5—200之间。当N等于周期变动的周期时,可以消除周期变动的影响。在实际应用中,一个有效的方法是取n个N值进行计算,比较它们的预测误差,从中选择最优。

当N较大时,一次移动平均法可以用递推公式来减少计算量。

$$M_t^{(1)} = M_{t-1}^{(1)} + \frac{y_t - y_{t-N}}{N}$$

这个公式表明当t向前移动一个时期,就增加一个新近数据,去掉一个远期数据,得到一个新的平均数。由于它不断地"吐故纳新",逐期向前移动,所以称为移动平均法。

一次移动平均法一般比较适合做趋势变化不大的近期预测。

例 5.1 已知 2005—2019 年某市接待游客人数如表 5.3 所示,试用一次移动平均法预测 2020 年该市接待游客人数。

[解] 以表 5.3 为例,介绍一次移动平均法的计算步骤:

第一步,选择移动平均项数 N,本例取 $N=5$;

第二步,将观察数据分段:第一段是 1, 2, 3, 4, 5 数据点;第二段是 2, 3, 4, 5, 6 数据点……最后一段是 11，12，13，14，15 数据点。

第三步，计算每一段的平均数：

(1) $N=5$

$$\hat{y}_{t+1} = M_t^{(1)} = \frac{y_t + y_{t-1} + \cdots + y_{t-N+1}}{N}$$

$$\hat{y}_6 = M_5^{(1)} = \frac{2\,746 + 3\,335 + 3\,811 + 4\,153 + 4\,368}{5} = 3\,682.6$$

$$\hat{y}_7 = M_6^{(1)} = \frac{3\,335 + 3\,811 + 4\,153 + 4\,368 + 4\,639}{5} = 4\,061.2$$

……

$$\hat{y}_{16} = M_{15}^{(1)} = \frac{8\,344 + 8\,901 + 9\,791 + 9\,166 + 10\,904}{5} = 9\,421.2$$

根据计算得到的 $N=5$ 时的一次移动平均值，可以预测出 2020 年游客人数为 9 421.2 万人。

(2) $N=8$

$$\hat{y}_{t+1} = M_t^{(1)} = \frac{y_t + y_{t-1} + \cdots + y_{t-N+1}}{N}$$

$$\hat{y}_9 = M_8^{(1)} = \frac{2\,746 + 3\,335 + \cdots + 5\,113 + 5\,759}{8} = 4\,240.5$$

$$\hat{y}_{10} = M_9^{(1)} = \frac{3\,335 + 3\,811 + \cdots + 5\,759 + 6\,348}{8} = 4\,690.75$$

……

$$\hat{y}_{16} = M_{15}^{(1)} = \frac{5\,759 + 6\,348 + \cdots + 9\,166 + 10\,904}{8} = 8\,311.63$$

根据计算得到的 $N=8$ 时的一次移动平均值，可以预测出 2020 年游客人数为 8 312.75 万人。

从表 5.3 可以看出，预测值小于实际观察值，存在滞后偏差，N 为 8 时的滞后偏差要大于 N 为 5 时的。N 的取值大小直接影响移动的效果。原则上 N 取值较小时，预测效果较灵敏，能较快反映数据变化趋势；N 取值越大预测效果越不灵敏，对趋势地反映也变得更加滞后。在实际运用时，要灵活选择适当的分段数。

表 5.3　2005—2019 年游客人数及一次移动平均值　　　　　单位：万人次

序号 t	年份	游客人数 y_t	$\hat{y}_{t+1} = M_t^{(1)}$ （$N=5$）	$\hat{y}_{t+1} = M_t^{(1)}$ （$N=8$）
1	2005	2 746		
2	2006	3 335		
3	2007	3 811		

（续表）

序号 t	年份	游客人数 y_t	$\hat{y}_{t+1} = M_t^{(1)}$ （$N=5$）	$\hat{y}_{t+1} = M_t^{(1)}$ （$N=8$）
4	2008	4 153		
5	2009	4 368		
6	2010	4 639	3 682.60	
7	2011	5 113	4 061.20	
8	2012	5 759	4 416.80	
9	2013	6 348	4 806.40	4 240.50
10	2014	7 280	5 245.40	4 690.75
11	2015	8 344	5 827.80	5 183.88
12	2016	8 901	6 568.80	5 750.50
13	2017	9 791	7 326.40	6 344.00
14	2018	9 166	8 132.80	7 201.88
15	2019	10 904	8 696.40	7 587.75
16	2020		9 421.20	8 311.63

（二）二次移动平均法

在时间序列没有明显趋势变动时，一次移动平均法能够比较准确的反映实际情况。但当时间序列出现直线增加或减少的变动趋势时，用一次移动平均法进行预测就会出现滞后偏差，因此需要进行修正。修正的方法是对一次移动平均值再进行第二次移动平均，再以一次移动平均值和二次移动平均值为基础建立预测模型，计算预测值。

二次移动平均法解决了预测值滞后于实际观察值的矛盾，适用于有明显趋势变动的时间序列的预测，同时它还保留了一次移动平均法的优点。

1. 二次移动平均值的计算。

二次移动平均值的公式为：

$$M_t^{(1)} = \frac{y_t + y_{t-1} + \cdots + y_{t-N+1}}{N}$$

$$M_t^{(2)} = \frac{M_t^{(1)} + M_{t-1}^{(1)} + \cdots + M_{t-N+1}^{(1)}}{N}$$

$M_t^{(1)}$ 代表第 t 期的一次移动平均值；$M_t^{(2)}$ 代表第 t 期的二次移动平均值。

递推公式为：

$$M_t^{(2)} = M_{t-1}^{(2)} + \frac{M_t^{(1)} - M_{t-N}^{(1)}}{N}$$

2. 二次移动平均法的预测模型。

设时间序列 $\{y_1, y_2, \cdots y_t\}$,从某时期开始具有直线趋势,且认为未来时期亦按此直线趋势变化,并假定直线趋势预测模型为 $\hat{y}_{t+T} = a_t + b_t T$;$T = 1, 2, \cdots$。其中,$t$ 是当前时期数,T 是由 t 期向后推移的期数,a_t 为截距,b_t 为斜率,$\hat{y}_{t+T}$ 为 $t+T$ 期的预测值。

移动平均法的预测模型中,求平滑系数 a_t、b_t 的公式不是建立在严格的数学推导基础之上的,而是根据经验作出假设而导出的经验公式。现直接给出平滑系数 a_t、b_t 的计算公式:

$$a_t = 2M_t^{(1)} - M_t^{(2)}$$

$$b_t = \frac{2}{N-1}(M_t^{(1)} - M_t^{(2)})$$

式中,$M_t^{(1)}$ 是指计算得出的一次移动平均数序列中的最后一个一次移动平均数,$M_t^{(2)}$ 是指计算得出的二次移动平均数序列中的最后一个二次移动平均数。

3. 二次移动平均法的应用。

例5.2 已知2004—2018年某市地方财政用于社会福利的支出如表5.4所示,试用二次移动平均法预测2021年该市地方财政用于社会福利的支出。

表5.4　2004—2018年某市地方财政用于抚恤和社会福利的支出及二次移动平均值

单位:亿元

序号 t	年份	原始数据 y_t	一次移动 ($M_t^{(1)}$) $N=3$	二次移动 ($M_t^{(2)}$) $N=3$	a_t	b_t
1	2004	55				
2	2005	67				
3	2006	66	62.67			
4	2007	75	69.33			
5	2008	95	78.67	70.22	87.12	8.45
6	2009	115	95.00	81.00	109.00	14.00
7	2010	128	112.67	95.45	129.89	17.22
8	2011	142	128.33	112.00	144.66	16.33
9	2012	171	147.00	129.33	164.67	17.67
10	2013	180	164.33	146.55	182.11	17.78
11	2014	213	188.00	166.44	209.56	21.56
12	2015	267	220.00	190.78	249.22	29.22
13	2016	373	284.33	230.78	337.88	53.55
14	2017	499	379.67	294.67	464.67	85.00
15	2018	563	478.33	380.78	575.88	97.55

[解]　以表 5.4 为例,介绍二次移动平均法的计算步骤。

① 列表求出一次移动平均值和二次移动平均值,N 取 3,先求出一次移动平均值。对一次移动平均值再做移动,求出二次平均值(N 也取 3)。

$$M_5^{(2)} = \frac{M_5^{(1)} + M_4^{(1)} + M_3^{(1)}}{3} = \frac{62.67 + 69.33 + 78.67}{3} = 70.22$$

$$M_6^{(2)} = \frac{M_6^{(1)} + M_5^{(1)} + M_4^{(1)}}{3} = \frac{69.33 + 78.67 + 95}{3} = 81$$

……

$$M_{15}^{(2)} = \frac{M_{15}^{(1)} + M_{14}^{(1)} + M_{13}^{(1)}}{3} = \frac{284.33 + 379.67 + 478.33}{3} = 380.78$$

② 求各期的 a、b 值。

由于,

$$a_5 = 2M_5^{(1)} - M_5^{(2)} = 2 \times 78.67 - 70.22 = 87.12$$

$$a_6 = 2M_6^{(1)} - M_6^{(2)} = 2 \times 95 - 81 = 109$$

……

$$a_{15} = 2M_{15}^{(1)} - M_{15}^{(2)} = 2 \times 478.33 - 380.78 = 575.88$$

由于

$$b_t = \frac{2}{N-1}(M_t^{(1)} - M_t^{(2)})$$

$$b_5 = \frac{2}{3-1} \times (78.67 - 70.22) = 8.45$$

$$b_6 = \frac{2}{3-1} \times (95 - 81) = 14$$

……

$$b_{15} = \frac{2}{3-1} \times (478.33 - 380.78) = 97.55$$

③ 建立预测模型,计算预测值。

$$\hat{y}_{t+T} = a_t + b_t T$$

现在处于 $t=15$,$T=3$,2021 年某市地方财政用于社会福利的支出:

$$y_{t+T} = a_{15} + b_{15}T = 575.88 + 97.55 \times 3 = 868.53(亿元)$$

对于同时存在直线趋势、周期波动、季节变动和随机变动的时间序列,移动平均法虽然能突出长期趋势对预测的影响、消除随机性影响,但同时,将季节性和周期性影响也抹平了,从而减弱了预测的准确性,带来较大误差。

三、指 数 平 滑 法

指数平滑法是移动平均法的进一步完善和发展,指数平滑法的基本思想是将实际观察值 y_t 与预测值 $\hat{y}_t$ 分别以不同权数 α 和 $1-\alpha$ 进行加权,计算加权平均数作为下期的预测值 $\hat{y}_{t+1}$。

(一) 一次指数平滑法

设有一时间序列 $\{y_1, y_2, \cdots, y_t\}$,预测值可以用最新一期的实际值 y_t 与前一期的预测值 $\hat{y}_t$ 进行加权组合来获得,即:

$$S_t^{(1)} = \alpha y_t + (1-\alpha)S_{t-1}^{(1)}$$

$$\hat{y}_{t+1} = S_t^{(1)}$$

显然有

$$\hat{y}_{t+1} = \alpha y_t + (1-\alpha)\hat{y}_t$$

$\hat{y}_{t+1}$ 代表第 $t+1$ 期的预测值;$S_t^{(1)}$ 代表第 t 期的一次指数平滑值,(1)为一次指数平滑的标志;y_t 是 t 期的实际观察值;$\hat{y}_t$ 是 t 期的预测值;α 代表平滑系数($0 \leqslant \alpha \leqslant 1$)。

在指数平滑法中,平滑系数 α 对预测结果是有直接影响的。α 值代表了预测模型对变化过程的反应程度,α 越大(接近于 1),表示模型越重视近期数据的作用,对过程的变化反应越快;α 越小(接近于 0),表示模型越重视历史数据的作用,修匀能力越强,对过程变化的反应越迟钝。为了使预测模型既有一定的跟踪过程变化的能力,又有一定修匀的能力,α 的取值应该在两者之间折中选取。在实际中,主要凭借经验来选择 α 值。同时,新的指数平滑值总是以前一个时期的估计值为基点的。这样就存在一个初始值 $S_0^{(1)}$ 的计算问题。为了简便起见,在一次平滑法中可取第一期的数据为初始值,即 $S_0^{(1)} = y_1$。

例 5.3 已知某地区 2010—2019 年的人均消费支出如表 5.5 所示,试用一次指数平滑法预测该地区 2020 年的人均消费支出。

[解]　① 取 $\alpha = 0.2$,以时间序列的初始值为 $S_0^{(1)}$。

② 由一次指数平滑公式可以得到各平滑值,见表 5.5 所列。

$$S_1^{(1)} = \alpha y_1 + (1-\alpha)S_0^{(1)} = 0.2 \times 1\,982 + 0.8 \times 1\,982 = 1\,982$$

$$S_2^{(1)} = \alpha y_2 + (1-\alpha)S_1^{(1)} = 0.2 \times 2\,519 + 0.8 \times 1\,982 = 2\,089.4$$

$$\cdots\cdots$$

$$S_{10}^{(1)} = \alpha y_{10} + (1-\alpha)S_9^{(1)} = 0.2 \times 4\,416 + 0.8 \times 3\,148.84 = 3\,402.27$$

③ 预测 2020 年的人均工业总产值为:

$$\hat{y}_{t+1} = \alpha y_t + (1-\alpha)\hat{y}_t$$

$$\hat{y}_{11} = 0.2 \times 4\,416 + 0.8 \times 3\,148.84 = 3\,402.27(元)$$

表 5.5　某地区 2010—2019 年的人均消费支出及一次指数平滑值

序号 t	年　　份	历年人均产值 y_t（元）	一次指数平滑值 $S_t^{(1)}$
1	2010	1 982	1 982.00
2	2011	2 519	2 089.40
3	2012	2 818	2 235.12
4	2013	2 937	2 375.50
5	2014	3 142	2 528.80
6	2015	3 093	2 641.64
7	2016	3 500	2 813.31
8	2017	3 497	2 950.05
9	2018	3 944	3 148.84
10	2019	4 416	3 402.27

（二）二次指数平滑法

一次指数平滑法虽然克服了移动平均法的缺点,但当时间序列的变动出现直线趋势时,用一次指数平滑法进行预测,仍然存在明显的滞后偏差,因此,也必须加以修正。修正的方法与移动平均法相同,即再作二次指数平滑,利用滞后偏差规律来建立直线模型。

1. 二次指数平滑值的计算。

$$S_t^{(2)} = \alpha S_t^{(1)} + (1-\alpha) S_{t-1}^{(2)}$$

$S_t^{(1)}$ 为 t 期的一次平滑指数值,$S_t^{(2)}$ 为 t 期的二次指数平滑值。

在二次指数平滑法中,对于变动趋势较稳定的观察值,可以直接用第一个观察值作为初始值 $S_0^{(2)}$;对于观察值的变动趋势起伏波动的,则应以最初 n 期观察值的平均值作为初始值 $S_0^{(2)}$,以减少初始值对平滑值的影响。

2. 二次指数平滑值的预测模型。

类似于移动平均法,利用 $S_t^{(1)}$、$S_t^{(2)}$ 可以建立直线趋势预测模型:

$$\hat{y}_{t+T} = a_t + b_t T \quad T = 1, 2, \cdots$$

且可以证明:

$$a_t = 2S_t^{(1)} - S_t^{(2)}$$

$$b_t = \frac{a}{1-a} (S_t^{(1)} - S_t^{(2)})$$

3. 二次指数平滑预测法的应用。

例 5.4　已知 2005—2019 年某市社会商品零售总额如表 5.6 所示,试用二次指数平法预测 2020 年该市社会商品零售总额。(取 $\alpha = 0.2$,以观察值的前三个数据的算术平均数为初始值)

表 5.6   2005—2019 年某市社会商品零售总额及二次指数平滑值计算表

序号 t	年份	社会商品零售总额 y_t（亿元）	一次指数平滑 $S_t^{(1)}$ $\alpha = 0.2$	二次指数平滑 $S_t^{(2)}$ $\alpha = 0.2$	a_t	b_t
0			466.3	466.3		
1	2005	357.8	444.6	462.0	427.2	−4.4
2	2006	430.0	441.7	457.9	425.5	−4.1
3	2007	611.2	475.6	461.4	489.8	3.6
4	2008	766.6	533.8	475.9	591.7	14.5
5	2009	950.4	617.1	504.1	730.1	28.3
6	2010	1 061.6	706.0	544.5	867.5	40.4
7	2011	1 208.5	806.5	596.9	1 016.1	52.4
8	2012	1 373.6	919.9	661.5	1 178.3	64.6
9	2013	1 509.3	1 037.8	736.8	1 338.8	75.3
10	2014	1 658.7	1 162.0	821.8	1 502.2	85.1
11	2015	1 831.4	1 295.9	916.6	1 675.2	94.8
12	2016	2 005.2	1 437.8	1 020.8	1 854.8	104.3
13	2017	2 296.9	1 609.6	1 138.6	2 080.6	117.8
14	2018	2 626.6	1 813.0	1 273.5	2 352.5	134.9
15	2019	2 902.8	2 031.0	1 425.0	2 637.0	151.5

［解］   以表 5.6 为例，介绍二次指数平滑预测法的计算。

① 取 $\alpha = 0.2$；将观察期的前三个数据的算术平均数作为初始值：

$$S_0^{(1)} = S_0^{(2)} = \frac{357.8 + 430 + 611.2}{3} = 466.3$$

② 列表求出一次指数平滑值 $S_t^{(1)}$ 和二次指数平滑值 $S_t^{(2)}$。

$$S_1^{(1)} = \alpha y_1 + (1-\alpha)S_0^{(1)} = 0.2 \times 357.8 + 0.8 \times 466.3 = 444.6$$

$$S_2^{(1)} = \alpha y_2 + (1-\alpha)S_1^{(1)} = 0.2 \times 430 + 0.8 \times 444.6 = 441.7$$

……

$$S_{15}^{(1)} = \alpha y_{15} + (1-\alpha)S_{14}^{(1)} = 0.2 \times 2\,902.8 + 0.8 \times 1\,813 = 2\,031$$

$$S_1^{(2)} = \alpha S_1^{(1)} + (1-\alpha)S_0^{(2)} = 0.2 \times 444.6 + 0.8 \times 466.3 = 462$$

$$S_2^{(2)} = \alpha S_2^{(1)} + (1-\alpha)S_1^{(2)} = 0.2 \times 441.7 + 0.8 \times 462 = 457.9$$

……

$$S_{15}^{(2)} = \alpha S_{15}^{(1)} + (1-\alpha)S_{14}^{(2)} = 0.2 \times 2\,031 + 0.8 \times 1\,273.5 = 1\,425$$

③ 求各期的 a、b 值。

由于 $a_t = 2S_t^{(1)} - S_t^{(2)}$，

$$a_1 = 2S_1^{(1)} - S_1^{(2)} = 2 \times 444.6 - 462 = 427.2$$

$$a_2 = 2S_2^{(1)} - S_2^{(2)} = 2 \times 441.7 - 457.9 = 425.5$$

......

$$a_{15} = 2S_{15}^{(1)} - S_{15}^{(2)} = 2 \times 2\,031 - 1\,425 = 2\,637$$

$$b_t = \frac{a}{1-a}(S_t^{(1)} - S_t^{(2)})$$

$$b_1 = \frac{a}{1-a}(S_1^{(1)} - S_1^{(2)}) = \frac{0.2}{1-0.2} \times (444.6 - 462) = -4.35$$

$$b_2 = \frac{a}{1-a}(S_2^{(1)} - S_2^{(2)}) = \frac{0.2}{1-0.2} \times (441.7 - 457.9) = -4.05$$

......

$$b_{15} = \frac{a}{1-a}(S_{15}^{(1)} - S_{15}^{(2)}) = \frac{0.2}{1-0.2} \times (2\,031 - 1\,425) = 151.5$$

④ 建立预测模型,计算预测值。

$$\hat{y}_{t+T} = a_t + b_t T$$

现在 $t = 15$,$T = 1$,2020 年该市社会商品零售总额:

$$y_{t+T} = a_{15} + b_{15} \times T = 2\,637 + 151.5 \times 1 = 2\,788.5(\text{亿元})$$

四、季节变动预测法

季节变动是指由于自然条件和社会条件的影响,事物现象在一年内随着季节的转换而引起的周期性变动。例如,电力系统一天 24 小时的负荷和交通系统的客运量均呈现季节性的波动。为了掌握季节性变动的规律,测算未来的需求,正确地进行各项经济管理决策,及时组织生产和交通运输、安排好市场供给,必须对季节变动进行预测。

季节变动预测就是根据以日、周、月、季为单位的时间序列资料,测定以年为周期、随季节转换而发生周期性变动的规律性方法。进行季节变动分析和预测,首先要分析判断该时间序列是否呈现季节性变动。通常,将 3—5 年的已知资料绘制历史曲线图,以其在一年内有无周期性波动作出判断。然后,将各种影响因素结合起来,考虑它是否还受趋势变动和随机变动等其他因素的影响。

季节变动的预测方法有很多,最常用的方法是平均数趋势整理法。它的基本思想是:通过对不同年份中同一时期数据平均,消除年随机变动,然后再利用所求出的平均数消除其中的趋势成分,得出季节指数,最后建立趋势季节模型进行预测。

下面以例 5.5 为例,介绍平均数趋势整理法的实际操作。

例 5.5 已知某市 2017 年至 2019 年接待海外游客资料如表 5.7 所示,要求预测 2020 年第一季度各月该市接待海外游客的数量。

单位:万人次

表 5.7　某市 2017—2019 年接待海外游客资料

	1	2	3	4	5	6	7	8	9	10	11	12	合计	月平均
2017 年	15	17	24	31	29	28	27	31	32	35	30	23	322	26.83
2018 年	17	20	29	35	34	32	31	35	36	36	34	25	364	30.33
2019 年	19	21	30	36	37	35	33	36	37	42	37	27	390	32.50
合　计	51	58	83	102	100	95	91	102	105	113	101	75	1 076	89.66
同月平均	17.00	19.33	27.67	34.00	33.33	31.67	30.33	34.00	35.00	37.67	33.67	25.00	358.66	29.89
趋势值	28.57	28.81	29.05	29.29	29.53	29.77	30.01	30.25	30.49	30.73	30.97	31.21	358.68	29.89
比值(%)	59.50	67.09	95.25	116.08	112.87	106.38	101.07	112.40	114.79	122.58	108.72	80.10	1 196.83	99.74
季节指数(%)	59.66	67.27	95.50	116.39	113.17	106.66	101.34	112.70	115.09	122.90	109.01	80.31	1 200.00	100.00

［解］ （1）求出各年的同月平均数，以消除年随机变动。

以 n 代表时间序列所包含的年数，r_i 表示各年第 i 个月的同月平均数，则：

$$r_1 = \frac{y_{11} + y_{21} + \cdots + y_{n1}}{n} = \frac{15 + 17 + 19}{3} = 17$$

$$r_2 = \frac{y_{12} + y_{22} + \cdots + y_{n2}}{n} = \frac{17 + 20 + 21}{3} = 19.33$$

……

$$r_{12} = \frac{y_{112} + y_{212} + \cdots + y_{n12}}{n} = \frac{23 + 25 + 27}{3} = 25$$

求各年的月平均数，以消除月随机变动。以 $\bar{y}_{(t)}$ 表示第 t 年的月平均数，则：

$$\bar{y}_{(1)} = \frac{y_{11} + y_{12} + \cdots + y_{112}}{12} = \frac{15 + 17 + 24 + \cdots + 23}{12} = 26.83$$

$$\bar{y}_{(2)} = \frac{y_{21} + y_{22} + \cdots + y_{212}}{12} = \frac{17 + 20 + 29 + \cdots + 25}{12} = 30.33$$

……

$$\bar{y}_{(n)} = \frac{y_{n1} + y_{n2} + \cdots + y_{n12}}{12} = \frac{19 + 21 + 30 + \cdots + 27}{12} = 32.5$$

建立趋势预测模型，求趋势值。

根据各年的平均数 $\bar{y}$，建立年直线趋势模型。

$$T = a + bt，t \text{ 以年为单位。}$$

用最小二乘法，求系数 a、b：

$$a = \frac{\sum \bar{y} - b \sum t}{n}$$

$$b = \frac{n \sum t\bar{y} - \sum t \sum \bar{y}}{n \sum t^2 - (\sum t)^2}$$

为了简化计算，用坐标移位的方法，取时间顺序的中点为原点，即 t 的中间项定为 0。中间项的前后各项分别为 -1、-2、-3、$\cdots$ 和 1、2、3、$\cdots$。通过坐标移位使各项 t 值正负相消，从而 $\sum t = 0$，则公式可以简化为：

$$a = \frac{\sum \bar{y}}{n}$$

$$b = \frac{\sum t\bar{y}}{\sum t^2}$$

最小二乘法系数 a、b 计算见表 5.8。

表 5.8　最小二乘法系数 a、b 计算表

年　份	年次(t)	各年的平均数($\bar{y}$)	$t\bar{y}$	t^2
2017	-1	26.83	-26.83	1
2018	0	30.33	0	0
2019	1	32.5	32.5	1
合　计	0	89.66	5.67	2

$$a = \frac{\sum \bar{y}}{n} = \frac{89.66}{3} = 29.89$$

$$b = \frac{\sum t\bar{y}}{\sum t^2} = \frac{5.67}{2} = 2.835$$

于是得到年趋势直线模型：$T = a + bt = 29.89 + 2.835t$。

求得年趋势直线模型后,再把此年趋势直线模型转变为月趋势直线模型。

月趋势直线模型为 $T = a_0 + b_0 t$,t 以月为单位。

$$a_0 = a + \frac{b}{2t},\ b_0 = \frac{b}{t},\ t = 12(证明略)$$

$a_0 = 29.89 + \frac{2.835}{24} = 30.01$,为原点年 7 月份的月趋势值。$b_0 = \frac{2.835}{12} = 0.24$,为每月增量。

得到月趋势直线模型：

$$T = 30.01 + 0.24t$$

根据月趋势直线模型,得原点年各月份趋势值。填入表 5.7 第六行。

(2)求季节指数,以消除趋势变动及月随机变动。

计算同月平均数与原点年该月的趋势值的比值 f。

$$f = \frac{r}{\hat{T}}$$

1 月份比值：$f = \frac{17}{28.57} = 59.50\%$;

2 月份比值：$f = \frac{19.33}{28.81} = 67.09\%$;

……

12 月份比值：$f = \frac{25}{31.21} = 80.10\%$;

结果填入表 5.7 的第七行。

计算修正系数,并求出季节指数。

12 个月的季节指数的平均数应为 100％,总和应为 1 200％。但第七行的合计数却为 1 196.83,因此,需要对它进行修正。

修正系数 $\theta = \dfrac{1\,200}{1\,196.83} = 1.002\,65$

用此系数分别乘以表 5.7 第七行各数,结果即为季节指数,填入表 5.7 的第八行。

1 月份季节指数 $F = 59.55 \times 1.002\,65 = 59.66$

2 月份季节指数 $F = 67.09 \times 1.002\,65 = 67.27$

……

12 月份季节指数 $F = 80.1 \times 1.002\,65 = 80.31$

(3) 求预测值。

预测模型为 $\hat{T} = 30.01 + 0.24t$。

从而,

$$2020 年 1 月份预测值 = (30.01 + 0.24 \times 18) \times 59.66\%$$
$$= 20.48(万人次)$$

$$2020 年 2 月份预测值 = (30.01 + 0.24 \times 19) \times 67.27\%$$
$$= 23.26(万人次)$$

$$2020 年 3 月份预测值 = (30.01 + 0.24 \times 20) \times 95.5\%$$
$$= 33.24(万人次)$$

当某年趋势突然变化时,会对同月平均数产生明显的影响,从而会影响季节指数,因此平均数趋势整理法适用于趋势稳定变化的情况。

第四节　回　归　预　测

在第四章中,我们已经熟悉如何对两列观察值做相关分析和回归分析,当时的目的只是研究它们之间的关联程度,本节将进一步讨论当拟合的回归直线方程经检验具有意义时,如何进行预测。它是回归模型在定量分析中的重要应用。

一、点　估　计

在本书例 4.3 人均消费与人均可支配收入关系的研究中,得到估计回归方程为 $\hat{y} = 989.35 + 0.67x$,经检验回归效果显著,因而可以用此模型对人均消费进行预测。我们可以用回归方程来预测某一特定 x 值时的 y 值。例如,假定 2019 年的人均可支配收入是 30 000 元,运用回归方程,我们可以得到

$$\hat{y} = 989.35 + 0.67x = 989.35 + 0.67 \times 30\,000 = 21\,089.35(元)$$

因此当人均可支配收入是 30 000 元时,人均消费的点估计值是21 089.35元。

二、区 间 估 计

对于预测问题,除了知道点估计的预测值外,还希望知道预测的精度,因为点估计不能给出与估计有关的任何准确信息。比如研究人均消费与人均国民收入的关系,可建立回归方程 $\hat{y}=a+bx$,当已知人均国民收入 $x=x_0$ 时,要预测人均消费额,即计算出点估计值 $\hat{y}_0$,而仅知道这一数值意义不大,我们往往更希望能给出一个预测值的变动范围,即进行区间估计。而这一预测值范围比只给 $\hat{y}$ 更可信。这个问题也就是对于给定的显著水平 α,找一个区间 (T_1, T_2),使对应于某特定的 x_0 的实际值 y_0 以 $1-\alpha$ 的置信概率被区间 (T_1, T_2) 所包含。且可以证明,置信概率为 $(1-\alpha)$ 的预测区间为:

$$\hat{y} \pm t_{\frac{\alpha}{2}}(n-2)\mathrm{SSE}\sqrt{1+\frac{1}{n}+\frac{(x_0-\bar{x})^2}{\sum(x-\bar{x})^2}}$$

其中,回归标准误差 SSE 可用简捷形式:

$$\mathrm{SSE}=\sqrt{\frac{\sum y^2 - a\sum y - b\sum xy}{n-2}}$$

例 5.6 我国 2012—2018 年国内生产总值和固定资产投资完成额资料如表 5.8 所示。试配合适当的回归模型并进行显著性检验。若 2019 年固定资产投资完成额为 700 千亿元 (x_0),当显著水平 $\alpha=0.05$ 时,试估计 2019 年国内生产总值的预测区间。

[解] 设固定资产投资完成额为 x,国内生产总值为 y。

① 绘制散点图。

绘制散点图(图略),由散点图可以看出两者呈线性关系,可以建立一元线性回归模型。

② 建立回归模型。

$$\hat{y}=a+bx$$

③ 计算回归系数。

列表计算有关数据(见表 5.9),并计算出回归系数估计值。

$$b=\frac{n\sum xy - \sum x\sum y}{n\sum x^2 - (\sum x)^2}$$

$$=\frac{7\times 2\,762\,611 - 3\,788\times 4\,962}{7\times 2\,112\,962 - 3\,788^2}=1.23$$

$$a=\bar{y}-b\bar{x}$$

$$=709-1.23\times 541=43.57$$

所求直线回归方程为:

$$\hat{y}=43.57+1.23x$$

表 5.9 回归系数计算表

年份	国内生产总值 (千亿元)y	固定资产投资 完成(千亿元)x	xy	x^2	y^2	$(x-\bar{x})^2$
2012	539	375	202 125	140 625	290 521	27 556
2013	593	446	264 478	198 916	351 649	9 025
2014	644	512	329 728	262 144	414 736	841
2015	689	562	387 218	315 844	474 721	441
2016	746	606	452 076	367 236	556 516	4 225
2017	832	641	533 312	410 881	692 224	10 000
2018	919	646	593 674	417 316	844 561	11 025
合计	4 962	3 788	2 762 611	2 112 962	3 624 928	63 113
均值	709	541	—	—	—	—

资料来源:国家统计局网站 http://www.stats.gov.cn。

④ 检验线性关系的显著性

在一元线性回归下,相关系数检验、F 检验、t 检验的检验结果是一致的,这里只给出相关系数检验。

根据公式计算相关系数:

$$r=\frac{n\sum xy-\sum x\sum y}{\sqrt{n\sum x^2-(\sum x)^2}\sqrt{n\sum y^2-(\sum y)^2}}$$

$$=\frac{7\times2\,762\,611-3\,788\times4\,962}{\sqrt{7\times2\,112\,962-3\,788^2}\sqrt{7\times3\,624\,928-4\,962^2}}=0.940\,1$$

计算 t 统计量。

$$t=\frac{r\sqrt{n-2}}{\sqrt{1-r^2}}$$

$$t=\frac{0.940\,1\times\sqrt{7-2}}{\sqrt{1-0.940\,1^2}}=6.17$$

选择显著性水平 $\alpha=0.05$,自由度为 5,查 t 分布表,得临界值 $t_{\frac{\alpha}{2}}(n-2)$。
由于 $|t|=6.17>t_{0.025}(5)=2.57$,表明两者相关关系显著。

⑤ 预测。

计算标准误差。

$$SSE=\sqrt{\frac{\sum y^2-a\sum y-b\sum xy}{n-2}}$$

$$=\sqrt{\frac{3\,624\,928-43.57\times4\,962-1.23\times2\,762\,611}{7-2}}=46.31$$

选择显著性水平 $\alpha=0.05$,自由度为 5,查 t 分布表,得 $t_{0.025}(5)=2.571$。

当 $x=700$ 时,$\hat{y}=43.57+1.23\times700=904.57$(千亿元)

预测区间

$$\hat{y}\pm t_{\frac{\alpha}{2}}(n-2)SSE\sqrt{1+\frac{1}{n}+\frac{(x_0-\bar{x})^2}{\sum(x-\bar{x})^2}}$$

$$=904.57\pm2.571\times46.31\times\sqrt{1+\frac{1}{7}+\frac{(700-541)^2}{63\,113}}$$

$$=904.57\pm147.64$$

即若 2019 该地区固定资产投资完成额为 700 千亿元,当显著性水平为 $\alpha=0.05$ 时,2019年国内生产总值的预测区间为 904.57 ± 147.64 千亿元。

从上面计算可以看出,对于给定的显著性水平 α,为了提高预测精度,样本容量 n 应越大越好,采集数据 x_1,x_2,$\cdots$,x_n 不能太集中。在进行预测时,所给的 x_0 不能偏离 $\bar{x}$ 太大,否则预测效果肯定不好。

应用案例

案例一:中国地方政府绩效评估工具的现状与未来——基于德尔斐法的研究

自 20 世纪 80 年代以来,国内各地先后出现了目标、内容各异的政府绩效评估活动。相应的,政府绩标管理责任制考核、行风评议、万人评议机关等形式多效评估也逐渐成为我国公共管理理论研究中的热点问题。事实上,评估指标仅仅是政府绩效评估活动的关键构成要素之一,除"指标设计"之外,认识和研究特定的政府绩效评估活动,至少还应对评估定位、利益相关者参与、信息来源、评估工具、评估结果使用等要素进行考察(如图 5.2),对"为什么评""评什么""谁来评""怎么评"等问题进行系统回答。

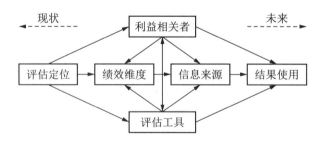

图 5.2　政府绩效评估的构成要素

不难看出,通过实证方法,开展面向我国政府绩效评估活动各个构成要素整体状况的研究,应是目前政府绩效评估研究中亟待进行的基础工作。基于上述认识,本文采用问卷调查的方法,选取各地政府绩效评估实践和研究领域的专家作为调查对象,对我国政府绩效评估实践中的评估定位、利益相关者参与、绩效维度、绩效数据、评估工具、评估结果使用等 6 个方面的普遍现状进行实证调查;进而采用德尔斐(Delphi)方法对未来政府绩效评估在上述 6 方面的走向进行预测。

一、政府绩效维度及其测量

本文综合国内外绩效评估的实践情况,将实践中已有的绩效评估维度归纳为如下 10 种类型(见表 5.10),将其作为问卷设计的基础。

表 5.10 被测绩效维度及其含义描述

序号	被测绩效维度	举例/描述
1	单位产出的成本	例如每个家庭垃圾收集的成本
2	市民满意度	例如市民对于当地政府的总体满意度
3	公平性	例如不同阶层居民对于文化休闲设施满意的百分比
4	回应性	例如急救服务的响应时间
5	廉 洁	例如接受贿赂的领导或官员的数目
6	问 责	例如对于当地反腐倡廉人员的投诉状况;公众对于问责制的感知状况
7	用户满意度	例如居民对于垃圾清扫的满意度;读者对于图书馆员和开放时间的满意度
8	正式的效果	例如 GDP 实际增长;通过正式考试孩子的百分比
9	质 量	例如在过度拥挤的学校上学的百分比
10	数 量	例如公共服务接受者的数目

其中“正式的效果”“数量”与绩效的经济性层面,对应“单位产出的成本”“廉洁”“问责”“回应性”“质量”与绩效的效率性与效果性对应,而“公平性”“市民的满意度”“用户满意度”则与绩效的公平性概念对应。

问卷采用 5 级量表的形式设计,测量“目前的使用率”“目前的优先权”“未来的希求度”和“未来的可行性”四个方面(见表 5.11),其核心问题是“在贵城市政府,绩效评估活动中,从哪些方面评估政府绩效”,要求专家针对这一问题,结合其对所在城市的绩效评估活动情况的认知,对前述 10 个绩效维度在四个方面进行打分,根据德尔斐法的要求,研究采用“多轮问卷调查”的形式进行,涉及现状的两个方面问卷发放一轮,旨在测量各个绩效维度的使用现状;关注未来的两个方面问卷发放多轮,用于对未来的预测。

表 5.11 被测绩效维度的具体测量方面

问题描述核心问题	测量方面	问题描述 (1=最低;5=最高)
在贵城市政府绩效评估活动中,从哪些方面评估政府绩效?	目前的使用率 目前的优先权 未来的希求度 未来的可行性	绩效维度目前的使用程度如何?绩效维度目前赋予了怎样的优先权? 绩效维度未来三年广泛采用的期望如何? 绩效维度未来三年广泛采用的可行性如何?

二、分析方法

主要使用 SPSS 统计软件进行数据分析,其中使用第一轮数据中"目前使用率"和"目前优先权"方面的数据对绩效维度的使用现状进行描述;在判断数据收敛性的基础上,利用第二轮数据对未来趋势进行预测。具体的统计方法包括:

集中和离散趋势分析:采用众数算术平均数分析专家打分的集中趋势;利用标准差和离散系数分析专家打分的离散程度。其中离散系数主要表明专家们对评估内容重要性认识上的差异程度,其值越小,专家们的收敛程度越高。一般认为,当离散系数小于 0.25 或 0.30 时,可认为打分有一定的收敛性。

方差分析、配对样本 T 检验和相关分析:采用单因素方差分析检验在各个维度打分的差异性;利用配对样本 T 检验对现实描述和未来预测之间的整体性差异进行分析;采用相关分析的方法,讨论不同的专家身份以及专家代表的不同区域是否对专家打分产生了影响。

三、政府绩效维度的使用现状描述

利用第一轮专家打分($N=34$)中"目前的使用率"和"目前的优先权"两个方面的数据,对当前市级政府绩效评估活动中所使用绩效维度的基本现状进行描述。

表 5.12 被测绩效维度使用现状描述

被测绩效维度	目前的使用率			目前的优先权		
	众数	均值	排序	众数	均值	排序
单位产出的成本	3	2.36	10	3	2.38	10→
市民满意度	3	3.4	2	5	3.66	2→
公平性	3	2.94	9	3	3.13	9→
回应性	3	3.09	7	4	3.22	5↑
廉 洁	3	3.30	4	4	3.57	3↑
问 责	3	3.18	6	3	3.28	7↑
用户满意度	3	3.22	5	4	3.31	4↑
正式的效果	3	4.12	1	5	4.00	1→
质 量	5	2.94	8	3	3.23	8→
数 量	3	3.38	3	3	3.39	6↓

注:排序时,首先使用众数进行降序排列,若众数相同,则使用均值进行降序排列。

如表 3 所示,在"目前的使用率"方面,只有"正式的效果"这一绩效维度专家打分的众数为5,其得分均值也是唯一大于4的维度,一定程度上显示了GDP等"硬指标"在目前各地的政府绩效评估中的使用率高于其他维度。与此相对"质量""公平性"和"单位产出的成本"三个维度得分均值低于3,显示了当前的评估对政府行为"投入—产出"过程的忽视,绩效评估在控制行政成本方面的作用未能充分发挥;同时相对于评估对"数量"维度的关注,从"质量"方面对政府绩效进行的评估也显得不足。"目前的优先权"方面的结果也支持了前述分析,而对比两次排序的结果,只有"数量"的排序有下降,而"回应性""廉洁""问责"和"用户满意度"则有不同程度的上升,显示了数量指标在当前各地的政府绩效评估中虽然被普遍使用,但是其被赋予的优先权却比较有限,一定程度上反映了目前评估活动在量化指标使用上仍然有一定的局限性,也可能是由于量化技术的局限导致数量指标难以被优先考虑。

值得注意的是"市民满意度"作为一种外部公众的感知绩效维度,在目前被广泛使用而且结果被赋予了较高的优先权(均排在第2位),一定程度上显示了以"行风评议"为代表的公众参与的政府绩效评估活动已经广泛开展并受到重视;但"公平性"作为公众感知的重要方面,却并未在当前的政府绩效评估中被优先考虑(均排在第9位),体现了目前的公众参与评估活动在这方面有所欠缺。

四、政府绩效维度使用的未来预测

利用第二轮专家打分($N=26$)中"未来的希求度"和"未来的可行性"两个方面数据,对未来三年中国市级政府绩效评估活动中各个绩效维度可能的使用情况进行预测。根据德尔菲法的一般要求,在预测之前首先需要对专家打分的收敛性进行判断。

表 5.13 被测绩效维度专家打分的离散系数

被测绩效维度	未来希求度		未来可行性	
	R_1^2	R_2^2	R_1^2	R_2^2
单位产出的成本	0.25	0.23	0.23	0.24
市民满意度	0.18	0.15	0.15	0.16
公平性	0.26	0.20	0.20	0.22
回应性	0.24	0.19	0.19	0.18
廉洁	0.23	0.26	0.26	0.28
问责	0.22	0.20	0.20	0.26
用户满意度	0.18	0.17	0.17	0.19
正式的效果	0.22	0.19	0.19	0.19
质量	0.23	0.20	0.20	0.19
数量	0.25	0.18	0.18	0.20

如表 5.13 所示,第二轮专家打分的离散程度总体上明显小于第一轮,同时第二轮中打分的所有离散系数均在 0.28 以下,按照德尔菲法的一般要求,可判断专家打分整体收敛,从而可以依据打分情况对被测维度在未来三年的使用情况进行预测。

表 5.14   被测绩效维度使用的未来预测描述统计

被测绩效维度	未来的希求度			未来的可行性		
	众数	均值	排序	众数	均值	排序
单位产出的成本	4	3.77	9	3	3.31	10↑
市民满意度	4	4.39	2	4	3.92	1↑
公平性	4	4.00	5	4	3.54	8↓
回应性	4	4.12	4	4	3.85	3↑
廉 洁	5	4.00	1	4	3.65	6↓
问 责	4	4.15	3	4	3.62	7↓
用户满意度	4	3.89	7	4	3.77	4↑
正式的效果	4	4.00	6	4	3.92	2↑
质 量	3	3.69	10	3	3.73	9↓
数 量	4	3.89	8	4	3.77	5↓

如表 5 所示"未来的希求度"方面,专家对各个维度打分的范围较为集中(均值 3.692—4.385),其中"廉洁""市民满意度""问责"和"回应性"等维度上的打分相对较高,而对"数量""质量""单位产出的成本"等维度的期待则比较低。而"未来的可行性"方面的结果与"希求度"方面有较大差别,所有维度的排序均存在不同程度的变化,其中"正式的效果""用户满意度"等维度有比较大的上升,而"公平性""廉洁""问责"等维度有较大幅度的下降。可以看出,专家对未来从"公平性""廉洁""问责"等方面衡量政府绩效抱有相当的期待,但其在实施的可能性上比较低,相对而言,从"正式的效果""满意度"等方面进行绩效评估则较为可行;同时"未来的可行性"得分的均值普遍低,于"未来的希求度",并且其对排序产生了较大的影响,专家认为各个绩效维度的操作性和可行性,可能是其在未来能否被有效使用的重要影响因素。

五、市级政府绩效维度使用的发展趋势

以上分别对政府绩效维度在目前和未来三年的使用状况进行了描述和预测。以下尝试综合利用两轮的分析数据,对政府绩效维度使用的发展趋势进行探讨。

第一,伴随政府绩效评估的不断深入,各种维度的使用将均会得到不同程度的加强。对比表 5.12 和表 5.14 中的数据,不难看出各个绩效维度在对未来预测的两个方面的得分比较高,相对而言现状描述的两个维度则比较低。为验证"目前"和"未来"得分之间的差异性,本文采用了配对样本 T 检验的方法对数据进行了处理。

表 5.15 各个维度不同方面得分的配对样本 T 检验

被测绩效维度	A—C		A—D	
	T 值	sig	T 值	sig
单位产出的成本	−6.68	0.00	−3.77	0.00
市民满意度	−4.20	0.00	−3.46	0.00
公平性	−5.85	0.00	−3.13	0.01
回应性	−4.73	0.00	−4.00	0.00
廉 洁	−2.07	0.05	−1.02	0.32
问 责	−3.46	0.00	−1.81	0.08
用户满意度	−3.10	0.01	−2.89	0.01
正式的效果	0.44	0.66	0.89	0.38
质 量	−4.10	0.00	−3.40	0.00
数 量	−1.79	0.09	−1.16	0.26

注:表中 A、C、D 分别代表"目前的使用率""未来的希求度"和"未来的可行性"四个方面数据;统计样本剔除了第二轮未填答的专家,$N=26$。

从表 5.15 中可以看出,除"正式的效果"维度外,其余维度的未来预测得分往往显著高于对现状的描述,其中在"单位产出的成本""回应性""用户满意度"和"质量"四个维度上,这种差异性是显著的。因此一定程度上可以说,除"正式的效果"外,各个绩效维度的使用在未来将均可能到不同程度的加强。

第二,偏重关键议题解决的指标模式可能逐步被综合的绩效评估模式替代。调查结果显示,以"正式的效果"为代表的若干绩效维度,在目前各地的政府绩效评估活动中被广泛而且优先使用。利用单因素方差分析中的 Sheffe-Test 方法,我们对四个方面数据在各个维度的得分上进行了显著性检验。

表 5.16 方差分析结果汇总

	Sig.	分 组
目前的使用率	0.00	8>10, 2>5, 7, 6, 4>3, 9>1
目前的优先权	0.00	8, 5, 2>10, 7, 6, 9, 4, 3>1
未来的希求度	0.09	
未来的可行性	0.15	

注:分组中的数字代表具体的绩效维度,标号方法与表 5.11 对应。

结果显示(表 5.16),对于现状描述的两个维度,各个维度的得分存在显著性差异($P<0.05$);而对未来进行预测时,专家在各个维度上的打分则不存在显著性差异。前文中我们将地方政府绩效评估维度主要依据活动特征分为三类,而本问卷中围绕其中"关键议题的解决"为核心的绩效维度主要包括"正式的效果""数量""质量"等维度。从表 5.16 的方差分析

结果中不难看出,在目前的政府绩效评估活动中,围绕关键议题解决的维度设置模式相对于其他模式的使用更加广泛,被赋予的优先权也更高;而使用同样方法对未来三年政府绩效维度进行预测,各个维度之间并不存在显著差异。因此一定程度上可以说,目前偏重关键议题解决的指标模式可能逐步被综合、全面的绩效评估指标模式所替代。

第三,不同地区政府绩效维度的使用可能逐步统一。已有研究表明,当前我国的政府绩效活动虽然"有着共同的本质",但也存在不同的模式,可以说是"实践丰富多彩""形式各具特色",因此来自不同地域的专家在对现状进行打分时,可能受其所在地域影响,进而导致了其感知的差异性。

通过对专家打分和专家所在区域之间进行相关分析(如表 5.17 所示)可以发现,被测绩效维度在目前使用情况感知(前两个方面)的得分与打分专家地域的相关系数普遍上大于未来的使用情况预测(后两个方面),一定程度上可以认为是专家来自的不同地域导致了其对不同绩效维度目前使用情况上的差异性;换言之,伴随着我国地方政府绩效评估理论与实践的不断成熟,各地区地方政府绩效评估的主要做法和评估标准将可能逐步得到统一。

表 5.17 专家打分与专家地域相关系数表

被测绩效维度	目前的使用率	目前的优先权	未来的希求度	未来的优先权
单位产出的成本	−0.30	−0.17	0.00	−0.02
市民满意度	−0.36	−0.46	−0.05	−0.01
公平性	−0.21	−0.15	0.01	0.14
回应性	−0.32	−0.36	−0.17	0.04
廉 洁	−0.05	−0.20	−0.04	0.10
问 责	−0.11	−0.22	0.17	0.17
用户满意度	−0.23	−0.02	0.00	−0.16
正式的效果	−0.12	−0.17	−0.12	0.06
质 量	−0.07	−0.13	−0.13	−0.12
数 量	0.01	0.06	−0.16	0.01

注:为避免专家打分受到反馈信息的影响,这里采用第一轮数据对专家打分数据进行分析,$N=34$。

综上,本文主要利用德尔菲调查数据,对我国地方政府绩效评估中的绩效维度使用现状进行实证描述,并对其未来可能的发展趋势进行了预测。作为本次"中国市级政府绩效评估体系'德尔菲'调查"系列研究的部分成果,囿于政府绩效维度自身的复杂性和其他外部条件的限制,研究尚存在一些缺陷需要在未来加以改进,如问卷中所涉及绩效维度是否能够涵盖现实绩效评估活动中的绩效维度,有待进一步论证;专家所在区域较为分散且各区域的专家数目较少,可能难以有效反映当地政府绩效评估的现实状况等等。然而从当前国内政府绩效评估的研究现状出发,相信本文的实证分析过程及其发现,仍具有一定的理论价值和现实意义,不失为一次有益的尝试。

(资料来源:吴建南等:《中国地方政府绩效评估工具的现状与未来——基于德尔菲法的研究》,载《情报杂志》2009 年第 10 期。)

案例二：利用季节指数修正指数平滑预测值对公路客运量进行预测

公路客运量预测，按时间长短分为短期、中期和长期预测，短期预测是制定年度、季度运输生产计划的基础，而中期（3—5 年）和长期预测是制定企业经营运输方针、企业技术改造等运输规划的基础。常用的预测方法有加权平均法、增长率算法、回归分析法、灰色模型预测、神经网络模型预测等。在实际工作中，采用上述方法进行预测，效果不太理想，原因是公路客运量常常受多种因素的影响，如工农业生产总值、人均收入、人口数、道路建设水平等，更主要的是同时还受季节、周期、趋势、随机因素的影响。这里季节变动是一个非常重要的因素。比如，每年的二、三季度气温升高，外出旅游、打工、贩运活动增多。由于人们的出行习惯比较稳定，因此在很长一段时期内，这种季节变动呈现一定的规律性。通过对这种规律性的研究，可以使我们进一步了解和掌握客运量的变化规律，进而为编制营运计划、合理配备运力，提高企业经济效益提供可靠依据。

一、资料和数据

本文利用 2003—2012 年长春市公路客运量年度数据，建立三次指数平滑模型，利用季节指数修正预测值，并进行误差分析，对未来两年长春市公路客运量进行预测。

历史数据的收集、分析与处理，见《利用灰色模型预测长春市公路客运量》一文，发表于《数学的学习与研究》2014 年第 18 期。

二、指数平滑模型及预测方程

指数平滑预测模型属于时间序列模型，是一种加权移动平均的预测方法，它的原理是任一期的指数平滑值都是本期实际观察值与前一期指数平滑值的加权平均。在加权平均中，用到了新数据 y_t，体现了重视近期数据的思想，也用到了老的平滑值，一定程度上抵掉了新数据 y_t 中包括的随机干扰，起到了平滑数据、显示规律的作用。

1. 模型及预测方程。

根据附录，我们采用三次指数平滑模型预测，并利用季节指数修正趋势预测值。

一次平滑模型　$S_t^{(1)}=\alpha y_t+(1-\alpha)S_{t-1}^{(1)}$

二次平滑模型　$S_t^{(2)}=\alpha S_t^{(1)}+(1-\alpha)S_{t-1}^{(2)}$

三次平滑模型　$S_t^{(3)}=\alpha S_t^{(2)}+(1-\alpha)S_{t-1}^{(3)}$

其中 $S_t^{(i)}$ 表示第 t 期的 i 次指数平滑值；$i=1,2,3$，y 表示当前数据，α 是平滑系数，反映预测者对当前数据的重视程度。预测方程为：

$$\hat{y}_{t+T}=a_t+b_t T+c_t T^2\,(T=-(t-1),\ -(t-2),\ \cdots)$$

其中 T 表示从基期 t 到预测期的周期数,$\hat{y}_{t+T}$ 表示第 $t+T$ 周期的预测值,a,b,c 为预测方程的系数,它们的估计值可以用三次指数平滑法求得:

$$a_t = 3(S_t^{(1)} - 3S_t^{(2)} + S_t^{(3)})$$

$$b_t = \frac{\alpha}{2(1-\alpha)^2} \left[(6-5\alpha)S_t^{(1)} - (10-8\alpha)S_t^{(2)} + (4-3\alpha)S_t^{(3)} \right]$$

$$c_t = \frac{\alpha^2}{2(1-\alpha)^2} \left[S_t^{(1)} - 2S_t^{(2)} + S_t^{(3)} \right]$$

2. 利用季节指数修正预测值。

由附录可见,客运量随季节而变化,而预测方程预测的是大趋势,与客运量起伏不相符合,因此,必须对初步预测值用季节指数进行修正。季节指数的确定方法如下:

取收集的历史数据 y_1,y_2,$\cdots$,y_n,做算术平均值 $\bar{y} = \dfrac{\sum y}{n}$ 作为趋势估计值,再按公式 $\dfrac{1}{n} \sum \dfrac{y_i}{\bar{y}}$ 对同一季节取平均,便得到季节指数的估计值,再用季节指数乘以相应的趋势预测值,便得到客运量的预测值。

三、误 差 分 析

预测误差是大家都很关注的问题,我们总是希望预测结果误差尽可能的小,同一个项目可能采取几种不同的预测方法,对于这些方法的评价和选择,应以预测误差的大小为判断依据。这里我们用平均绝对百分误差 $MAPE = E(|e|/x)$ 来衡量:

当 $MAPE \leqslant 10\%$ 时,为高精度预测;当 $10\% < MAPE \leqslant 20\%$ 时,为良好预测;当 $20\% < MAPE \leqslant 50\%$ 时,为可行预测;当 $MAPE > 50\%$ 时,为错误预测。

四、实 证 分 析

1. 预测方程。

平滑系数 α,反映预测者对当前数据的重视程度,是预测能否成功的关键。α 越小,对数据的平滑能力越强,但对数据变化的敏感性越差,α 越大,对数据的平滑能力越差,但对数据变化的敏感性越强。经过多次分析比较,最后确定平滑系数 $\alpha = 0.2$。预测方程为:

$$\hat{y}_{2004+T} = a_t + b_t T + c_t T^2 \quad (T = 1, 2, \cdots)$$

其中:

$$a_t = 3(S_t^{(1)} - 3S_t^{(2)} + S_t^{(3)})$$

$$b_t = 0.36(4.5S_t^{(1)} - 7.6S_t^{(2)} + 3.1S_t^{(3)})$$

$$c_t = 0.091\,8 \left[S_t^{(1)} - 2S_t^{(2)} + S_t^{(3)} \right]$$

利用上述指数平滑模型,取 2005 年第一季度为 $K = 1$ 起始点,计算各季度客运量的一至三次指数平滑值,结果见附录。

由附录,可算出 $a_t=330.66$,$b_t=-5.39$,$c_t=-0.46$ 预测方程为:

$$\hat{y}_{32+T}=330.66-5.39T-0.46T^2$$

其中 $T=-31$,-30,$\cdots$,0,对应 2005 年第一、二季度,$\cdots$,2012 年第四季度客运量预测值。

2. 预测值。

预测方程(1)中,分别取 $T=1$,2,$\cdots$,8,得 2013 年、2014 年客运量的初步预测值,结果见表 5.18。

表 5.18 2013—2014 年指数平滑模型初步预测值　　(单位:万人次)

年　份	第一季度	第二季度	第三季度	第四季度	年度客运量
2013	324.81	318.04	310.35	301.74	1 254.94
2014	292.21	281.76	270.39	258.10	1 102.46

3. 季节指数修正初步预测值。取 2003—2012 年各季度客运量,以 $\bar{y}=316.2$(万人次)作为趋势估计值,按公式 $\frac{1}{4}\sum\frac{y_i}{\bar{y}}$ 对同一季节取平均,便得季节指数的估计值。结果见表 5.19。

表 5.19 季节指数的计算

季　度	1	2	3	4
季节指数	0.987 5	0.996 2	0.990 5	0.925 7

用季节指数修正后的预测值 $\hat{y}$,见表 5.20。

表 5.20 2013—2014 年季节指数修正后的客运量预测值

年　份	第一季度	第二季度	第三季度	第四季度	年度客运量
2013	320.75	316.83	338.44	279.32	1 255.34
2014	288.56	280.69	294.86	238.92	1 103.03

4. 误差分析。

在预测方程(1)中,取 $T=-11$,-10,$\cdots$,0,得到初步预测值,利用季节指数进行修正,并进行误差估计,结果见表 5.21。

表 5.21 利用季节指数修正初步预测值及误差计算表

年份	季度	周期(T)	实际客运量(y_t)	$\hat{y}_{T+32}$	$\hat{y}_t$	$\lvert e_t\rvert=\lvert y_t-\hat{y}_t\rvert$	$\dfrac{\lvert e_t\rvert}{y_t}$
	1	21	310.04	334.29	330.11	20.07	0.064 7
2010	2	22	339.13	338.56	337.27	1.86	0.005 5
	3	23	383.37	341.91	372.85	10.52	0.027 4
	4	24	332.59	344.34	318.76	13.83	0.041 6

（续表）

年份	季度	周期(T)	实际客运量(y_t)	$\hat{y}_{T+32}$	$\hat{y}_t$	$\lvert e_t \rvert = \lvert y_t - \hat{y}_t \rvert$	$\dfrac{\lvert e_t \rvert}{y_t}$
	1	25	329.09	345.85	341.53	12.44	0.037 8
2011	2	26	341.78	379.56	378.12	36.34	0.106 3
	3	27	399.24	346.11	377.43	21.81	0.054 7
	4	28	303.51	344.86	319.24	15.73	0.051 8
	1	29	326.85	342.69	338.41	11.56	0.035 4
2012	2	30	347.79	399.6	338.31	9.48	0.027 3
	3	31	364.5	335.59	365.96	1.46	0.004 0
	4	32	307.51	330.66	306.09	1.42	0.004 6
合计						156.32	0.461 1

平均绝对百分误差 $MAPE = E(\lvert e \rvert / x) = 3.8\%$，表明用该模型进行预测，效果为高精度预测。

五、结　　论

客运量的预测方法还有很多，如回归分析预测、弹性系数法预测、增长率统计算法等等。每种方法都有各自的优缺点和局限性。如灰色模型预测法，其优点不仅简单而且能达到比较准确的预测效果，而指数平滑法，属于时间序列平滑预测法中的一种，其优点是克服了移动平均法需要数据存储大的缺点，保持了移动平均法的优点，它只需要最近一期的实际客运量即可预测下一期的数值；缺点是预测值受实际值大小的影响较大，取值不当，预测值会出现较大偏差。

影响客运量的因素有很多，比如天气、季节、节假日、假期等，它们之间的关系错综复杂。为了提高预测结果的精度，我们可以选择几种方法的组合进行预测。这样可以大大提高预测结果的精度和可靠度。

附录:2003—2012 年各季度客运量指数平滑计算表

年份	季度	周期(T)	实际客运量(y_t)	一次平滑值 $S_t^{(1)}$	二次平滑值 $S_t^{(2)}$	三次平滑值 $S_t^{(3)}$
		0	238.8	256.45	256.45	256.45
	1	1	285.38	262.24	257.61	256.68
2005	2	2	309.91	271.77	260.44	257.43
	3	3	326.22	282.66	264.88	258.92
	4	4	296.11	285.35	268.98	260.93
	1	5	319.99	292.28	273.64	263.48
2006	2	6	339.60	301.74	279.26	266.36
	3	7	335.80	308.47	285.10	270.11
	4	8	296.06	305.99	289.28	273.94

(续表)

年份	季度	周期(T)	实际客运量(y_t)	一次平滑值 $S_t^{(1)}$	二次平滑值 $S_t^{(2)}$	三次平滑值 $S_t^{(3)}$
2007	1	9	360.24	316.84	294.79	278.11
	2	10	323.98	318.27	299.49	282.39
	3	11	329.96	320.61	303.71	286.65
	4	12	285.14	313.51	305.64	290.46
2008	1	13	334.10	317.63	308.06	293.98
	2	14	355.83	325.27	311.50	297.48
	3	15	361.65	332.55	315.71	301.13
	4	16	339.61	333.94	319.36	304.77
2009	1	17	336.34	334.44	322.38	308.29
	2	18	332.88	334.12	324.73	311.58
	3	19	362.40	339.78	327.74	314.81
	4	20	282.60	328.34	327.86	317.42
2010	1	21	310.04	324.68	327.22	319.38
	2	22	339.13	327.57	327.29	320.96
	3	23	383.37	338.73	329.58	322.69
	4	24	332.59	337.50	331.16	324.38
2011	1	25	329.09	335.82	332.10	325.93
	2	26	341.78	337.01	333.08	327.32
	3	27	399.24	349.46	336.35	329.13
	4	28	303.51	340.27	337.14	330.73
2012	1	29	326.85	337.58	337.23	332.03
	2	30	347.79	339.63	337.71	333.17
	3	31	364.50	344.60	339.09	334.35
	4	32	307.51	337.18	338.70	335.22

资料来源:纪跃芝等.《数学学习与研究:教研版》2015 年第 19 期。

思考题

1. 某地消费者协会连续 30 周收到的消费者投诉数如下表:

	A	B	C	D	E	F
1	84	83	81	78	78	79
2	80	80	83	82	81	85
3	81	82	79	77	78	78
4	78	76	74	75	72	69
5	78	80	76	73	77	75

要求:

(1) 计算 $N=5$ 和 $N=10$ 的一次移动平均值。

(2) 计算 $N=5$ 的二次移动平均值。

(3) 用二次移动平均法($N=5$)预测第三十一周收到的投诉数。

2. 过去 10 年某地具有大学本科以上学历的居民人数如下:

年　份	1	2	3	4	5	6	7	8	9	10
人数(万人)	80.8	86	88.4	101.5	110.3	121.5	134.7	142.7	160.8	183.6

要求:

(1) 用二次移动平均法($N=3$)建立具有大学本科以上学历的居民人数预测模型。

(2) 分别取 $\alpha=0.3$,$\alpha=0.5$,$S_0^{(1)}=S_0^{(2)}=\dfrac{y_1+y_2+y_3}{3}$,建立具有大学本科以上学历的居民人数指数平滑预测模型。

3. 某工业企业某种产品产量与单位成本资料如下表:

年　份	1	2	3	4	5	6	7	8
产量(万件)	2	3	4	3	4	5	6	7
单位成本(元/件)	8.0	7.5	6.4	4.5	3.8	3.3	3.2	3.0

要求:

(1) 根据上述资料,绘制散点图,判断相关性与回归的种类。

(2) 配合适当的回归方程。

(3) 计算相关系数,在显著性水平 $\alpha=0.05$ 时,对回归方程进行显著性检验。

(4) 计算估计标准误差。

(5) 当产量为 8 万件时,在 95.45% 的概率保证程度下,对单位成本作区间估计。

4. 某公司 2014 年到 2018 年各季度的销售额(万元)资料见下表,已知 2019 年第二季度的销售额为 22.3 万元。

	一季度	二季度	三季度	四季度
2014 年	13.8	18.7	27.5	17.5
2015 年	14.3	19.8	26.5	18.4
2016 年	13.1	19.4	24.8	17.0
2017 年	15.7	20.0	28.3	19.4
2018 年	15.0	21.4	27.6	18.5

要求:请用平均数趋势整理法预测第三、四季度的销售额。

第六章 决策技术

第一节 决策概述

一、决策的定义

何谓决策？其定义众说纷纭。但有一点是共同的，即决策是人们为了达到某一目标而从多个实现目标的可行方案中选出最优方案的抉择。通常讲的领导"拍板"，指的就是决策，但绝不能把决策仅仅理解为一瞬间的"拍板"，它包括提出问题、搜集资料、预测未来、确定目标、拟订方案、分析估计和优选以及实施中的控制和反馈、必要的追踪等全过程。决策定义的内涵包括：(1)决策是为解决某一问题作出的决定。(2)决策是为达到确定的目标，没有目标就没有方向，也无法决策。(3)决策是为了正确行动，不准备实践，用不着决策。(4)决策是从多种方案中作出的选择，没有比较，没有选择，就没有决策。(5)决策是面向未来的，要作出正确的决策，就要进行科学的预测。人的任何活动都离不开决策。

决策问题古已有之，《孙子兵法》就是一部关于军事决策的名著，《战国策》则侧重于政治决策和经验决断方面，它们是所谓"经验决策"阶段的著名文献。历史发展到近代，人们进入了所谓"理性决策阶段"，贝努里在1738年研究了抽奖和保险的问题，他利用概率来反映状态的随机性，引入效用思想并以基数效用的期望作为择优的度量指标。1814年，拉普拉斯首先提出主观概率思想，为不确定性决策提供了描述工具。1881年，埃奇沃思在经济研究中采用了序数效用概念，以等效曲线来刻画商品的优劣次序，反映了无风险情况下的决策行为。随着社会的进步和科学技术的发展，决策问题越来越表现出多目标性、决策影响的长期性、后果的不确定性、可供选择方案的多样性及大多数情况下决策的一次性等。杜威1910年写的《怎样思考》是现代决策理论的较早的著作。1938年，巴纳德在他的《经理的职能》一书中，首先引入了决策概念，并在管理理论中加以应用。1939年瓦尔德提出统计决策的思想，使决策分析的发展，尤其在定量研究方面，迈出了决定性的一步。20世纪40年代以后，西蒙和马赫等人吸收了行为科学、系统理论、运筹学、计算机技术等学科的成果，进一步发展了现代决策分析理论。1958年他们二人合著的《组织》、1961年西蒙的《管理决策新科学》形成了管理科学中的决策学派。1950年，瓦尔德提出基于损失函数的统计决策问题，确立了统计决策的基本理论。1954年，萨维奇把效用理论与主观概率结合成一个整体来处理统计决策问题,并提出严格的公理体系,把它们发展成为贝叶斯决策理论。20世纪60年代初,有人把贝叶斯决策广泛地应用于解决具有不确定性的商业决策问题,进一步开拓了应用统计决策的研究。1966年R.A.霍华德在总结以效用理论为主体的决策理论时,将其命名为"决策分析"。此后,决策分析成为诸多学科的研究课题。随着决策分析日益科学化,开始由一种方法形成为一门科学,即形成为一门"决策科学"。

二、决策的基本要素

决策是一项系统工程,组成决策系统的基本因素有决策主体、决策目标、决策对象和决策环境,四者是相互联系的一个有机整体。

1. 决策主体。

决策主体可以是一个人,也可以是一个集体。它是进行科学决策的基本要素,也是诸要素中的核心要素和最积极、最能动的因素。它是决策成败的关键。在制定重大经营决策时,必须发挥决策的群体效应,提倡科学的思维方法,同时要具备良好的品德修养。

2. 决策目标。

决策是围绕决策目标展开的,决策活动的开端是确定目标,终端是实现目标。决策目标体现着决策主体的利益和主观愿望。确定正确的决策目标,是科学决策的关键环节。

3. 决策对象。

决策对象是决策的客体。决策的对象包括人类活动的各个方面。决策对象的一个共同特点是人的行为可以施加影响的事物。

4. 决策环境。

决策环境是指相对于主体、构成主体存在条件的物质实体或社会文化要素。决策不是在一个封闭的系统中进行的,而是依存于一定的环境,同环境进行物质、能量和信息的交换。

三、决策的一般过程

根据决策的含义,人们做决策工作时,应从决策的目标出发,根据对自然状态的科学分析,合理地选择所采取的策略。决策过程是指从问题提出到作出决策所经历的过程,是一个逻辑分析与综合判断相结合的过程,大致要经历以下六个阶段:

1. 确定问题。

决策是为了解决某一个问题或达到一定的目标,一切决策都从问题开始。所谓问题,就是认识主体与认识客体之间的矛盾。问题产生的来源很多,发现问题的方法也很多,当出现以下情况时,往往意味着问题产生:(1)当情况发生变化时;(2)当环境发生变化时;(3)当运行与计划目标发生偏差时;(4)当管理工作受到各种批评时。

2. 确定决策目标。

决策是为了解决问题,在所要解决的问题明确之后,还要进一步指出该问题应当解决到什么程度,这就是决策目标的确定。目标应该具体、明确,可以计量其结果,以便进行考核;

可以规定时间,以便在拟订方案时有所参考;同时还应明确由谁来对这项目标负责。

3. 设计多种可能方案。

针对决策目标,根据已掌握的信息,拟定各种备选方案。拟定可行方案时要注意以下几个问题:

(1) 任何决策至少要拟出两个以上的可行方案,否则就无从比较,谈不上科学决策。

(2) 要明确列出各个方案中的限制性因素。

4. 分析评估备选方案。

对所拟定的每一个行动方案,应从定性和定量两个方面加以分析评估,明确各个方案的利弊,从而为方案选择打下基础。

5. 选择满意方案并付诸实施。

在对各种方案分析评价的基础上,决策者最后要从中选择一个满意方案并付诸实施。在决策时要注意:(1)任何方案均有风险;(2)不要一味追求最佳方案;(3)在最终选择时,应允许不做任何选择。

决策的目的在于行动,否则再好的决策也没有用处,所以方案实施是决策过程的重要步骤。一旦作出决策,就要予以实施。实施决策,应当首先制定一个实施方案,包括宣布决策,解释决策,分配实施决策所涉及的资源和任务等。要特别注意争取他人对决策的理解和支持,这是任何决策得以顺利实施的关键。

6. 监督与反馈。

由于决策的成败在很大程度上还取决于执行情况,因此在实施中,要注意监督,一旦发现失误,及时反馈,加以改变和调节,以保证决策的顺利实施。

四、决策的类型

决策的分类方法很多。通常,可以从不同的角度、按不同的标准,对决策问题进行分类。

1. 按决策的重要性,可将其分为战略决策、策略决策与执行决策。

战略决策是涉及全局性、长远问题,具有深远影响的决策,通常包括目标、方针的确定,机构的调整,企业产品的更新换代,技术改造等。

策略决策又称战术决策。这是为了实现战略决策目标,在人、财、物等资源方面的准备和组织所进行的决策,旨在实现各环节的高度协调和资源的合理使用。如企业生产计划和销售计划的制定、设备的更新、新产品的定价以及资金的筹措等,都属于策略决策的范畴。

执行决策又称业务决策,是根据策略决策的要求对执行行为方案的选择,是日常工作中为提高生产效率、工作效率而作出的决策。执行决策牵涉范围较窄,只产生局部影响。属于业务决策范畴的主要有:工作任务的日常分配和检查、工作日程(生产进度)的安排和监督、岗位责任制的制定和执行、库存的控制以及材料的采购等。

2. 按决策变量能否用数量表示,可将其分为定量决策和定性决策。

定量决策是指决策目标与决策变量等可以用数量来描述的决策,如企业管理中有关提高产量降低成本之类的决策就属定量决策。

定性决策是指决策目标与决策变量等不能用数量来表示的决策。这类决策一般难以用数学方法来解决，而主要依靠决策者的经验和分析判断能力。

定量和定性的划分是相对的。在实际分析中，进行定量分析之前，往往要进行定性分析，而对于一些定性分析问题，也尽可能使用各种方式将其转化为定量分析。

3. 按决策环境因素的可控程度，可将其分为确定型决策、风险型决策与不确定型决策。

确定型决策是指决策环境是完全确定的，作出选择的结果也是完全确定的。在确定型决策中，决策者确切知道自然状态的发生，每个方案只有一个确定的结果，最终选择哪个方案取决于对各个方案结果的直接比较。

风险型决策也称随机决策。在这类决策中，自然状态不止一种，决策者不能知道哪种自然状态会发生，但能知道有多少种自然状态以及每种自然状态发生的概率。

不确定型决策是指在不稳定条件下进行的决策。在不确定型决策中，决策者可能不知道有多少种自然状态，即便知道，也不能知道每种自然状态发生的概率。

4. 从决策影响的时间看，可将其分为长期决策与短期决策。

长期决策是指有关今后发展方向的长远性、全局性的重大决策，又称长期战略决策，如投资方向的选择、人力资源的开发和规模的确定等。

短期决策是为实现长期战略目标而采取的短期策略手段，又称短期战术决策，如企业日常营销、物资储备以及生产中资源配置等问题的决策都属于短期决策。

第二节　确定型决策

如前所述，按决策环境因素的可控程度，可将其分为确定型决策、风险型决策与不确定型决策三种。在这一节里，我们将介绍确定型决策的含义及常用的确定型决策分析方法。

一、确定型决策概述

（一）确定型决策的含义

确定型决策是指决策者面对的决策问题中每个抉择行动只能产生一个确定的后果，可以根据完全确定的情况选择最满意后果的行动方案。

（二）应用确定型决策方法的条件

1. 存在决策者期望达到的一个决策目标。

2. 只存在一个确定的自然状态。

3. 存在两个或两个以上的备选方案，供决策者选择。

4. 每一个备选方案在确定状态下的损益值可以计算出来。

一般情况下，绝对符合上述条件的确定型问题并不多，但对问题如作一些简化处理，就能近似符合上述条件，所以对确定型决策问题研究仍有其现实意义。

（三）确定型决策的一般方法

确定情况下最优方案的抉择标准是使所选行动方案的收益（或损失）函数达到最大值

（或最小值）。归结起来，有以下两类决策方法。

1. 单纯选优决策法。

在某些情况下，决策者遇到行动方案有限，掌握的数据资料无须加工计算的决策问题，可以逐个比较直接选出最优方案或最优行动。这时，就可以采用单纯选优决策法，通过将所对应的有限个后果进行比较择优来确定行动的方案。

2. 模型选优决策法。

在另外一些情况下，决策者遇到行动方案有无限个，或者是用连续型变量表示的决策问题。这时，简单的单纯选优决策法不再适用，需要对不同的模型选择相应的寻优方法来确定最优行动方案。模型选优决策法有很多，主要有盈亏平衡分析法、经济批量法、线性规划法等。

二、量本利分析法

（一）量本利分析法的概述

1. 量本利分析法的含义。

量本利分析法是依据与经营管理决策方案相关的业务量（产量或销售量）、成本、利润三者之间的相互关系建立模型，分析评价决策方案优劣的一种重要方法，也叫盈亏平衡分析法。这里，业务量通常指销售活动水平，可用数量和金额表示，成本包括本期的变动成本和固定成本，量本利分析所计算的利润通常指企业交纳所得税前的利润。了解销售量、成本、利润各个因素之间的关系，对制定合理的决策方案很有帮助。

2. 量本利分析法的基本思想。

量本利分析法是通过比较产品的生产成本和产品的销售利润，确定企业不亏不盈（即盈亏平衡）时的生产批量（即盈亏平衡点或称保本点），然后以此盈亏平衡点为依据进行决策分析。

3. 成本、业务量、利润之间的关系。

企业进行量本利分析时，应按成本与业务量的关系，把成本划分为变动成本和固定成本。凡成本总额与业务量的总额成正比例增减变动的，叫做变动成本。凡成本总额在一定时期和一定业务量（产量或销售量）范围内，不受业务量增减变动影响而固定不变的，叫做固定成本。此外还有一些成本项目，其总额虽然也随业务量的增减而变动，但不成正比例，一般叫做混合成本。对于混合成本，应采用一定的技术方法，如高低点法、回归分析法将其分为变动成本和固定成本两部分。把企业总成本分为变动成本和固定成本是运用量本利分析方法的基础。

成本、业务量、利润之间的关系一般可用下列公式表示：

利润＝销售收入－销售成本

或利润＝销售收入－变动成本－固定成本

或利润＝产品销售量×单位产品的售价－产品销售量×单位产品的变动成本－固定
　　　成本

（二）方程法量本利分析

1. 方程法的含义。

方程法量本利分析是用方程式表示成本、业务量和利润之间的依存关系，并利用方程式求出在其他因素已知的条件下的某一未知因素的数值，为管理提供需要的信息。

2. 利润的一般计算方程。

$$预期利润＝销售额－总成本$$

此方程式可转换为：

$$销售额＝总成本＋预期利润$$

由于成本可分解为固定成本和变动成本，因而上式可表述如下：

$$销售额＝固定成本＋变动成本＋预期利润$$

3. 确定保本点销售量。

所谓保本点销售量就是企业预期利润为零时的销售量，即企业销售收入等于总成本，可用下式表示：

$$保本点销售量×单位产品的售价$$
$$＝保本点销售量×单位产品的变动成本＋固定成本$$

$$即保本点销售量＝\frac{固定成本}{单位产品的售价－单位产品的变动成本}$$

假设以 F 为固定成本，C_v 为单位产品的变动成本，Q 为保本点销售量，P 为单位产品售价，则上式可表达为：

$$Q＝\frac{F}{P-C_v}$$

例 6.1 某公司打算投资 400 万元引进一条生产线。通过预算发现该生产线的年生产能力为 5 万件，预计年销售量为 3 万件，新产品预计售价为每件 125 元，单位变动成本预计为 75 元，每年固定成本总额预计为 60 万元。管理人员想要知道该生产线能否投资。

［解］ 要知道该生产线能否投资，可用量本利方程式求保本点销售量。

$$保本点销售量＝\frac{固定成本}{单位产品的售价－单位产品的变动成本}$$

$$Q＝\frac{F}{P-C_v}＝\frac{60}{125-75}＝1.2（万件）$$

由于该生产线的预期年销售量（3 万件）大于保本点销售量（1.2 万件），说明该生产线是一项可以盈利的投资。

（三）图示法量本利分析

图示法量本利分析可以用图形描绘量本利之间的关系。形象而直观地提供销售量的变化对利润的影响程度。现分步说明图形的绘制方法。

仍以例 6.1 的实例,研究图示法的要领:

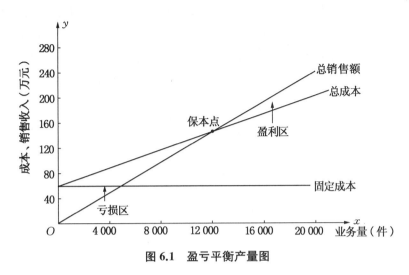

图 6.1 盈亏平衡产量图

1. 总销售额线。为了绘制总销售额线,需要从横轴与纵轴相交的"0"点开始,可以选择任一销售业务量并确定其销售额。在本例中,选定 20 000 件销售量,在此点的总销售额为250 万元(125 元/件×20 000 件),在图 6.1 内用垂直的和平行的两条虚线表示。在两条虚线相交的地方画个点,然后从"0"点通过此交点画一条线即为总销售额线。

2. 固定成本线。本例中,生产规模 0 件至 50 000 件,固定成本为 60 万元,因此,从纵轴上 60 万元那一点,平行于横轴画出 0 件至 50 000 件这段直线,即为固定成本线。

3. 总成本线。总成本线代表固定成本与变动成本相加的数额。为了画这条线,首先确定任一业务量水平的变动成本总额,在 20 000 件销售量时,其变动成本总额为 150 万元(75 元/件×20 000 件)。在此销售水平,总成本为 210 万元(150 万元的变动成本加 60 万元的固定成本)。因此,可以在 20 000 件与 210 万元相交处画一个点,然后从纵轴上 60 万元那一点通过此点画一直线,这条线从 60 万元画出是因为在销售量为"0"件时其总成本为 60 万元,即固定成本总额,根据总成本线我们可以确定某一特定销售量的总成本。

4. 保本点。保本点是用总销售额线与总成本线的交点,即总销售额等于总成本那一点。在本例中,此点的销售量为 12 000 件,销售额为 150 万元。

5. 盈利区。保本点右方的总销售额线与总成本线之间的区域为盈利区。此区域内任何销售量均导致盈利,可以通过自总销售额线读出的销售额减去自总成本线读出的总成本确定任何销售水平的利润额。例如,假定销售量为 20 000 件,根据总销售额线,在纵轴上读出总销售额为 250 万元。根据总成本线,在纵轴上读出总成本为 210 万元,总销售额线与总成本线之间的差额为 40 万元,即为利润。

6. 亏损区。保本点左方的总销售额线与总成本线之间的区域为亏损区。应当注意,在保本点左方,总成本线位于总销售额线的上方,此区域内企业亏损,因为总成本超过总销售额。可以用在保本点右方确定利润相同的程序确定在保本点左方任何业务量水平的亏损数额。

量本利分析模型告诉我们:只有当产品的单价大于单位变动成本边际贡献大于零时,才存在保本点。有时企业产销量达不到保本点,企业还会继续生产,这是因为继续生产虽然不能盈利,但可以减少亏损,条件仍然是边际贡献大于零。边际贡献大于零,则表示企业生产这种产品除可收回变动成本外,还有部分收入可用以补偿已经支付的固定成本。因此,产品单价即使低于成本,但只要大于变动成本,企业生产该产品还是有意义的。

第三节　不确定型决策

一、不确定型决策概述

某些待决策的事项存在着几种可能出现的自然状态,但没有充分的资料来确定每一种自然状态发生的概率,对这类问题所进行的决策称为不确定型决策。进行这类决策时,由于决策者对各种自然状态发生的概率无法知道,因此它完全取决于决策者的经验、决策者对未来状态分析判断的能力以及决策者审时度势的胆略和精确程度。很显然,决策者主观意识不同,决策者决策的出发点也就不一样。对于不确定型决策,决策者所采用的决策准则,具有很大程度的主观随意性。常用的不确定型决策准则主要有:最大最小期望值准则、最大最大期望值准则、最小最大后悔值准则、乐观系数准则、等概率准则等。

二、最大最小值准则

(一) 基本概念

最大最小值准则,也称"坏中求好"决策准则或悲观决策准则。持这种原则的决策者,都是对未来事件结果估计比较保守的。最大最小值准则先找出各方案中的最小收益值,然后从最小收益值中选择收益值最大的方案为最优方案。它力求从不利的情况下寻求较好的方案,即从坏处着眼向好处努力。

最大最小值准则反映了决策者的一种悲观情绪,体现了决策者的一种保守思维方式。对于不确定型决策问题,如果决策者认为形势比较严峻,在未来发生的各种自然状态中,最坏状态发生的可能性较大,一般采用最大最小值决策准则。

(二) 决策步骤

采用最大最小值准则决策进行不确定型决策分析,一般按如下步骤进行:(1)确定决策问题的各种可行方案以及面临的各种客观情况,即自然状态;(2)拟定决策问题的备选方案;(3)计算和比较各行动方案在不同自然状态下的收益值,并确定每一行动方案的最小收益值;(4)取最小收益值中最大的方案作为最优方案。

例 6.2　某企业拟试制一种新产品投放市场,由于缺乏历史资料和统计数据,企业对这种产品的市场需求量只能大致估计为四种情况:较高、一般、较低、很低,因此生产企业考虑有四个可行方案,四种方案在四种状态下的收益值见表 6.1。要求:用最大最小值法进行决策。

表 6.1 "最大最小值"法决策表

方　案	在各种自然状态下的企业年收益值(万元)				最小收益值(万元)
	较高	一般	较低	很低	
A	500	300	−100	−250	−250
B	750	420	−130	−300	−300
C	450	200	100	50	50
D	480	250	150	100	100

[解]　① 找出各方案的最小收益值。它们分别为：−250 万元，−300 万元、50 万元和 100 万元。

② 找出最小收益值中的最大值为 100 万元。

③ 决策。最小收益值中的最大值所对应的方案为 D 方案，将该方案作为决策方案。

(三) 最大最小值准则的优缺点

最大最小值准则是在收益最少、最不利的自然状态中进行选择，最后决定的方案是在最不利的情况下的最好方案，所以这是一种比较保守的决策方法。

这种方法的优点是风险较小，对比较谨慎和对未来持较为悲观态度的决策者以及承担风险能力较小的企业，易倾向于采用此种决策方法。

这种方法的缺点是：有可能失去获得高额利润的机会。对上面所举例子而言，如果市场需求较高，采用 D 生产方案比采用 B 生产方案要减少盈利 270 万元。

三、最大最大值准则

(一) 基本概念

最大最大值准则，也称"好中求好"决策准则或乐观决策准则。它是从最好处着眼，采用较为冒险的决策准则，先找出各方案中的最大收益值，然后从各最大收益值中选择收益值最大的方案为最优方案。

这种决策准则，往往是决策者对未来充满信心时做出的，它带有一定的冒险性质，反映了决策者冒进乐观的态度。对于不确定型决策问题，决策者认为形势十分乐观，在未来发生的各种自然状态中，最好状态发生的可能性较大，一般采用最大最大值决策准则。

(二) 决策的步骤

采用最大最大值决策法进行不确定型决策分析一般按如下步骤进行：(1)确定决策问题的各种可行方案以及面临的各种客观情况，即自然状态；(2)确定决策问题的备选方案；(3)计算、比较各行动方案在不同自然状态下的收益值，并确定每一行动方案的最大收益值；(4)取最大收益值最大的方案作为最优方案。

例 6.3　资料同例 6.2。用"最大最大值"法进行决策。

[解]　① 找出各方案的最大收益值。它们分别为：500 万元、750 万元、450 万元和 480

万元。

② 找出最大收益值中的最大值为 750 万元。

③ 决策。最大收益值中的最大值所对应的方案为 B 方案,将 B 方案作为决策方案。

表 6.2 "最大最大值"法决策表

方 案	在各种自然状态下的企业年收益值(万元)				最大收益值(万元)
	较高	一般	较低	很低	
A	500	300	−100	−250	500
B	750	420	−130	−300	750
C	450	200	100	50	450
D	480	250	150	100	480

(三)最大最大值准则的优缺点

最大最大值准则是一种比较乐观而积极的决策方法,常为一些敢冒风险、勇于进取的决策者和实力雄厚的企业组织所采用。它的优点是:有可能夺取最好的效果。其缺点是:承担的风险较大。在本例中,假如销路差,B 生产方案反而会亏损 300 万元。

一般地,除了特殊情况(如绝处求生)外,采用该种决策方法都强调一个基本前提:即最好状态发生,恰好如愿;最坏状态出现,损失不重。如果违背这个前提,决策就是不明智的。

四、乐观系数准则

(一)基本概念

在实际决策过程中,人们一般会嫌最大最小值准则过于保守、悲观,不愿采用,嫌最大最大值准则过于乐观、冒进,也不愿采用。在这种情况下便产生了乐观系数准则。这种准则主张折中平衡,既不乐观,也不悲观,以一个系数 a 代表乐观度,来进行综合决策,因此,有人也把此种决策准则称为折中准则或乐观系数决策准则。

(二)决策步骤

1. 确定乐观系数。

运用乐观系数准则决策时,需要确定一个乐观系数作为对乐观程度的一个基本估计,用 a 表示,$0 \leqslant a \leqslant 1$。$a$ 越接近于 1,表示决策者越乐观;越接近于 0,表示决策者越悲观。

2. 计算各方案的调整收益值。

当乐观系数确定后,对最大收益值和最小收益值进行折中调整,算出各方案的调整收益值:

$$调整收益值 = a \times 最大收益值 + (1-a) \times 最小收益值$$

3. 进行比较,以调整收益值最大的方法作为最优方案。

例 6.4 资料同例 6.2。用乐观系数准则法进行决策($a = 0.7$)。

［解］ 按照表 6.1 的数据和乐观系数 $a = 0.7$，算出各方案的调整收益值，如表 6.3 所示。

表 6.3 各方案的调整收益值计算表

方 案	最大收益值(万元)	最小收益值(万元)	调整收益值(万元)
A	500	-250	275
B	750	-300	435
C	450	50	330
D	480	100	366

比较计算结果，B 方案的调整收益值最大，为最佳方案。

不难看出，当 $a = 1$ 时，这种方法就变成乐观原则决策方法。当 $a = 0$ 时，这种方法就变成悲观原则决策方法。

（三）乐观系数准则的优缺点

乐观系数准则，本质上是一种指数平均法，采用的是介于最小收益值和最大收益值之间的决策标准。这种决策方法属于一种既稳妥又积极的决策方法。

但是，我们应该看到，乐观系数决策法存在两个严重的缺点：

1. 在实际应用中，乐观系数不易确定。乐观系数对决策有较大的影响。乐观系数测定不同，其决策方案必然不同。乐观系数的不易确定性，反映了不确定型决策的本质。

2. 在理论上，乐观系数决策法还存在一个严重的缺陷。即它虽然克服了最大最小值和最大最大值的两种极端倾向，但也只注意到最好和最坏这两种形态。在决策分析中，乐观系数法没有充分利用收益函数所提供的全部信息。这一缺陷，自然会影响乐观系数法的决策效果。

五、最小最大后悔值准则

（一）基本概念

决策者在选定方案后，如实践证明自然状态比原先估计的要好，那么就遭受了机会损失，决策者将会为此而后悔。机会损失越大，则后悔感就越强。最小最大后悔值准则，就是要求决策者在选择决策方案之前，必须考虑到这种后悔感，尽量使决策方案所产生的后悔感最小。

后悔的程度用每个方案的最大收益值与所采取的方案的收益值之差来衡量，称为后悔值。

最小最大后悔值准则是对每个方案求取其最大后悔值，选取最大后悔值最小的方案作为最优方案。

（二）决策步骤

首先，找出各种自然状态下的最大收益值。

其次，分别求出各自然状态下各个方案未达到理想的后悔值，并确定每一行动方案的最大后悔值。

$$后悔值＝最大收益值－方案收益值$$

最后选取最大后悔值最小者所对应的方案为最优策略。

例6.5 资料同例6.2。用最小最大后悔值准则决策决定最优方案。

［解］ ① 找出各种自然状态的最大收益值,如表6.4所示。

表6.4　各种自然状态的最大收益值

方　案	在各种自然状态下的企业年收益值(万元)			
	较高	一般	较低	很低
A	500	300	−100	−250
B	750	420	−130	−300
C	450	200	100	50
D	480	250	150	100
最大收益值	750	420	150	100

② 将对应于每种自然状态的各项收益值从相应的最大值中减去,求出后悔值(见表6.5)。

表6.5　各方案对应于各种自然状态的后悔值

方　案	在各种自然状态下的后悔值(万元)				最大后悔值(万元)
	较高	一般	较低	很低	
A	250	120	250	350	350
B	0	0	280	400	400
C	300	220	50	50	300
D	270	170	0	0	270

③ 找出各个方案的最大后悔值,见表6.5。

④ 从最大后悔值中选择最小值。其所对应的方案为最优方案。D方案的后悔值最小,所以D方案是最优的决策方案。

(三) 最小最大后悔值准则的优缺点

与最大最小值准则类似,最小最大后悔值准则也是从最坏处着眼,因而也具有保守性质和悲观情绪。但是,这一原则不是从收益考虑,而是从损失考虑,故能避免过于保守的结果。

在实际应用中,最小最大后悔值准则一般比较适用于有一定基础的中小企业。因为这类企业一方面能承担一定风险,因而可以不必太保守;另一方面,又不能抵挡大的灾难,因而不能像最大最大值准则那样过于冒进。对这类企业来讲,采用最小最大后悔值准则进行决策属于一种稳中求发展的决策。

另外,竞争实力相当的企业在竞争决策中也可采用此法。因为竞争者之间有一定实力,必须以此为基础进一步开拓,不可丧失机会。但又不宜过激,否则欲速则不达,危及基础。

因此,在势均力敌的竞争中,采用此法既可以稳定已有地位,又可使市场开拓机会的丧失降到最低限度。

六、等概率准则

(一) 基本概念

有时,决策者在决策过程中不能肯定哪种自然状态容易出现,哪种自然状态不容易出现,只好假定各自然状态发生的概率都彼此相等,即每一个自然状态发生概率数都是1/状态数。在此基础上,计算各个方案的期望收益值,然后进行比较,选择期望收益值最大的方案为最优方案。等概率决策准则也叫拉普拉斯准则。

(二) 决策步骤

首先,计算各个行动方案的期望收益值。其次,把期望收益值最大的方案取作最优方案。

同样,如果我们计算的是同等概率条件下的损失值,那么具有最小期望损失值的方案就是最优方案。

例6.6　资料同例6.2,4种自然状态发生的概率均是1/4。用等概率准则决策法决定最优方案。

表6.6　各方案等概率期望收益值

方　案	在各种自然状态下的企业年收益值(万元)				等概率期望收益值(万元)
	较高	一般	较低	很低	
A	500	300	−100	−250	112.5
B	750	420	−130	−300	185
C	450	200	100	50	200
D	480	250	150	100	245

计算结果可以看出,D方案的等概率期望收益值最大,为245万元,因此,D方案为最优方案。

(三) 等概率准则的优缺点

等概率准则可以看作是将不确定型问题演变成风险型问题来处理,唯一不同的是,决策者将难以判定的各种自然状态发生的概率假定为一个等值。尽管如此,我们还是应该承认,等概率准则,既继承了乐观系数准则有关系数调整的优点,又克服了乐观系数准则没有充分利用收益函数所提供的全部信息这一缺点,因此,当决策者在对自然状态的可靠性难以判断的时候采用此法,不失为一种既进取又稳妥的决策方法。

但是,我们对等概率准则也不宜过于迷信。这是因为,等概率准则一般只适用于有限状态的参数空间(即状态参数只取有限个值)的情形,对无法估计的无限状态则无能为力。另外,等概率准则是假设所有状态都出现,而且都以相等的机会出现,这个假设前提本身就是有问题的,很难与事实发展相吻合。同时,这种决策法掩盖了状态发生的主次,因此,决策者如果不分情况地加以运用,会不可避免地增加某些情形下的决策后悔值。

第四节　风险型决策

一、风险型决策概述

风险型决策是研究怎样根据决策事件的各种自然状态及其概率,作出合理决策的问题。风险型决策一般需要具备以下几个条件:

1. 存在决策者希望达到的一个或一个以上明确的决策目标。最常用的决策目标是要求获得最大的利润或最低的成本。

2. 存在决策者可以主动选择的两个以上的行动方案。

3. 每个行动方案在不同自然状态下的损益值可以估算出来。

4. 存在两个或两个以上的自然状态。

5. 决策者虽不能肯定未来哪种自然状态出现,但能估计出每种自然状态发生的概率。风险型决策分析所使用的概率有以下两类:

(1) 客观概率。这是根据事件过去和现在的资料所确定或计算的某个事件出现的概率。客观概率又分为先验概率和后验概率。先验概率是根据事件的历史资料确定的,后验概率是根据事件的历史资料和现实资料共同确定的。运用后验概率的价值要高于运用先验概率。

(2) 主观概率。这是由决策者主观判断所确定的某个事件的概率。这种概率缺少事件发生的历史和现实资料作为实证依据,一般是由决策者根据以往的表现现象和经验,结合当前形势大致确定的。一般来说,主观概率不及客观概率可靠。

实际决策问题中,很多属于风险型决策,它是现代决策分析的重要方法之一,占有极其重要的地位。常用的风险型决策方法,有期望损益决策法、决策树法、边际效用法。

二、期 望 损 益 法

(一) 基本概念

期望值是指概率论中随机变量的数学期望。这里使用的是离散型随机变量的数学期望,是将每个方案都看做离散型随机变量,其取值就是采用该方案时各自然状态下对应的损益值。期望损益法就是选择期望收益值最大(期望支出或损失最小)的方案为最优方案。

(二) 期望损益法的步骤

1. 预测自然状态并估计其发生的概率。

2. 计算每个方案在各个自然状态下的损益值。

3. 计算每个方案的期望值。

4. 比较各方案的期望值,选择最优可行方案。若决策目标是收益,应选择期望损益值最大的方案为最优方案;若决策目标是支出或损失,应选择期望支出或损失最小的相应方案为最优方案。

例 6.7　某商业企业销售某种产品,进货成本 8 元/公斤,销售单价 10 元/公斤,如果商品一周内不能销售,就会因变质而失去使用价值。根据历史资料分析估计,这种商品的每周销售量概率如表 6.7 所示。要求:用期望损益法为该商场作出最佳进货方案。

表 6.7　某商品每周销售量概率

每周销售量(公斤)	概　率	每周销售量(公斤)	概　率
10 000	0.06	13 000	0.38
11 000	0.16	14 000	0.12
12 000	0.28	总　计	1.00

[解]　① 根据历史资料分析,可确定该商品的市场自然状态情况,并计算出各种状态下的概率,绘制决策收益表,见表 6.8。

② 计算各种方案在各种状态下的损益值:当购进 10 000 件销售 10 000 件时,每件收益 10 - 8 = 2 元,总收益为 20 000 元;当购进 11 000 件只销售 10 000 件时,报废 1 000 件,总收益为 10 000 × 2 - 1 000 × 8 = 12 000 元;依此类推,可算出所有的损益值,详列于表 6.8。

表 6.8　期望损益决策表

周销售量(公斤)	10 000	11 000	12 000	13 000	14 000	期望损益值(元)
概　率	0.06	0.16	0.28	0.38	0.12	
可行方案 10 000	20 000	20 000	20 000	20 000	20 000	20 000
11 000	12 000	22 000	22 000	22 000	22 000	21 400
12 000	4 000	14 000	24 000	24 000	24 000	21 200
13 000	−4 000	6 000	16 000	26 000	26 000	18 200
14 000	−12 000	−2 000	8 000	18 000	28 000	11 400

③ 进行最优决策,选择期望值最大的(21 400 元)所对应的方案,即每周进货 11 000 件。

三、决　策　树　法

(一) 基本概念

1. 决策树。

所谓决策树,指由决策点、方案枝、状态结点和概率枝构成的决策图形(见图 6.2)。由于该图形呈树状,故称为决策树。

下面就图中符号做一说明:□表示决策点,决策者必须在决策点处进行最优方案的选择,从它引出的分枝称为方案分枝。每条分枝代表一个方案。〇表示状态节点,位于方案分枝的末端,其上方数字为该方案的期望损益值,从它引出的分枝称为状态分枝,每条分枝上须表明状态内容及出现的概率,分枝数就是状态数;△表示结果节点,它后面的数字表示某个方案在某种状态下的损益值。

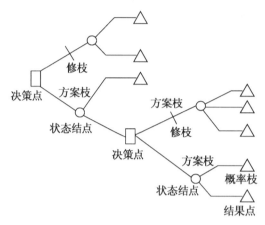

图 6.2　决策树

2. 决策树法。

决策树法就是以决策树为工具的分析技术。其基本原理是:在决策树中,用方案枝代表可供选择的各个方案,用状态枝分别表示各方案的每一种自然状态,期望值表示当某一方案执行时,在各种自然状态下出现的概率损益值。通过对各方案期望值大小的分析比较,为决策者提供决策依据。

(二) 决策步骤

1. 绘制决策树。

绘制决策树的过程是对决策事件未来可能发生的各种情况周密思考,步步深入分析研究的过程。绘制的方法一般是从左向右画,先画决策点,再画由决策点引出的方案分枝,有几个备选方案,就要画几个分枝;方案分枝的端点是状态节点;由状态节点引出状态分枝,有几个自然状态,就要画几个分枝;在每个状态分枝上标出状态概率;最后,在每个状态分枝末梢画上"△",即结果节点,在它后面标上每个状态的损益值。

2. 计算方案的期望值。

期望值的计算应从决策树的右侧开始,即从树梢到树干逆向进行,利用决策树上标出的损益值和它们相应的概率计算出每个方案的期望值。

3. 根据期望值进行决策。

对比各方案的期望值大小,进行修枝选优,在方案枝上将期望值较小的方案画∥符号予以舍弃,仅保留期望值最大的一个方案,做为最优的决策方案。

例 6.8　出口某产品,存在竞争的概率是 0.7,无竞争的概率是 0.3。有关条件概率和相关损益见表 6.9。要求:用决策树方法选择最佳方案。

表 6.9

未来状况方案		存在竞争($p = 0.7$)			无竞争($1 - p = 0.3$)
		高价竞争	中价竞争	低价竞争	得利
高价出口	概率	0.4	0.5	0.1	65
	利润	15	−5	−25	
中价出口	概率	0.1	0.6	0.3	45
	利润	20	5	−10	
低价出口	概率	0.1	0.2	0.7	25
	利润	15	5	−5	

[解] ① 画出决策树(图 6.3)。

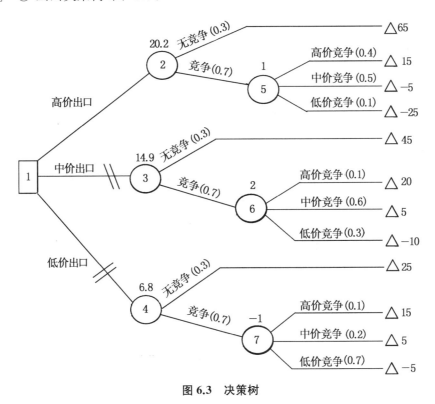

图 6.3 决策树

② 计算期望效益值,并进行剪枝。

状态结点 V_5 的期望效益值为:

$EV_5 = 15 \times 0.4 + (−5) \times 0.5 + (−25) \times 0.1 = 1(万元)$

所以,状态结点 V_2 的期望效益值为:$EV_2 = 65 \times 0.3 + 1 \times 0.7 = 20.2$ (万元)。

状态结点 V_6 的期望效益值为:

$EV_6 = 20 \times 0.1 + 5 \times 0.6 + (−10) \times 0.3 = 2(万元)$

所以,状态结点 V_3 的期望效益值为:$EV_3 = 45 \times 0.3 + 2 \times 0.7 = 14.9$ (万元)。

状态结点 V_7 的期望效益值为:

$EV_7 = 15 \times 0.1 + 5 \times 0.2 + (-5) \times 0.7 = -1$(万元)

所以,状态结点 V_4 的期望效益值为: $EV_4 = 25 \times 0.3 + (-1) \times 0.7 = 6.8$ (万元)。

由于 $EV_2 > EV_3 > EV_4$,所以,剪掉状态结点 V_3、V_4 对应的方案分枝,将 EV_2 的数据填入决策点 EV_1,即:

令 $EV_1 = EV_2 = 20.2$(万元)。

综合以上期望值计算与剪枝过程可知,该问题的决策方案应该是采用高价出口的方案。

(三)决策树法的优点

1. 它用图形把决策过程形象地表示出来,使决策者按顺序、有步骤地周密思考各有关因素,从而进行决策。

2. 对于较复杂的序贯决策问题,可以画一个决策树挂在墙上,以便更多人了解决策的全过程,利于进行集体讨论,集体决策。

3. 决策树法使整个决策过程算法化,因此可以运用计算机进行决策分析。

应用案例

案例一:敢于作出不确定性决策

不确定性决策的客观条件是不肯定的,即未来经济事件中可能会发生的各种情况,其发生的概率是不确定的。也就是说,几乎没有可以借鉴的先例,或变化难以科学地预测,已经掌握的事实不足以指明前进的道路,而分析性的数据用途不大。处在这种不确定的条件下,决策者作出决策往往要借助于直觉,努力产生不寻常的可能选择,以及形成常理不可能出现的解决方案。这种作出决策的方式,主要借助于决策者的经验和状态,要求最高决策者本人具有丰富的经验、渊博的知识、敏锐的洞察力和活跃的逻辑思维。在没有预计错误的情况下,不确定性决策能给公司带来不可估量的发展前景。

1997 年 8 月 6 日,时任微软公司总裁的比尔·盖茨宣布,他要向陷入危机的苹果电脑公司注入资金 1.5 亿美元。这一消息传出,电脑界无不为之哗然。微软和苹果一直是电脑界的重量级拳王,互为对手,在市场竞争中斗智斗勇,互不相让。苹果公司昔日的王者风范已经逐步消退,几乎被淘汰出局,如果微软此时再出重拳,肯定会将苹果逼到绝路。但微软非但没有这样做,而且还慷慨地拉苹果一把,着实令世人感到迷惑不解。

作为一家大名鼎鼎的高科技企业,苹果电脑公司在个人电脑市场的占有率曾经一度超越老牌巨人 IBM 公司。但是,进入 20 世纪 90 年代以来,苹果公司反应迟缓,行动滞后,它的优势逐渐丧失,市场占有率急剧萎缩,财务收支状况连年恶化,1995 年、1996 年连续处于亏损状态,亏损数额竟高达数亿美元。对于那些电脑业的后起之秀,例如微软公司、太阳微系统及网景公司而言,这一时期却是一个千载难逢的发展之机。由于电脑的网络化趋势越来越明显,全球互联网成了人们的热门话题,许多电脑公司都意识到,要抓住 20 世纪 90 年代的价值增长机会,要抓住时机及时搭上互联网这趟快车。微软公司正是充分利用网络化这一趋势,着重确立自身在某一方面的优势,从而站稳了脚跟并得到了迅速发展。成长为新霸主的微软公司在这种情况之下突然伸出了援助之手,不仅让苹果深感意外,也让所有的电脑界人士大吃一惊。尽管比尔·盖茨曾是苹果公司中的一员,曾参与过风靡一时的麦金托什的研制开发,但和自身的经济利益比较起来,这一份对苹果电脑的旧情无疑就显得分量太重了。

事实上,盖茨向苹果公司注资 1.5 亿美元以帮助苹果渡过难关,是有他自己的打算的。

首先,盖茨深知,"瘦死的骆驼比马大",苹果作为一家辉煌一时的电脑霸主,尽管其目前元气大伤,窘境连连,可是它潜在的实力却不可低估,连据以异军突起的制胜法宝"视窗"操作系统软件,其中也有苹果的麦金托什软件的影子在里面。许多电脑公司也都抓住苹果乏力的机会,纷纷提出与它合作的建议,如 1996 年苹果就与康柏、迪吉多等公司结成了联盟。微软公司的一些主要竞争对手如国际商用机器公司(IBM)、大智公司、太阳微系统公司,特别是网景公司都在借助与苹果的合作来和微软明争暗斗。虽然目前世界上使用"视窗"软件的个人电脑已经达到 85%,但微软公司仍不敢无视苹果与其他大软件公司的合作,它们一旦取得某种突破,则势必会造成一定的市场冲击,影响到微软公司的经营业绩。若及早将苹果拉到微软这一边就可以减小对微软的不利影响,提高微软公司的经营安全度。

其次,盖茨也考虑到了法律方面的状况。美国《反垄断法》规定,如果某个企业的市场占有率超过一定标准,市场中又无对应的制衡产品,那它就要面临垄断方面的调查。若苹果公司彻底垮了,那么以微软公司操作系统软件的市场占有率(约 92%)就要受到美国司法部门的联邦贸易委员会按反垄断法进行的质疑,若真那样,微软公司为这场诉讼要付出的费用将大大超过它为苹果让出的市场份额中所赚取的利润。届时,大批的麦金托什爱好者们也将纷纷投入到微软的竞争对手的阵营里。而若是把苹果拉过来,两者操作系统软件相加就差不多占领了全部个人计算机市场,在这种情况下,微软与苹果的软件标准实际上成了整个行业的标准。在这当中,由于微软实力大大超过苹果,因此它也可以左右局势,不必担心受到苹果的牵制。显然,保留苹果公司是对微软有利的。

此外,在网上浏览器方面,微软一直心存不平。当初,由于判断稍慢,让网景公司捷足先登,占领了大部分市场。微软一直在暗中寻找机会,试图夺回自己在网络方面的优势。通过与苹果联手,微软公司可以将自己生产的因特网浏览器附装在每一台苹果电脑的包装盒里,用户如欲用网景浏览器,就得自己去买软件,自己安装,极不方便,这就为微软的因特网浏览器增加了竞争获胜的筹码。

由于目前太阳微系统、大智与 IBM 等公司在联手开发功能强大的开放性的 Linux 程序语言以及 Java 语言,有意把它们开发成继"视窗"之后未来的网络标准操作软件。那将严重威胁到微软的"视窗"软件,这是微软最不愿意面对的结果。将苹果公司拉过来后,微软自然就增加了己方的实力。

从这里已可看出盖茨之所以拉苹果一把的战略考虑了。

(摘自管家民:《经商十训》,西北大学出版社 2005 年版。)

案例二:基于不确定型决策方法的铁路方案优选

一、研 究 背 景

铁路线路选择是总体设计规划中的重要内容,科学合理地选择铁路线路方案,对于降低工程造价、保证行车安全、促进区域社会经济的可持续发展起到重要作用,然而目前实际工程选线过程中,主观性太强,片面追求技术标准或降低造价,缺乏科学决策。在铁路线路设计过程中,各方意见不同,往往会并行存在多个线路方案,但最终只会以其中一个方案进行施工。现代设计手段向数字化迈进,依靠旷达与 ArcGIS 等先进软件,可以得出铁路线路的可行性带状区域,然而,最终如何确立施工的唯一方案却需要经过大量的辅证。本文选取不确定型决策方法作为线路方案选择的理论支撑,决策结论可供铁路总公司、各级地方政府以及设计人员作参考。不确定型决策方法一般有"好中求好"的决策方法、"坏中求好"的决策方法、α 系数决策方法、"最小的最大后悔值"决策方法以及等概率决策方法等,本文选取前三种决策方法,分别对华中至蒙西煤运通道平江至新余段铁路方案作比选。

二、决 策 方 法

(一)"好中求好"决策方法

"好中求好"决策方法,又叫乐观决策准则,是指决策者充分考虑了可能出现的最大利益,在各最大利益中选取最大者,将其对应的方案作为最优方案的决策方法。

对于某一决策问题,若有 m 个行动方案 $d_1, d_2, \cdots, d_m$,n 个自然状态 $\theta_1, \theta_2, \cdots, \theta_n$,损益值 $L_{ij}(i=1, 2, \cdots, m; j=1, 2, \cdots, n)$,则"好中求好"决策方法可以利用该决策问题对应的损益矩阵表来进行。

首先,求每一方案在各自然状态下的最大损益值 $\max[L_{ij}]$,并将其填写在决策矩阵表的最右一列;

其次,取 $\max[L_{ij}]$ 中的最大值 $\max\{\max[L_{ij}]\}$,其所对的方案 d_i 为最佳决策方案。具体决策过程如表 6.10 所示。

表 6.10 "好中求好"决策矩阵表

自然状态 损益值 行动方案	θ_1	θ_2	$\cdots$	θ_n	$\max\limits_{\theta_j}[L_{ij}]$
d_1	L_1	L_{12}	$\cdots$	L_{1n}	—
d_2	L_{21}	L_{22}	$\cdots$	L_{2n}	—
$\cdots$	$\cdots$	$\cdots$	$\cdots$	$\cdots$	$\cdots$
d_m	L_{m1}	L_{m2}	$\cdots$	L_{mn}	—
决　策	$\max\limits_{d_i}\{\max\limits_{\theta_j}[L_{ij}]\}$				—

注:对于损失矩阵,应采取"最小最小"决策准则。

(二)"坏中求好"决策方法

"坏中求好"决策方法,又称瓦尔德决策准则,或保守法决策,是指决策者从每个方案的最坏结果中选取一个收益最大的方案作为决策方案。同"好中求好"决策方法一样,"坏中求好"决策方法也可利用决策矩阵表进行分析,具体决策过程如表 6.11 所示。

表 6.11 "坏中求好"决策矩阵表

自然状态 损益值 行动方案	θ_1	θ_2	...	θ_n	$\min\limits_{\theta_j}[L_{ij}]$
d_1	L_1	L_{12}	...	L_{1n}	—
d_2	L_{21}	L_{22}	...	L_{2n}	—
...	...	...	...	...	...
d_m	L_{m1}	L_{m2}	...	L_{mn}	—
决 策	$\max\limits_{d_i}\{\min\limits_{\theta_j}[L_{ij}]\}$				—

注:对于损失矩阵,应采取"最大最小"决策准则。

(三)α系数决策方法

α系数决定方法,也称折中决策法、乐观系数决策准则。α被称为乐观系数,是依决策者认定乐观或悲观而定的系数。若 $\alpha=1$,则决策者认定情况完全客观;若 $\alpha=0$,则决策者认定情况完全悲观;一般 $0<\alpha<1$。α系数决策方法是指通过选取乐观系数 α 进行决策的一种方法,实际上是对"好中求好"与"坏中求好"这两种决策准则进行折中的一种决策方法。

对于某一不确定型决策问题,若有 m 个行动方案 d_1,d_2,…,d_m,n 个自然状态 θ_1,θ_2,…θ_n,损益值 L_{ij}($i=1$,2,…,m;$j=1$,2,…,n)令:

$$f(d_i)=\alpha(\max[L_{ij}])+(1-\alpha)(\min[L_{ij}])(0\leqslant\alpha\leqslant1),$$

则满足 $f(d_*)=\max f(d_i)$ 的方案 d_* 为 α 系数的最佳决策方案。

对于损失矩阵:

$$f(d_i)=\alpha(\min[L_{ij}])+(1-\alpha)(\max[L_{ij}]),$$
$$f(d_*)=\min(d_i)$$

三、工 程 实 例

蒙西至华中地区铁路煤运通道是"北煤南运"新的国家战略运输通道,是衔接多条煤炭集疏运线路、点网结合、铁水联运的大能力、高效煤炭运输系统和国家综合交通运输系统的重要组成部分。岳吉段位于该战略通道末端,是直达赣西及赣中南地区的便捷煤运线路。本文研究华中至蒙西地区平江至新余段线路方案比选,该段方案研究如下:

经铜鼓(万载)方案:线路长度 189.24 千米,桥隧总长 108.98 千米,桥隧比 57.59%,工程投资 118.72 亿元。

经浏阳(溪江)方案:线路长度 217.41 千米,桥隧总长 96.01 千米,桥隧比 44.16%,工程投资 125.61 亿元。

经浏阳—铜鼓方案+适度兼顾宜丰、上高方案:线路长度 131.37 千米,桥隧总长 12.655 千米,桥隧比 51.14%,工程投资 165.68 亿元。

三个方案主要工程投资差额约 40 余亿元,其中以经铜鼓(万载)方案在经济上最省,线路展线最短,但是另两个方案兼顾地方发展,因此三个方案比选存在争议。这三个方案沿线货物发送运量预测分别如表 6.12 至表 6.14 所示。

表 6.12　经铜鼓(万载)方案沿线分站货物发送运量预测表　　　(单位:万吨)

年　度	初　期	近　期	远　期
平　江	44	59	75
铜　鼓	23	30	40
万　载	25	33	42
方案总运量	92	122	157

表 6.13　经浏阳(溪江)方案沿线分站货物发送运量预测表　　　(单位:万吨)

年　度	初　期	近　期	远　期
平　江	44	59	75
浏　阳	53	70	88
万　载	25	33	42
方案总运量	122	162	205

表 6.14　经浏阳—铜鼓、适度兼顾宜丰上高方案沿线分站货物发送运量预测表

(单位:万吨)

年　度	初　期	近　期	远　期
平　江	44	59	75
浏　阳	53	70	88
铜　鼓	23	30	40
宜　丰	17	22	27
上　高	53	70	94
方案总运量	190	251	324

四、决　策　结　果

(一)"好中求好"决策方法

针对线路展线的三个方案,根据"好中求好"决策方法,运用"好中求好"决策方法进行选择,其决策矩阵如表 6.15 所示。

表 6.15 平江至新余段线路方案决策矩阵表("好中求好")

自然状态 运量/万吨 线路方案	θ_1	θ_2	θ_3	$\max\limits_{\theta_j}[L_{ij}]$
经铜鼓(万载)方案 d_1	92	122	157	157
经浏阳(溪江)方案 d_2	122	162	205	205
经浏阳—铜鼓方案 d_3	190	251	324	324
决 策	$\max\limits_{d_i}(\max\limits_{\theta_j}[L_{ij}])$			324

其中自然状态 θ_1、θ_2 与 θ_3 分别表示初期、近期与远期的货物发送量,由经调专业提供,指的是沿线地方对煤的需求量或者说消耗量。例如,经铜鼓(万载)方案经平江、铜鼓与万载站,初期货物发送即为这三站货物发送的总和。由于最大值 324 万吨所对应的铁路线路方案是 d_3,故决策者选择线路方案三,即经浏阳—铜鼓方案为最佳方案。

(二)"坏中求好"决策方法

同样针对上述三个方案,按"坏中求好"决策方法进行选择,其决策矩阵如表 6.16 所示。

表 6.16 平江至新余段线路方案决策矩阵表("坏中求好")

自然状态 运量/万吨 线路方案	θ_1	θ_2	θ_3	$\min\limits_{\theta_j}[L_{ij}]$
经铜鼓(万载)方案 d_1	92	122	157	92
经浏阳(溪江)方案 d_2	122	162	205	122
经浏阳—铜鼓方案 d_3	190	251	324	190
决 策	$\max\limits_{d_i}(\min\limits_{\theta_j}[L_{ij}])$			190

其中自然状态 θ_1、θ_2 与 θ_3 分别表示初期、近期与远期的货物运量。故按"坏中求好"决策方法,决策者应选择方案三,即经浏阳—铜鼓方案为最佳方案。

(三)α 系数决策方法

通常来说,一个铁路线路,最终施工的不会是最好的方案,但一定是各方都能接受的方案,这就表示,α 系数决策在铁路方案比选中有相当的适用性。按 α 系数决策方法进行选择,取 $\alpha=0.7$,计算各线路方案现实煤炭消耗量如下:

$$f(d_1)=0.7\times[\max(92,122,157)]+0.3\times[\min(92,122,157)]=137.5$$
$$f(d_2)=0.7\times[\max(122,162,205)]+0.3\times[\min(122,162,205)]=180.1$$
$$f(d_3)=0.7\times[\max(190,251,324)]+0.3\times[\min(190,251,324)]=283.8$$

这些运量值中的最大者为:$f(d_*)=\max(137.5,180.1,283.8)=283.8=f(d_3)$,所以方案 d_3 为最佳方案。

(四)结果分析

采用不同的决策方法,可得出如表 6.17 所示结果。每一种决策方法都考虑了决策者的决策心理,加之 α 系数的选取带有一定的主观性。

表 6.17　各种不同决策方法结果比较

决策方法	选用的最佳方案
"好中求好"决策方法	经浏阳—铜鼓方案
"坏中求好"决策方法	经浏阳—铜鼓方案
α 系数决策方法	经浏阳—铜鼓方案

目前,在理论上并不能证明哪一种决策方法更合理,只能说明某一种决策方法在某种场合更为适用。因此,在实际决策中究竟选用哪一种方法,还带有相当程度的主观随意性。本文认为,铁路线路的选择是一个综合过程,不能单纯从悲观或乐观角度来进行判定,α 系数决策方法考虑的不是最好方案或最坏方案,而是多方都能接受的方案,因此可以认为 α 系数决策方法在此处更为适用,最后选线结果暂时推荐采用方案三,即经浏阳—铜鼓方案进行贯通。

实际决策中,可根据具体情况选用几种不同的方法,然后将所得的结果进行分析和比较,从而作出最佳的选择。

五、结　论

对于铁路选线决策的难点,本文在理论上研究了客观定量决策分析方法,系统研究了不确定型决定的理论骨架,并将决策理论应用到华中至蒙西地区煤运通道平江至新余段线路方案比选的具体工程中,通过三种不确定型决策方法的比较得出如下结论:

(1) 不确定型决策方法理论架构简单、易于实现,适合在铁路行业线路比选时采用。

(2) 通过三种客观决策方法的比较,本文选取了 α 系数决策方法为适用于铁路选线的决策方法。

(3) 通过 α 系数决策方法的计算,代入工程实践,得出了华中至蒙西地区煤运通道平江至新余段线路的推荐方案。

(4) 基于客观定性方法的 α 系数决策方法可为将来类似工程选线提供参考与借鉴,如该段铁路可研设计也推荐了经浏阳—铜鼓方案为贯通方案。

(资料来源:陈燕平,《铁道工程学报》2016 年第 4 期。)

思考题

1. 某出版社准备出版一套新教材,经测定固定费用为 40 000 元,每套教材售价 100 元,单位变动成本 60 元。

要求计算:

(1) 保本销量是多少套。

(2) 预测销量为 1 500 套时,可获得多少利润。

(3) 在目标利润为 16 000 元时,应销售多少套教材。

2. 某企业拟定了今后 5 年内的三种扩大再生产方案:(1)建设一个新厂;(2)对原工厂进行

技术改造;(3)扩建部分工厂。经过分析认为今后 5 年内可能遇到四种市场需求状况:高需求、中需求、低需求、无需求,估算了 5 年内三种方案在不同的需求状况下的收益值,如下表所示。

方　案	在各种自然状态下的收益值(万元)			
	高需求	中需求	低需求	无需求
建设新厂	160	70	-65	-130
技术改造	100	45	-5	-40
扩建原厂	125	60	-50	-95

要求:

(1) 根据最大最小值准则作决策;

(2) 根据最大最大值准则作决策;

(3) 以 $a=0.6$ 为乐观系数的乐观系数准则作决策。

3. 某管理者在决策时有四种可供选择的方案,其收益指标见下表:

方　案	在各种自然状态下的收益值(万元)			
	高需求	中需求	低需求	无需求
A	300	250	-20	-100
B	200	100	50	-425
C	240	80	40	-50
D	150	100	40	-10

要求:

(1) 根据等概率准则作决策;

(2) 根据最小最大后悔值准则作决策。

4. 某企业由于生产工艺较落后、产品成本高,在价格保持中等水平的情况下无利可图,在价格低落时就要亏损,只有在价格较高时才能盈利。鉴于这种情况,企业管理者有意改进其生产工艺。取得新的生产工艺有两种途径:一是自行研制,其成功的概率是 0.6;二是购买专利,估计谈判成功的概率是 0.8。如果自行研制成功或者谈判成功,生产规模都将考虑两种方案:一是产量不变;二是增加产量。如果自行研制或谈判都失败,则仍采用原工艺进行生产,并保持原生产规模不变。据市场预测,该企业的产品今后跌价的概率是 0.1,价格保持中等水平的概率是 0.5,涨价的概率是 0.4。下表给出了各方案在不同价格状态下的损益值。

要求:用决策树法对这一问题进行决策。

未来状况	原工艺生产	买专利成功(0.8)		自行研制成功(0.6)	
		产量不变	产量增加	产量不变	产量增加
价格低落(0.1)	-150	-200	-300	-200	-300
价格中等(0.5)	0	50	50	0	-250
价格高涨(0.4)	100	150	250	200	600

第七章　线　性　规　划

第一节　线性规划概述

通常认为运筹学作为一个学科是 20 世纪 30 年代末的事情,它主要研究如何运用数学方法为各种系统提供优化途径及方案,为决策者提供科学决策的依据。运筹学的研究目的在于针对所研究的系统,求得一个合理运用人力、物力和财力的最佳方案,发挥和提高系统的效能及效益,最终达到系统的最优目标。运筹学的一大分支是数学规划,而线性规划又是数学规划的重要组成部分。线性规划(linear programming,简写 LP)是运筹学最基本的内容,是数学规划中发展最早、理论最成熟、应用最广泛的一个分支。因此,相对于其他运筹学分支,线性规划理论完善,方法简单,是任何运筹学分支首先要阐明的基本知识。实践表明,随着社会的发展和科学技术的进步,运筹学方法已成为现代管理科学的重要理论基础和不可缺少的方法,被人们广泛地应用到公共管理、经济管理、国防等各个领域,发挥着越来越重要的作用。

应用运筹学方法解决实际问题时最重要的是正确建立和使用模型。针对实际问题所建立的最优化模型,应满足两个基本要求:一是能准确完整地描述所研究的系统,使得所建立的模型既是客观现实的简化,也是客观现实的真实写照;二是在适合所研究问题的前提下,模型应尽量简单。但是,这些要求在开始学习建立运筹学模型时往往不容易做到,而且选择什么样的模型和确定建立模型的范围,在开始阶段也很难判断,需要有丰富的实践经验和熟练的技巧,有时需要多次反复修改,最后确定下来。所以,运用运筹学知识寻求现实问题的解决方案是一种创造性的劳动。在应用运筹学解决问题时一定要注重对现实问题的定性分析,要重视问题所涉及相关领域专业人员的意见和建议,并根据运筹学工作的一般步骤和科学程序来进行。具体而言,分为以下几个阶段:

1. 提出并形成问题。要解决问题,首先要提出问题,明确问题的实质及关键所在,这就要求对系统进行深入的调查和分析,确定问题的界限,选准问题的目标,搜集必要的数据。

2. 建立模型。运筹学模型是一个能有效地达到一定目标(或多个目标)行动的系统,因此,目标一经认定,就要用数学语言描述问题,建立目标函数,分析问题所处的环境,确定约束方程,探求与问题有关的决策变量等,并选用合适的方法,建立运筹学模型。

3. 分析并求解模型。根据所建模型的性质及其数学特征,选择适当的求解方法。

4. 检验并评价模型。模型分析和计算得到结果以后,尚需按照它能否解决实际问题,主要考虑达到目标的情况,选择合适的标准,并通过一定的方法,对模型结构和一些基本参数进行评价,以检验它们是否准确无误,否则就要考虑改换或修正模型,增加计算过程中所用到的资料或数据。

5. 应用或实施模型的解。经过反复检查以后,最终应用或实践模型的解,就是提供给决策者一套有科学依据的并为解决问题所需要的数据、信息或方案,以辅助决策者在处理问题时给出正确的决策和行动方案。

需要特别强调的是,公共管理系统及现实中的许多社会系统往往存在着大量的不确定因素和难以量化的因素,仅仅依靠数学模型做定量分析很难处理好系统的优化问题。所以,这种研究方法已开始出现将定量分析、定性分析及计算机模拟等相结合的综合优化分析方法的发展趋势。

线性规划是目前管理中经常使用而又卓有成效的优化技术。线性规划和其他学科一样,也是随着管理的需要而产生和发展的。随着现代社会分工越来越细,生产规模越来越大,各部门之间的相互联系越来越密切和复杂,在生产的组织与计划、交通运输、财贸、公共管理等方面都要求有新的数学方法来为它们服务。因此,早在 1939 年苏联学者康托洛维奇(Л.В.Kahtopobhii)在解决工业生产组织和计划问题时就提出了类似线性规划问题的模型,并给出了"解乘数法"的求解方法。但当时并未引起重视,直到 1960 年康托洛维奇发表了《最佳资源利用的经济计算》一书后,才受到国内外的一致重视,为此康托洛维奇获得了诺贝尔奖。20 世纪 40 年代末又由丹齐克(G.B.Danzig)等人提出了单纯形方法并进一步从理论上给线性规划奠定了基础。随着计算机的不断发展,计算机性能不断提高,为线性规划方法在管理活动中的广泛应用提供了可能性。

概括地讲,数学规划问题主要研究内容为两大类:一类是已知拥有一定的人力、物力和财力等资源,研究如何充分合理地利用这些资源,使需要实现的目标最大;另一类是为了实现一定的目标,怎样合理地使用资源,使消耗的资源最少。因此,数学规划问题一般要求有一个目标函数、一些限制条件,要寻求满足约束条件实现目标函数最大或最小的方案。当数学规划的目标函数可以表达为决策变量的线性函数,并且约束条件可以用决策变量的一个或几个线性方程或线性不等式表示时,这样的数学规划问题就称为线性规划问题。

本章我们主要研究线性规划的建模和求解方法。

第二节　线性规划问题及其数学模型

一、问 题 的 提 出

我们从几个例子入手学习线性规划问题及其模型。

例 7.1 (生产计划问题)某灯具厂在计划期内要安排生产Ⅰ、Ⅱ两种产品,已知生产单位产品所需的设备台时,A、B两种原材料的消耗以及每件产品可获的利润如表 7.1 所示。问应如何安排计划使该工厂获利最多?

表 7.1

	Ⅰ	Ⅱ	资源限量
设备(台时)	1	2	8
原材料 A(千克)	4	0	16
原材料 B(千克)	0	4	12
单位产品利润(元)	2	3	—

该问题可用一句话来描述,即在有限资源的条件下,求使利润最大的生产计划方案。

〔解〕 设 x_1, x_2 分别表示在计划期内生产产品 Ⅰ、Ⅱ 的产量。由于资源的限制,所以有:

机器设备的限制条件:$x_1 + 2x_2 \leqslant 8$

原材料 A 的限制条件:$4x_1 \leqslant 16$(称为资源约束条件)

原材料 B 的限制条件:$4x_2 \leqslant 12$

同时,产品 Ⅰ、Ⅱ 的产量不能是负数,所以有:

$$x_1 \geqslant 0, \ x_2 \geqslant 0 \ (称为变量的非负约束)$$

显然,在满足上述约束条件下的变量取值,均能构成可行方案,且有许许多多。而工厂的目标是在不超过所有资源限量的条件下,如何确定产量 x_1, x_2 以得到最大的利润,即使目标函数 $Z = 2x_1 + 3x_2$ 的值达到最大。

综上所述,该生产计划安排问题可用以下数学模型表示:

$$\max Z = 2x_1 + 3x_2$$

$$\text{s.t.} \begin{cases} x_1 + 2x_2 \leqslant 8 \\ 4x_1 \leqslant 16 \\ 4x_2 \leqslant 12 \\ x_1, \ x_2 \geqslant 0 \end{cases}$$

例 7.2 (营养配餐问题)假定一个成年人每天需要从食物中获取 3 000 卡路里热量、55 克蛋白质和 800 毫克钙。如果市场上只有四种食品可供选择,它们每千克所含热量和营养成分以及市场价格如表 7.2 所示。问如何选择才能在满足营养的前提下使购买食品的费用最小?

表 7.2

序号	食品名称	热量(卡路里)	蛋白质(克)	钙(毫克)	价格(元)
1	猪肉	1 000	50	400	10
2	鸡蛋	800	60	200	6
3	大米	900	20	300	3
4	白菜	200	10	500	2

［解］ 设 $x_j(j=1,2,3,4)$ 为第 j 种食品每天的购买量,则配餐问题数学模型为:

$$\min Z = 10x_1 + 6x_2 + 3x_3 + 2x_4$$

$$\text{s.t.}\begin{cases} 1\,000x_1 + 800x_2 + 900x_3 + 200x_4 \geqslant 3\,000 \\ 50x_1 + 60x_2 + 20x_3 + 10x_4 \geqslant 55 \\ 400x_1 + 200x_2 + 300x_3 + 500x_4 \geqslant 800 \\ x_j \geqslant 0, \quad j=1,2,3,4 \end{cases}$$

从以上两个例子可以看出,尽管它们有不同的决策内容,但归结出的数学模型却十分相似,都是在一组约束条件下,来确定决策变量的值,使某个目标函数达到最大或最小值,而且所有的约束条件与目标函数都是线性的。这样的数学模型正是我们线性规划所要讨论的。

二、线性规划问题的模型

线性规划问题可归结为在变量满足线性约束条件下,求使线性目标函数值最大或最小的问题。它们具有以下共同的特征:

1. 每个问题都可用一组决策变量$(x_1,x_2,\cdots,x_n)$表示某一方案,决策变量必须是连续变量,其具体的值就代表一个具体方案。通常可根据决策变量所代表的事物特点,对变量的取值加以约束,如非负约束。

2. 存在一组线性等式或不等式的约束条件。

3. 都有一个用决策变量的线性函数表示的决策目标(即目标函数),按问题的不同,要求目标函数实现最大化或最小化。

满足以上三个条件的数学模型称为线性规划的数学模型,其一般形式为:

$$\max(\text{或 } \min)Z = c_1x_1 + c_2x_2 + \cdots + c_nx_n$$

$$\text{s.t.}\begin{cases} a_{11}x_1 + a_{12}x_2 + \cdots + a_{1n}x_n \leqslant (=,\geqslant)b_1 \\ a_{21}x_1 + a_{22}x_2 + \cdots + a_{2n}x_n \leqslant (=,\geqslant)b_2 \\ \quad\quad\cdots\cdots \\ a_{m1}x_1 + a_{m2}x_2 + \cdots + a_{mn}x_n \leqslant (=,\geqslant)b_m \\ x_1,x_2,\cdots,x_n \geqslant 0 \end{cases}$$

或紧缩形式:

$$\max(\text{或 } \min)Z = \sum_{j=1}^{n} c_jx_j$$

$$\text{s.t.}\begin{cases} \sum_{j=1}^{n} a_{ij}x_j \leqslant (=,\geqslant)b_i, \quad i=1,2,\cdots,m \\ x_j \geqslant 0, \quad j=1,2,\cdots,n \end{cases}$$

或矩阵形式:

$$\max(\text{或 min})Z = CX$$

$$\text{s.t.}\begin{cases} AX \leqslant (=, \geqslant)b \\ X \geqslant 0 \end{cases}$$

或向量形式:

$$\max(\text{或 min})Z = CX$$

$$\text{s.t.}\begin{cases} \sum_{j=1}^{n} p_j x_j \leqslant (=, \geqslant)b \\ X \geqslant 0 \end{cases}$$

其中 $C = (c_1, c_2, \cdots, c_n)$,称为价值系数向量。

$$A = \begin{bmatrix} a_{11}, & a_{12}, & \cdots, & a_{1n} \\ a_{21}, & a_{22}, & \cdots, & a_{2n} \\ & & \cdots\cdots & \\ a_{m1}, & a_{m2}, & \cdots, & a_{mn} \end{bmatrix}$$ 称为技术系数矩阵(或称消耗系数矩阵)

$$= (p_1, p_2, \cdots, p_n)$$

$$b = \begin{bmatrix} b_1 \\ b_2 \\ \cdots \\ b_m \end{bmatrix}$$ 称为资源限制向量。

$X = (x_1, x_2, \cdots, x_n)^{\mathrm{T}}$ 称为决策变量向量。

值得一提的是,线性规划模型隐含下面四个假设:

1. 比例性假定:决策变量变化的改变量与引起目标函数的改变量成比例;决策变量变化的改变量与引起约束方程左端值的改变量成比例。此假定意味着每种经营活动对目标函数的贡献是一个常数,对资源的消耗也是一个常数。

2. 可加性假定:每个决策变量对目标函数和约束方程的影响是独立于其他变量的。

3. 连续性假定:决策变量应取连续值。

4. 确定性假定:所有的参数(a_{ij}, b_i, c_j)均为确定,所以线性规划问题是确定型问题,不含随机因素。

以上四个假定均由于线性函数所致。在现实生活中,完全满足这四个假定的例子并不多见,因此在使用线性规划模型时必须注意问题在什么程度上满足这些假定。若不满足的程度较大时,应考虑使用其他模型和方法,如非线性规划、整数规划或不确定型分析方法。

三、线性规划问题建模

这里主要通过一些具体的例子介绍如何建立线性规划问题的模型。

例 7.3 (广告方式的选择)中华家电公司推销一种新型洗衣机,有关数据见表 7.3。销售部第一月的广告预算为 20 000 元,要求至少有 8 个电视商业节目,15 家报纸广告。电视广告费不得超过 12 000 元,电台广播至少隔日有一次。现在该公司销售部应当采用怎样的广告宣传计划,才能取得最好的效果?

表 7.3

广告方式	广告费用(元/次)	可用最高次数/月	期望的宣传效果/单位
电视台 a(白天,1 分钟)	500	16	50
电视台 b(晚上,30 秒)	1 000	10	80
《每日晨报》(半版)	100	24	30
《星期日报》(半版)	300	4	40
广播电台(1 分钟)	80	25	15

[解] 设 x_1, x_2, x_3, x_4, x_5 分别是第一个月内电视台 a、电视台 b、《每日晨报》、《星期日报》、广播电台进行广告宣传的次数,则其数学模型为:

$$\max Z = 50x_1 + 80x_2 + 30x_3 + 40x_4 + 15x_5$$

$$\text{s.t.}\begin{cases} 500x_1 + 1\,000x_2 + 100x_3 + 300x_4 + 80x_5 \leqslant 20\,000 \\ x_1 + x_2 \geqslant 8 \\ x_3 + x_4 \geqslant 15 \\ 500x_1 + 1\,000x_2 \leqslant 12\,000 \\ x_1 \leqslant 16,\ x_2 \leqslant 10,\ x_3 \leqslant 24,\ x_4 \leqslant 4,\ 15 \leqslant x_5 \leqslant 25 \\ x_1, x_2, x_3, x_4, x_5 \geqslant 0 \end{cases}$$

例 7.4 (市场营销决策)某家电公司准备将一种新型电视机在三家商场进行销售,每一个商场的批发价和推销费及产品的利润如表7.4所示。由于该电视机的性能良好,各商场都纷纷争购,但公司每月的生产能力有限,只能生产 1 000 台,故公司规定:铁路商场至少经销 300 台,水上商场至少经销 200 台,航空商场至少经销 100 台,至多 200 台。公司计划在一个月内的广告预算费为 8 000 元,推销人员最高可用工时数为1 500。同时,公司只根据经销数进行生产,试问公司下个月的市场对策?

表 7.4

经销商场	销售利润(元/台)	广告费(元/台)	推销工时(小时/台)
航空商场	50	12	2
铁路商场	80	7	3
水上商场	70	8	4

[解] 设 x_1, x_2, x_3 分别是为航空、铁路、水上三家商场生产的电视机台数,则其数学模型为:

$$\max Z = 50x_1 + 80x_2 + 70x_3$$

$$\text{s.t.} \begin{cases} 12x_1 + 7x_2 + 8x_3 \leqslant 8\,000 \\ 2x_1 + 3x_2 + 4x_3 \leqslant 1\,500 \\ x_1 + x_2 + x_3 \leqslant 1\,000 \\ 100 \leqslant x_1 \leqslant 200, \ x_2 \geqslant 300, \ x_3 \geqslant 200 \\ x_1, x_2, x_3 \geqslant 0 \end{cases}$$

例 7.5 (连续投资问题)某投资公司有 1 000 000 元资金用于投资,投资的方案可有以下六种,现要作一个 5 年期的投资计划,具体可选择的投资方案如下:

方案 A:5 年内的每年年初均可投资,且金额不限,投资期限 1 年,年投资回报率 7%。

方案 B:5 年内的每年年初均可投资,且金额不限,投资期限 2 年,年投资回报率 10%(不计复利)。

方案 C:5 年内的每年年初均可投资,且金额不限,投资期限 3 年,年投资回报率 12%(不计复利)。

方案 D:只在第一年年初有一次投资机会,最大投资 500 000 元,投资期限 4 年,年投资回报率 20%。

方案 E:在第二年和第四年年初有一次投资机会,最大投资金额均为 300 000 元,投资期限 1 年,年回报率 30%。

方案 F:在第四年年初有一次投资机会,金额不限,投资期限 2 年,年回报率 25%。

假设当年的投资金额及其收益均可用于下一年的投资,问公司应如何投资才能使第五年末收回的资金最多?

[解]　设 A_j、B_j、C_j、D_j、E_j、$F_j (j=1, 2, \cdots, 5)$ 分别为第 j 年年初按方案 A、B、C、D、E、F 所投资的金额,z 表示第五年末收回的总资金。按各方案的投资情况,可归纳成如表 7.5。

表 7.5

第一年初	第二年初	第三年初	第四年初	第五年初	第五年末
$A_1 \longrightarrow$	$1.07A_1$				
$B_1 \longrightarrow$		$1.2B_1$			
$C_1 \longrightarrow$			$1.36C_1$		
$D_1 \longrightarrow$				$1.8D_1$	
	$A_2 \longrightarrow$	$1.07A_2$			
	$B_2 \longrightarrow$		$1.2B_2$		
	$C_2 \longrightarrow$			$1.36C_2$	
	$E_2 \longrightarrow$	$1.3E_2$			
		$A_3 \longrightarrow$	$1.07A_3$		
		$B_3 \longrightarrow$		$1.2B_3$	
		$C_3 \longrightarrow$			$1.36C_3$

第一年初	第二年初	第三年初	第四年初	第五年初	第五年末
			$A_4 \longrightarrow$	$1.07A_4$	
			$B_4 \longrightarrow$		$1.2B_4$
			$E_4 \longrightarrow$	$1.3E_4$	
			$F_4 \longrightarrow$		$1.5F_4$
				$A_5 \longrightarrow$	$1.07A_5$

表中箭头的起点表示某方案的投资额,终点表示到某时刻,该投资方案可收回的资金。

因为各年初收回的资金可用于连续投资,故有:

各年初投资金额＝上年末收回的总金额

所以这个问题的数学模型为:

$$\max Z = 1.36C_3 + 1.2B_4 + 1.5F_4 + 1.07A_5$$

年初投资总额约束:

$$\begin{cases} A_1 + B_1 + C_1 + D_1 = 1\,000\,000 \\ A_2 + B_2 + C_2 + E_2 = 1.07A_1 \\ A_3 + B_3 + C_3 = 1.2B_1 + 1.07A_2 + 1.3E_2 \\ A_4 + B_4 + E_4 + F_4 = 1.36C_1 + 1.2B_2 + 1.07A_3 \\ A_5 = 1.8D_1 + 1.36C_2 + 1.2B_3 + 1.07A_4 + 1.3E_4 \end{cases}$$

部分投资方案金额约束:

$$D_1 \leqslant 500\,000$$

$$E_2 \leqslant 300\,000$$

$$E_4 \leqslant 300\,000$$

决策变量非负约束:

$$A_j, B_j, C_j, D_j, E_j, F_j \geqslant 0, \quad j = 1, 2, \cdots, 5$$

例 7.6　(人员安排问题)某饭店日夜服务,一天 24 小时中所需服务人员的人数如表 7.6 所示。

表 7.6

时　间	2—6	6—10	10—14	14—18	18—22	22—2
所需服务人员 的最少人数	4	8	10	7	12	4

每个服务人员连续工作 8 小时。现在要寻求满足以上所需服务人员条件的最少总

人数。

[解] 设 $x_j(j=1,2,3,4,5,6)$ 是在第 j 个时期开始工作的服务人员人数,则这个问题的线性规划模型为:

$$\min Z = x_1 + x_2 + x_3 + x_4 + x_5 + x_6$$

$$\text{s.t.}\begin{cases} x_6 + x_1 \geqslant 4 \\ x_1 + x_2 \geqslant 8 \\ x_2 + x_3 \geqslant 10 \\ x_3 + x_4 \geqslant 7 \\ x_4 + x_5 \geqslant 12 \\ x_5 + x_6 \geqslant 4 \\ x_j \geqslant 0, \quad j = 1, 2, 3, 4, 5, 6 \end{cases}$$

例 7.7 (合理下料问题)新华造纸厂接到三份订购卷纸的订单,其长和宽的要求如表 7.7 所示。

表 7.7

订单号码	宽(米)	长(米)
1	0.5	1 000
2	0.7	3 000
3	0.9	2 000

该厂生产 1 米和 2 米两种标准宽度的卷纸。假定卷纸的长度无限制,即可以连接起来达到所需要的长度,问应如何切割才能使切割损失的面积最小?

[解] 每一种标准卷纸可以有好几种切割的方式。例如 2 米宽的卷纸可以切割成四个 0.5 米宽的卷纸,也可以切成两个 0.5 米宽和一个 0.9 米宽的卷纸等。所以,我们要考虑两种标准卷纸在各种切割方式下产生的切割损失。

设 x_{ij} 是第 i 种标准卷纸按照第 j 种方式切割的长度。两种标准卷纸所有可能采用的切割方式及其切割损失如表 7.8 所示。

表 7.8

宽度(米)	1 米宽卷纸			2 米宽卷纸						需要量(米)
	x_{11}	x_{12}	x_{13}	x_{21}	x_{22}	x_{23}	x_{24}	x_{25}	x_{26}	
0.5	2	0	0	4	2	2	1	1	0	1 000
0.7	0	1	0	0	1	0	2	1	0	3 000
0.9	0	0	1	0	0	1	0	1	2	2 000
剩余宽度	0	0.3	0.1	0	0.3	0.1	0.1	0.4	0.2	—

设 s_1、s_2、s_3 分别为将标准卷纸切割成 0.5 米、0.7 米、0.9 米后的剩余长度。根据题意,目标函数为按各种方式切割后产生的切割损失的面积最小,即:

min $Z = 0.3x_{12} + 0.1x_{13} + 0.3x_{22} + 0.1x_{23} + 0.1x_{24} + 0.4x_{25} + 0.2x_{26} + 0.5s_1 + 0.7s_2 + 0.9s_3$

约束条件为:

$$\begin{cases} 2x_{11} + 4x_{21} + 2x_{22} + 2x_{23} + x_{24} + x_{25} - s_1 = 1\,000 \\ x_{12} + x_{22} + 2x_{24} + x_{25} - s_2 = 3\,000 \\ x_{13} + x_{23} + x_{25} + 2x_{26} - s_3 = 2\,000 \\ x_{ij} > 0,\ s_i > 0,\ \text{对一切 } i \text{ 和 } j \end{cases}$$

例 7.8 (产品配套问题)假定一个工厂的甲、乙、丙三个车间生产同一产品,每件产品包括 4 个 A 零件和 3 个 B 零件。这两种零件由两种不同的原材料制成,而这两种原材料的现有数额分别是 100 千克和 200 千克。每个生产班的原材料需要量和零件产量如表 7.9 所示。

表 7.9

车间	每班进料数(千克)		每班产量(个数)	
	第一种原材料	第二种原材料	A 零件	B 零件
甲	8	6	7	5
乙	5	9	6	9
丙	3	8	8	4

问:这三个车间各应开多少班才能使这种产品的配套数达到最大?

[解] 设 x_1、x_2、x_3 是甲、乙、丙三个车间所开的生产班数。

由于原材料的限制,故约束条件是:

$$\begin{cases} 8x_1 + 5x_2 + 3x_3 \leqslant 100 \\ 6x_1 + 9x_2 + 8x_3 \leqslant 200 \\ x_1,\ x_2,\ x_3 \geqslant 0 \end{cases}$$

这三个车间所生产的 A 零件总数是 $7x_1 + 6x_2 + 8x_3$,而生产的 B 零件是 $5x_1 + 9x_2 + 4x_3$。因为目的是要使产品的配套数最大,而每件产品需要 4 个 A 零件和 3 个 B 零件,所以产品的最大产量将不超过 $(7x_1 + 6x_2 + 8x_3)/4$ 和 $(5x_1 + 9x_2 + 4x_3)/3$ 中较小的一个。如果设 Z 是产品的配套数,那么:

$$Z = \min\{(7x_1 + 6x_2 + 8x_3)/4,\ (5x_1 + 9x_2 + 4x_3)/3\}$$

这里需要说明的是,这个问题的数学模型与前面各题的模型有一个明显的不同,就是它的目标函数并非线性函数,若要用线性规划表达,可作以下变换:

设 $Y = \min\{(7x_1 + 6x_2 + 8x_3)/4,\ (5x_1 + 9x_2 + 4x_3)/3\}$

因为事先不知道 $(7x_1 + 6x_2 + 8x_3)/4$ 和 $(5x_1 + 9x_2 + 4x_3)/3$ 哪个小些,上面式子的一个等价形式为:

$$(7x_1 + 6x_2 + 8x_3)/4 \geqslant Y$$

和
$$(5x_1 + 9x_2 + 4x_3)/3 \geqslant Y$$

现在可以用线性规划模型表达这个问题:

$$\max Z = Y$$

$$\text{s.t.} \begin{cases} 7x_1 + 6x_2 + 8x_3 - 4Y \geqslant 0 \\ 5x_1 + 9x_2 + 4x_3 - 3Y \geqslant 0 \\ 8x_1 + 5x_2 + 3x_3 \leqslant 100 \\ 6x_1 + 9x_2 + 8x_3 \leqslant 200 \\ x_1, x_2, x_3 \geqslant 0, Y \geqslant 0 \end{cases}$$

例 7.9 (运输问题)设要从甲地调出物资 2 000 吨,从乙地调出物资 1 100 吨,分别供给 A 地 1 700 吨、B 地 1 100 吨、C 地 200 吨、D 地 100 吨。已知每吨运费(单位百元)如表 7.10 所示。

表 7.10

	A	B	C	D
甲地	21	25	7	15
乙地	51	51	37	15

假定运费与运量成正比,问怎样才能找出运费最省的调拨计划?

[分析]　首先要确定这个问题的决策变量,即可控因素为从输出地运往输入地的货物数量,记 $x_{ij}(i=1, 2; j=1, 2, 3, 4)$,表示从 i 地运往 j 地的货物数量。然后确定目标为总运输费用达到最小,费用函数为:$21x_{11} + 25x_{12} + 7x_{13} + 15x_{14} + 51x_{21} + 51x_{22} + 37x_{23} + 15x_{24}$。最后分析实现目标所受限制条件:从某地运出的货物数量总和不超过该地可运总量,从某地运入货物总量不少于该地需要总量,即:

$$\text{s.t.} \begin{cases} x_{11} + x_{12} + x_{13} + x_{14} \leqslant 2\,000 \\ x_{21} + x_{22} + x_{23} + x_{24} \leqslant 1\,100 \\ x_{11} + x_{21} \geqslant 1\,700 \\ x_{12} + x_{22} \geqslant 1\,100 \\ x_{13} + x_{23} \geqslant 200 \\ x_{14} + x_{24} \geqslant 100 \end{cases}$$

[解]　设 $x_{ij}(i=1, 2; j=1, 2, 3, 4)$ 表示从 i 地运往 j 地的货物数量。其线性规划模型为:

$$\min 21x_{11} + 25x_{12} + 7x_{13} + 15x_{14} + 51x_{21} + 51x_{22} + 37x_{23} + 15x_{24}$$

$$\text{s.t.}\begin{cases} x_{11}+x_{12}+x_{13}+x_{14}\leqslant 2\,000 \\ x_{21}+x_{22}+x_{23}+x_{24}\leqslant 1\,100 \\ x_{11}+x_{21}\geqslant 1\,700 \\ x_{12}+x_{22}\geqslant 1\,100 \\ x_{13}+x_{23}\geqslant 200 \\ x_{14}+x_{24}\geqslant 100 \\ x_{ij}\geqslant 0, \quad i=1,2; j=1,2,3,4 \end{cases}$$

例 7.10 某化工厂要用三种原料混合配置三种不同规格的产品,各产品的规格单价如表 7.11 所示。

表 7.11

产品	规 格	单价(元/公斤)
A	原料Ⅰ不少于50% 原料Ⅱ不超过25%	50
B	原料Ⅰ不少于25% 原料Ⅱ不超过50%	35
C	不限	25

原料的单价与每天最大供应量如表 7.12 所示。

表 7.12

原料	日最大供应量(公斤)	单价(元/公斤)
Ⅰ	100	65
Ⅱ	100	25
Ⅲ	60	35

问如何安排生产使得生产利润最大?

[分析] 生产计划就是要确定每天生产三种产品的数量以及三种产品中三种原料的数量。而由于每种产品的数量等于三种原料数量之和,所以只要确定每天生产三种产品分别含有的原料数量即可。所以,变量就是每天生产三种产品所用的原料数,设用于生产第 i 种产品的第 j 种原料数为 $x_{ij}(i=1,2,3; j=1,2,3)$,目标主要受产品规格约束和资源约束,具体为:

规格约束:

$$\frac{x_{11}}{x_{11}+x_{12}+x_{13}}\geqslant 0.5, \quad \frac{x_{12}}{x_{11}+x_{12}+x_{13}}\leqslant 0.25$$

$$\frac{x_{21}}{x_{21}+x_{22}+x_{23}}\geqslant 0.25, \quad \frac{x_{22}}{x_{21}+x_{22}+x_{23}}\leqslant 0.5$$

通过整理可得到下面的等价形式:

$$-x_{11}+x_{12}+x_{13}\leqslant 0, \quad -x_{11}+3x_{12}-x_{13}\leqslant 0$$

$$-3x_{21}+x_{22}+x_{23}\leqslant 0, \quad -x_{21}+x_{22}-x_{23}\leqslant 0$$

资源约束:

$$\begin{cases} x_{11} + x_{21} + x_{31} \leqslant 100 \\ x_{12} + x_{22} + x_{32} \leqslant 100 \\ x_{13} + x_{23} + x_{33} \leqslant 60 \end{cases}$$

总目标是利润最大,利润等于总销售收入减去总成本。

$$\begin{aligned} 总销售收入 =\ &50(x_{11} + x_{12} + x_{13}) + 35(x_{21} + x_{22} + x_{23}) \\ &+ 25(x_{31} + x_{32} + x_{33}) \end{aligned}$$

$$\begin{aligned} 总成本 =\ &65(x_{11} + x_{21} + x_{31}) + 25(x_{12} + x_{22} + x_{32}) \\ &+ 35(x_{13} + x_{23} + x_{33}) \end{aligned}$$

$$\begin{aligned} 总利润 =\ &总销售收入 - 总成本 \\ =\ &50(x_{11} + x_{12} + x_{13}) + 35(x_{21} + x_{22} + x_{23}) \\ &+ 25(x_{31} + x_{32} + x_{33}) - 65(x_{11} + x_{21} + x_{31}) \\ &- 25(x_{12} + x_{22} + x_{32}) - 35(x_{13} + x_{23} + x_{33}) \\ =\ &-15x_{11} + 25x_{12} + 15x_{13} - 30x_{21} + 10x_{22} - 40x_{31} - 10x_{33} \end{aligned}$$

[解]　设用于生产第 i 种产品的第 j 种原料数为 x_{ij} ($i=1, 2, 3$; $j=1, 2, 3$),则模型为:

$$\max\ -15x_{11} + 25x_{12} + 15x_{13} - 30x_{21} + 10x_{22} - 40x_{31} - 10x_{33}$$

$$\text{s.t.} \begin{cases} -x_{11} + x_{12} + x_{13} \leqslant 0 \\ -x_{11} + 3x_{12} - x_{13} \leqslant 0 \\ -3x_{21} + x_{22} + x_{23} \leqslant 0 \\ -x_{21} + x_{22} - x_{23} \leqslant 0 \\ x_{11} + x_{21} + x_{31} \leqslant 100 \\ x_{12} + x_{22} + x_{32} \leqslant 100 \\ x_{13} + x_{23} + x_{33} \leqslant 60 \\ x_{ij} \geqslant 0, \quad i=1, 2, 3; j=1, 2, 3 \end{cases}$$

例 7.11　某中型百货商场对售货人员(周工资 200 元)的需求经统计如表 7.13 所示。

表 7.13

星期	一	二	三	四	五	六	七
人数	12	15	12	14	16	18	19

为了保证销售人员充分休息,销售人员每周工作 5 天,休息 2 天。具体要求是:

(1) 每天工作 8 小时,不考虑夜班的情况;

(2) 每个人的休息时间为连续的两天时间;

（3）每天安排的人员数不得低于需求量,但可以超过需求量。

问:应如何安排销售人员的工作时间,使得所配备的售货人员的总费用最小?

[分析] 在本例中,不可变因素:需求量、休息时间、单位费用;可变因素:安排的人数、每人工作的时间、总费用;方案:确定每天工作的人数,由于连续休息 2 天,当确定每个人开始休息的时间就等于知道工作的时间,因而确定每天开始休息的人数就知道每天开始工作的人数,从而求出每天工作的人数。

决策变量为每天开始休息的人数。约束条件为:(1)每人休息时间 2 天,自然满足;(2)每天工作人数不低于需求量,第 i 天工作的人数就是从第 $i-2$ 天往前数 5 天内开始工作的人数。 所以有约束:

$$\begin{cases} x_2 + x_3 + x_4 + x_5 + x_6 \geqslant 12 \\ x_3 + x_4 + x_5 + x_6 + x_7 \geqslant 15 \\ x_4 + x_5 + x_6 + x_7 + x_1 \geqslant 12 \\ x_5 + x_6 + x_7 + x_1 + x_2 \geqslant 14 \\ x_6 + x_7 + x_1 + x_2 + x_3 \geqslant 16 \\ x_7 + x_1 + x_2 + x_3 + x_4 \geqslant 18 \\ x_1 + x_2 + x_3 + x_4 + x_5 \geqslant 19 \\ \text{变量非负约束:} x_i \geqslant 0, \quad i = 1, 2, \cdots, 7 \end{cases}$$

[解] 设从星期 i 开始休息的人数为 $x_i (i=1, 2, \cdots, 7)$,则模型为:

$$\min 200 \sum_{i=1}^{7} x_i$$

$$\text{s.t.} \begin{cases} x_2 + x_3 + x_4 + x_5 + x_6 \geqslant 12 \\ x_3 + x_4 + x_5 + x_6 + x_7 \geqslant 15 \\ x_4 + x_5 + x_6 + x_7 + x_1 \geqslant 12 \\ x_1 + x_2 + x_5 + x_6 + x_7 \geqslant 14 \\ x_1 + x_2 + x_3 + x_6 + x_7 \geqslant 16 \\ x_1 + x_2 + x_3 + x_4 + x_7 \geqslant 18 \\ x_1 + x_2 + x_3 + x_4 + x_5 \geqslant 19 \\ x_i \geqslant 0, \quad i = 1, 2, \cdots, 7 \end{cases}$$

第三节 两个变量线性规划的求解方法——图解法

一、预 备 知 识

1. 直线上的点把平面分成三部分:直线上的点,直线一侧的点,直线另一侧的点。例如,L: $x_1 + x_2 = 5$,用集合表示 L $= \{(x_1, x_2) \mid x_1 + x_2 = 5, x_1, x_2 \in \mathbf{R}\}$。

2. 二元一次不等式的解集代表一个平面域。例如,$x_1 + x_2 \leqslant 5$,分两部分:$x_1 + x_2 = 5$ 及 $x_1 + x_2 < 5$,如图 7.1 所示。

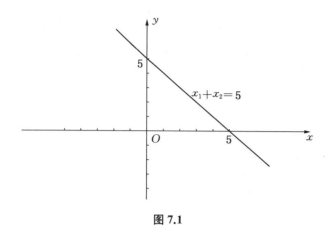

图 7.1

3. 梯度。对多元函数 $u = f(X)$, $X = (x_1, x_2, \cdots x_n)^T \in S \subseteq R^n$,有如下的定义:

定义 7.1 设 $u = f(X)$, $X \in S \subseteq R^n$,若在点 $X_0 = (x_1(0), x_2(0), \cdots, x_n(0))^T$ 处对于自变量 $X = (x_1, x_2, \cdots x_n)^T$ 的各分量的偏导数 $\dfrac{\partial f(X_0)}{\partial x_i}$ $(i = 1, 2, \cdots, n)$ 都成立,则称函数 $u = f(X)$ 在点 X_0 处一阶可导,并称向量 $\nabla f(X) = \left(\dfrac{\partial f(x_0)}{\partial x_1}, \dfrac{\partial f(x_0)}{\partial x_2}, \cdots, \dfrac{\partial f(x_0)}{\partial x_n} \right)^T$ 是 $u = f(X)$ 在点 X_0 处的梯度或一阶导数。

例如,$f(x_1, x_2) = 2x_1 + x_2^3$, $X_0 = (x_1(0), x_2(0)) = (1, 2)$,则:

$$\frac{\partial f(X_0)}{\partial x_1} = 2, \frac{\partial f(X_0)}{\partial x_2} = 3x_2^2 \mid_{x_2=2} = 12, \ \nabla f(X_0) = \begin{bmatrix} 2 \\ 12 \end{bmatrix}$$

几何意义是:$\nabla f(X_0)$ 是过点 X_0 的法向量,沿梯度正方向为函数在该点增加最快的方向。

二、图 解 法

下面以例 7.1 为例,说明如何应用图解法求解线性规划问题。

$$\max Z = 2x_1 + 3x_2$$

$$\text{s.t.} \begin{cases} x_1 + 2x_2 \leqslant 8 & \text{①} \\ 4x_1 \quad\quad\ \leqslant 16 & \text{②} \\ \quad\quad 4x_2 \leqslant 12 & \text{③} \\ x_1 \geqslant 0, \ x_2 \geqslant 0 & \text{④} \end{cases}$$

[解] 按以下顺序进行:

首先画出直角坐标系;

其次依次画出四条约束线,标出满足相应约束条件的解的范围,它们的交集就是满足所有约束条件的决策变量的取值范围——可行域,可行域中每一个点被称为可行解;

最后取任一目标函数值,作出一条目标函数线(称等值线),根据目标函数(最大或最小)类型,平移该直线即将离开可行域上,则与目标函数线接触的最终点即表示最优解,如图 7.2 所示。

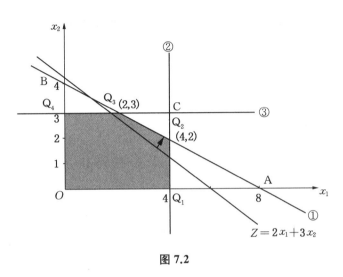

图 7.2

其中,将目标函数 $Z=2x_1+3x_2$ 改写为 $x_2=-\dfrac{2}{3}x_1+\dfrac{1}{3}Z$,因此,它可以表示为:以 Z 为参数,以 $-\dfrac{2}{3}$ 为斜率的一簇平行线。位于同一条直线上的点具有相同的值。

解的几种情况:

(1) 此例有唯一解 Q_2,即 $x_1=4$,$x_2=2$,$Z=14$。

(2) 有无穷多最优解(多重解),若将目标函数改为 $Z=2x_1+4x_2$ 则线段 Q_2,Q_3 上的点均为最优解。

(3) 无界解。例如:

$$\max Z=2x_1+x_2$$

$$\text{s.t.}\begin{cases}5x_1\leqslant 15\\ x_1,\ x_2\geqslant 0\end{cases}$$

可行域无界,造成无解解 $\max Z=\infty$,主要原因是漏掉了一些约束。

(4) 无可行解。例如:

$$\max Z=2x_1+x_2$$

$$\text{s.t.}\begin{cases}x_1+x_2\leqslant 5\\ x_1+x_2\geqslant 6\\ x_1,\ x_2\geqslant 0\end{cases}$$

可行域 $D = \varnothing$,建模有错误。

综上所述,我们可以总结出可行域与最优解间的关系:

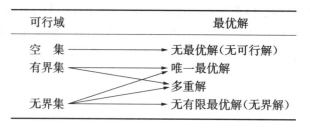

三、图 解 法 的 启 示

1. 若可行域非空,则可行域为凸集。

定义 7.2   如果集合 C 中任意两个点 X_1 , X_2 ,其连线上的所有点也都在集合 C 中,这样的集合称之为凸集。

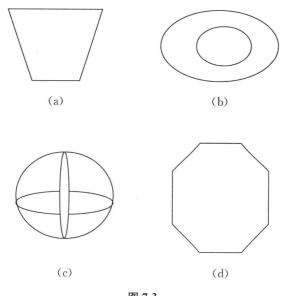

图 7.3

在图 7.3 中,图 7.3(a)、7.3(c)、7.3(d)是凸集,图 7.3(b)不是。

关于两点之间的连线,数学上是这样描述的: $\alpha X_1 + (1-\alpha) X_2$, $(0 \leqslant \alpha \leqslant 1)$ 。 让 α 从 0 向 1 移动,则直线上的点就从顶点 X_2 移动到顶点 X_1 。

定义 7.3   设 K 为凸集, X 是凸集 K 上一点,如果 X 不能用凸集上任意两点 X_1 、 X_2 的线性组合表示为: $\alpha X_1 + (1-\alpha) X_2 (0 < \alpha < 1)$,则称 X 为 K 的一个顶点或极点。

2. 若线性规划问题有最优解,则必可在可行域的顶点上得到。

3. 线性规划问题的可行域的顶点个数是有限的。

4. 若线性规划有最优解,则最优解一定在凸集的顶点处取得。

5. 若线性规划问题在两个顶点处取得最优值,则在其连线上所有点都是最优值。

值得强调的是图解法只能用于求解两个变量的线性规划问题,但我们从图解法可以得到这样的启示:如果线性规划问题有最优解,则一定在其可行域的顶点上取得。又由于其可行域的顶点只有有限多个,因此,求解线性规划问题可转化为如何寻求线性规划问题可行域的顶点,从而求出使目标函数值达到最优的点的问题。

第四节　线性规划问题的标准型及其解的概念

一、线性规划问题的标准型

从前面的分析可以看出,线性规划模型有各种各样的形式,这给求解线性规划问题带来了很大的不便。为了方便讨论线性规划问题解的概念、解的性质以及线性规划问题解法,必须把线性规划问题的一般形式化为统一的形式——标准型。

$$\max Z = \sum_{j=1}^{n} c_j x_j$$

$$\text{s.t.} \begin{cases} \sum_{j=1}^{n} a_{ij} x_j = b_i, & i = 1, 2, \cdots, m \\ x_j \geqslant 0, & j = 1, 2, \cdots, n \end{cases}$$

或

$$\max Z = CX$$

$$\text{s.t.} \begin{cases} AX = b \\ X \geqslant 0 \end{cases}$$

或

$$\max Z = CX$$

$$\text{s.t.} \begin{cases} \sum_{j=1}^{n} p_j x_j = b \\ x_j \geqslant 0, & j = 1, 2, \cdots, n \end{cases}$$

标准型的特点:

1. 目标函数是最大化类型;

2. 约束条件均由等式组成;

3. 决策变量均为非负;

4. $b_i \geqslant 0 \ (i = 1, 2, \cdots, m)$。

如何将线性规划的一般形式化为标准型呢? 具体地讲:

1. 若目标函数为求最小化: $\min Z = CX$。令 $Z' = -Z$,即 $Z' = -CX$,此时 $\max Z'$ 等价于 $\min Z$。从图

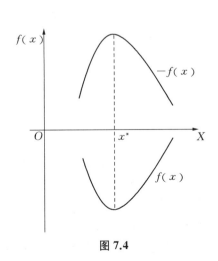

图 7.4

7.4 可看出，$\max Z' = -CX$ 与 $\min Z = CX$ 就最优解来说，x^* 相同。

2. 若约束条件是 $\leqslant$，则在该约束条件不等式的左边加上一个非负新变量——称为松弛变量，将不等式改为等式。例如 $2x_1 + 3x_2 \leqslant 8$ 改为 $2x_1 + 3x_2 + x_3 = 8$。

3. 若约束条件是 $\geqslant$，则在该约束条件不等式左边减去一个非负新变量——称为剩余变量，将不等式改为等式。例如 $2x_1 - 3x_2 - 4x_3 \geqslant 5$ 改为 $2x_1 - 3x_2 - 4x_3 - x_4 = 5$。

4. 若某个约束方程的右端项 $b_i < 0$，则在约束方程两端乘以 (-1)，不等号改变方向。

5. 若决策变量 x_k 无非负要求，则可设两个新变量 $x_k' \geqslant 0$，$x_k'' \geqslant 0$，作 $x_k = x_k' - x_k''$，且在原数学模型中，x_k 均用 $(x_k' - x_k'')$ 来代替，而在非负约束中增加 $x_k' \geqslant 0$，$x_k'' \geqslant 0$。

6. 对 $x_k \leqslant 0$ 的情况，令 $x_k' = -x_k$，显然 $x_k' \geqslant 0$。

对线性规划标准型，我们还假定 $r(A) = m < n$。

二、线性规划问题解的概念

设线性规划问题：

$$\max Z = \sum_{j=1}^{n} c_j x_j$$

$$\sum_{j=1}^{n} a_{ij} x_j = b_i, \quad i = 1, 2, \cdots, m \quad ①$$

$$x_j \geqslant 0, \quad j = 1, 2, \cdots, n \quad ②$$

1. 从代数的角度看。

可行解和最优解 满足约束条件①和②的解 $X = (x_1, x_2, \cdots, x_n)^{\mathrm{T}}$ 称为可行解。所有可行解构成可行解集，即可行域 $S = \{X \mid AX = b, x \geqslant 0\}$。而使目标函数达到最大值的可行解称为最优解，对应的目标函数值称为最优值。

求解线性规划问题就是求其最优解和最优值，但从代数的角度去求是困难的。

2. 从线性规划角度看。

基 设 $A = (a_{ij})_{m \times n}$ 为约束方程组的系数矩阵，设 $n > m$，其秩为 m，B 是矩阵 A 的一个 $m \times m$ 阶的满秩子矩阵，称 B 是线性规划问题的一个基。不失一般性，设：

$$B = \begin{bmatrix} a_{11} & \cdots & a_{1m} \\ \cdots & \cdots & \cdots \\ a_{m1} & \cdots & a_{mm} \end{bmatrix} = (P_1, \cdots, P_m)$$

B 中的每一列向量 $P_j (j = 1, \cdots, m)$ 称为基向量。与基向量 P_j 对应的变量 x_j 称为基变量。线性规划中除基变量以外的变量称为非基变量。

基本解与基可行解 设 B 是线性规划问题的一个基，令其 $n-m$ 个非基变量均为零，所得方程的解称为该线性规划问题的一个基本解。显然，基 B 与基本解是一一对应的，基本解的个数小于等于 C_n^m。在基本解中，称满足非负条件的基本解为基可行解，对应的基称为可行基。

退化解 如果基解中非零分量的个数小于 m，则称此基本解为退化的，否则是非退化的。

最优基 如果对应于基 B 的基可行解是线性规划问题的最优解,则称 B 为线性规划问题的最优基,相应的解又称基本最优解。

线性规划问题解之间的关系如图 7.5 所示。

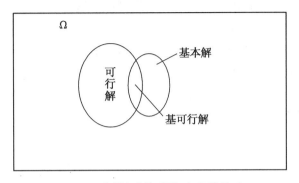

图 7.5 线性规划问题解之间的关系

3. 基可行解的几何意义。

对例 7.1,线性规划问题标准化为:

$$\max Z = 2x_1 + 3x_2$$

$$\text{s.t.} \begin{cases} x_1 + 2x_2 + x_3 & = 8 \\ 4x_1 & + x_4 & = 16 \\ & 4x_2 & + x_5 = 12 \\ x_1, \cdots, x_5 \geq 0 \end{cases}$$

可求得所有的基本解:

$x^{(1)} = (0, 0, 8, 16, 12)^T (O \text{ 点})$, $x^{(2)} = (4, 0, 4, 0, 12)^T (Q_1 \text{ 点})$

$x^{(3)} = (4, 2, 0, 0, 4)^T (Q_2 \text{ 点})$, $x^{(4)} = (2, 3, 0, 8, 0)^T (Q_3 \text{ 点})$

$x^{(5)} = (0, 3, 2, 16, 0)^T (Q_4 \text{ 点})$, $x^{(6)} = (4, 3, -2, 0, 0)^T (C \text{ 点})$

$x^{(7)} = (8, 0, 0, -16, 12)^T (A \text{ 点})$, $x^{(8)} = (0, 4, 0, 16, -4)^T (B \text{ 点})$

但 A、B、C 三点是非可行域上的点,即非可行解。因此,$x^{(1)}$,$x^{(2)}$,$x^{(3)}$,$x^{(4)}$,$x^{(5)}$ 才是基可行解,它们与可行域的顶点相对应。于是,还有结论:

(1) 对于标准型的线性规划问题,X 是基可行解的充要条件是 X 为可行域的顶点。

(2) 线性规划问题可行域顶点的个数 = 基可行解的个数 $\leq$ 基的个数 $\leq C_n^m$

第五节 线性规划问题的一般解法——单纯形法

一、单纯形法迭代原理

前面讲过,若线性规划问题有最优解的话,一定在可行域的某顶点处达到,一个顶点对应一个基本可行解,一个自然的想法是:找出所有的基本可行解。因基本可行解的个数小于

等于 C_n^m,通过"枚举法",从理论上讲总能找出所有的基本可行解。而事实上随着 m、n 的增大,C_n^m 迅速增大,致使此路行不通。

我们换一种思路:若从某一基本可行解(今后称之为初始基本可行解)出发,每次总是寻找比上一个更"好"的基本可行解,逐步改善,直至最优。这需要解决以下三个问题:

1. 如何找到一个初始的基本可行解。

2. 如何判别当前的基本可行解是否已达到了最优解。

3. 若当前解不是最优解,如何去寻找一个改善了的基本可行解。

此思路称为单纯形法,单纯形原理是由美国数学家丹齐克在 1947 年为研究美国空军资源的优化配置时提出的一种方法。

二、单纯形法求解过程

我们用下面的例子介绍单纯形法的求解过程。

例 7.12 美佳公司计划制造 Ⅰ、Ⅱ 两种家电产品。已知各制造一件时分别占用的设备 A、B 的台时、调试时间、调试工序及每天可用于这两种家电的能力、各出售一件时的获利情况,如表 7.14 所示。问该公司应制造两种家电各多少件时获利最大?

表 7.14

项 目	Ⅰ	Ⅱ	每天可用能力
设备 A(小时)	0	5	15
设备 B(小时)	6	2	24
调试工序(小时)	1	1	5
利 润(元)	2	1	

[解] 设制造 Ⅰ、Ⅱ 产品数量为 x_1,x_2,则:

$$\max Z = 2x_1 + x_2$$

$$\text{s.t.} \begin{cases} 5x_2 \leqslant 15 \\ 6x_1 + 2x_2 \leqslant 24 \\ x_1 + x_2 \leqslant 5 \\ x_1, x_2 \geqslant 0 \end{cases} \tag{7.1}$$

将它化为标准形式:

$$\max Z = 2x_1 + x_2 + 0x_3 + 0x_4 + 0x_5$$

$$\text{s.t.} \begin{cases} 5x_2 + x_3 & = 15 \\ 6x_1 + 2x_2 & + x_4 & = 24 \\ x_1 + x_2 & + x_5 = 5 \\ x_1, x_2, x_3, x_4, x_5 \geqslant 0 \end{cases} \tag{7.2}$$

容易看出 x_3，x_4，x_5 是基变量,将基变量用非基变量表示为:

$$\begin{cases} x_3 = 15 - 5x_2 \\ x_4 = 24 - 6x_1 - 2x_2 \\ x_5 = 5 - x_1 - x_2 \end{cases} \tag{7.3}$$

将上式代入目标函数得非基变量表示式:

$$Z = 0 + 2x_1 + x_2 \tag{7.4}$$

若令非基变量 $x_1 = 0$、$x_2 = 0$ 代入约束条件方程得到一个基本可行解:

$$X^{(0)} = (0,\ 0,\ 15,\ 24,\ 5)^{\mathrm{T}}$$

这个基本可行解显然不是最优解。因为从经济意义上讲 $x_1 = 0$，$x_2 = 0$，表示该公司不安排生产,因此就没有利润。相应地,将 $x_1 = 0$，$x_2 = 0$ 代入目标函数得 $Z(X^{(0)}) = 0$。从数学角度看,(7.4)式中非基变量 x_1，x_2 前的系数为正数,故若让非基变量 x_1(或 x_2)的取值从零增加,相应的目标函数值 Z 也将随之增加,因此就有可能找到一个新的基本可行解,使目标函数值比 $X^{(0)}$ 更"好",或者说得到了改善。由于 x_1 的系数比 x_2 的系数大,即 x_1 每增加一个单位对 Z 值的贡献比 x_2 大,故让 x_1 的取值从零变为一个正值。即我们想让 x_1 从非基变量转为基变量,今后我们称之为进基。由于基变量有三个,因此必须从原有的基 x_3、x_4、x_5 中选一个离开基转为非基变量。下面解决两个问题:

(1) x_1 应取多大的值?

(2) x_1 进基,x_3，x_4，x_5,哪一个出基?

现在,x_2 还是非基变量,仍取零值。式(7.3)变为:

$$\begin{cases} x_3 = 15 \\ x_4 = 24 - 6x_1 \\ x_5 = 5 - x_1 \end{cases} \tag{7.5}$$

为了让 Z 增,须 x_1 增,但必须保证 x_3、x_4、$x_5 \geqslant 0$,从而:

$$x_1 = \min\left\{\frac{24}{6},\ 5\right\} = 4$$

此时,$x_3 = 15$，$x_4 = 0$，$x_5 = 1$,从而得一新的基本可行解:

$$X^{(1)} = (4,\ 0,\ 15,\ 0,\ 1)$$

相应的基变量为 x_1、x_3、x_5。看来 x_1 进基,赶出了 $\min\left\{\frac{24}{6},\ 5\right\}$ 所对应的变量 x_4。记下这一结果,以后在表格法中我们还要用它,称它为最小比值规则。

类似地,用非基表示基变量得:

$$\begin{cases} x_3 = 15 - 5x_2 \\ x_1 = 4 - \dfrac{1}{3}x_2 - \dfrac{1}{6}x_4 \\ x_5 = 1 - \dfrac{2}{3}x_2 + \dfrac{1}{6}x_4 \end{cases} \tag{7.6}$$

再将(7.6)式代入目标函数得:

$$Z = 8 + \frac{1}{3}x_2 - \frac{1}{3}x_4$$

至此,我们就可以把以上的运算制成一张表格,称单纯形表。

$c_j \rightarrow$			2	1	0	0	0	θ
C_B	基	b	x_1	x_2	x_3	x_4	x_5	
0	x_3	15	0	5	1	0	0	—
0	x_4	24	[6]	2	0	1	0	$\dfrac{24}{6}$
0	x_5	5	1	1	0	0	1	5
$c_j - z_j$			2	1	0	0	0	

说明:

(1) 此时,最后一行为目标函数系数,也称检验数。通过以上的分析得知只要它们有正数存在,目标函数就不可能达最优,所以我们想通过基变量的转换,使这些检验数一个一个地变为零或负数。

(2) 检验数中2最大,x_1 进基,谁出呢? 用最小比值法则,$\theta = 4$ 最小,对应[6]称为主元素,所在行对应基 x_4 出基。

(3) 初始基本可行解 $X^{(0)} = (0, 0, 15, 24, 5)$。

(4) 目标函数值 $Z = C_B b = 2x_1 + x_2 + 0x_3 + 0x_4 + 0x_5$。

下面让 x_1 变成基,用行初等变换把[6]的位置的数变成1,所在列的其他位置的数变成零。

$c_j \rightarrow$			2	1	0	0	0	θ
C_B	基	b	x_1	x_2	x_3	x_4	x_5	
0	x_3	15	0	5	1	0	0	$15/5 = 3$
2	x_1	4	1	2/6	0	1/6	0	$4/(1/3) = 12$
0	x_5	1	0	[4/6]	0	$-1/6$	1	$1/(4/6) = 3/2$
$c_j - z_j$			0	1/3	0	$-1/3$	0	

此时,$c_2 - z_2 = \dfrac{1}{3} > 0$,其解 $X^{(1)} = (4, 0, 15, 0, 1)$ 不是最优。 目标函数:

$$Z = (0, 2, 0) \begin{bmatrix} 15 \\ 4 \\ 5 \end{bmatrix} + 0x_1 + \frac{1}{3}x_2 + 0x_3 - \frac{1}{3}x_4 + 0x_5$$

$$= 8 + \frac{1}{3}x_2 - \frac{1}{3}x_4$$

类似地,x_2 进基,x_5 出基。用行的初等变换把 $[4/6]$ 位置的数变成 1,$[4/6]$ 所在列其他位置的数变成 0,形成下表。

C_B	基	b	$c_j \rightarrow$ 2	1	0	0	0	θ
			x_1	x_2	x_3	x_4	x_5	
0	x_3	15/2	0	0	1	5/4	$-15/2$	
2	x_1	7/2	1	0	0	1/4	$-1/2$	
1	x_2	3/2	0	1	0	$-1/4$	3/2	
$c_j - z_j$			0	0	0	$-1/4$	$-1/2$	

此时,所有的检验数都小于等于零了,意味着已经找到了这个线性规划问题的最优解。$x_1 = \frac{7}{2}$,$x_2 = \frac{3}{2}$,最优目标函数值 $z^* = 8.5$。

三、单纯形法的计算步骤

1. 建立初始单纯形表,假定 $B = I$,$b \geqslant 0$。

设 $\max Z = c_1 x_1 + c_2 x_2 + \cdots + c_n x_n$

$$\text{s.t.} \begin{cases} x_1 \quad\quad + \bar{a}_{1m+1}x_{m+1} + \cdots + \bar{a}_{1n}x_n = \bar{b}_1 \\ \quad x_2 \quad + \bar{a}_{2m+1}x_{m+1} + \cdots + \bar{a}_{2n}x_n = \bar{b}_2 \\ \quad\quad\quad\quad\quad\quad\quad\quad \ddots \\ \quad\quad x_m + \bar{a}_{mm+1}x_{m+1} + \cdots \quad \bar{a}_{mn}x_n = \bar{b}_m \\ x_j \geqslant 0, \quad j = 1, 2, \cdots, n \end{cases}$$

2. 判别最优解。

根据检验数 $\sigma_j = c_j - z_j = c_j - \sum\limits_{i=1}^{m} c_i a_{ij}$ 判断。

(1) 若所有的检验数 $\sigma_j \leqslant 0$ $(j = 1, 2, \cdots, n)$ 则 B 为最优基,相应的基可行解为最优解,停止计算。

(2) 若有 $\sigma_k > 0$ $(1 \leqslant k \leqslant n)$,且 x_k 的系数列向量 $P_k \leqslant 0$,则该问题无界,停止计算,否则转入步骤(3)。

(3) 换基迭代(基变换)。

先确定换入基变量 $X_k : k \in \{j \mid \sigma_j > 0\}$。

按最小比值原则确定换出基变量 x_l:

$$\theta = \min \left[\frac{\bar{b}_i}{\bar{a}_{ik}} \middle| a_{ik} > 0 \right] = \frac{\bar{b}_l}{\bar{a}_{lk}}$$

以 $\bar{a}_{lk}$ 为主元,进行初等行变换,即将列向量 $\bar{P}_k$ 变换为单位列向量。

返回步骤(2)。

换基迭代的关键在于将换入变量对应的列向量 $\bar{P}_k$ 用初等行变换方法变换成单位列向量,其中主元 $\bar{a}_{lk}$ 变成 1。即:

$$P_k = \begin{bmatrix} a_{1k} \\ a_{2k} \\ \vdots \\ a_{1k} \\ \vdots \\ a_{mk} \end{bmatrix} \rightarrow \begin{bmatrix} 0 \\ 0 \\ \vdots \\ 1 \\ \vdots \\ 0 \end{bmatrix} \rightarrow 第 l 个分量$$

如果在最终表中有非基变量的检验数为 0,则该问题有多重最优解。

例 7.13 (无穷多最优解)

$$\max Z = x_1 + x_2$$

$$\text{s.t.} \begin{cases} 5x_2 \leqslant 15 \\ 6x_1 + 2x_2 \leqslant 24 \\ x_1 + x_2 \leqslant 5 \\ x_1, x_2 \geqslant 0 \end{cases}$$

化为标准型:

$$\max Z = x_1 + x_2 + 0x_3 + 0x_4 + 0x_5$$

$$\text{s.t.} \begin{cases} 5x_2 + x_3 \qquad\qquad = 15 \\ 6x_1 + 2x_2 \quad + x_4 \qquad = 24 \\ x_1 + x_2 \qquad\qquad + x_5 = 5 \\ x_1, x_2, x_3, x_4, x_5 \geqslant 0 \end{cases}$$

［解］

C_B	基	b	$c_j \rightarrow$ x_1	x_2	x_3	x_4	x_5	θ
			1	1	0	0	0	
0	x_3	15	0	5	1	0	0	—
0	x_4	24	[6]	2	0	1	0	4
0	x_5	5	1	1	0	0	1	5
	$c_j - z_j$		1	1	0	0	0	

C_B	基	b	x_1	x_2	x_3	x_4	x_5	θ
	$c_j \rightarrow$		1	1	0	0	0	
0	x_3	15	0	5	1	0	0	$15/5=3$
1	x_1	4	1	2/6	0	1/6	0	$4/(1/3)=12$
0	x_5	1	0	[4/6]	0	$-1/6$	1	$1/(4/6)=3/2$
	c_j-z_j		0	2/3	0	$-1/6$	0	

C_B	基	b	x_1	x_2	x_3	x_4	x_5	θ
	$c_j \rightarrow$		1	1	0	0	0	
0	x_3	15/2	0	0	1	5/4	$-15/2$	
1	x_1	7/2	1	0	0	1/4	$-1/2$	
1	x_2	3/2	0	1	0	$-1/4$	3/2	
	c_j-z_j		0	0	0	0	-1	

线性规划问题单纯形表检验数 $c_j-z_j \leqslant 0$,且其中有一个非基变量的检验数等于 0,则该线性规划问题有无穷多最优解。请读者将 x_4 进基继续迭代求出另一个最优基可行解。

例 7.14　(无界解)
$$\max Z = 6x_1 + 2x_2 + 10x_3 + 8x_4$$
$$\text{s.t.} \begin{cases} 5x_1 + 6x_2 - 4x_3 - 4x_4 \leqslant 20 \\ 3x_1 - 3x_2 + 2x_3 + 8x_4 \leqslant 25 \\ 4x_1 - 2x_2 + x_3 + 3x_4 \leqslant 10 \\ x_j \geqslant 0, \quad j=1,\cdots,4 \end{cases}$$

[解]　此线性规划问题的标准型为:
$$\max Z = 6x_1 + 2x_2 + 10x_3 + 8x_4$$
$$\text{s.t.} \begin{cases} 5x_1 + 6x_2 - 4x_3 - 4x_4 + x_5 = 20 \\ 3x_1 - 3x_2 + 2x_3 + 8x_4 + x_6 = 25 \\ 4x_1 - 2x_2 + x_3 + 3x_4 + x_7 = 10 \\ x_j \geqslant 0, \quad j=1,\cdots,7 \end{cases}$$

对应的单纯形表为:

C_B	基	b	x_1	x_2	x_3	x_4	x_5	x_6	x_7	θ
	$c_j \rightarrow$		6	2	10	8	0	0	0	
0	x_5	20	5	6	-4	-4	1	0	0	
0	x_6	25	3	-3	2	8	0	1	0	25/2
0	x_7	10	4	-2	[1]	3	0	0	1	10/1
	c_j-z_j		6	2	10	8	0	0	0	

$c_j \rightarrow$			6	2	10	8	0	0	0	θ
C_B	基	b	x_1	x_2	x_3	x_4	x_5	x_6	x_7	
0	x_5	60	21	−2	0	8	1	0	4	
0	x_6	5	−5	[1]	0	2	0	1	−2	5
10	x_3	10	4	−2	1	3	0	0	1	
	$c_j - z_j$		−34	22	0	−22	0	0	−10	
$c_j \rightarrow$			6	2	10	8	0	0	0	θ
C_B	基	b	x_1	x_2	x_3	x_4	x_5	x_6	x_7	
0	x_5	70	11	0	0	12	1	2	0	
2	x_2	5	−5	1	0	2	0	1	−2	
10	x_3	20	−6	0	1	7	0	2	−3	
	$c_j - z_j$		76	0	0	−66	0	−22	34	

注意:$c_7 - z_7 = 34 \geqslant 0$,但 $a_{i7} \leqslant 0$,即 x_7 进基,但基变量 x_5,x_6,x_3 没有出基元素,什么意思呢? ——此线性规划问题是无界解。

第六节　单纯形法的进一步讨论

一、人工变量法

若对线性规划模型标准化后,不具有一个明显的单位可行基矩阵 $B=I$ 时,如何办? 此时可采用人工变量法得到初始基可行解。

所谓人工变量法是在原问题不含有初始可行基 $B=I$ 的情况下,人为地对约束条件增加虚拟的非负变量(即人工变量),构造出含有 $B=I$ 的另一个线性规划问题后求解。当增加的人工变量全部取值为 0 时,才与原问题等价。这样,新问题将有一个初始基可行解(以人工变量为基变量),可用单纯形法进行迭代。经迭代后,若人工变量全部被换成非基变量,则原问题的约束条件被恢复,同时也得到一个基可行解。在最终表中若不能全部被换出,则说明原问题无可行解。

因此,该法的关键在于将人工变量全部换出。

人工变量法常见的有大 M 法和两阶段法。

1. 大 M 法。

通过下例简略介绍其方法与步骤。

例 7.15　用大 M 法求解

$$\min Z = x_1 + 1.5x_2$$
$$\text{s.t.} \begin{cases} x_1 + 3x_2 \geqslant 3 \\ x_1 + x_2 \geqslant 2 \\ x_1, x_2 \geqslant 0 \end{cases}$$

[解]　$\min Z = x_1 + 1.5x_2 + 0x_3 + 0x_4 + Mx_5 + Mx_6$

$$\text{s.t.}\begin{cases} x_1 + 3x_2 - x_3 \quad\ + x_5 \quad\ = 3 \\ x_1 + x_2 \quad\ - x_4 \quad\ + x_6 = 2 \\ x_1, x_2 \geqslant 0;\ x_3, x_4 \geqslant 0;\ x_5, x_6 \geqslant 0 \end{cases}$$

其中，x_3，x_4 为剩余变量，x_5，x_6 为人工变量，M 为任意大的正数。

注意到：

(1) 分别在约束条件增加人工变量 x_5，x_6 是为了构成"人工基"。

(2) 对于 min 的目标函数采用($+M$)，而对于 max 的目标函数则采用($-M$)作为人工变量的系数，是强加于人工变量的一种惩罚，其目的是为了强制人工变量由基变量转为非基变量，使之恢复为原问题，或与原问题等价。

(3) 对于 $\min Z$ 判别最优性准则应是 $c_j - z_j \geqslant 0$。

(4) 大 M 法适合于手算，不适用于计算机求解。

2. 两阶段法。

第一阶段：不考虑原问题是否存在基可行解；给原线性规划问题的约束条件加入人工变量，构造仅含人工变量的目标函数并要求实现最小化（即使原线性规划问题目标函数是求最大化）的辅助问题：

$$\min W = x_{n+1} + \cdots + x_{n+m}$$
$$\text{s.t.}\begin{cases} a_{11}x_1 + \cdots + a_{1n}x_n + x_{n+1} = b_1 \\ a_{21}x_1 + \cdots + a_{2n}x_n + x_{n+2} = b_2 \\ \cdots\cdots \\ a_{m1}x_1 + \cdots + a_{mn}x_n + x_{n+m} = b_m \\ x_1, \cdots, x_{n+m} \geqslant 0 \end{cases}$$

然后用单纯形法求解。若最优解 $\min W \neq 0$，则原问题无可行解，停止计算。若存在 $\min W = 0$，且所有的人工变量均为非基变量，则去掉人工变量后可得到原问题的基可行解；如果人工变量中含有为 0 的基变量时（即退化解），则可再进行初等行变换将其换出，从而获得原问题的基可行解。

第二阶段：在第一阶段所得的基可行解的基础上，将最终表中的人工变量列删去，同时将人工目标函数行换入原问题的目标函数作为第二阶段计算的初始表。

仍以上例为例用两阶段法求解。

原问题：$\min Z = x_1 + 1.5x_2 + 0x_3 + 0x_4$

$$\text{s.t.}\begin{cases} x_1 + 3x_2 - x_3 \quad\ = 3 \\ x_1 + x_2 \quad\ - x_4 = 2 \\ x_1, x_2 \geqslant 0;\ x_3, x_4 \geqslant 0 \end{cases}$$

辅助问题：$\min W = x_5 + x_6$

$$\text{s.t.}\begin{cases} x_1 + 3x_2 - x_3 \qquad + x_5 \qquad = 3 \\ x_1 + x_2 \qquad - x_4 \qquad + x_6 = 2 \\ x_1, x_2 \geqslant 0; x_3, x_4 \geqslant 0; x_5, x_6 \geqslant 0 \end{cases}$$

说明:(1)第一阶段的初始表中非基变量的检验数=人工变量所在行的非基变量相应系数之和,目标函数值=人工变量所在行相应常数之和。

(2)第二阶段单纯形表中目标函数系数应将非基变量表示基变量后所得结果填入,或先直接填入原系数,再通过初等行变换使基变量的检验数为0。

二、退化与循环问题

按最小比值 θ 来确定换出基变量时,有时出现两个以上相同的最小比值,从而使下一个表的基可行解中出现一个或多个基变量等于零的退化解。退化解出现的原因是模型中存在多余的约束,使多个基可行解对应同一个顶点。当存在退化解时,就有可能出现迭代计算的循环。即从一个可行基经有限次迭代后又回到原来的可行基。尽管可能性极其微小(直到目前为止,还没有见到一个实际应用问题产生循环的例子),但在理论上讲是存在的。有人提出用下标值最小的变量作为换出变量来防止循环。

比尔(E.Beale)曾给出一个循环的例子。

例 7.16 用单纯形法求解

$$\max Z = \frac{3}{4}x_4 - 20x_5 + \frac{1}{2}x_6 - 6x_7$$

$$\text{s.t.}\begin{cases} x_1 \qquad + \frac{1}{4}x_4 - 8x_5 - x_6 + 9x_7 = 0 \\ x_2 \qquad + \frac{1}{2}x_4 - 12x_5 - \frac{1}{2}x_6 + 3x_7 = 0 \\ x_3 \qquad + x_6 \qquad = 1 \\ x_j \geqslant 0, \quad j = 1, 2 \cdots, 7 \end{cases}$$

显然,x_1, x_2, x_3 是初始可行基变量,经过 6 次迭代后,又回到了初始状态,得不到最优解。有兴趣的读者可自行用单纯形法验证本题产生的循环现象。实际上本题有最优解:

$$X^* = (3/4, 0, 0, 1, 0, 1, 0)^{\mathrm{T}}$$

下面给出一个具有退化现象的例题。

例 7.17 某个最大化问题的单纯形表为:

C_j			4	0	3	0	0	0	
C_B	X_B	$\bar{b}$	x_1	x_2	x_3	x_4	x_5	x_6	θ_i
0	x_5	6	2	0	1	0	1	0	3
0	x_4	3	[1]	−1	0	1	0	0	3
0	x_6	5	1	1	1	0	0	1	5

（续表）

Z		0	−4	0	−3	0	0	0	←σ_j
0	x_5	0	0	[2]	1	−2	1	0	0
4	x_1	3	1	−1	0	1	0	0	/
0	x_6	2	0	2	1	−1	0	1	1
Z		12	0	4	3	−4	0	0	←σ_j

第七节　线性规划的对偶问题

一、对偶问题的提出

现在,我们对例 7.12 生产计划问题从另一个角度来考虑它。假如有另外一个工厂要求租用该厂的设备 A、B 和调试工序,那么该公司的决策者应该如何来确定合理的租金呢?

设 y_1,y_2,y_3 分别为设备 A、B 和调试工序的每单位的租金。为了叙述方便,这里把租金定义为扣除成本后的利润,也就是由于出租可以获得的利润。作为出租者来说,生产单位 Ⅰ 产品所需各设备和调试工序的总租金不应当低于原利润 2 元,即 $6y_2+y_3\geqslant2$,否则就不出租,还是用于生产 Ⅰ 产品以获利 2 元;同样生产单位 Ⅱ 产品所需各设备的台时和调试工序的时间的总租金也不应当低于原来的利润 1 元,即 $5y_1+2y_2+y_3\geqslant1$,否则这些设备时间和调试工序时间就不出租,还是用于生产 Ⅱ 产品以获利 1 元。但对于租用者来说,他要求在满足上述条件的前提下,也就是在出租者愿意出租的前提下尽量要求全部设备台时和调试工序时间的总租金越低越好,即 $\min f=15y_1+24y_2+5y_3$,这样我们得到了该问题的数学模型。

目标函数: $\min f=15y_1+24y_2+5y_3$

$$\text{s.t.}\begin{cases}6y_2+y_3\geqslant2\\5y_1+2y_2+y_3\geqslant1\\y_1,\ y_2,\ y_3\geqslant0\end{cases}$$

这里再将例 7.12 原问题的线性规划模型表达如下:

$$\max Z=2x_1+x_2$$

$$\text{s.t.}\begin{cases}5x_2\leqslant15\\6x_1+2x_2\leqslant24\\x_1+\ x_2\leqslant5\\x_1,\ x_2\geqslant0\end{cases}$$

上面的两个模型是公司从两个不同的角度来考虑同一个关于公司资源利用的问题,即最大利润或最小租金的问题,所建立起来的两个线性规划模型就是一对对偶问题,其中一个叫做原问题,而另外一个就叫对偶问题。

其实,每一个线性规划问题都存在一个与它密切相关的线性规划问题,我们称其中的任一个为原问题，另一个为对偶问题。在这一节中我们将揭示原问题与对偶问题的关系，介绍如何将原问题转化为其对偶问题，如何从原问题的求解的结果中去找到其对偶问题的答案，并介绍对偶问题的经济解释。

将上面的两个线性规划的模型用一般形式表达，原来的模型为：

$$\max Z = CX$$
$$\text{s.t.} \begin{cases} AX \leqslant b \\ X \geqslant 0 \end{cases}$$

根据后来的问题建立的模型为：

$$\min \omega = b^{\mathrm{T}} Y$$
$$\text{s.t.} \begin{cases} A^{\mathrm{T}} Y \geqslant C \\ Y \geqslant 0 \end{cases}$$

仔细分析上面的两个模型，不难发现它们有许多共同的方面。这里我们将上述求目标值最大的线性规划模型当做原问题，则将目标为最小值的线性规划问题看成对偶问题，研究原问题与对偶问题的关系。其具体表现为：

1. 求目标函数最大值的线性规划问题中有 n 个变量 m 个约束条件，它的约束条件都是"$\leqslant$"的不等式。而对偶问题目标函数最小值的线性规划问题中有个 m 变量 n 个约束条件，它的约束条件都是"$\geqslant$"的不等式。

2. 原问题的目标函数的变量系数是对偶问题中的约束条件的右边常数项，并且原问题的目标函数中的第 i 个变量的系数等于对偶问题中的第 i 个约束条件的右边常数项。

3. 原问题的约束条件的右边常数项为对偶问题中的目标函数的变量系数，并且原问题的第 i 个约束条件的右边常数项就是对偶问题中的目标函数中的第 i 个变量的系数。

4. 对偶问题中的约束条件的系数矩阵是原问题约束条件的系数矩阵 A 的转置。

根据上面分析，我们可以容易地求解下面的例题。

例 7.18 写出下列线性规划模型的对偶问题。

$$\min 5x_1 + 21x_3$$
$$\text{s.t.} \begin{cases} x_1 - x_2 + 6x_3 \geqslant 2 \\ x_1 + x_2 + 2x_3 \geqslant 1 \\ x_j \geqslant 0, \quad j = 1, 2, 3 \end{cases}$$

［解］ 对偶问题为：

$$\max 2\omega_1 + \omega_2$$
$$\text{s.t.} \begin{cases} \omega_1 + \omega_2 \leqslant 5 \\ -\omega_1 + \omega_2 \leqslant 0 \\ 6\omega_1 + 2\omega_2 \leqslant 21 \\ \omega_1 \geqslant 0 \\ \omega_2 \geqslant 0 \end{cases}$$

现在我们已经知道如何写出一个线性规划问题的对偶问题的基本思路了,即可以将一个线性规划问题转化成目标函数求最大,所有约束条件都用"≤"的不等式表示,所有变量都是非负的,然后根据上面的表达进行转换,就可以求出原问题的对偶问题了。但是如果每次都这样做会很麻烦,所以我们将各种情况进行分析以后得到下面的表格,以后要找出对偶问题只要根据表 7.15 中的对应关系就可以很方便地写出对偶问题。

表 7.15 对偶关系对应表

原问题(或对偶问题)	对偶问题(或原问题)
目标函数求 max	目标函数求 min
变 量 $\quad$ n 个 $\geqslant 0$ $\leqslant 0$ 无限制	约 束 条 件 $\quad$ n 个 $\geqslant$ $\leqslant$ $=$
约 束 条 件 $\quad$ m 个 $\leqslant$ $\geqslant$ $=$	变 量 $\quad$ m 个 $\geqslant 0$ $\leqslant 0$ 无限制
约束条件右端项 目标函数系数	目标函数系数 约束条件右端项

例 7.19 写出下列问题的对偶问题。

$$\min Z = 25x_1 + 2x_2 + 3x_3$$

$$\text{s.t.} \begin{cases} -x_1 + x_2 - x_3 \leqslant 1 \\ x_1 + 2x_2 - x_3 \geqslant 1 \\ 2x_1 - x_2 + x_3 = 1 \\ x_1 \geqslant 0, \ x_2 \leqslant 0 \end{cases}$$

[解] 其对偶问题为:

$$\max \omega = y_1 + y_2 + y_3$$

$$\text{s.t.} \begin{cases} -y_1 + y_2 + 2y_3 \leqslant 25 \\ y_1 + 2y_2 - y_3 \geqslant 2 \\ -y_1 - y_2 + y_3 = 3 \\ y_1 \leqslant 0, \ y_2 \geqslant 0 \end{cases}$$

例 7.20 写出下列线性规划模型的对偶问题。

$$\max \omega = 2y_1 + 5y_2 + y_3$$

$$\text{s.t.} \begin{cases} 2y_1 + 3y_2 + y_3 \geqslant 3 \\ y_1 - 5y_2 + y_3 = 2 \\ 3y_1 \qquad + y_3 \leqslant -1 \\ y_1 \geqslant 0, \ y_2 \leqslant 0 \end{cases}$$

［解］　对偶问题为:

$$\min Z = 3x_1 + 2x_2 - x_3$$

$$\text{s.t.}\begin{cases}2x_1 + x_2 + 3x_3 \geqslant 2\\ 3x_1 - 5x_2 \leqslant 5\\ x_1 + x_2 + x_3 = 1\\ x_1 \leqslant 0,\ x_3 \geqslant 0\end{cases}$$

二、对偶问题的性质

在一对对偶问题之间存在以下的关系:

1. 对称性:线性规划的对偶问题的对偶问题是原问题。

2. 弱对偶性:求 max 问题的可行解的目标值不可能超过求 min 问题的可行解的目标值。

考虑线性规划的标准形式:

（Ⅰ）
$$\min c^{\mathrm{T}}x$$
$$\text{s.t.}\begin{cases}Ax = b\\ x \geqslant 0\end{cases}$$

其中,x,$c \in R^n$,$b \in R^m$,$A \in R^{m \times n}$。

根据单纯形理论,若 $\tilde{x}$ 是最优基可行解,其对应的基阵为 B,则其检验数为 $\xi_B = c_B^{\mathrm{T}}B^{-1}B - c_B^{\mathrm{T}} = 0$,$\xi_N = c_B^{\mathrm{T}}B^{-1}N - c_N^{\mathrm{T}} \leqslant 0$,同时 $\tilde{x}_B = B^{-1}b$,$\tilde{x}_N = 0$,最优值为 $c^{\mathrm{T}}\tilde{x} = c_B^{\mathrm{T}}B^{-1}b$。如果令 $\tilde{\omega} = c_B^{\mathrm{T}}B^{-1}$,则有:

$$\tilde{\omega}A - c \leqslant 0 \quad \tilde{\omega}b = c^{\mathrm{T}}\tilde{x}$$

同时,$\tilde{\omega}$ 是下列规划的可行解。

（Ⅱ）
$$\max \omega b$$
$$\text{s.t.}\omega A \leqslant c^{\mathrm{T}}$$

对于规划（Ⅰ）的任意可行解 x 和规划（Ⅱ）的任意可行解 ω,由于 $x \geqslant 0$ 所以有 $\omega b = \omega Ax \leqslant c^{\mathrm{T}}\tilde{x}$。由此可知,$\tilde{\omega}$ 是规划（Ⅱ）的最优解,反之亦然。两个规划的最优解之间存在着密切的关系,通过一个规划可以得到另一个规划的最优解。

3. 无界性:若其中一个问题无界,则另一个问题不可行。

4. 对偶定理:如果一个线性规划有最优解,则其对偶规划也有最优解,且它们的最优值相等。

5. 若 x 和 ω 分别是原规划和对偶规划的可行解,则 x 和 ω 分别是原规划和对偶规划的最优解的充要条件是 $c^{\mathrm{T}}x = \omega b$。

这里简单谈谈对偶问题在计算上的应用。由对偶问题的性质我们发现,对于一对对偶问题,只要解出其中的一个,另一个的解也就求出来了。因此,如果需要求解的问题比较复杂,而它的对偶问题比较简单,那么可以去求解后者,同样能得到原来问题的解。这里要提到实际计算的一个经验,即解一个线性规划所需的时间更多的是取决于约束条件的数目而不是变量的数目。如果原问题有 m 个约束条件和 n 个变量,则对偶问题有 n 个约束条件和 m 个变量。于是,一般来说,你应当选择约束条件少的问题来进行求解。下面举一例说明。

例 7.21 $\min Z = 15x_1 + 3x_2 + 8x_3$

$$\text{s.t.}\begin{cases} 3x_1 + x_2 + 6x_3 \geqslant 6 \\ 4x_1 + 5x_3 \geqslant 7 \\ 10x_1 - 2x_2 + 3x_3 \geqslant 4 \\ 5x_1 + 7x_2 \geqslant 2 \\ x_1 + 8x_2 - 3x_3 \geqslant 1 \\ 2x_1 - x_2 \geqslant 3 \\ x_1, x_2, x_3 \geqslant 0 \end{cases}$$

[解] 如果直接解这个问题则需引入 6 个剩余变量和 6 个人工变量,求解较烦。但若解它的对偶问题:

$$\max f = 6y_1 + 7y_2 + 4y_3 + 2y_4 + y_5 + 3y_6$$

$$\text{s.t.}\begin{cases} 3y_1 + 4y_2 + 10y_3 + 5y_4 + y_5 + 2y_6 \leqslant 15 \\ y_1 - 2y_3 + 7y_4 + 8y_5 - y_6 \leqslant 3 \\ 6y_1 + 5y_2 + 3y_3 - 3y_5 \leqslant 8 \\ y_1, y_2, y_3, y_4, y_5, y_6 \geqslant 0 \end{cases}$$

就明显简单了。

最后,对对偶变量的经济意义作解释。对偶变量 y_i 在经济上表示原问题第 i 种资源的边际贡献,即当第 i 种资源增加一个单位时,相应的目标值 z 的增量;对偶问题的最优解 y_i^* 是原问题第 i 种资源的影子价格。这种经济解释在管理决策中具有很强的应用价值。如前面例 7.12 的对偶问题的最优解,即为出租资源或设备时租金的机会成本,它是价格的决策的依据,只有当租金等于或高于该资源在企业内的影子价格时企业才会出租资源。当在决定是否要购买某种资源时,影子价格也是决策的重要依据,只有当企业内该资源的存量设定下的影子价格不低于市场价格时,可买进该资源,否则应该卖出这种资源。

对偶问题研究有着非常丰富的内容,这里介绍的只是这一问题的入门知识,有兴趣的读者可以阅读相关书籍,对这一问题作进一步的学习。

应用案例

配矿计划编制

一、问题的提出

某大型冶金矿山公司共有 14 个出矿点,年产量及各矿点矿石的平均品位(含铁量的百分比)均为已知(见表 1)。

表 1　矿点出矿石量及矿石平均品位表

矿点号	出矿石量(万吨)	平均铁品位(%)
1	70	37.16
2	7	51.25
3	17	40.00
4	23	47.00
5	3	42.00
6	9.5	49.96
7	1	51.41
8	15.4	48.34
9	2.7	49.08
10	7.6	40.22
11	13.5	52.71
12	2.7	56.92
13	1.2	40.73
14	7.2	50.20

该企业要求:将这 14 个矿点的矿石进行混合配矿。依据现有生产设备及生产工艺的要求,混合矿石的平均品位 T_{Fe} 规定为 45%。

问:如何配矿才能获得最佳的效益?

二、分析与建立模型

此项目属于线性规划的范畴,而且是一个小规模问题。

1. 设计变量。记 $X_j (j=1, 2, \cdots, 14)$ 分别表示出矿点 1—14 所产矿石中参与配矿的数量(单位:万吨)。

2. 约束条件包括三部分:

(1) 供给(资源)约束:由表 1,有

$$\begin{cases} X_1 \leqslant 70 \\ X_2 \leqslant 7 \\ \cdots\cdots \\ X_{14} \leqslant 7.2 \end{cases}$$

(2) 品位约束:

$$0.371\,6X_1 + 0.512\,5X_2 + \cdots + 0.502\,0X_{14} = 0.450\,0\sum X_j$$

（3）非负约束：

$$X_j \geqslant 0, \quad j = 1, 2, \cdots, 14$$

3. 目标函数。此项目所要求的"效益最佳"，作为决策准则有一定的模糊性。由于配矿后混合矿石将作为后面工序的原料而产生利润，故在初始阶段，可将目标函数选作配矿总量，并追求其极大化。

于是，可得出基本线性规划模型如下：

$$\max Z = \sum X_j$$

$$\text{s.t.} \begin{cases} 0 \leqslant X_1 \leqslant 70 \\ 0 \leqslant X_2 \leqslant 7 \\ \cdots\cdots \\ 0 \leqslant X_{14} \leqslant 7.2 \\ 0.371\,6X_1 + 0.512\,5X_2 + \cdots + 0.502\,0X_{14} = 0.450\,0\sum X_j \end{cases}$$

三、计算结果及分析

1. 计算结果。

使用单纯形算法，极易求出此模型的最优解：

$X^* = (X_1^*, X_2^*, \cdots, X_{14}^*)^{\mathrm{T}}$，它们是：

$$X_1^* = 31.121 \qquad X_2^* = 7 \qquad X_3^* = 17$$

$$X_4^* = 23 \qquad X_5^* = 3 \qquad X_6^* = 9.5$$

$$X_7^* = 1 \qquad X_8^* = 15.4 \qquad X_9^* = 2.7$$

$$X_{10}^* = 7.6 \qquad X_{11}^* = 13.5 \qquad X_{12}^* = 2.7$$

$$X_{13}^* = 1.2 \qquad X_{14}^* = 7.2$$

目标函数的最优值为：

$$Z^* = \sum X_j^* = 141.921（万吨）$$

2. 分析与讨论。

按照前面讲述的方法及过程，此项目到此似乎应该结束了。但是，这是企业管理中的一个真实的问题，因此，这个优化计算结果还需要得到多方面的检验。

这个结果是否能立即为公司所接受呢？回答是否定的。因为在最优解 X^* 中，除第 1 个矿点有富余外，其余 13 个矿点的出矿量全部参与了配矿。而矿点 1 在配矿后尚有富余量：$70 - 31.121 = 38.879（万吨）$，但矿点 1 的矿石平均品位仅为 37.16%，属贫矿。

作为该公司的负责人或决策层绝难接受这个事实：花费大量的人力、物力、财力后，在矿点 1 生产的贫矿中却有近 39 万吨被闲置,而且在大量积压的同时,会产生环境的破坏,也是难以容忍的。

经过分析后可知:在矿石品位及出矿量都不可变更的情况下,只能把注意力集中在混合矿的品位要求 T_{Fe} 上。不难看出,降低 T_{Fe} 值,可以使更多的低品位矿石参与配矿。

T_{Fe} 有可能降低吗? 在因 T_{Fe} 的降低而使更多贫矿石入选的同时,会产生什么样的影响? 这必须加以考虑。

从事此项目研究的定量分析方法工作者深入到现场,向操作人员、工程技术人员及管理人员请教,确定 T_{Fe} 的三个新值:44%、43%、42%重新计算。

3. 变动参数值及再计算。

将参数 T_{Fe} 的三个变动值 0.44、0.43、0.42 分别代入基本线性规划模型重新计算,相应的最优解分别记作 $X^*(0.44)$、$X^*(0.43)$ 及 $X^*(0.42)$。表 2 给出详细的数据比较。

表 2　不同 T_{Fe} 值的配矿数据

矿点	铁品位(%)	出矿量(万吨)	$T_{Fe}=45\%$ X^*(0.44)	富余量(万吨)	$T_{Fe}=44\%$ X^*(0.44)	富余量(万吨)	$T_{Fe}=43\%$ X^*(0.44)	富余量(万吨)	$T_{Fe}=42\%$ X^*(0.44)	富余量(万吨)
1	37.16	70	31.121	38.879	51.87	18.13	70	0	70	0
2	51.25	7	7	0	7	0	7	0	7	0
3	40.00	17	17	0	17	0	17	0	17	0
4	47.00	23	23	0	23	0	23	0	23	0
5	42.00	3	3	0	3	0	3	0	3	0
6	49.96	9.5	9.5	0	9.5	0	9.5	0	9.5	0
7	51.41	1	1	0	1	0	1	0	1	0
8	48.34	15.4	15.4	0	15.4	0	15.4	0	15.4	0
9	49.08	2.7	2.7	0	2.7	0	2.7	0	2.7	0
10	40.22	7.6	7.6	0	7.6	0	7.6	0	7.6	0
11	52.71	13.5	13.5	0	13.5	0	13.5	0	0	13.5
12	56.92	2.7	2.7	0	2.7	0	0	2.7	0	2.7
13	40.73	1.2	1.2	0	1.2	0	1.2	0	1.2	0
14	50.20	7.2	7.2	0	7.2	0	4.53	2.67	0.77	6.43
配用总量/富余总量(万吨)			141.921	38.879	162.67	18.13	175.43	5.37	158.17	22.63

4. 综合评判及结果。

对表 2 所列结果,请公司有关技术人员、管理人员(包括财务人员)进行综合评判。其评判意见是:

（1）T_{Fe}取45％及44％的两个方案,均不能解决贫矿石大量积压的问题,且造成环境的破坏,故不能考虑。

（2）T_{Fe}取43％及42％的两个方案,可使贫矿石全部入选;配矿总量在150万吨以上;且富余的矿石皆为品位超过50％的富矿,可以用于生产高附加值的产品精矿粉,大大提高经济效益;因此,这两个方案对资源利用应属合理。

（3）经测算,按T_{Fe}取42％的方案配矿,其混合矿石经选矿烧结后,混合铁精矿品位仅达51％,不能满足冶炼要求,即从技术上看缺乏可行性,故也不能采用。

（4）$T_{Fe}=43\%$的方案,在工艺操作上只需作不大的改进即可正常生产,即技术上可行。

（5）经会计师测算,按$T_{Fe}=43\%$的方案得出的配矿总量最多,高达175万吨,且可生产数量可观的精矿粉,两项合计,按当时的价格计算,比$T_{Fe}=45\%$的方案同比增加产值931.86万元。

结论:$T_{Fe}=43\%$时的方案为最佳方案。

四、一　点　思　考

由基本模型线性规划的目标函数及决策准则来看,它具有单一性,即追求总量最大。而从企业的要求来看,还需考虑资金周转、环境保护、资源合理利用以及企业生存等多方面的因素,因此,企业所指的"效益最佳"具有系统性。这两者之间的差异甚至冲突,应属定量分析工作者在应用研究中经常遇到的问题,也是需要合理解决的问题。而解决这个问题的关键是:定量分析工作者的理念与工作方式应具有开放性,重视实践,与相关人员、相关学科相结合、交叉、渗透、互补,从而达到技术可行、经济合理以及系统优化的目的。

思考题

1. 用图解法求解下列线性规划问题,并指出各问题是具有唯一最优解、多重最优解、无界解或无可行解。

（1）$\min Z = 6x_1 + 4x_2$

$$\text{s.t.} \begin{cases} 2x_1 + x_2 \geqslant 1 \\ 3x_1 + 4x_2 \geqslant 1.5 \\ x_1, x_2 \geqslant 0 \end{cases}$$

（2）$\max Z = 4x_1 + 8x_2$

$$\text{s.t.} \begin{cases} 2x_1 + 2x_2 \leqslant 10 \\ -x_1 + x_2 \geqslant 8 \\ x_1, x_2 \geqslant 0 \end{cases}$$

（3）$\max Z = x_1 + x_2$

$$\text{s.t.}\begin{cases}8x_1+6x_2\geqslant24\\4x_1+6x_2\geqslant-12\\\qquad\quad 2x_2\geqslant4\\x_1,\ x_2\geqslant0\end{cases}$$

(4) $\max Z=3x_1-2x_2$

$$\text{s.t.}\begin{cases}x_1+\ x_2\leqslant1\\2x_1+2x_2\geqslant4\\x_1,\ x_2\geqslant0\end{cases}$$

(5) $\max Z=3x_1+9x_2$

$$\text{s.t.}\begin{cases}x_1+3x_2\leqslant22\\-x_1+\ x_2\leqslant4\\\qquad\quad x_2\leqslant6\\2x_1-5x_2\leqslant0\\x_1,\ x_2\geqslant0\end{cases}$$

(6) $\max Z=3x_1+4x_2$

$$\text{s.t.}\begin{cases}-x_1+2x_2\leqslant8\\\ \ x_1+2x_2\leqslant12\\\ \ x_1+2x_2\leqslant12\\x_1,\ x_2\geqslant0\end{cases}$$

2. 用单纯形法解线性规划问题。

(1) $\max Z=3x_1+5x_2$

$$\text{s.t.}\begin{cases}x_1\qquad\quad\leqslant4\\\qquad\ \ 2x_2\leqslant12\\3x_1+2x_2\leqslant18\\x_1,\ x_2\geqslant0\end{cases}$$

(2) $\min Z=-x_2+2x_3$

$$\text{s.t.}\begin{cases}x_1-2x_2+\ x_3=2\\\qquad\ \ x_2-3x_3\leqslant1\\\qquad\ \ x_2-\ x_3\leqslant2\\x_1,\ x_2,\ x_3\geqslant0\end{cases}$$

(3) $\max Z=x_1+2x_2+3x_3-x_4$

$$\text{s.t.}\begin{cases} x_1 + 2x_2 + 3x_3 \qquad = 15 \\ 2x_1 + x_2 + 5x_3 \qquad = 20 \\ x_1 + 2x_2 + x_3 + x_4 = 10 \\ x_1, x_2, x_3, x_4 \geqslant 0 \end{cases}$$

(4) $\min Z = 6x_1 + 3x_2 + 4x_3$

$$\text{s.t.}\begin{cases} x_1 \qquad\qquad \geqslant 30 \\ \quad x_2 \qquad \leqslant 50 \\ \qquad\quad x_3 \geqslant 20 \\ x_1 + x_2 + x_3 = 120 \\ x_1, x_2, x_3 \geqslant 0 \end{cases}$$

3. 下表中给出某线性规划问题计算过程中的一个单纯形表,目标函数为 $\max Z = 28x_1 + x_2 + 2x_3$,约束条件为 $\leqslant$,表中 x_4, x_5, x_6 为松弛变量,表中解的目标函数值 $Z = 14$。

C_B	c_j / X_B \ x_j	28 x_1	1 x_2	2 x_3	0 x_4	0 x_5	0 x_6	b
2	x_3	0	1	1	3	0	$-\dfrac{14}{3}$	a
0	x_5	0	$\dfrac{5}{2}$	0	6	d	2	5
28	x_1	1	0	0	0	e	f	0
	$\overline{C_j}$	0	-1	g	b	c	0	$Z=14$

要求:

(1) 确定 a 至 g 的值;

(2) 表中给出的解是否为最优解。

4. 写出下列线性规划问题的对偶问题。

(1) $\max Z = 10x_1 + x_2 + 2x_3$

$$\text{s.t.}\begin{cases} x_1 + x_2 + 2x_3 \leqslant 10 \\ 4x_1 + x_2 + x_3 \leqslant 20 \\ x_1, x_2, x_3 \geqslant 0 \end{cases}$$

(2) $\min Z = 3x_1 + 2x_2 - 3x_3 + 4x_4$

$$\text{s.t.}\begin{cases} x_1 - 2x_2 + 3x_3 + 4x_4 \leqslant 3 \\ \quad x_2 + 3x_3 + 4x_4 \geqslant -5 \\ 2x_1 - 3x_2 - 7x_3 - 4x_4 = 2 \\ x_1 \geqslant 0, x_4 \leqslant 0, x_2、x_3 \text{ 无约束} \end{cases}$$

5. 机器加工厂生产 7 种产品(产品 1 到产品 7)。该厂有以下设备:四台磨床、两台立式钻床、三台水平钻床、一台镗床和一台刨床。每种产品的利润(单位:元/件,这里利润定义为销售价格与原料成本之差)以及生产单位产品需要的各种设备的工时(单位:小时)如下表。表中的短线表示这种产品不需要相应的设备加工。

	产品 1	产品 2	产品 3	产品 4	产品 5	产品 6	产品 7
利　润	10	6	3	4	11	9	3
磨　床	0.5	0.7	—	0.3	0.2	—	0.5
立　钻	0.1	0.2	—	0.3	—	0.6	—
水平钻	0.2	—	0.8	—	—	—	0.6
镗　床	0.05	0.03	—	0.07	0.1	—	0.08
刨　床	—	—	0.01	—	0.05	—	0.05

从 1 月至 6 月,每个月需要检修的设备是(在检修的月份,被检修的设备全月不能用于生产):

1 月:一台磨床,

2 月:二台立式钻床,

3 月:一台镗床,

4 月:一台立式钻床,

5 月:一台磨床和一台立式钻床,

6 月:一台刨床和一台水平钻床。

每个月各种产品的市场销售量的上限如下表所示。

单位:件/月

	产品 1	产品 2	产品 3	产品 4	产品 5	产品 6	产品 7
1 月	500	1 000	300	300	800	200	100
2 月	600	500	200	0	400	300	150
3 月	300	600	0	0	500	400	100
4 月	200	300	400	500	200	0	100
5 月	0	100	500	100	1 000	300	0
6 月	500	500	100	300	1 100	500	60

每种产品的最大库存量为 100 件,库存费用为每件每月 0.5 元,在一月初,所有产品都没有库存;而要求在六月底,每种产品都有 50 件库存。

工厂每天开两班,每班 8 小时,为简单起见,假定每月都工作 24 天。

生产过程中,各种工序没有先后次序的要求。

问题 1:制定 6 个月的生产、库存、销售计划,使 6 个月的总利润为最大。

　　问题 2:在不改变以上计划的前提下,哪几个月中哪些产品的售价可以提高,以达到增加利润的目的,价格提高的幅度是多大?

　　问题 3:哪些设备的能力应该增加? 请列出购置新设备的优先顺序。

　　问题 4:是否可以提高调整现有设备的检修计划来提高利润? 提出一个新的检修计划,使原来计划检修的设备在这半年中都得到检修而使利润尽可能增加。

第八章　整　数　规　划

第一节　整数规划与整数线性规划

在上一章讨论的线性规划问题中,决策变量只限于取非负的连续型数值,即可以是非负实数。然而在解决公共管理和经济管理的实际问题时,有时决策变量只能取非负整数才有实际意义。

要求一部分或全部决策变量必须取整数值的规划问题称为整数规划(integer programming,简记为 IP)。不考虑整数条件,由余下的目标函数和约束条件构成的规划问题称为该整数规划的松弛问题(slack problem),又称约束条件和目标函数均为线性的整数规划为整数线性规划(integer linear programming,简记为 ILP)。

整数线性规划问题数学模型的一般形式为:求一组变量 $x_1, x_2, \cdots, x_n$,使

$$\max \text{ 或 } \min Z = \sum_{j=1}^{n} c_j x_j$$

$$\text{s.t.} \begin{cases} \sum_{j=1}^{n} a_{ij} x_j \leqslant (\text{或} =, \text{或} \geqslant) b_i, & i = 1, 2, \cdots, m \\ x_j \geqslant 0, \text{且皆为整数或部分为整数} \end{cases}$$

整数线性规划问题主要分为以下三种类型:

1. 纯整数线性规划(pure integer linear programming),也称为全整数规划,指全部决策变量必须取整数的整数线性规划问题,其模型一般为:

$$\min c^{\mathrm{T}} x$$

$$\text{s.t.} \begin{cases} Ax \geqslant b \\ x \geqslant 0, x \text{ 为整数} \end{cases}$$

2. 混整数线性规划(mixed integer linear programming)指只有部分决策变量必须取整数的整数线性规划问题;其模型一般为:

$$\min c^{\mathrm{T}} x$$

$$\text{s.t.} \begin{cases} Ax \geqslant b \\ x \geqslant 0 \\ x_i \text{ 为整数}, & i = 1, 2, \cdots, p \end{cases}$$

3.0-1 型整数线性规划(zero-one integer linear programming)指决策变量必须取 0 或 1 的整数线性规划问题;其模型一般为:

$$\min c^{\mathrm{T}} x$$

$$\mathrm{s.t.} \begin{cases} Ax \geqslant b \\ x_i = 0, 1, \quad i = 1, 2, \cdots, n \end{cases}$$

本章主要讨论整数线性规划问题。下面介绍一些整数规划的实例。

例 8.1 (集装箱运货)现欲将甲、乙两种货物装入集装箱中,它们的体积、重量、装运限制和单位利润如表 8.1 所示。

表 8.1

货　物	体积(立方米/箱)	重量(百公斤/箱)	利润(千元/箱)
甲	5	2	20
乙	4	5	10
装运限制	24	13	

请决定如何安排甲、乙的数量,使总利润最大。

[解]　设 x_1, x_2 为甲、乙两货物各托运箱数。

$$\max Z = 20x_1 + 10x_2$$

$$\mathrm{s.t.} \begin{cases} 5x_1 + 4x_2 \leqslant 24 \\ 2x_1 + 5x_2 \leqslant 13 \\ x_1, x_2 \geqslant 0 \\ x_1, x_2 \ \text{为整数} \end{cases}$$

人们对整数规划感兴趣,还因为有些公共管理和经济管理中的实际问题的解必须满足如逻辑条件和顺序要求等一些特殊的约束条件。此时需引进逻辑变量(又称 0-1 变量),以"0"表示"非",以"1"表示"是"。

例 8.2 (背包问题 1)有一旅行者正在整理背包,背包可装入 8 单位重量、10 单位体积物品,问该旅行者应该将下列哪些物品放在背包中,使总价值最大?

表 8.2

物　品	名　　称	重　量	体　积	价　值
1	书	5	2	20
2	摄像机	3	1	30
3	枕　头	1	4	10
4	休闲食品	2	3	18
5	衣　服	4	5	15

[解]　x_i 为是否带第 i 种物品

$$\max Z = 20x_1 + 30x_2 + 10x_3 + 18x_4 + 15x_5$$

$$\text{s.t.} \begin{cases} 5x_1 + 3x_2 + x_3 + 2x_4 + 4x_5 \leqslant 8 \\ 2x_1 + x_2 + 4x_3 + 3x_4 + 5x_5 \leqslant 10 \\ x_i = 0, 1 \end{cases}$$

例 8.3 （背包问题 2）某人出国留学打点行李,现有三个旅行包,容积大小分别为 1 000 升、1 500 升和 2 000 升,根据需要列出需带物品清单,其中一些物品是必带物品共有 7 件,其体积大小分别为 400、300、150、250、450、760、190(单位:升)。尚有 10 件可带可不带物品,如果不带将在目的地购买,通过网络查询可以得知其在目的地的价格(单位:美元)。这些物品的容量及价格分别见表 8.3,试给出一个合理的安排方案把物品放在三个旅行包里。

表 8.3

物　品	1	2	3	4	5	6	7	8	9	10
体积(升)	200	350	500	430	320	120	700	420	250	100
价格(美元)	15	45	100	70	50	75	200	90	20	30

［分析］ 变量:对每个物品要确定是否带同时要确定放在哪个包裹里,如果增加一个虚拟的包裹把不带的物品放在里面,则问题就转化为确定每个物品放在哪个包裹里。如果直接设变量为每个物品放在包裹的编号,则每个包裹所含物品的总容量就很难写成变量的函数。为此,我们设变量为第 i 个物品是否放在第 j 个包裹中:

$$x_{ij} = 1, 0, \quad i = 1, 2, \cdots, 17; j = 1, 2, 3$$

约束:包裹容量限制 $\quad \sum_{i=1}^{17} c_i x_{ij} \leqslant r_j, \quad j = 1, 2, 3$

必带物品限制 $\quad \sum_{j=1}^{3} x_{ij} = 1, \quad i = 1, 2, \cdots, 7$

选带物品限制 $\quad \sum_{j=1}^{3} x_{ij} \leqslant 1, \quad i = 8, 2, \cdots, 17$

目标函数:未带物品购买费用最小,设 $1 - \sum_{j=1}^{3} x_{ij} (i = 8, 9, \cdots, 17)$,则:

$$\sum_{i=8}^{17} p_i \left(1 - \sum_{j=1}^{3} x_{ij}\right)$$

［解］ 设变量为第 i 个物品是否放在第 j 个包裹中 $x_{ij} = 1, 0 (i = 1, 2, \cdots, 17, j = 1, 2, 3)$

则:

$$\min \sum_{i=8}^{17} p_i \left(1 - \sum_{j=1}^{3} x_{ij}\right)$$

$$\sum_{i=1}^{17} c_i x_{ij} \leqslant r_j, \quad j=1,2,3$$

$$\sum_{j=1}^{3} x_{ij} = 1, \quad i=1,2,\cdots,7$$

$$\sum_{j=1}^{3} x_{ij} \leqslant 1, \quad i=8,2,\cdots,17$$

$$x_{ij}=1,0, \quad i=1,2,\cdots,17; j=1,2,3$$

例 8.4 (项目投资问题)某财团有 B 万元的资金,经考察选中 n 个投资项目,每个项目只能投资一个。其中第 j 个项目需投资金额为 b_j 万元,预计 5 年后获利 $c_j(j=1,2,\cdots,n)$ 万元,问应如何选择项目使得 5 年后总收益最大。

［解］ 设 $x_j=1,0$,它表示如果投资第 j 个项目则取 1,否则为 0。

$$\max \sum_{j=1}^{n} c_j x_j$$

$$\text{s.t.} \begin{cases} \sum_{j=1}^{n} b_j x_j \leqslant B \\ x_j=1,0, \quad j=1,2,\cdots,n \end{cases}$$

严格地说,整数规划是个非线性问题。这是因为整数规划的可行解集是由一些离散的非负整数所组成,不是一个凸集。迄今为止,求解整数规划问题尚无统一的有效方法。

关于求解整数线性规划问题方法的思考:

1.“舍入取整”法。即先不考虑整数性约束,而去求解其相应的线性规划问题(称为松弛问题),然后将得到的非整数最优解用“舍入取整”的方法。这样能否得到整数最优解? 否! 这是因为“舍入取整”的解一般不是原问题的最优解,甚至是非可行解。

但在处理个别实际问题是,如果允许目标函数值在某一误差范围内,有时也可采用“舍入取整”得到的整数可行解作为原问题整数最优解的近似。这样可节省求解的人力、物力和财力。

设 X^* 是原整数线性规划的最优解,x 是其松弛问题的非整数最优解,$\tilde{x}$ 是“舍入取整”的整数可行解,d 为给出目标函数值的允许误差。由于 $c\tilde{x} \leqslant cx^* \leqslant cx$,所以 $cx^*-c\tilde{x} \leqslant cx-c\tilde{x}$。

当 $cx-c\tilde{x} \leqslant d$ 时,则可将 $\tilde{x}$ 作为 x^* 的近似解。

2. 完全枚举法。此法仅在决策变量很少的情况下才实际有效,对于变量稍多的整数线性规划问题则几乎不可能。如在指派问题中,当 $n=20$ 时,有可行解 20! 个。

3. 求解整数线性规划问题常见的几种解法有:分枝定界法、割平面法、0-1 规划的特殊解法等。

第二节将重点介绍 0-1 规划的特殊解法。

第二节 0-1 型整数规划

一、0-1 变量及其应用

决策变量必须取 0 或 1 的整数线性规划问题,被称为 0-1 型整数规划。如上节的背包问题就属于这类规划问题。通常 0-1 变量作为逻辑变量,表示系统是否处于某种特定的状态。下面以项目投资决策为例介绍 0-1 规划的应用。

例 8.5 (项目投资决策)假定现有 m 种资源对可供选择的 n 个项目进行投资,则决策时,可以假定决策变量为 1 表示进行投资,而 0 则表示不进行该项目投资。可建立数学模型:

求一组决策变量 x_1, x_2, $\cdots$, x_n,满足:

$$\max Z = \sum_{j=1}^{n} c_j x_j$$

$$\text{s.t.} \begin{cases} \sum_{j=1}^{n} a_{ij} x_j \leqslant b_i, & i = 1, 2, \cdots, m \\ x_j = 0 \text{ 或 } 1, & j = 1, 2, \cdots, n \end{cases}$$

其中,c_j 表示投资第 j 项获得的期望收益,a_{ij} 表示第 i 种资源投于第 j 项目数量,b_i 表示第 i 种资源的限量。根据对可供项目和可供资源的要求和条件不同可以对约束条件作相应的调整,具体分析如下:

1. 对可供项目的选择。

(1) 如果在可供选择的前 $k(k \leqslant n)$ 个项目中,必须且只能选择一项,则加入新的约束条件:

$$\sum_{j=1}^{k} x_j = 1$$

(2) 如果可供选择的 $k(k \leqslant n)$ 个项目是相互排斥的,则加入新的约束条件:

$$\sum_{j=1}^{k} x_j \leqslant 1$$

同时,它还表示在第 k 个项目中至多只能选择一项投资。

(3) 如果在可供选择的 $k(k \leqslant n)$ 个项目中,至少应选择一项投资,则加入新的约束条件:

$$\sum_{j=1}^{k} x_j \geqslant 1$$

(4) 如果项目 j 的投资必须以项目 i 的投资为前提,则可加入新的约束条件:

$$x_j \leqslant x_i$$

（5）如果项目 i 与项目 j 要么同时被选中,要么同时不被选中,则加入新的约束条件:

$$x_j = x_i, \quad i \neq j$$

2. 对可供资源的选择。

（1）如果对第 r 种资源 b_r 与第 t 种资源 b_t 的投资是相互排斥的,即只允许对资源 b_r 与 b_t 中的一种进行投资,则可将第 r 个和第 t 个约束条件改写为:

$$\sum_{j=1}^{n} a_{rj} x_j \leqslant b_r + yM \tag{8.1}$$

$$\sum_{j=1}^{n} a_{tj} x_j \leqslant b_t + (1-y)M \tag{8.2}$$

其中 y 为新引进的 0-1 变量,M 为充分大正数。易见,当 $y = 0$ 时,(8.1)式就是原来的第 r 个约束条件,具有约束作用。此时对(8.2)式而言,无论 x_j 为何值都成立,毫无约束作用,这就使问题仅允许第 r 种资源进行投资。当 $y = 1$ 时,(8.2)式对 x_j 起了约束作用,而(8.1)式成了多余的条件。到底是满足(8.1)还是(8.2)式,则视问题在求出最优解后,y 为 0 还是 1 而言。

（2）如果问题是要求在前 m 个约束条件中至少满足 $k(1 < k < m)$ 个,则可将原约束条件修改为:

$$\sum_{j=1}^{n} a_{ij} x_j \leqslant b_i + (1-y_i)M, \quad i = 1, 2, \cdots, m$$

$$\sum_{i=1}^{n} y_i \geqslant k$$

其中 M 为充分大的正数,k 为整数。

二、0-1 规划的解法

通常 0-1 规划问题有有限个可行解,所以最容易想到的解法是找出 0-1 规划问题的所有可行解。当变量个数为 n 时,可行解最多有 2^n 个,当 n 很大时,0-1 规划的可行解就很多,这时想通过找出 0-1 规划的所有可行解寻求其最优解几乎不可能了,就必须想法在尽可能少的可行解中找出最优解。因此,0-1 规划通常应用下面的方法求解。

1. 完全枚举法。其基本思想是:首先将全部变量取 0 或 1 的所有组合(解)列出,然后在逐个检查这些组合(解)是否可行的过程中,利用增加并不断修改过滤条件的办法,减少计算量,以达到求出最优解之目的。

该法只在变量少的情况下使用才有效。

2. 隐枚举法。0-1 规划的隐枚举法是一种特殊的分枝定界法,其基本思想是利用变量只能为 0 或 1 两个值的特性,进行分枝定界,以减少枚举而达到求出最优解之目的。该法适用于任何 0-1 规划问题的求解。

下面通过例题介绍隐枚举法的具体求解过程。

例 8.6　用隐枚举法求解下列模型:

$$\max y = 6x_1 + 3x_2 + x_3 + 5x_4$$
$$\text{s.t.} \begin{cases} 5x_1 + 2x_2 + x_3 + 3x_4 \leqslant 5 \\ x_j = 0, 1, \quad j = 1, 2, 3, 4 \end{cases}$$

(1) 找出一个可行解并计算出相应的目标函数值:

$$(x_1, x_2, x_3, x_4) = (1, 0, 0, 0), \quad y = 6$$

(2) 将不等式 $6x_1 + 3x_2 + x_3 + 5x_4 \geqslant 6$ 加到约束条件中。

(3) 把 $6x_1 + 3x_2 + x_3 + 5x_4 \geqslant 6$ 和 $5x_1 + 2x_2 + x_3 + 3x_4 \leqslant 5$ 依次记作(0)和(1),把它们的左边分别写成(0)′和(1)′。

模型中包含 4 个决策变量,所以 (x_1, x_2, x_3, x_4) 共有 16 种不同的取值,见下表。其中, (x_1, x_2, x_3, x_4) 是 16 种取值;(0)′和(1)′是将 (x_1, x_2, x_3, x_4) 取值代入后的计算结果。考查它们是否满足(0)和(1):当不满足某个约束条件时,同行以下的各项就不再考虑,这表明 (x_1, x_2, x_3, x_4) 不是可行解;当满足全部约束条件时,这表明 (x_1, x_2, x_3, x_4) 是可行解。

(x_1, x_2, x_3, x_4)	(0)′	(1)′	是(✓)	否(✗)	y
(0, 0, 0, 0)	0			✗	
(0, 0, 0, 1)	5			✗	
(0, 0, 1, 0)	1			✗	
(0, 0, 1, 1)	6	4	✓		6
(0, 1, 0, 0)	3			✗	
(0, 1, 0, 1)	8	5	✓		8
(0, 1, 1, 0)	4			✗	
(0, 1, 1, 1)	9	6		✗	
(1, 0, 0, 0)	6	5	✓		6
(1, 0, 0, 1)	11	8		✗	
(1, 0, 1, 0)	7	6		✗	
(1, 0, 1, 1)	12	9		✗	
(1, 1, 0, 0)	9	7		✗	
(1, 1, 0, 1)	14	10		✗	
(1, 1, 1, 0)	10	8		✗	
(1, 1, 1, 1)	15	11		✗	

求出这些可行解对应的目标函数的最大值: $\max\{6, 8\} = 8$。最优解 $(x_1, x_2, x_3, x_4) = (0, 1, 0, 1)$。

从提高隐枚举法的效率着想,当求解最大(小)化 0-1 规划时,若遇到 y 值大(小)于(0)′的右边,应随即让(0)′的右边改取这个 y 值。求解 0-1 规划,不要墨守成规,应视具体情况选择适当的解法,以期收到事半功倍的效果。

例 8.7　求下面 0-1 规划的解

$$\max y = 3x_1 - 2x_2 + 5x_3$$

$$\text{s.t.} \begin{cases} x_1 + 2x_2 - x_3 \leqslant 2 & ① \\ x_1 + 4x_2 + x_3 \leqslant 4 & ② \\ x_1 + x_2 \leqslant 3 & ③ \\ 4x_2 + x_3 \leqslant 6 & ④ \\ x_j = 0 \text{ 或 } 1, \quad j = 1, 2, 3 \end{cases}$$

[解] 首先用试探的方法找一个可行解:$(x_1, x_2, x_3) = (1 \quad 0 \quad 0)$。它满足约束条件①到④,且对应的目标函数值 $y = 3$,于是过滤条件为:

$$3x_1 - 2x_2 + 5x_3 \geqslant 3 \qquad ⓪$$

(x_1, x_2, x_3)	⓪	①	②	③	④	是否	y
(0, 0, 0)	0					×	
(0, 0, 1)	5	−1	1	0	1	√	5
(0, 1, 0)	−2					×	
(0, 1, 1)	3					×	
(1, 0, 0)	3					×	
(1, 0, 1)	8	0	2	1	1	√	8
(1, 1, 0)	1					×	
(1, 1, 1)	6					×	

用全部枚举法,3个变量共有 $2^3 = 8$ 个解,原来4个约束条件共需32次运算,现在用隐枚举法,将5个约束条件按⓪—④顺序排如上表,对每个解依次代入约束条件左侧,求出数值,看是否适合不等式条件,如某一条件不适合,同行以下各条件可不必再检查,因而就减少了运算次数。本例实际只作16次运算。最优解:$(x_1, x_2, x_3) = (1 \quad 0 \quad 1)$,$\max y = 8$。

第三节 指 派 问 题

一、指派问题的标准形式及数学模型

在现实生活中,有各种性质的指派问题。例如,有若干项工作需要分配给若干人(或部门)来完成;有若干项合同需要选择若干个投标者来承包;有若干班级需要安排在各教室上课等等。诸如此类的问题,它们的基本要求是在满足特定的指派条件下,使指派方案的总体效果最佳。由于指派问题的多样性,有必要定义指派问题的标准形式。

指派问题的标准形式(以人和事为例)是:有 n 个人和 n 件事,已知第 i 个人做第 j 件事的费用为 $c_{ij}(i, j = 1, 2, \cdots, n)$,要求确定人和事之间一一对应的指派方案,使完成这 n 件事的总费用最少。

为了建立标准指派问题的数学模型,引入 n^2 个 0-1 变量:

$$x_{ij} = \begin{cases} 0 & \text{若不指派第 } i \text{ 人作第 } j \text{ 件事} \\ 1 & \text{若指派第 } i \text{ 人作第 } j \text{ 件事} \end{cases} \quad i,j=1,2,\cdots,n$$

这样,问题的数学模型可写成:

$$\min Z = \sum_{i=1}^{n} \sum_{j=1}^{n} c_{ij} x_{ij}$$

$$\text{s.t.} \begin{cases} \sum_{i=1}^{n} x_{ij}=1, & j=1,2,\cdots,n \quad ① \\ \sum_{j=1}^{n} x_{ij}=1, & i=1,2,\cdots,n \quad ② \\ x_{ij}=0,1, & i,j=1,2,\cdots,n \end{cases}$$

其中,约束条件①表示每件事必有且只有一个人去做,约束条件②表示每个人必做且只做一件事。

通常 c_{ij} 为第 i 个人完成第 j 件工作所需的资源数,称之为效率系数(或价值系数)。并称矩阵

$$C = (c_{ij})_{n \times n} = \begin{bmatrix} c_{11} & c_{12} & \cdots & c_{1n} \\ c_{21} & c_{22} & \cdots & c_{2n} \\ \cdots & & & \\ c_{n1} & c_{n2} & \cdots & c_{nn} \end{bmatrix}$$

为效率矩阵(或价值系数矩阵)。

称决策变量 x_{ij} 排成的 $n \times n$ 矩阵

$$X = (x_{ij})_{n \times n} = \begin{bmatrix} x_{11} & x_{12} & \cdots & x_{1n} \\ x_{21} & x_{22} & \cdots & x_{2n} \\ \cdots & & & \\ x_{n1} & x_{n2} & \cdots & x_{nn} \end{bmatrix}$$

为决策变量矩阵。

决策变量矩阵的特征是它有 n 个 1,其他都是 0。这 n 个 1 位于不同行、不同列。每一种情况为指派问题的一个可行解,共 $n!$ 个可行解。其总的费用 $Z = C \odot X$。这里的 $\odot$ 表示两矩阵对应元素的积,然后相加。

例 8.8 某商业公司计划开办五家新商店。为了尽早建成营业,商业公司决定由 5 家建筑公司分别承建。已知建筑公司 $A_i (i=1,2,\cdots,5)$ 对新商店 $B_j (j=1,2,\cdots,5)$ 的建造费用的报价(万元)为 $c_{ij}(i,j=1,2,\cdots,5)$,见表 8.4。要求每个建筑公司只能承建一家商店,每个商店也只能由一家公司承建。商业公司应当对 5 家建筑公司怎样分派建筑任务,才能使总的建筑费用最少?

表 8.4   单元:万元

c_{ij}	B_1	B_2	B_3	B_4	B_5
A_1	4	8	7	15	12
A_2	7	9	17	14	10
A_3	6	9	12	8	7
A_4	6	7	14	6	10
A_5	6	9	12	10	6

[解] 设:

$$x_{ij} = \begin{cases} 1 & \text{当 } A_i \text{ 承建 } B_j \text{ 时} \\ 0 & \text{当 } A_i \text{ 不承建 } B_j \text{ 时} \end{cases} \quad i, j = 1, 2, \cdots, 5$$

则问题的数学模型为:

$$\min Z = 4x_{11} + 8x_{12} + \cdots + 10x_{54} + 6x_{55}$$

$$\text{s.t.} \begin{cases} \sum_{i=1}^{5} x_{ij} = 1, & j = 1, 2, \cdots, 5 \\ \sum_{j=1}^{5} x_{ij} = 1, & i = 1, 2, \cdots, 5 \\ x_{ij} = 0, 1, & i, j = 1, 2, \cdots, 5 \end{cases}$$

例 8.9 某医院的四名化验员(甲、乙、丙、丁)完成四项化验工作(A、B、C、D)所消耗的时间见表 8.5。要求每个化验员只能担任一项化验工作,每项化验工作也只能由一个化验员完成。问哪个化验员担当哪项化验工作,可使他们总的消耗时间最短?

表 8.5   单位:分钟

	A	B	C	D
甲	37.3	43.4	33.3	29.2
乙	32.9	33.1	28.5	26.4
丙	33.8	42.2	38.9	29.6
丁	37.0	34.7	30.4	28.5

建立其数学模型。设:$x_{ij} = \begin{cases} 0, \text{表示 } i \text{ 不担当 } j \\ 1, \text{表示 } i \text{ 担当 } j \end{cases}$

$i = 1, 2, 3, 4$ 分别表示甲,乙,丙,丁;

$j = 1, 2, 3, 4$ 分别表示 A, B, C, D;

c_{ij} 表示 i 完成 j 的消耗时间;

y 表示四名化验员完成工作总的消耗时间,于是数学模型为:

$$\min y = \sum_{i=1}^{4} \sum_{j=1}^{4} c_{ij} x_{ij}$$

$$\text{s.t.} \begin{cases} \sum_{i=1}^{4} x_{ij} = 1, & j = 1, 2, 3, 4 \\ \sum_{j=1}^{4} x_{ij} = 1, & i = 1, 2, 3, 4 \\ x_{ij} = 0, 1, & i, j = 1, 2, 3, 4 \end{cases}$$

$$[c_{ij}] = \begin{bmatrix} 37.3 & 43.4 & 33.3 & 29.2 \\ 32.9 & 33.1 & 28.5 & 26.4 \\ 33.8 & 42.2 & 38.9 & 29.6 \\ 37.0 & 34.7 & 30.4 & 28.5 \end{bmatrix}$$

二、匈牙利解法

求解指派问题最优解实际上就是确定 n 个 1 的位置,即把这 n 个 1 放到 X 的 n^2 个位置的什么地方可使耗费的总资源最少? 求解分派问题的一般方法是匈牙利解法,它源于匈牙利数学家克尼格的两个定理,即:

定理 8.1 若效率矩阵 $[c_{ij}]$ 第 i 行元素的最小值为 c_i,则效率矩阵分别为 $[c_{ij}]$ 和 $[c_{ij} - c_i]$ 的最小化指派问题具有相同的最优解。把"第 i 行"换成"第 j 列","c_i"换成"c_j"后,依然成立。

定理 8.2 效率矩阵 C 中独立零元素的最多个数等于能覆盖所有零元素的最少直线数。

例 8.10 已知矩阵:

$$C_1 = \begin{bmatrix} 5 & 0 & 2 & 0 \\ 2 & 3 & 0 & 0 \\ 0 & 5 & 6 & 7 \\ 4 & 8 & 0 & 0 \end{bmatrix}, \quad C_2 = \begin{bmatrix} 5 & 0 & 2 & 0 & 2 \\ 2 & 3 & 0 & 0 & 0 \\ 0 & 5 & 5 & 7 & 2 \\ 4 & 8 & 0 & 0 & 4 \\ 0 & 6 & 3 & 6 & 5 \end{bmatrix}, \quad C_3 = \begin{bmatrix} 7 & 0 & 2 & 0 & 2 \\ 4 & 3 & 0 & 0 & 0 \\ 0 & 3 & 3 & 5 & 0 \\ 6 & 8 & 0 & 0 & 4 \\ 0 & 4 & 1 & 4 & 3 \end{bmatrix}$$

分别用最少直线去覆盖各自矩阵中的零元素:

$$C_1 = \begin{bmatrix} 5 & 0 & 2 & 0 \\ 2 & 3 & 0 & 0 \\ 0 & 5 & 6 & 7 \\ 4 & 8 & 0 & 0 \end{bmatrix}, \quad C_2 = \begin{bmatrix} 5 & 0 & 2 & 0 & 2 \\ 2 & 3 & 0 & 0 & 0 \\ 0 & 5 & 5 & 7 & 2 \\ 4 & 8 & 0 & 0 & 4 \\ 0 & 6 & 3 & 6 & 5 \end{bmatrix}, \quad C_3 = \begin{bmatrix} 7 & 0 & 2 & 0 & 2 \\ 4 & 3 & 0 & 0 & 0 \\ 0 & 3 & 3 & 5 & 0 \\ 6 & 8 & 0 & 0 & 4 \\ 0 & 4 & 1 & 4 & 3 \end{bmatrix}$$

可见，C_1 最少需要 4 条线，C_2 最少需要 4 条线，C_3 最少需要 5 条线，方能划掉矩阵中所有的零。即它们独立零元素组中零元素最多分别为 4，4，5。

下面以求解例题的形式介绍匈牙利解法。

最小化指派问题的求解步骤如下：

第一步：出"0"。

在效率矩阵 $[c_{ij}]$ 中，让每行（列）元素减去该行（列）元素的最小值，从而得到矩阵 $[c_{ij}]$。

$$[b_{ij}] = \begin{bmatrix} 37.3 & 43.4 & 33.3 & 29.2 \\ 32.9 & 33.1 & 28.5 & 26.4 \\ 33.8 & 42.2 & 38.9 & 29.6 \\ 37.0 & 34.7 & 30.4 & 28.5 \end{bmatrix} \begin{matrix} -29.2 \\ -26.4 \\ -29.6 \\ -28.5 \end{matrix} \quad 每行减去该行的最小元素$$

$$[c_{ij}] = \begin{bmatrix} 8.1 & 14.2 & 4.1 & 0 \\ 6.5 & 6.7 & 2.1 & 0 \\ 4.2 & 12.6 & 9.3 & 0 \\ 8.5 & 6.2 & 1.9 & 0 \end{bmatrix} \quad 没有出零的列减去该列的最小元素$$

$$(-4.2 \quad -6.2 \quad -1.9 \quad)$$

$$[c_{ij}] = \begin{bmatrix} 3.9 & 8.0 & 2.2 & 0 \\ 2.3 & 0.5 & 0.2 & 0 \\ 0 & 6.4 & 7.4 & 0 \\ 4.3 & 0 & 0 & 0 \end{bmatrix}$$

这样得到的新矩阵中，每行每列都必然出现零元素。

第二步：寻找覆盖所有零元素的最少直线。

具体方法：

1. 在矩阵 $[c_{ij}]$ 中，从第一行开始，若该行有且只有一个 0 元素，则把这个 0 括起来，即 (0)；然后划掉 (0) 所在的列，相继完成其他各行。

说明：在第 i 行只有一个零元素 $c_{ij}=0$ 时，表示第 i 人干第 j 件工作效率最好。因此，优先指派第 i 人干第 j 项工作，而划去第 j 列其他未标记的零元素，表示第 j 项工作不再指派其他人去干（即使其他人干该项工作也相对有最好的效率）。

2. 与进行行检验相似，对进行了行检验的矩阵逐列进行检验。从第一列开始，若该列有且只有一个 0 元素，则把这个 0 括起来，即 (0)；然后划掉 (0) 所在的行，相继完成其他各行。

3. 重复行检验，直到每一行都没有未被标记的零元素或至少有两个未被标记的零元素时为止。

这时可能出现以下三种情况：

(1) 每一行均有 (0) 出现，(0) 的个数 m 恰好等于 n，即 $m=n$，这说明已经找到最优解。即令 (0) 对应的决策变量取值为 1，其他决策变量取值均为零。停止计算。

(2) 存在未标记的零元素，但它们所在的行和列中，未标记过的零元素均至少有两个。

这时存在以未被划去的 0 元素为顶点的闭回路,在其中的一个顶点 0 元素上打上括号( ),沿着闭回路顶点依次间隔给 0 元素打上括号( ),同时作直线划去该列元素。这意味着该问题有多个最优解。

例 8.11 效率矩阵

$$C = \begin{pmatrix} 5 & (0) & 2 & 0 \\ 2 & 3 & 0 & 0 \\ (0) & 5 & 6 & 7 \\ 4 & 8 & 0 & 0 \end{pmatrix}$$

则

$$X_{(1)} = \begin{pmatrix} 0 & 1 & 0 & 0 \\ 0 & 0 & 0 & 1 \\ 1 & 0 & 0 & 0 \\ 0 & 0 & 1 & 0 \end{pmatrix}, \qquad X_{(2)} = \begin{pmatrix} 0 & 1 & 0 & 0 \\ 0 & 0 & 1 & 0 \\ 1 & 0 & 0 & 0 \\ 0 & 0 & 0 & 1 \end{pmatrix}$$

都是指派问题的最优解。

(3) 不存在未被标记过的零元素,但(0)的个数 $m < n$,则要转入下一步。

$$[c_{ij}] = \begin{pmatrix} 3.9 & 8.0 & 2.2 & (0) \\ 2.3 & 0.5 & 0.2 & 0 \\ (0) & 6.4 & 7.4 & 0 \\ 4.3 & (0) & 0 & 0 \end{pmatrix} \quad 没有得到 4 个(0)$$

第三步:增"0"。从 $[c_{ij}]$ 未画上直线的元素中找出最小值 k。让画上直线的列中元素都加上该最小值 k,未画上直线的行中元素都减去该最小值 k,随即去掉各行各列上的直线,并转入第二步。

说明:实际增"0"时,可以将未被直线覆盖的数减去 k,由两根线覆盖的数加上 k,其他数保持不变。这与上述增"0"过程是完全等价的,但实际操作更简单。

$$[c_{ij}] = \begin{pmatrix} 3.9 & 7.8 & 2.0 & 0 \\ 2.3 & 0.3 & 0 & 0 \\ 0 & 6.2 & 7.2 & 0 \\ 4.5 & 0 & 0 & 0.2 \end{pmatrix}$$

转入第二步,重新括 0 元素:

$$[c_{ij}] = \begin{pmatrix} 3.9 & 7.8 & 2.0 & (0) \\ 2.3 & 0.3 & (0) & 0 \\ (0) & 6.2 & 7.2 & 0 \\ 4.5 & (0) & 0 & 0.2 \end{pmatrix}$$

这时已得到 4 个(0),则令 $[c_{ij}]$ 中与(0)相对应的 $x_{ij} = 1$,其余的决策变量等于 0。这时,$[x_{ij}]$ 便是最优解。将最优解代入目标函数 y 的表达式,即得最优值 $\min y = 126.2$(分钟)。

$$[x_{ij}] = \begin{pmatrix} 0 & 0 & 0 & 1 \\ 0 & 0 & 1 & 0 \\ 1 & 0 & 0 & 0 \\ 0 & 1 & 0 & 0 \end{pmatrix}$$

这表明,让化验员甲、乙、丙、丁分别担当化验工作 D、C、A、B,可使他们总的消耗时间最短,只消耗 126.2 分钟,就能完成四项化验工作。

例 8.12 求解最小化指派问题,系数矩阵为:

$$C = \begin{pmatrix} 4 & 8 & 7 & 15 & 12 \\ 7 & 9 & 17 & 14 & 10 \\ 6 & 9 & 12 & 8 & 7 \\ 6 & 7 & 14 & 6 & 10 \\ 6 & 9 & 12 & 10 & 6 \end{pmatrix}$$

[解]　先对各行元素分别减去本行的最小元素,然后对各列也如此,即:

$$C \xrightarrow{\text{行变换}} \begin{pmatrix} 0 & 4 & 3 & 11 & 8 \\ 0 & 2 & 10 & 7 & 3 \\ 0 & 3 & 6 & 2 & 1 \\ 0 & 1 & 8 & 0 & 4 \\ 0 & 3 & 6 & 4 & 0 \end{pmatrix} \xrightarrow{\text{列变换}} \begin{pmatrix} 0 & 3 & 0 & 11 & 8 \\ 0 & 1 & 7 & 7 & 3 \\ 0 & 2 & 3 & 2 & 1 \\ 0 & 0 & 5 & 0 & 4 \\ 0 & 2 & 3 & 4 & 0 \end{pmatrix} = C'$$

此时,C' 中各行各列都已出现零元素。

为了确定 C' 中的独立零元素,对 C' 打(0)并划线,即:

$$C' = \begin{pmatrix} 0 & 3 & (0) & 11 & 8 \\ (0) & 1 & 7 & 7 & 3 \\ 0 & 2 & 3 & 2 & 1 \\ 0 & (0) & 5 & 0 & 4 \\ 0 & 2 & 3 & 4 & (0) \end{pmatrix}$$

由于只有 4 个独立零元素,少于系数矩阵阶数 $n=5$,不能进行指派,为了增加独立零元素的个数,需要对矩阵作进一步的变换,增 0:C' 中未被直线覆盖过的元素中,最小元素为 $c_{21} = c_{35} = 1$,则未被划去的元素减 1,被双线覆盖的元素加 1,即:

$$C' \longrightarrow \begin{pmatrix} 1 & 3 & 0 & 11 & 9 \\ 0 & 0 & 6 & 6 & 3 \\ 0 & 1 & 2 & 1 & 1 \\ 1 & 0 & 5 & 0 & 5 \\ 0 & 1 & 2 & 3 & 0 \end{pmatrix} = C''$$

接着,对已增加了零元素的矩阵,再用(0)法找出独立零元素组。

$$C'' = \begin{pmatrix} 1 & 3 & (0) & 11 & 9 \\ 0 & (0) & 6 & 6 & 3 \\ (0) & 1 & 2 & 1 & 1 \\ 1 & 0 & 5 & (0) & 5 \\ 0 & 1 & 2 & 3 & (0) \end{pmatrix}$$

C'' 中已有 5 个独立零元素,故可确定指派问题的最优方案。最优解为

$$X^* = \begin{pmatrix} 0 & 0 & 1 & 0 & 0 \\ 0 & 1 & 0 & 0 & 0 \\ 1 & 0 & 0 & 0 & 0 \\ 0 & 0 & 0 & 1 & 0 \\ 0 & 0 & 0 & 0 & 1 \end{pmatrix}$$

这样安排能使目标函数达到最小值,为 $Z = 7 + 9 + 6 + 6 + 6 = 34$(万元)

三、一般的指派问题

在实际应用中,常会遇到非标准形式的指派问题,这时求解的常用思路是:先化成标准形式的指派问题,然后再用匈牙利法求解。下面介绍几种常见非标准形式的指派问题及其解法。

(一) 最大化的指派问题

其一般形式为:

$$\max Z = \sum_{i=1}^{n} \sum_{j=1}^{n} c_{ij} x_{ij}$$

$$\text{s.t.} \begin{cases} \sum_{i=1}^{n} x_{ij} = 1, & j = 1, 2, \cdots, n \\ \sum_{j=1}^{n} x_{ij} = 1, & i = 1, 2, \cdots, n \\ x_{ij} = 0, 1, & i, j = 1, 2, \cdots, n \end{cases}$$

处理办法:设最大化的指派问题的系数矩阵为 $C = (c_{ij})_{n \times n}$,找出矩阵 C 中的最大元素,即 $m = \max\{c_{11}, c_{12}, \cdots, c_{nn}\}$,令 $B = (B_{ij})_{n \times n} = (m - c_{ij})_{n \times n}$,则以 B 为系数矩阵的最小化指派问题和以 C 为系数矩阵的原最大化指派问题有相同的最优解。

例 8.13 某工厂有 4 名工人 A_1、A_2、A_3、A_4,分别操作 4 台车床 B_1、B_2、B_3、B_4。每小时产量如表 8.6,求产量最大的分配方案。

表 8.6 单位:件

	B_1	B_2	B_3	B_4
A_1	10	9	8	7
A_2	3	4	5	6
A_3	2	1	1	2
A_4	4	3	5	6

[解] $\quad C = (c_{ij})_{n \times n} = \begin{pmatrix} 10 & 9 & 8 & 7 \\ 3 & 4 & 5 & 6 \\ 2 & 1 & 1 & 2 \\ 4 & 3 & 5 & 6 \end{pmatrix},$

$m = \max\{10, 9, 8, 7, \cdots, 5, 6\} = 10$

$$B = (B_{ij})_{n \times n} = (10 - c_{ij})_{n \times n} = \begin{pmatrix} 0 & 1 & 2 & 3 \\ 7 & 6 & 5 & 4 \\ 8 & 9 & 9 & 8 \\ 6 & 7 & 5 & 4 \end{pmatrix} \xrightarrow{\text{行变换}} \begin{pmatrix} 0 & 1 & 2 & 3 \\ 3 & 2 & 1 & 0 \\ 0 & 1 & 1 & 0 \\ 2 & 3 & 1 & 0 \end{pmatrix} \xrightarrow{\text{列变换}}$$

$\begin{pmatrix} 0 & 0 & 1 & 3 \\ 3 & 1 & 0 & 0 \\ 0 & 0 & 0 & 0 \\ 2 & 2 & 0 & 0 \end{pmatrix} = B'$

B' 中存在 0 的闭回路,且覆盖 0 的最少线数 $n = 4$,所以这个问题有多个最优解,如:

$$X = \begin{pmatrix} 1 & 0 & 0 & 0 \\ 0 & 0 & 0 & 1 \\ 0 & 1 & 0 & 0 \\ 0 & 0 & 1 & 0 \end{pmatrix} \text{或} X = \begin{pmatrix} 0 & 1 & 0 & 0 \\ 0 & 0 & 1 & 0 \\ 1 & 0 & 0 & 0 \\ 0 & 0 & 0 & 1 \end{pmatrix}$$

即为最优解。从而找出了产量最大的分配方案,最大产量为:

$$Z = 10 + 6 + 1 + 5 = 22(\text{件})$$

$$\text{或} Z = 9 + 5 + 2 + 6 = 22(\text{件})$$

思考:这个问题还有其他最优解吗?

(二) 人数和事数不等的指派问题

1. 若人数<事数,添一些虚拟的"人",此时这些虚拟的"人"做各件事的费用系数取为 0,理解为这些费用实际上不会发生。

2. 若人数>事数,添一些虚拟的"事",此时这些虚拟的"事"被各个人做的费用系数同样也取为 0。

例 8.14 现有 4 个人,5 件工作。每人做每件工作所耗时间如表 8.7 所示。

表 8.7   单位:分钟

工人 \ 工作	B_1	B_2	B_3	B_4	B_5
A_1	10	11	4	2	8
A_2	7	11	10	14	12
A_3	5	6	9	12	14
A_4	13	15	11	10	7

问指派哪个人去完成哪项工作,可使总消耗时间最少?

[解] 添加虚拟人 A_5,构造标准耗时矩阵:

$$C = \begin{pmatrix} 10 & 11 & 4 & 2 & 8 \\ 7 & 11 & 10 & 14 & 12 \\ 5 & 6 & 9 & 12 & 14 \\ 13 & 15 & 11 & 10 & 7 \\ 0 & 0 & 0 & 0 & 0 \end{pmatrix} \xrightarrow{\text{行变换}} \begin{pmatrix} 8 & 9 & 2 & 0 & 6 \\ 0 & 4 & 3 & 7 & 5 \\ 0 & 1 & 4 & 7 & 9 \\ 6 & 8 & 4 & 3 & 0 \\ 0 & 0 & 0 & 0 & 0 \end{pmatrix} = C'$$

下面找覆盖 0 的最少直线。

$$C' = \begin{pmatrix} 8 & 9 & 2 & (0) & 6 \\ (0) & 4 & 3 & 7 & 5 \\ 0 & 1 & 4 & 7 & 9 \\ 6 & 8 & 4 & 3 & (0) \\ 0 & (0) & 0 & 0 & 0 \end{pmatrix}$$

因为(0)的数量为 $4 < 5 = n$,因此还没有找到最优解。从未划去的元素中找最小者:1。未划去的行减去此最小者 1,划去的列加上此最小者 1,得 C''。

$$C'' = \begin{pmatrix} 8 & 8 & 1 & (0) & 6 \\ (0) & 3 & 2 & 7 & 5 \\ 0 & (0) & 3 & 7 & 9 \\ 6 & 7 & 3 & 3 & (0) \\ 1 & 0 & (0) & 1 & 1 \end{pmatrix}$$

由于(0)的个数 $=5$,从而得到最优指派方案: A_1—B_4、A_2—B_1、A_3—B_2、A_4—B_5、A_5—B_3。

$$X^* = \begin{pmatrix} 0 & 0 & 0 & 1 & 0 \\ 1 & 0 & 0 & 0 & 0 \\ 0 & 1 & 0 & 0 & 0 \\ 0 & 0 & 0 & 0 & 1 \\ 0 & 0 & 1 & 0 & 0 \end{pmatrix}$$

最少耗时为 $Z = 2 + 7 + 6 + 7 = 22$(分钟)。 实际中,为了使总耗时最少,可以选择完成

B_3 耗时最少的 A_1 完成 B_3 工作。

（三）一个人可做几件事的指派问题

若某人可作几件事,则可将该人化作相同的几个"人"来接受指派。这几个"人"做同一件事的费用系数当然一样。

例 8.15　某商业公司计划开办五家新商店。为了尽早建成营业,商业公司决定由 3 家建筑公司分别承建。已知建筑公司 $A_i(i=1,2,3)$ 对新商店 $B_j(j=1,2,3,4,5)$ 的建造费用的报价(万元)为 $c_{ij}(i,j=1,2,3,4,5)$,见表 8.8。商业公司根据实际情况,可以允许每家建筑公司承建一家或两家商店。求使总费用最少的指派方案。

表 8.8　　　　　　　　　　　　　单位:万元

C_{ij}	B_1	B_2	B_3	B_4	B_5
A_1	4	8	7	15	12
A_2	7	9	17	14	10
A_3	6	9	12	8	7

［解］　反映投标费用的系数矩阵为:

$$\begin{array}{ccccc} B_1 & B_2 & B_3 & B_4 & B_5 \\ \begin{pmatrix} 4 & 8 & 7 & 15 & 12 \\ 7 & 9 & 17 & 14 & 10 \\ 6 & 9 & 12 & 8 & 7 \end{pmatrix} & & & \begin{matrix} A_1 \\ A_2 \\ A_3 \end{matrix} \end{array}$$

由于每家建筑公司最多可承建两家新商店,因此,把每家建筑公司化作相同的两家建筑公司(A_i 和 A_i', $i=1,2,3$)。这样,系数矩阵变为:

$$\begin{array}{ccccc} B_1 & B_2 & B_3 & B_4 & B_5 \\ \begin{pmatrix} 4 & 8 & 7 & 15 & 12 \\ 4 & 8 & 7 & 15 & 12 \\ 7 & 9 & 17 & 14 & 10 \\ 7 & 9 & 17 & 14 & 10 \\ 6 & 9 & 12 & 8 & 7 \\ 6 & 9 & 12 & 8 & 7 \end{pmatrix} \end{array}$$

上面的系数矩阵有 6 行 5 列,为了使"人"和"事"的数目相同,引入一件虚拟事,使之成为标准的指派问题,其

$$C = \begin{array}{cccccc} B_1 & B_2 & B_3 & B_4 & B_5 & B_6 \\ \begin{pmatrix} 4 & 8 & 7 & 15 & 12 & 0 \\ 4 & 8 & 7 & 15 & 12 & 0 \\ 7 & 9 & 17 & 14 & 10 & 0 \\ 7 & 9 & 17 & 14 & 10 & 0 \\ 6 & 9 & 12 & 8 & 7 & 0 \\ 6 & 9 & 12 & 8 & 7 & 0 \end{pmatrix} \end{array}$$

$$C \xrightarrow{\text{列变换}} \begin{pmatrix} 0 & 0 & 0 & 7 & 5 & 0 \\ 0 & 0 & 0 & 7 & 5 & 0 \\ 3 & 1 & 10 & 6 & 3 & 0 \\ 3 & 1 & 10 & 6 & 3 & 0 \\ 2 & 1 & 5 & 0 & 0 & 0 \\ 2 & 1 & 5 & 0 & 0 & 0 \end{pmatrix} = C'$$

C' 的（0）数 $=5 < 6 = n$，因此必须增"0"，得 C''。下面找 0 元素的最少直线覆盖。

$$C' = \begin{pmatrix} (0) & 0 & 0 & 7 & 5 & 0 \\ 0 & 0 & (0) & 7 & 5 & 0 \\ 3 & 1 & 10 & 6 & 3 & (0) \\ 3 & 1 & 10 & 6 & 3 & 0 \\ 2 & 1 & 5 & (0) & 0 & 0 \\ 2 & 1 & 5 & 0 & (0) & 0 \end{pmatrix} \xrightarrow{\text{增 0}} \begin{pmatrix} 0 & 0 & 0 & 7 & 5 & 0 \\ 0 & 0 & 0 & 7 & 5 & 0 \\ 3 & 0 & 10 & 6 & 3 & 0 \\ 3 & 0 & 10 & 6 & 3 & 0 \\ 2 & 0 & 5 & 0 & 0 & 0 \\ 2 & 0 & 5 & 0 & 0 & 0 \end{pmatrix} = C''$$

不难发现 C'' 中存在闭回路，因此这个问题有多个最优解，如一最优指派方案：

$$X^* = \begin{pmatrix} 0 & 0 & 1 & 0 & 0 & 0 \\ 1 & 0 & 0 & 0 & 0 & 0 \\ 0 & 1 & 0 & 0 & 0 & 0 \\ 0 & 0 & 0 & 0 & 0 & 1 \\ 0 & 0 & 0 & 0 & 1 & 0 \\ 0 & 0 & 0 & 1 & 0 & 0 \end{pmatrix}$$

公司 $\xrightarrow{\text{承建}}$ 商店

$A_1 \longrightarrow B_1$
$\quad\quad \longrightarrow B_3$
$A_2 \longrightarrow B_2$
$\quad\quad \longrightarrow B_6 = \phi$
$A_3 \longrightarrow B_4$
$\quad\quad \longrightarrow B_5$

总费用为 $Z = 7 + 4 + 9 + 7 + 8 = 35$（万元）。

请读者找出其他最优方案。

（四）某事不能由某人去做的指派问题

某事不能由某人去做，可将此人做此事的费用取作足够大的 M。

例 8.16　分配甲、乙、丙、丁四个人去完成 A、B、C、D、E 五项任务，每人完成各项任务的时间如下表。由于任务重，人数少，考虑：

（1）任务 E 必须完成，其他 4 项任务可选 3 项完成。但甲不能做 A 项工作。

（2）其中有一人完成两项，其他人每人完成一项。

试分别确定最优分配方案，使完成任务的总时间最少。

表 8.9　　　　　　　　　　　　　　　　　　　　　　　　　单位：分钟

人＼任务	A	B	C	D	E
甲	25	29	31	42	37
乙	39	38	26	20	33
丙	34	27	28	40	32
丁	24	42	36	23	45

[解]　这是一个人数与工作不等的指派问题,若用匈牙利法求解,需作如下处理。

(1) 由于任务数大于人数,所以需要有一个虚拟的人,设为戊。因为工作 E 必须完成,故设戊完成 E 的时间为 M(M 为非常大的数),即戊不能做工作 E,其余的假想时间为 0;由于甲不能做 A 工作,故甲完成 A 工作的时间设为 M。建立效率矩阵表如下:

人＼任务	A	B	C	D	E
甲	M	29	31	42	37
乙	39	38	26	20	33
丙	34	27	28	40	32
丁	24	42	36	23	45
戊	0	0	0	0	M

用匈牙利法求解过程如下:

$$C=\begin{pmatrix} M & 29 & 31 & 42 & 37 \\ 39 & 38 & 26 & 20 & 33 \\ 34 & 27 & 28 & 40 & 32 \\ 24 & 42 & 36 & 23 & 45 \\ 0 & 0 & 0 & 0 & M \end{pmatrix} \xrightarrow{\text{行变换}} \begin{pmatrix} M & 0 & 2 & 13 & 8 \\ 19 & 18 & 6 & 0 & 13 \\ 7 & 0 & 1 & 13 & 5 \\ 1 & 19 & 13 & 0 & 22 \\ 0 & 0 & 0 & 0 & M \end{pmatrix} \xrightarrow{\text{列变换}}$$

$$\begin{pmatrix} M & 0 & 2 & 13 & 3 \\ 19 & 18 & 6 & 0 & 8 \\ 7 & 0 & 1 & 13 & 0 \\ 1 & 19 & 13 & 0 & 17 \\ 0 & 0 & 0 & 0 & M \end{pmatrix} = C'$$

说明:由于 M 是足够大的数,因此在上述行列变换过程中,不管它减去的是什么数它总是一个足够大的数,故仍记为 M。下面找最少覆盖 0 的直线。

$$C'=\begin{pmatrix} M & (0) & 2 & 13 & 3 \\ 19 & 18 & 6 & (0) & 8 \\ 7 & 0 & 1 & 13 & (0) \\ 1 & 19 & 13 & 0 & 17 \\ (0) & 0 & 0 & 0 & M \end{pmatrix}$$

增"0":对 C' 中未被线覆盖的数减 1,双线覆盖的加 1,其他不变,得

$$C''=\begin{pmatrix} M & (0) & 1 & 13 & 3 \\ 18 & 18 & 5 & (0) & 8 \\ 6 & 0 & 0 & 13 & (0) \\ (0) & 19 & 12 & 0 & 17 \\ 0 & 1 & (0) & 1 & M \end{pmatrix}$$

$$甲 \rightarrow B$$

$$乙 \rightarrow D$$

从而得最优指派:

$$丙 \rightarrow E$$

$$丁 \rightarrow A$$

最少的耗时数 $Z = 29 + 20 + 32 + 24 = 105$(分钟)。

(2) 思路:方案1:甲,㊒,乙,丙,丁。

方案2:甲,乙,㊃,丙,丁。

方案3:甲,乙,丙,㊐,丁。

方案4:甲,乙,丙,丁,㊗。

方案5:甲,㊒,乙,㊃,丙,㊐,丁,㊗,此为8人;而工作只有5项:A,B,C,D,E,设虚拟工作:F,G,H。

这些思路都比较烦,请看下面的思路:设有虚拟人戊,它集五人优势为一身。即戊的费用是每人的最低,戊所做的工作即为此项工作的费用最低者的工作。

人＼任务	A	B	C	D	E
甲	25	29	31	42	37
乙	39	38	26	20	33
丙	34	27	28	40	32
丁	24	42	36	23	45
戊	24	27	26	20	32

以下用匈牙利法求解:

$$C = \begin{pmatrix} 25 & 29 & 31 & 42 & 37 \\ 39 & 38 & 26 & 20 & 33 \\ 34 & 27 & 28 & 40 & 32 \\ 24 & 42 & 36 & 23 & 45 \\ 24 & 27 & 26 & 20 & 32 \end{pmatrix} \xrightarrow{行变换} \begin{pmatrix} 0 & 4 & 6 & 17 & 12 \\ 19 & 18 & 6 & 0 & 13 \\ 7 & 0 & 1 & 13 & 5 \\ 1 & 19 & 13 & 0 & 22 \\ 4 & 7 & 6 & 0 & 12 \end{pmatrix} \xrightarrow{列变换}$$

$$\begin{pmatrix} 0 & 4 & 5 & 17 & 7 \\ 19 & 18 & 5 & 0 & 8 \\ 7 & 0 & 0 & 13 & 0 \\ 1 & 19 & 12 & 0 & 17 \\ 4 & 7 & 5 & 0 & 7 \end{pmatrix} = C'$$

对 C' 加括号确定独立0元素,(0)个数 $= 3 < 5 = n$,作0元素的最少直线覆盖,如下:

$$C' = \begin{pmatrix} (0) & 4 & 5 & 17 & 7 \\ 19 & 18 & 5 & (0) & 8 \\ 7 & (0) & 0 & 13 & 0 \\ 1 & 19 & 12 & 0 & 17 \\ 4 & 7 & 5 & 0 & 7 \end{pmatrix}$$

在未划去的数中选最小者 4,未划去的行都减去 4,划去的列都加上 4 得:

$$C'' = \begin{pmatrix} (0) & 0 & 1 & 17 & 3 \\ 19 & 14 & 1 & (0) & 4 \\ 11 & (0) & 0 & 17 & 0 \\ 1 & 15 & 8 & 0 & 13 \\ 4 & 3 & 1 & 0 & 3 \end{pmatrix}$$

再打括号(0)且试指派:(0)个数 $=3<5$,再作 0 元素的最少直线覆盖。从未划去的元素中找最小者 1,未划去的行都减去这个 1,划去的列都加上这个 1,得 C''':

$$C''' = \begin{pmatrix} 0 & (0) & 1 & 18 & 3 \\ 18 & 13 & 0 & 0 & 3 \\ 11 & 0 & 0 & 18 & (0) \\ (0) & 14 & 7 & 0 & 12 \\ 3 & 2 & 0 & 0 & 2 \end{pmatrix}$$

打括号(0)试指派,结果为:
$$\begin{matrix} 甲—B & 甲—B \\ 乙—D & 乙—C \\ 丙—E 或 丙—E \\ 丁—A & 丁—A \\ 戊—C & 戊—D \end{matrix}$$

其中戊是虚拟人,不能真做,它做 C 或 D 工作是借乙(此列最小时间数 26 或 20 是 C 所创业绩)优势,应由 C 来做。即乙做两件工作:D,C。

思考题

1. 某校篮球队拟从编号为 1,2,3,4,5,6 的六名预备队员中,选拔三名正式队员,要求他们的平均身高尽可能高。此外,入选队员尚需符合下列条件:(1)至少有一名后卫;(2)2号和 5 号只能入选一名;(3)最多入选一名中锋;(4)2 号或 4 号入选,6 号就不得入选。这些预备队员的有关情况见下表。试问:哪三名预备队员应当入选? 只需建立数学模型。

预备队员编号	位置	身高(米)	预备队员编号	位置	身高(米)
1	中锋	1.93	4	前锋	1.86
2	中锋	1.91	5	后卫	1.80
3	前锋	1.87	6	后卫	1.85

2. 利用隐枚举法求解下面规划问题:

$$\max Y = 4x_1 + 3x_2 + 2x_3$$

$$\text{s.t.} \begin{cases} 2x_1 - 5x_2 + 3x_3 \leqslant 4 \\ 4x_1 + x_2 + 3x_3 \geqslant 3 \\ x_1 \qquad + x_3 \geqslant 1 \\ x_1, x_2, x_3 = 0 \text{ 或 } 1 \end{cases}$$

3. 指派问题的实质是什么? 简述求解指派问题的匈牙利法的基本原理。

4. 利用匈牙利法求解下列指派问题:

(1) $\min Y = \sum\limits_{i=1}^{4} \sum\limits_{j=1}^{4} b_{ij} x_{ij}$

$$\text{s.t.} \begin{cases} \sum\limits_{i=1}^{4} x_{ij} = 1 \\ \sum\limits_{j=1}^{4} x_{ij} = 1 \\ x_{ij} = 0, 1, \quad i, j = 1, 2, 3, 4 \end{cases}$$

效率矩阵为:

$$(b_{ij}) = \begin{pmatrix} 7 & 9 & 10 & 12 \\ 13 & 12 & 16 & 17 \\ 15 & 16 & 14 & 15 \\ 11 & 12 & 15 & 16 \end{pmatrix}$$

(2) $\max Y = \sum\limits_{i=1}^{4} \sum\limits_{j=1}^{4} a_{ij} x_{ij}$

$$\text{s.t.} \begin{cases} \sum\limits_{i=1}^{4} x_{ij} = 1 \\ \sum\limits_{j=1}^{4} x_{ij} = 1 \\ x_{ij} = 0, 1, \quad i, j = 1, 2, 3, 4 \end{cases}$$

效率矩阵为:

$$(a_{ij}) = \begin{pmatrix} 15 & 17 & 9 & 6 \\ 11 & 7 & 8 & 12 \\ 4 & 13 & 14 & 11 \\ 11 & 9 & 7 & 13 \end{pmatrix}$$

5. 某医院的五位大夫 A_1、A_2、A_3、A_4 和 A_5 从家中直接出诊,各去五个家庭病床 B_1、B_2、B_3、B_4 和 B_5 中的一个,从每位大夫的家到每个家庭临床的路程见下表。试问怎样安排他们的出诊任务，方能使其总路程最短。

	B_1	B_2	B_3	B_4	B_5
	路　程(千米)				
A_1	11	14	24	21	21
A_2	14	19	15	29	25
A_3	20	17	7	28	11
A_4	18	15	11	20	30
A_5	12	14	16	21	15

第九章　网络计划技术

第一节　网络计划技术概述

网络计划技术是 20 世纪 50 年代中期发展起来的一种科学的计划管理技术,它是运筹学的一个组成部分。网络计划技术中的关键路线法(CPM, critical path method)和计划评审技术(PERT, program evaluation and review technique)是两种分别独立发展起来的技术,最早出现在美国。计划评审技术是 1958 年由美国海军特种计划局和洛克希德航空公司共同规划和研究在核潜艇上发射"北极星"导弹计划时提出的。而关键路线法是美国杜邦化学公司于 1957 年 1 月为筹建新厂研究设计的一种新的计划管理方法。由于使用了关键路线法,结果使该项投资 1 000 万美元的建厂工程比原计划缩短了两个月。该公司又将关键路线应用于其属下的一个化工厂的维修工程上,由此维修停工时间比原计划节省了 4.7 个小时,同样取得了显著的效果。杜邦公司在实施关键路线法后的第一年就节约了 100 万美元,相当于该公司研究开发关键路线法所花费用的五倍。

PERT 和 CPM 都是用网络图制定计划,这两种方法的共同点就是作业间的关系属肯定型(即某作业完成后接下去干什么是客观确定的,并不要等到那个作业完成的时候根据情况而定)。但在发展初期存在的主要不同点是:

1. PERT 的作业时间(工期)上有三个估计值(最乐观工期 a、最可能工期 m、最悲观工期 b),而真正用来计算的作业工期为 $(a+4m+b)/6$(这种加权平均法套用了概率论中 β 分布的原理)。而 CPM 的作业时间(工期)只有一个估计值。

PERT 从本质上说是或然论的,每个活动时间基于 β 分布,预期时间期限基于正态分布。CPM 基于单一的时间估算,从本质上说是决定论的。

2. CPM 不仅考虑时间,还考虑费用,重点在于费用和成本的控制,常用于有精确的时间预算,并有较强的资源依赖性的研究项目。PERT 主要用于含有大量不确定因素的大规模开发研究项目,重点在于时间控制,常用于估算时间的风险具有高度可变性的研发项目。

现在,这两种方法在实际应用中常常被结合使用,两者几乎合二为一。因此,网络计划技术是计划评审技术和关键路线法等有关技术的统称。因为这些方法都是建立在网络模型基础上的,所以统称网络计划技术。

20 世纪 60 年代,数学家华罗庚首先在我国推广网络计划技术,并定名为统筹法。1977

年山西大同口泉车站运用网络计划技术解决煤的装运问题,从日装车 700 辆增加到 1 000 辆。1978 年冬,四川攀枝花钢铁公司一号高炉大修,按冶金部部署的计划需 75 天完成,应用统筹法只用了 54 天,提前 21 天投产。这些显著的效益是在原有的人、财、物等资源条件不变的条件下,仅仅依靠运用网络计划技术(统筹法)进行统筹安排的结果。这是典型的"管理出效益"。

第一次世界大战期间美国人甘特发明了一种简便易行,应用方便被称为横道图的计划方法,它可以明确地反映计划期内各项工作的开始时间和必须完成的时间,至今一直广泛应用于很多领域,但这种计划方法不能清楚地指出各项工作间的相互关系,也不能表现各项工作之间的矛盾关系,也不能进行方案的优化处理。而网络计划技术具有许多传统计划技术所不具有的优点,具体表现为:

1. 它能充分反映工作之间的相互联系和相互制约关系,也就是说,工作之间的逻辑关系非常严格。

2. 它能告诉我们各项工作的最早可能开始、最早可能结束、最迟必须开始、最迟必须结束、总时差、局部时差等时间参数,它所提供的是动态的计划概念;而横道图只能表示出工作的开始时间和结束时间,只提供一种静态的计划概念。

3. 应用网络计划技术,可以区分关键工作和非关键工作。在通常的情况下,当计划内有 10 项工作时,关键工作只有 3—4 项,占 30%—40%;有 100 项工作时,关键工作只有 12—15 项,占 12%—15%;有 1 000 项工作时,关键工作只有 70—80 项,占 7%—8%;有 5 000 项工作时,关键工作也只不过 150—160 项,占 3%—4%;据说世界上曾经有过 10 000 项工作的计划,其中关键工作只占 1%—2%。因此,工程负责人和领导同志只要集中精力抓住关键工作,就能对计划的实施进行有效的控制和监督。

4. 应用网络计划技术可以对计划方案进行优化,即根据我们所要追求的目标,得到最优的计划方案。

5. 网络计划技术是控制工期的有效工具。管理工作条件是千变万化的。网络计划技术能适应这种变化。采用网络计划,在不改变工作之间的逻辑关系,也不必重新绘图的情况下,只要收集有关变化的情报,修改原有的数据,经过重新计算和优化,就可以得到变化以后的新计划方案。这就改变了使用横道图计划遇到施工条件变化就束手无策、无法控制进度的状况。

6. 网络计划这种计划的新形式能够和先进的电子计算机技术结合起来,从计划的编制、优化到执行过程中的调整和控制,都可借助电子计算机来进行,从而为计划管理现代化提供了基础。

网络计划方法的实际应用表明,它是一种十分有效的科学管理方法。现在,网络计划方法不仅广泛应用于时间进度的安排上,而且也应用在资源的分配和费用的优化等方面。这种方法特别适用于大型复杂系统和工程项目的计划管理和对时间的有效控制,对于一次性或重复较少的工程项目有明显的优越性,例如新产品的研制、项目开发、建筑施工、人力物力资源配置、长远发展规划制定等。越是复杂、头绪众多、协调频繁、时间紧迫的任务,使用网络计划方法的效果就越显著。

　　网络计划技术在实践中取得了卓越成效，许多国家都应用网络计划技术进行管理。在前苏联，政府规定所有大的建筑工程都必须采用网络计划技术进行管理。1961 年，美国政府规定，凡是一切由政府进行的工程，都必须采用网络计划技术，而在军方，若不编制项目网络计划就不会得到批准。英国不仅将网络计划技术应用于建筑业，而且还广泛应用于工业，要求直接从事管理和有关业务的专业人员必须掌握此技术。随着现代管理理念的发展和推广，网络计划技术不仅仅局限于工程建设中，在信息技术领域、在咨询开发领域甚至在服务性领域中可应用于时间的计划管理、成本的计划管理、资源的调配和生产的调度，还应用于一些目标的完成，如设计开发一个应用软件、推广介绍一种新产品、组织一次旅游、安排一个演出活动等等。每个项目都可以用到网络计划技术，网络计划技术在现代管理中将日益发挥出重要作用。这些作用主要表现为：

　　1. 用于时间的计划管理。美国的北极星导弹潜艇的研制，共涉及 8 家总承包公司、250 家分公司、9 000 个转包商，组织管理工作非常复杂，但由于应用 PERT，工程提前两年完成。

　　2. 用于成本的计划管理。PERT 用于成本的计划管理，称为成本计划评审法。其基本步骤是将几个作业集合起来（叫成套工作）形成一个账号，这种网络图的时间与费用估计值是计划中的标准。在计划开始执行后，将实际耗用的时间与费用累积计算，并定期将已耗用的实际值与估计值相比较，找出偏差，进行控制。

　　3. 用于资源的调配。资源调配是计划管理中最重要的一个内容。此处的资源是广义的资源，包括人、物、设备等。通常有两种情况：一种是没有资源的限制，要求保质保量保时间地完成任务；另一种是在现有资源条件下，限期完成任务。对于前一种情形，时间是重要的控制变量；对于后一种情形则不仅要考虑时间因素而且要考虑资源限制。解决的主要思路为优先将资源调配给时差最小的作业，尽量避免延长路线，减少次要线路上的作业时间。我们的目标是在有限资源条件下，使所需时间最少，资源最节省（称为最优解）。

　　4. 用于生产调度。将网络图加上时间坐标，既可以用于作业计划，又可以用于作业调度，这在工作中是极为有效和方便的。根据清单上的资料，确定各作业要求是否与现有的人力、物力、资金等资源情况相符就一目了然了。

第二节　网　络　图

　　网络计划技术的核心是画网络图。应用网络计划技术首先必须了解网络图的构成、网络图的绘制原则和要领，进而掌握网络图的绘制方法。

一、网络图的构成

　　网络图，又称箭线图或统筹图。它是由结点、活动、虚活动和路线组成的。

　　1. 结点（节点、事件、事项）。

　　结点是表示某一项活动的开始或完工的瞬间点。它不消耗人力、物力和时间。它是前后活动的连接点，对于中间结点来说，它既是以它为终点的活动完成的瞬间，又表示以它为起点的活动在同一时刻开始。

结点用圆圈〇表示，圆圈中编上整数号码，称为结点编号。在圆圈中编上序号以代表事项的顺序。两个结点之间用箭线连接，并规定箭尾结点的代号一定小于箭头结点的代号，逆序是不允许的。

2. 活动（工作、工序、作业）。

活动是泛指一项需要消耗人力、物力和时间的具体活动过程，又称为工作、工序或作业。在网络图中用箭线表示，箭尾表示工作的开始，箭头表示工作的完成。箭头的方向表示工作的前进方向（从左向右），在箭线上方标写作业名称和代号，在其下方标写完成任务的时间。箭线的长短无实际意义。如①→②即表示从结点 1 到结点 2 的作业。

对于某项工作来说，紧接在其箭尾结点前面的工作，是其紧前工作，紧接在其箭头结点后面的工作是其紧后工作，和它同时进行的工作称为平行工作。

3. 虚活动（逻辑矢箭）。

虚活动是一种虚设的活动，仅仅表示工作之间的先后顺序和相互衔接关系，在图上用虚线矢箭表示，它不占用时间和资源，因此它的活动资源和时间为 0。

4. 路线。

路线是指从网络图的起点开始，沿箭头方向顺序地连接起来，一直到达终点事项的一条通路。一个网络图通常有多条路线。

路长是指一条路线上各作业的时间之和。同一个网络图不同路线的路长是不一样的，其中路长最长的路线称为关键路线，一般用粗箭线和双箭线表示。一个网络图的关键路线有时不止一条。

二、绘制网络图的原则和要求

（一）绘制网络图的原则

为正确反映工程中各个工序的相互关系，在绘制网络图时，应遵循以下原则：

1. 方向、时序与结点编号。

网络图是有向图，按照工作流程的顺序，规定工序从左向右排列，要求箭头方向必须指向右。网络图中的各个结点都有一个时间（某一个或若干个工序开始或结束的时间），一般按各个结点的时间顺序从左向右编号，要求箭尾结点的编码一定小于箭头结点的编码。为了便于修改编号及调整计划，可以在编号过程中跳码编号，如结点号码为 0，2，3，6……。始点编号可以从 1 开始，也可以从 0 开始。

2. 一对结点只能表示一项活动，一项活动在网络图中只能用一个箭线来表示。

一个活动用确定的两个相关结点（起始结点和结束结点）表示，某两个相邻结点只能是一个活动的相关事项。在计算各个结点和各个工序的时间参数时，相关事项的两个结点只能表示一道工序，否则将造成逻辑上的混乱。图 9.1 是不允许的，因为②→③不仅表示了 B 活动，而且表示了 C 活动。正确的表示方法为图 9.2。

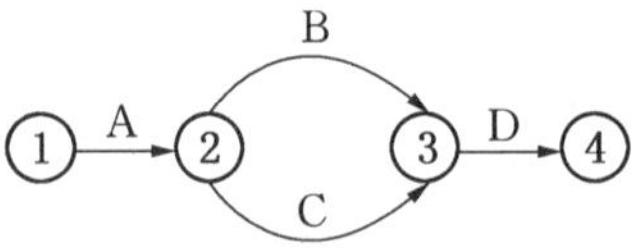

图 9.1

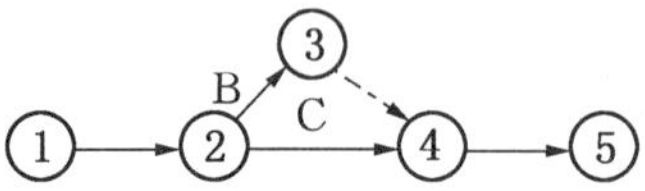

图 9.2

3. 网络图中不能有回路。

网络图中不能有回路,即不能有循环现象。否则,将使组成回路的活动永远不能结束,工程永远不能完工。如图 9.3 是不允许的,因为它形成了循环。

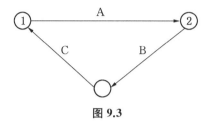

图 9.3

4. 平行作业。

为缩短项目的完工时间,在条件允许的情况下,某些工序可以同时进行,即可采用平行作业的方式。在有几个工序平行作业结束后转入下一道工序的情况下,考虑到便于计算网络时间和确定关键路线,选择在平行作业的几个工序中所需时间最长的一个工序,直接与其紧后工序衔接,而其他工序则通过虚工序与其紧后工序衔接。如图 9.2 中的 B 和 C 活动是平行作业。

5. 交叉作业。

对需要较长时间才能完成的一些活动,在条件允许的情况下,可以不必等待该活动全部结束后再转入其紧后工序,而是分期分批地转入。这种方式称为交叉作业。交叉作业可以缩短项目周期。如果活动 A 和 B 可以交叉进行,也就是说,活动 A 部分完成后活动 B 就可以开始了,那么可以将活动 A 分解为 A_1,A_2,A_3,将活动 B 分解为 B_1 和 B_2,B_3。用网络图可表示为图 9.4。

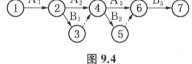

图 9.4

6. 网络图中不能有缺口,即一个网络图只能有一个起点和一个终点。

在网络图中,除始点和终点外,其他各个结点的前后都应有箭线相连接,即图中不能有缺口。网络图从始点经任何路线都可到达终点,否则,将使某些工序失去与其紧后(或紧前)工序应有的联系。为表示工程的开始和结束,在网络图中只能有一个始点和一个终点。当工程开始时有几个工序平行作业,或在几个工序结束后完工,用一个始点、一个终点表示。若这些工序不能用一个始点或一个终点表示时,可用虚工序把它们与始点或终点连起来。如图 9.5 是不允许的,正确的表示是图 9.6。需要说明的是,图 9.6 中的结点⑤和⑦可以合并为⑦,从而更简洁明了。

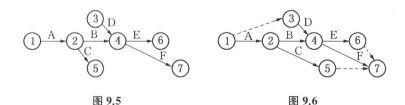

图 9.5   图 9.6

（二）网络图的绘制要求

1. 网络图力求简明、清晰、整齐。

2. 箭线尽量画成水平直线。少画斜线和交叉线，非交叉不可的，必须用暗桥"‾‾‾⌒‾‾‾"表示。

3. 结点的编号，要求箭尾结点项的代号一定小于箭头结点的代号。

三、网络图的绘制步骤

绘制网络图事先要准备好原始资料。也就是要弄清楚整个项目由哪些活动组成，这些活动之间的相互关系是怎样的及各项活动所需要的时间是多少。在这个基础上，对整个项目进行分析和研究，制定"过程系统图"或设想的作业流程，将各道作业、作业时间和作业之间的衔接关系列成作业时间表，然后画出网络图。具体而言，网络图的绘制可以分为以下三个步骤：

1. 任务的分解。

任务的分解就是把一个工程或一项任务分解成若干作业，并确定它们之间的关系。作业与作业之间的关系共有三种：（1）紧前作业，即某一作业的前面有哪些作业；（2）紧后作业，即某一作业的后面有哪些作业；（3）并行作业，即与某作业同时进行的有哪些作业。

对某一项目绘制的网络图可以分为母网络图、子网络图。它们各有粗细之别、详细与简单之分，以便供各级人员使用。网络图中各作业所需要的时间一般以周为单位，也可根据任务总时间的长短酌情以月或天为单位。根据网络图的不同需要，一个工序所包括的工作内容可以多一些，即工序综合程度较高，也可以在一个工序中所包括的工作内容少一些，即工序综合程度较低。一般情况下，项目总指挥部制定的网络计划是工序综合程度较高的网络图（母网络图），而下一级部门，根据综合程度高的网络图的要求，制定本部门的工序综合程度低的网络图（子网络图）。母网络图是综合性的，若干个子网络图是母网络图的具体化。对于一些大型项目通常需要画多个网络图，它们构成一个完整的体系。

绘制某一个网络图时先将任务分解，然后用表格形式的任务清单表示出来。表9.1即为某调研工作工序，表中标明作业的名称、代号、先后顺序以及所需时间等。

表 9.1

工序	内　容	工时（天）	紧前工序
A	研究选点	1	/
B	初步研究	2	A
C	准备调研方案	4	A
D	联系调研点	2	B
E	培训工作人员	3	B, C
F	准备表格	1	C

（续表）

工序	内　容	工时（天）	紧前工序
G	实地调研	5	D, E, F
H	写调研报告	2	G
I	开会汇总	3	H

2. 画图。

有了任务分解的清单，就可以进行网络图的绘制工作了。画图是从第一个活动开始，以箭线代表作业，依先后顺序一支箭线接一支箭线地从左向右画下去，直到最后一个作业为止。在箭线与箭线的分界处画一个圆圈，这样就得到一个网络图。

画网络图时，尽可能将关键路线布置在中心位置，并尽量将联系紧密的工作布置在相近的位置。为使网络图清楚和便于在图上填写有关的时间数据与其他数据，弧线尽量用水平线或具有一段水平线的折线。网络图也可以附有时间进度，必要时也可以按完成各项活动的工作单位布置网络图。

3. 编号。

将网络图中的圆圈写上代号，从左至右，从小到大，不得出现重复的编号，这样就完成了一个任务的网络图。

根据表 9.1 画出网络图 9.7。

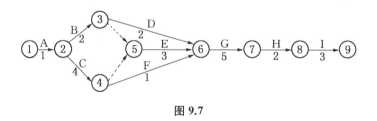

图 9.7

第三节　网络图的时间参数与计算

画出某一项目的网络图只是应用网络计划技术的第一步，因为网络图只反映了项目的全貌和各项活动之间的关系，还不能提供制定计划和指导实践的信息和数据。只有给网络图的各项活动及结点赋予一定的时间参数，才能使网络图成为编制计划的基础，才能为项目的组织、控制和决策提供科学的依据。

安排工作必须弄清完成各项活动所需要的时间，即可能在什么时间开始，最迟必须在什么时间结束，在不影响项目进度的前提下各项活动有没有机动时间。因此，网络图的时间参数包括结点的最早时间和最迟时间，活动的最早开始时间和最早完成时间，活动的最迟开始时间和最迟完成时间，时差等。

一、结点的时间参数与计算

1. 结点的最早时间 $t_E(j)$。

一个结点的最早时间是指从始结点到该结点的最长时间之和,在这时刻之前是不能开始的。以 $t_E(j)$ 表示结点(事项)j 的最早时间。结点的最早时间表示以该结点为起点的所有活动最早可能在什么时候开始。

通常假设始结点的最早时间等于零,即 $t_E(1)=0$。

若结点只有一条箭线进入的话,则该箭尾所触结点的最早时间加上箭杆时间(作业时间)即为该箭头所触结点的最早时间。若结点有很多条箭线进入的话,则对每条箭线都作上述计算之后,取其中最大数值为该结点的最早时间。对于 ⓘ→ⓙ(i 可以有多个取值意味着有多个箭头指向 j),$t_E(j)$ 的计算公式为:

$$t_E(j)=\max_i[t_E(i)+t(i,j)]$$

式中,$t(i,j)$ 为作业时间;$t_E(j)$ 为箭头结点的最早时间;$t_E(i)$ 为箭尾结点的最早时间。

2. 结点的最迟时间 $t_L(i)$。

一个结点的最迟时间是指这个结点最迟必须结束的时间,在这个时间里事项若不完成,就要影响其后续作业的按时完工。以 $t_L(i)$ 表示结点 i 的最迟时间。

终点结点的最迟时间:$t_L(n)=$ 总工期。

若对任务的总工期没有特定规定,为便于计算,令 $t_L(n)=t_E(n)$。

若结点只有一条箭尾,则该结点最迟时间等于箭头所触结点的最迟时间减去该作业的时间。若结点有很多条箭尾,则对每一条箭线都作上述运算之后,取其中最小值作为该结点的最迟时间。对于 ⓘ→ⓙ(j 可以有多个取值,意味着有多个箭尾与 i 相连),$t_L(i)$ 的计算公式为:

$$t_L(i)=\min_j[t_L(j)-t(i,j)]$$

式中,$t_L(i)$ 为箭尾结点的最迟时间;$t_L(j)$ 为箭头结点的最迟时间。

3. 结点的时差 $S(i)$。

结点的时差就是结点的最迟时间减去其最早时间。计算公式为:$S(i)=t_L(i)-t_E(i)$。时差为 0 的结点构成关键路线,关键路线上的活动为关键活动。

以网络图 9.7 为例,介绍计算结点时间参数的步骤为:

第一步,从始点开始,自左向右分别计算各结点最早时间,结果填入□内;

$t_E(1)=0$;

$t_E(2)=t_E(1)+t(1,2)=0+1=1$;

$t_E(3)=t_E(2)+t(2,3)=1+2=3$;

$t_E(4)=t_E(2)+t(2,4)=1+4=5$;

$t_E(5)=\max[t_E(3)+t(3,5),t_E(4)+t(4,5)]=\max[3+0,5+0]=5$

$$t_E(6)=\max[t_E(3)+t(3, 6) \ t_E(5)+t(5, 6), t_E(4)+t(4, 6)]$$
$$=\max[3+2, 5+3, 5+1]=8$$

$$t_E(7)=t_E(6)+t(6, 7)=8+5=13;$$

$$t_E(8)=t_E(7)+t(7, 8)=13+2=15;$$

$$t_E(9)=t_E(8)+t(8, 9)=15+3=18。$$

第二步,从终点开始,自右向左分别计算各结点最迟时间,结果填入△内;

$$t_L(9)=t_E(9)=18;$$

$$t_L(8)=t_L(9)-t(8, 9)=18-3=15;$$

$$t_L(7)=t_L(8)-t(7, 8)=15-2=13;$$

$$t_L(6)=t_L(7)-t(6, 7)=13-5=8;$$

$$t_L(5)=t_L(6)-t(5, 6)=8-3=5;$$

$$t_L(4)=\min[t_L(5)-t(4, 5), t_L(6)-t(4, 6)]=\min[5-0, 8-1]=5;$$

$$t_L(3)=\min[t_L(5)-t(3, 5), t_L(6)-t(3, 6)]=\min[5-0, 8-2]=5;$$

$$t_L(2)=\min[t_L(3)-t(2, 3), t_L(4)-t(2, 4)]=\min[5-2, 5-4]=1;$$

$$t_L(1)=t_L(2)-t(1, 2)=1-1=0。$$

第三步,结点最早时间与最迟时间相同所确定的活动为关键活动,由关键活动组成的路线即为关键路线,一般用粗线条或双线表示,其路长即为完成项目的所需要的时间,即工期。

根据图9.7计算的结点时间参数找到的关键路线,如图9.8所示。

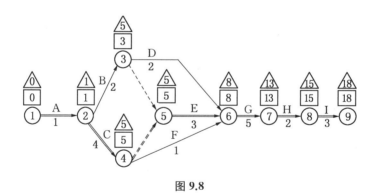

图 9.8

上述求解结点时间参数的方法为图上计算法,此外还可以用矩阵法。

二、活动的时间参数与计算

活动的时间参数有六个,即活动的最早开始时间 $t_{ES}(i, j)$,最早完成时间 $t_{EF}(i, j)$,最迟开始时间 $t_{LS}(i, j)$,活动的最迟完成时间 $t_{LF}(i, j)$,活动的总时差 $R(i, j)$ 和单时差 $r(i, j)$。其计算方法如下:

1. 活动的最早开始时间 $t_{ES}(i, j)$。

任何一个活动都必须在其紧前活动结束后才能开始,在这之前是不具备开工的条件。

紧前活动最早结束时间即为该活动最早可能开始时间,简称为活动最早开始时间,它等于箭尾结点的最早时间。即:

$$t_{ES}(i,j)=t_E(i)$$

2. 活动的最早完成时间 $t_{EF}(i,j)$。

活动的最早完成时间是工序最早可能结束时间的简称,就是它的最早开始时间加上该活动所需的时间,它等于箭尾结点的最早时间加上活动所需的时间。计算公式为:

$$t_{EF}(i,j)=t_E(i)+t(i,j)$$

3. 活动的最迟开始时间 $t_{LS}(i,j)$。

在不影响项目最早结束时间(即工期)的条件下,每项活动都有一个最迟必须结束时间,这个时间叫做活动的最迟开始时间,它等于箭头结点的最迟完成时间减去活动时间。计算公式为:

$$t_{LS}(i,j)=t_L(j)-t(i,j)$$

4. 活动的最迟完成时间 $t_{LF}(i,j)$。

在不影响项目最早结束时间的条件下,活动最迟必须完成的时间简称为活动最迟完成时间。一个活动的最迟完成时间等于它的最迟开始时间加上该活动所需要的时间,它等于箭头结点的最迟时间。计算公式为:

$$t_{LF}(i,j)=t_L(j)$$

5. 活动的总时差 $R(i,j)$。

活动总时差就是在不影响紧后活动最迟开始的条件下,完成该活动可以宽裕的时间,以 $R(i,j)$ 表示。一个活动如果它在最早开始时间 $t_{ES}(i,j)$ 开始,并且耗费规定工时 $t(i,j)$,则它一定能在最早完成时间 $t_{EF}(i,j)$ 完成;活动还有一个最迟完成时间 $t_{LF}(i,j)$,它只要不超过 $t_{LF}(i,j)$ 而完工,就不会拖延整个任务的工期。所以,活动的安排具有一定的回旋余地,活动回旋余地的范围就是活动的总时差。计算公式为:

$$R(i,j)=最迟开始时间-最早开始时间$$
$$=最迟完成时间-最早完成时间$$
$$=t_{LF}(i,j)-t_{EF}(i,j)$$
$$或 R(i,j)=t_L(j)-t_E(i)-t(i,j)$$

当 $R(i,j)=0$ 时,此活动称为关键活动;当 $R(i,j)\neq0$ 时,此活动实际上具有潜力,调用时差就是挖掘其中的潜力(人力、物力、财力)。活动总时差越大,表明该活动在整个网络中的机动时间越大,可以在一定范围内将该工序的人力、物力资源利用到关键工序上去,以达到缩短工程结束时间的目的。

因此,总时差具有以下性质:

(1) 总时差为 0 的活动称关键活动。

(2) 如果总时差等于 0,其他时差也必须等于 0。

（3）某项工作的总时差不但属于本项工作，而且与前后工作都有关系，它为一条线路（或路段）所共有。

6. 活动的单时差 $r(i, j)$。

在不影响紧后活动最早开始时间的条件下，活动最早结束时间可以推迟的时间，称为该活动的单时差。活动的单时差反映了在不影响后续活动 (j, k) 的最早开始时间 $t_{ES}(j, k)$ 的前提下，活动可以自由地利用机动时间范围。计算公式为：

$$r(i, j) = t_{ES}(j, k) - t_{EF}(i, j)$$

$$或\ r(i, j) = t_E(j) - t_E(i) - t(i, j)$$

单时差的主要的特点是：

（1）单时差小于或等于总时差。

（2）以关键路线上的节点为结束点的工作，其单时差与总时差相等。

（3）使用单时差对后续工作没有影响，后续工作仍可按其最早开始时间开始。

在网络图中，总时差为零的活动，开始和结束的时间没有一点机动的余地。由这些活动所组成的路线就是网络中的关键路线。这些活动就是关键活动。因此，从始点到终点，沿箭头方向把总时差为零的活动连接起来所形成的路线称为关键路线。关键路线在图上用粗线或双线表示。用计算活动总时差的方法确定网络中的关键活动和关键路线是确定关键路线最常用的方法。

时间参数的表达方法主要有图上表示法和表上作业法。图上表示法与节点图上表示法相似，根据活动时间参数的计算公式计算，将相应的时间参数填在箭线的上方。如图9.9，箭线上方□、△内填写的分别是活动的最早开始时间和最迟开始时间，总时差为0，即最早开始时间等于最迟开始时间的活动为关键活动，从起点开始沿着关键活动的箭线到达终点的路线为关键路线，用双线表示在图上。

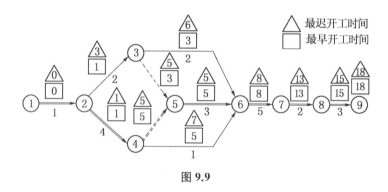

图9.9

下面介绍运用表上作业法计算活动时间参数的方法和步骤。

第一步，画表。先将活动的时间参数（活动代码、活动时间、紧前活动）按顺序填入表的前三列，后五列为其他时间参数。表中第二和第三列填入的为对应活动的箭尾和箭头序号。这两列中 i 和 j 从上到下必须按照从小到大的顺序排列。如表9.2所示。

表 9.2

活动名称	活动代号		活动时间(1)	开始时间		完成时间		总时差R(6)	关键活动
	i	j		最早(2)	最迟(3)	最早(4)	最迟(5)		
A	1	2	1	0	0	1	1	0	✓
B	2	3	2	1	3	3	5	2	
C	2	4	4	1	1	5	5	0	✓
虚工序	3	5	0	3	5	3	5	2	
D	3	6	2	3	6	5	8	3	
虚工序	4	5	0	5	5	5	5	0	✓
F	4	6	1	5	7	6	8	2	
E	5	6	3	5	5	8	8	0	✓
G	6	7	5	8	8	13	13	0	✓
H	7	8	2	13	13	15	15	0	✓
I	8	9	3	15	15	18	18	0	✓

　　第二步,计算活动的最早开始时间和最早完成时间。计算活动最早时间由上至下依次进行。先确定始点活动(即 $i=1$ 的活动)的最早开始时间为 0,填入第(2)列,然后加上该活动的活动时间得到始点活动的最早完成时间。接着找出 $j=2$ 的活动的最早完成时间填到 $i=2$ 的活动的最早开始时间,然后加上该活动的活动时间得到 $i=2$ 的所有活动的最早完成时间。以此类推,计算以某一结点为始点的活动的最早开始时间,就可找出以它为终点的活动的最早完成时间,凡是紧前活动只有一个,则将紧前活动的最早完成时间填入该活动的最早开始时间栏;如果某活动有多个紧前活动,则取这些紧前活动中最早完成时间最长的数值计为该活动的最早开始时间,然后加上该活动的活动时间得到相应活动的最早完成时间。

　　如 $i=5$ 的活动的最早开始时间就等于从 j 列中找出 5 对应的最早完成时间中的最大值5,最早完成时间等于最早开始时间加上活动时间。

　　第三步,计算活动的最迟完成时间和最迟开始时间。计算活动最迟时间由下至上依次进行。先确定终点活动(即 $i=n$ 的活动)的最迟完成时间为最早完成时间,填入第(5)列,然后减去该活动的活动时间得到终点活动的最迟开始时间。计算以某一结点为终点的活动的最迟完成时间,就可找出以它为起点的活动的最迟开始时间,凡是紧后活动只有一个,则将紧后活动的最迟开始时间填入该活动的最迟完成时间栏;如果该活动有多个紧后活动,则取这些紧后活动中最迟开始时间最小的数值计为该活动的最迟完成时间,然后减去该活动的活动时间得到相应活动的最迟开始时间。

　　如 $j=4$ 的活动的最迟完成时间就等于 $i=4$ 的所有活动的最迟开始时间(分别为 5,7)的最小值5,它的最迟开始时间等于最迟完成时间减去它的活动时间,即 $5-4=1$。

　　第四步,计算总时差 R。 $R=(5)-(4)=(3)-(2)$。 凡是总时差为 0 的活动为关键活动,由关键活动构成的路线即为关键路线。

通过上述的网络时间参数计算过程可以看出,计算过程具有一定的规律和严格的程序,可以用图上表示法和表上作业法计算,事实上也可以在计算机上完成。

三、网络图时间参数小结

1. 结点的时间参数。

最早时间:$t_E(j) = \max[t_E(i) + t(i, j)]$

最迟时间:$t_L(i) = \min[t_L(j) - t(i, j)]$

时差:$S(i) = t_L(i) - t_E(i)$

2. 活动的时间参数。

最早开始时间:$t_{ES}(i, j) = t_E(i)$

最早完成时间:$t_{EF}(i, j) = t_E(i) + t(i, j)$

最迟开始时间:$t_{LS}(i, j) = t_L(j) - t(i, j)$

最迟完成时间:$t_{LF}(i, j) = t_L(j)$

总时差:$R(i, j) = t_{LF}(i, j) - t_{EF}(i, j) = t_L(j) - t_E(i) - t(i, j)$

单时差:$r(i, j) = t_{ES}(j, k) - t_{EF}(i, j) = t_E(j) - t_E(i) - t(i, j)$

3. 活动总时差与单时差的关系。

单时差=总时差−活动箭头结点的结点时差

即 $r(i, j) = R(i, j) - S(j)$,如图9.10所示。

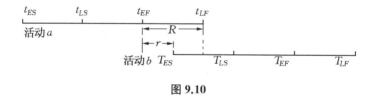

图9.10

4. 活动总时差之间的关系。

在网络图中有多条线路,每条线路中可能有几个总时差,但作为该线路的总时差,并不是各项活动的总时差之和,而是取其中的最大值。如图9.9,②→③→⑥这一段线路中,活动B的总时差为2天,活动D的总时差为3天。如果活动B的开始时间向后推迟2天,则活动D的机动时间只有1天 。如果B是按最早开始时间开工,则活动D有3天的机动时间。所以在②→③→⑥这一段线路上只有3天的机动时间。

四、寻找关键路线的方法

网络计划技术的优势很大程度上是通过关键路线的优化来表现的。要想缩短整个任务的工期,必须在关键路线上想办法,即缩短关键路线上的活动时间;反之,若关键路线的工期延长,则整个计划工期就要延长。在一张网络图中,关键路线可以有多条。关键路线多表明各项活动的周期都很紧张,要求必须加强管理,严格控制,以保证任务的按期完成。系统网络图技术的精华就在于根据网络图找出关键路线,重点保证关键路线;利用非关键路线上活动的时差,调用其中的人力、物力、财力去支援关键路线,使得关键活动按规定时间如期完成,从而使得整个任务能按期或提前完成。

关键路线是网络图中从始点开始沿箭头方向到达终点的最长的路线,所以可以找出网络图中所有的路线,并计算路长,最长路线即为关键路线。虽然这种思路比较容易理解,但是对于解决规模大一点的问题就会显得较难操作,因为用这种思路首先必须找出所有的路线,不能有任何遗漏,而对于较复杂规模较大的问题这是件不容易的事。通常寻找关键路线的方法主要有:

1. 根据结点时差找关键路线。

找出时差为 0 的结点并沿着箭头的方向走到终点形成的路线为关键路线,关键路线上的活动为关键活动。可以肯定的是始点和终点一定是时差为 0 的点,也一定在关键路线上。

2. 根据活动的总时差找关键路线。

找出总时差为零的活动并沿箭头方向把它们连接起来所形成的路线称为关键路线。关键路线在图上用粗线或双线表示。用计算活动总时差的方法确定网络中的关键活动和关键路线,是确定关键路线最常用的方法。

3. 破圈法。

破圈法是一种比较直观易操作的找关键路线的方法。一般在没有计算网络参数前,可以用破圈法找关键路线。它的思路是由于关键路线是网络图中所有路线中的最长路线,所以关键路线中的局部路线也应该是以局部路线起始点到终结点的所有局部路线中最长的,因此可以通过寻找局部(圈)最长路线来确定关键路线。破圈法的具体步骤:从左到右,找出网络图中由箭线围成的所有的圈,并逐个进行破坏,最后留下一条或多条由始点到终点的通路,这些通路就是关键路线。破圈的方法:比较每个圈中自箭尾结点到箭头结点的两条或多条通路的长度,保留最长的,其他的通路用剪刀剪断其中的一个活动。

破圈法在寻找关键路线时比较可行,但这种方法也有缺点:虽然找到了关键路线,但并不能说明各项活动的机动时间和具体的开始完成时间。因此,在一般情况下,它是一种辅助性的方法。

例 9.1　用破圈法找出图 9.11 的关键路线。

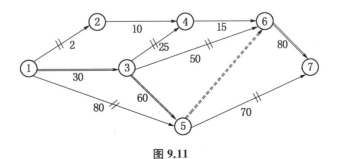

图 9.11

图中第一个圈的箭尾结点是①,箭头结点是④,两条通路的长度分别是 $2+10=12$ 和 $30+25=55$,则剪去较短路上的活动①→②。

图中另一个圈的箭尾结点是①,箭头结点是⑤,两条通路的长度分别是 80 和 $30+60=90$,则剪去较短路上的活动①→⑤。按同样的方法,可以破坏一个个圈,最后留下的就是关键路线①→③→⑤→⑥→⑦。

第四节　任务完成期的概率分析

在第三节关于网络图时间参数的讨论中,是以每个活动所需时间都是确定的数值为前提的,因此计算出来的总计划所需时间也是确定的数值。也就是说,在这种情况下通过科学地计算一个计划完成需要多少时间,就确定它的工期为多少时间,这样找出的关键路线是以总时差为零来确定的。

在实际项目计划中,确定完成某项作业或任务所需时间是不容易的,往往只能凭以往的或其他项目的资料来进行估计。这种估计往往带有一定的不确定性,需要慎重对待。通常,运用单一时间估计法和三点估计法来确定完成某项活动所需时间。而对于三点估计法不仅要算出活动时间,而且要进行概率分析。下面对这两个问题进行探讨。

一、活动时间的确定

一项活动的活动时间是指完成该项活动所需要的时间。活动时间是网络图的基本参数,如果时间估计不准,会直接影响计划的效果。对活动时间的估计一般有两种方法:单一时间估计法和三点估计法。

1. 单一时间估计法。

单一时间估计法指在估计活动时间时,只确定一个时间值。通常适用于有同类作业所需时间的相关资料作参考,可以依据经验估计出一个时间值。这个时间不考虑偶然情况。

2. 三点估计法。三点估计法就是在估计活动所需时间时,预先估计三种时间(最乐观时间、最保守时间、最可能时间),然后再计算其平均值,作为完成该活动所需要的时间。一般适用于不确定性问题,在无可靠的资料和经验来确定单一时间时,可采用三点估计法。其具体的计算方法为:

(1) 预先估计三种时间。最乐观时间,指在顺利情况下完成作业所需的时间,即最短时间,以 a 表示。最保守时间,指在极不利情况下完成作业所需时间,即最长时间,以 b 表示。最可能时间,指完成作业通常需要的时间,即一般情况下完成作业的时间,以 m 表示。

(2) 上述三种时间的平均值即为完成该活动所需要的时间,计算公式为:

$$t = (a + 4m + b)/6$$

这种估计值对应的方差可用下式求出:

$$\sigma^2 = (b - a)^2/6^2$$

方差反映了各种估计值对平均值的偏离程度。

由于用三点估计法计算出来的活动时间具有不确定性，因此我们必须研究由于这些不确定因素对计划能否按期完成产生的影响，即计划按期完成的可能性有多大。这就是任务完成期的概率分析。

二、任务完成期的概率分析

整个项目完成期等于关键路线上所有关键活动的活动时间之和。即：

$$T_E = \sum t_E(i, j)$$

项目工期的偏差等于关键路线上所有关键活动的方差之和的平方根。即：

$$\sigma^2 = \sqrt{\sum \sigma^2(i, j)}$$

根据概率论的"中心极限定理"，可以认为任何事项的完工时间都是近似符合正态分布的。因此当关键路线上包括的活动足够多时，项目完成所需时间可以看作是一个以 T_E 为平均值，以 σ^2 为方差的正态分布。可以用下面的公式对整个任务是否能按期完成给予概率评价，并对计划的执行作出预测。

根据正态分布公式，可以计算概率系数为：

$$Z = \frac{T_D - T_E}{\sigma}$$

式中，Z 为概率系数，T_D 为规定工期，T_E 为预期工期。

根据 Z 的数值查正态分布表，即可得到计划完成概率。当然，当已知预期工期（关键路线路长平均值）和方差的条件下，也可以估算出具有一定完成概率的项目完成时间。

例 9.2　已知某计划中各道工序的 a，m，b 值，单位：月，如表9.3，求：

(1) 每道工序平均工时 t，标准方差 σ。

(2) 画网络图，求关键路线，计算平均工期。

(3) 求在 25 个月内完工的概率。

［解］　(1) 根据下列公式计算每道工序平均工时 t，方差 σ^2，具体数值见表 9.3。

$$t = (a + 4m + b)/6$$
$$\sigma^2 = (b - a)^2/6^2$$

表 9.3

工序	a	m	b	t	σ	关键工序
(1, 2)	7	8	9	8	0.333	
(1, 3)	5	7	8	6.833	0.5	$\checkmark$
(2, 6)	6	9	12	9	1	
(3, 4)	4	4	4	4	0	

(续表)

工序	a	m	b	t	σ	关键工序
(3，5)	7	8	10	8.167	0.5	
(3，6)	10	13	19	13.5	1.5	✓
(4，5)	3	4	6	4.167	0.5	
(5，6)	4	5	7	5.167	0.5	
(5，7)	7	9	11	9	0.667	
(6，7)	3	4	8	4.5	0.833	✓

(2) 根据表 9.3 画网络图 9.12,用破圈法求关键路线为①→③→⑥→⑦,计算平均工期为:

$$t = 6.833 + 13.5 + 4.5 = 24.833(月)$$

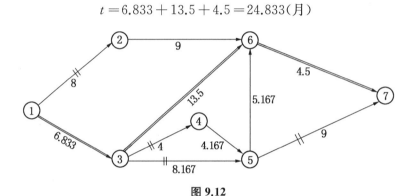

图 9.12

(3) 计算在 25 个月内完工的概率。

计划总标准差 $\sigma = \sqrt{0.5^2 + 1.5^2 + 0.833^2} = 1.787$

当预期工期为 25 个月时,概率系数 $Z = \dfrac{25 - 24.833}{\sqrt{\sigma_{13}^2 + \sigma_{36}^2 + \sigma_{67}^2}} = \dfrac{0.167}{1.787} = 0.099$

查正态分布表,此时的概率＝0.539 8。

由此可见,计划在 25 个月完工概率为 53.98%。

求出计划预期完成的概率后,还可以对各种计划方案进行评价,根据经验:

当概率 $P(T \leqslant T_D) \leqslant 0.4$,误期的危险性很大,须重新制定规划,不宜太冒进;

当 $0.4 \leqslant P(T \leqslant T_D) \leqslant 0.65$ 时,表现为合理风险与资源运用的界限;

当 $0.65 \leqslant P(T \leqslant T_D) \leqslant 1.0$ 时,则为资源过量,过于保守。

第五节　网络计划的优化

通过绘制网络图、计算时间参数和确定关键路线,可以得到一个初始方案,但通常还要对初始计划方案进行调整和完善。根据计划的要求,综合地考虑进度、资源利用和降低费用等目标,即进行网络优化,确定最优的计划方案。而这正是网络计划技术的优势和精华所在,即找到满足一定约束条件的实现管理目标最优的计划方案。

网络计划的优化就是指对网络图加以分析和改进,力求使人力、物力、财力和时间等资源的组织安排在任务需要和实际可能上充分体现多快好省的精神。网络计划优化主要包括时间优化、资源优化和成本优化。具体可以考虑缩短网络计划的工期,使其符合规定工期的要求;工期不变,使需要的资源(人力、物力、财力)最少;均衡资源,使其符合资源供应能力,且保证工期;缩短工期并使费用增加最少等等。通过优化,可不断改善网络的初始方案,从而获得最佳的周期、最低的成本和对资源的最有效利用,并最终选择最优方案,作出科学决策。

一、网络图的时间优化

网络图的时间优化是使任务完成的周期最短,或使任务完成的日期最符合所期望的日期。按初步方案画出了网络图,通过计算找到关键路线后,要进一步缩短工期,除了采取技术措施,缩短关键工序的作业时间(加强技术力量、改进工作方式和配备高素质人才等)外,在组织管理上可以采取以下一些措施:

1. 在可能条件下把串联作业改为平行作业或交叉作业,缩短工期。为了缩短工期,要着重研究关键路线上的关键活动有没有可能通过改变组织方式使串联作业改为平行作业或交叉作业。串联作业就是指一项活动完成后,才能进行下一项活动的安排方式。

例 9.3　某工程主要包括设计、基建、订货、安装和投产,分别需要 1 个月、8 个月、3 个月、6 个月和 1 个月,这五项工作按序依次进行,共需 19 个月。现希望这项工程在一年内完成,请设计一个方案。

[分析]　显然,订货不必等到基建完成后再进行,可考虑同时进行,这样工期可以缩短 3 个月,但仍然未达到一年的期限要求。进一步分析发现可以对基建和安装进行周密安排,部分基建工程完成后便可投入安装工作,这样工程就可以在一年内完成。

初始方案和改进方案如图 9.13 和图 9.14 所示。

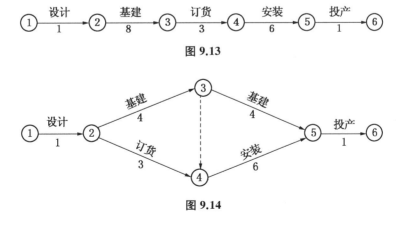

图 9.13

图 9.14

2. 通过增加人力、物力和财力等办法以缩短关键工作的作业时间,从而达到缩短项目完成时间的目标。

3. 在资源条件有限的情况下,可以通过挖掘非关键路线的潜力,把有限的资源优先保证关键活动的需要,从而缩短关键线路的持续时间。

采用上述方法缩短项目工期,在调整过程中都会引起网络计划的改变,每次改变后都要重新计算网络时间参数和确定关键线路,直至求到满意的工期。

二、网络图的资源优化

所谓网络图的资源优化,就是在投入资源最少或合理使用资源的条件下,通过合理组织,使任务提前或按期完成。网络计划需要的总工期是以一定的资源条件为基础的,资源条件常常是影响作业进度的主要原因。因此,网络计划需要考虑资源,进行资源平衡工作,适当调整完工期,以保证资源的合理使用。

为合理使用资源,必须对网络进行调整。这里有两种情况:一是所需资源仅限于某一项工作使用;另一种是资源为同时开展的多项工作所需要。对于第一种情况,只需根据现有资源条件,计算出该项工作的持续时间,并重新进行时间参数的计算,即可得到调整后的工期。对于第二种情况,调整比较复杂,通常是在条形图上进行,可采用启发式方法。其基本思路是:优先保证关键活动和时差较少的活动对资源的需要,充分利用非关键活动的时差,错开活动时间,尽量使资源的使用连续均衡。对有限资源的运用,不仅要考虑供应数量的限制,而且要考虑供应和使用的均衡。

下面通过人力资源的合理利用来说明网络资源的优化方法。

例 9.4 某项目的各项活动所需工作时间和人数如表 9.4 所示。

表 9.4

活动	i	j	工时(天)	人数	紧前工序
A	1	6	4	9	—
B	1	4	2	3	—
C	1	2	2	6	—
D	1	3	2	4	—
E	4	5	3	8	B
F	2	3	2	7	C
G	3	5	3	2	D, F
H	5	6	4	1	E, G

1. 绘制网络图。如图 9.15 所示,箭杆上方字母为活动名称,两个数字分别为工时和人数。

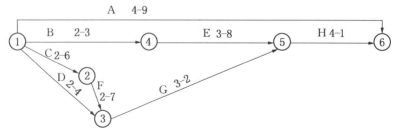

图 9.15

2. 计算各活动的时间参数,确定关键路线,如表9.5所示。

表 9.5

活动名称	活动代号		活动时间 (1)	开始时间		完成时间		总时差 R(6)	关键路线
	i	j		最早 (2)	最迟 (3)	最早 (4)	最迟 (5)		
C	1	2	2	0	0	2	2	0	√
D	1	3	2	0	2	2	4	2	
B	1	4	2	0	2	2	4	2	
A	1	6	4	0	7	4	11	7	
F	2	3	2	2	2	4	4	0	√
G	3	5	3	4	4	7	7	0	√
E	4	5	3	2	4	5	7	2	
H	5	6	4	7	7	11	11	0	√

关键路线为①→②→③→⑤→⑥。

3. 分析该项目每天需要的人力资源。将上述网络图依各项活动的最早开始时间列出日程图,如图9.16所示。

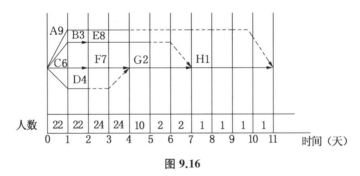

图 9.16

从上图不难发现,按照各项活动的最早开始时间安排工作,每天所需的员工人数很不均匀,对整个计划的管理和效率影响很大。如何充分利用人力资源呢? 设法将每天工作的员工人数拉平。

改进一:将活动 A 按最迟开始时间安排,其余活动按原来的方法安排,则日程图为图9.17。

改进后,每天所需人数较前方案合理些,这时日需要人数最多为 15 人,最少为 2 人,差距仍然不小。

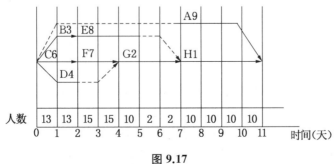

图 9.17

改进二：在改进一的基础上，将活动 E 按最迟开始时间安排，其余活动按改进一的方法安排，则日程图为图 9.18。

再次改进后，每天所需人数更加合理，这时日需要人数最多为 13 人，最少为 7 人，差距又小了。

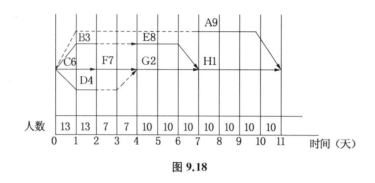

图 9.18

改进三：在改进二的基础上，将活动 B 按最迟开始时间安排，其余活动按改进二的方法安排，则日程图为图 9.19。

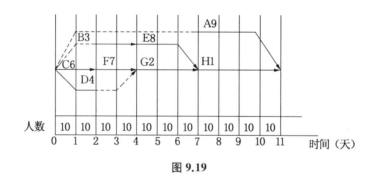

图 9.19

经过改进，每天工作人数都是 10 人，表明这时该工程人力资源安排已经非常均匀，此方案为最优方案。这是一个比较完美的案例。在实际工作中却很难实现。一般来讲，通过网络图改进方案，适当调整达到较均衡地运用有限的人力资源的目的就可以了。

三、网络图的成本优化

在编制网络计划过程中，研究如何使得工程完工时间短、费用少；或者在保证既定的工程完工时间的条件下，所需要的费用最少；或者在限制费用的条件下，工程完工时间最短，这就是成本优化所要研究和解决的问题。

每一项目所需要的费用大致可分为两大类：（1）直接费用，包括直接工作人员的工资及附加费，设备、能源、工具及材料消耗等直接与完成工序有关的费用。为缩短工序的作业时间，需要采取一定的技术组织措施，相应地要增加一部分直接费用。在一定条件下和一定范围内，工序的作业时间越短，直接费用就越多。（2）间接费用，包括管理人员的工资、办公费用等。间接费用通常按照施工时间的长短分摊,在一定生产规模内,工序的作业时间越短,分摊的间接费用就越少。每一项目总费用等于直接费用加上间接费用。一般地说,直接费用是一条向右下方倾斜的曲线,间接费用是一条向右上方倾斜的曲线,因此,总费用是一条U形曲线,它存在最低点,该点就是时间和费用的最佳值。

在进行成本优化时,需要计算在采取各种技术组织措施之后,项目不同的完工时间所对应的活动费用和项目所需要的总费用。项目费用最低的完工时间称为最低成本计划。编制网络计划,无论是以降低费用为主要目标,还是以尽量缩短工程完工时间为主要目标,都要计算最低成本计划,从而提出时间—成本的优化方案。下面以一实例说明计算最低成本计划的一种直观判断的方法。

计划的完成时间常常受到资源的影响,若增加资源,则可缩短完成时间,但成本也将随之增加;反之,若减少资源,将使完成时间拉长,然而可能降低成本。因此,两者可以相互替换,需要进行比较。

赶工时间是指某项工作的作业时间从正常状态逐步缩短到无法再缩短为止的时间,这一时间所需要的成本为赶工成本。由于将某项作业时间缩短到比正常时间短,此时所用的成本往往会比正常成本高,达到赶工点时,其成本最高。直接成本与作业时间的关系为一曲线,接近于赶工点与正常点的连线,该连线的斜率被称为成本斜率,其意义是每缩短一个单位时间所需增加的费用。计算公式为:

$$成本斜率 = (赶工成本 - 正常成本)/(正常时间 - 赶工时间)$$

例 9.5　已知图 9.20 中各道工序正常情况下的活动时间(已标在各条弧线的下方)和极限时间,以及对应于正常时间、极限时间各工序所需要的直接费用和每缩短一天工期需要增加的直接费用,如表 9.6 所示。

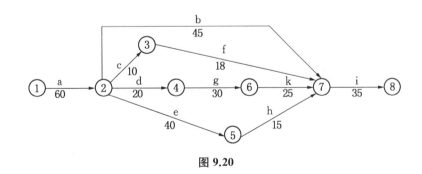

图 9.20

表 9.6

活　动	正常情况下		采取各种措施后		成本斜率 (元/天)
	正常时间 (天)	正常成本 (元)	赶工时间 (天)	赶工成本 (元)	
a	60	10 000	60	10 000	—
b	45	4 500	30	6 300	120

活　动	正常情况下		采取各种措施后		成本斜率(元/天)
	正常时间(天)	正常成本(元)	赶工时间(天)	赶工成本(元)	
c	10	2 800	5	4 300	300
d	20	7 000	10	11 000	400
e	40	10 000	35	12 500	500
f	18	3 600	10	5 440	230
g	30	9 000	20	12 500	350
h	15	3 750	10	5 750	400
k	25	6 250	15	9 150	290
i	35	12 000	35	12 000	—

工序 a、i 由于某种原因(人员、场地负荷已饱满,为保证产品质量不宜外协等),正常时间不能缩短。它们不存在直接费用变动。

又已知项目每天的间接费用为 400 元,根据已知资料,若按图 9.20 的安排,工期为 170 天,则项目的直接费用(各工序直接费用之和)为 68 900 元,间接费用为 170 天×400 元/天=68 000 元,总费用为 136 900 元。把这个按正常时间进行的方案作为第一方案。

如果要缩短第一方案的完工时间,首先要缩短关键路线上直接费用变动率最低的工序的作业时间。例如,在第一方案的关键工序 a、d、g、k、i 中,工序 g、k 的成本斜率最低。已知这两个工序的作业时间分别都只能缩短 10 天,则总工期可以缩短到 150 天。这时的各工序的直接费用为第一方案中的直接费用(68 900 元)再加上由于缩短工程周期而增加的直接费用,即 68 900+(290×10+350×10)=75 300 元;间接费用为第一方案的间接费用减去由于缩短工期而省的间接费用,即(170×400)-(20×400)=68 000-8 000=60 000 元。总费用为 75 300+60 000=135 300元。工期为 150 天。把这个方案作为第二方案。它比第一方案的工期缩短 20 天,总费用节省 1 600 元(136 900-135 300),显然第二方案比第一方案经济效果好。

在第二个方案中,关键路线有两条:①→②→④→⑥→⑦→⑧与①→②→⑤→⑦→⑧,如果再缩短项目周期,工序直接费用将大幅度增加。例如,若在第二方案的基础上再缩短工程工期 10 天时,则 d 工序需缩短 10 天,h 工序缩短 5 天(只能缩短 5 天),e 工序缩短 5 天,则工序的直接费用为 75 300+400×10+400×5+500×5=83 800 元。间接费用为 60 000-400×10=56 000 元。总费用为 83 800+56 000=139 800 元。显然,这个方案的总费用比第二、第一两个方案的任何一个的总费用都高。因此,第二方案为最优方案,对应的工程周期150 天即为最低成本计划。

网络计划技术是一种常用的科学管理方法。它通过网络图的形式,统筹规划、全面安排,并对整个系统进行组织、协调和控制,以达到最有效地利用资源,并用最少的时间来完成系统的预期目标。网络优化的思路与方案应贯穿于网络计划的编制、调整与执行的全过程。

应用案例

网络计划技术在项目管理中的应用

项目管理是指在项目活动中运用知识、技能、工具和技术实现项目要求。工程项目的最大特点是"一次性",工程项目不能重复,不能失败了重新再来。成功的项目管理者必须运用有效计划技术,为完成一个目标而进行系统的任务安排,计划管理即有效利用资源。没有有效的计划,任何项目的失败几率将大增。

目前国际上流行的网络计划技术是一种科学的计划管理方法,它在工程项目计划管理中的使用价值已得到了各国的认可。网络计划技术以缩短工期、提高生产力、降低消耗为目标。它可以为项目管理提供许多信息,有利于加强项目管理。它既是一种编制计划的方法,又是一种科学的管理方法。它有助于管理人员全面了解、重点掌握、灵活安排、合理组织,经济有效完成项目目标。

一、研 究 目 的

对 1 200 kt/a 柴油加氢精制装置工程项目进行计划。

二、网络计划计算及优化

1. 确定初步的作业活动、作业程序及估计工期。

1 200 kt/a 柴油加氢项目是已经建成的 1 000 kt/a 延迟焦化装置的后续配套工程,项目将在 14 个月(约 62 周)的总工期内完成初步设计、详细设计、采购、施工,工期要求极其紧迫。

该项目中有一台关键设备——循环氢压缩机 K-4002,而压缩机的采购、制造周期很长,安装精度要求高,故 K-4002 的采购、运输、安装、调试是否如期顺利进行将约束着整个项目的工期,项目的成功与否与之关系密切。所以在项目详细计划之前,对该项目罗列了粗线条的作业活动,并根据经验估计作业所需的工期,见表 1。

表 1 1 200 kt/a 柴油加氢项目作业活动情况表

活动代号	活 动 说 明	前序活动	所需工期(周)
开始	项目开始		0
A	压缩机工艺数据和请购文件准备		10
B	其他工艺设备数据		10
C	压缩机采购	A	10
D	其他工艺设备采购	B	5
E	压缩机资料返回及设计条件确认	C	4
F	其他工艺设备资料返回及设计条件确认	D	5

（续表）

活动代号	活 动 说 明	前序活动	所需工期（周）
G	压缩机基础图设计	E	4
H	其他土建图设计	F	8
I	其他专业(电气、仪表、配管等)设计	A/B	20
J	压缩机制造、到货	C	45
K	其他工艺设备制造、到货	D	25
L	其他专业(电气、仪表、配管等)设备、材料采购到货	I	14
M	压缩机基础施工、养护	G	8
N	其他土建施工、养护	H	10
O	压缩机安装、调试	J/M	10
P	其他工艺设备安装、调试	K/N	7
Q	其他专业(电气、仪表、配管等)安装	L	15
结束	机械交工	O/P/Q	0

根据上表画出网络图,如图1。

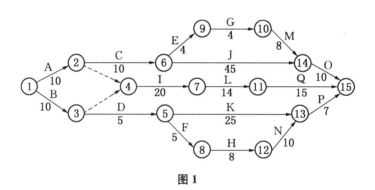

图1

2. 网络计算。

(1) 计算 ES、EF。

A 作业：$ES_A = EF_{开始} = 0$

$\qquad EF_A = ES_A + OD_A = 0 + 10 = 10$

C 作业：$ES_C = EF_A = 10$

$\qquad EF_C = ES_C + OD_C = 10 + 10 = 20$

依次类推,对每项作业 ES、EF 进行计算。

(2) 计算 LS、LF。

Q 作业：$LF_Q = LS_{结束} = 62$

$\qquad LS_Q = LF_Q - OD_Q = 62 - 15 = 47$

L 作业：$LF_L = LS_Q = 47$

$$LS_L = LF_Q - OD_L = 47 - 14 = 33$$

依次类推,对每项作业 LS、LF 进行计算。

(3) 计算总时差(TR)。

根据 $TR = LF - EF = LS - ES$,计算出各作业的总时差。

(4) 确定关键作业。

根据定义,确定 A、C、J、O 为关键作业。计算结果见表 2。

表 2　1 200 kt/a 柴油加氢项目作业活动时间参数情况

活动代号	前序活动	所需工期 OD/周	ES	EF	LS	LF	TR	关键路径
开始	—	0	0	0	−13	−13	−13	
A	—	10	0	10	−13	−3	−13	✓
B	—	10	0	10	15	25	15	
C	A	10	10	20	−3	7	−13	✓
D	B	5	10	15	25	30	15	
E	C	4	20	24	36	40	16	
F	D	5	15	20	32	37	17	
G	E	4	24	28	40	44	16	
H	F	8	20	28	37	45	17	
I	A/B	20	10	30	13	33	3	
J	C	45	20	65	7	52	−13	✓
K	D	25	15	40	30	55	15	
L	I	14	30	44	33	47	3	
M	G	8	28	36	44	52	16	
N	H	10	28	38	45	55	17	
O	J/M	10	65	75	52	62	−13	✓
P	K/N	7	40	47	55	62	15	
Q	L	15	44	59	47	62	3	
结束	O/P/Q	0	75	75	62	62	−13	

根据各作业的工期与作业间的逻辑关系,项目所需日历日期 62 周。在 1 200 kt/a 柴油加氢项目中 A(压缩机工艺数据和请购文件准备)、C(压缩机采购)、J(压缩机制造到货)及 O(压缩机安装调试)为关键作业,它们的工期影响整个项目的工期。由于 A、C、J、O 的工期偏长(总超期 13 周),使整个项目不能在 62 周内完成。故必须对关键作业的工期进行适当调整,以保证整个项目的如期交工。

3. 关键作业工期调整。

召集参与关键作业的有关人员,尽可能地缩短作业工期。最后作业 A 的工期缩短 2 周,采购周期缩短 3 周,压缩机制造周期缩短 5 周,压缩机的安装调试时间缩短 3 周。调整后重新计算时间参数,发现总时差小于 0 的作业没有了,这说明通过调整,只要严格按计划控制好关键作业,1 200 kt/a柴油加氢项目在62周里完成初步设计、详细设计、采购、施工是可行的。

4. 组织实施。

详细的项目总计划制定后,在项目实施中,可以进行实时动态管理,控制好项目。可根据实际情况对项目进度进行跟踪、反馈、分析、比较,并进行监督、控制和调整。使项目处于受控状态。

三、结　　论

近几年来,项目管理在我国的市场日益广阔,每年的社会投资多达数万亿元。另一方面,项目管理的全球化发展,国际知名公司如 AMEC、Technip、ABB 等以先进的管理理念、现代的管理技术与我们竞争。所以,在激烈竞争的环境下,面对各种复杂的项目有大量的信息、数据需要动态管理,我们必须要使用先进的方法和工具。与 IT 技术结合的广义网络计划技术是现代管理学科中比较盛行的一种科学管理方法。采用这种技术,不仅在计划制定期间求得工期、资源、成本的优化,而且在计划的执行过程中,通过信息反馈,进行有效的监督、控制和调整,能够保证项目预定目标的实现。

(资料来源:中国石化集团上海工程有限公司,作者:王美珍。)

思考题

1. 根据作业明细表绘制网络图。

(1)工序明细表见下表:

工序	紧前工序	工序	紧前工序
a	/	d	a、b
b	/	e	c、d
c	a		

(2)工序明细表见下表:

工序	紧前工序	工序	紧前工序
a	/	d	a
b	a	e	b、c、d
c	a	f	d

2. 已知下表所列资料,要求:

(1)绘制网络图;

(2)计算各工序的最早开工、最早完工、最迟开工、最迟完工时间和总时差;

(3)确定关键路线。

工序	紧前工序	工序时间（天）	工序	紧前工序	工序时间（天）	工序	紧前工序	工序时间（天）
a	/	12	f	c	5	x	h	3
b	/	3	g	c	6	p	f	7
c	b	5	h	a、g	4	r	n	3
d	b	7	n	d、e	3	w	m	2
e	b	8	m	e	8	y	x、p、r	2

3. 已知一个车库基建工程的作业明细表如下表所示，要求：

(1) 工程从开始施工到全部结束的最短周期；

(2) 如果工序 l 拖延 10 天，对整个工程有何影响；

(3) 如果工序 j 的工序时间由 12 天缩短到 8 天，对整个工程进度有何影响；

(4) 为保证整个工程进度在最短周期内完成，工序 i 最迟在哪天开工；

(5) 如果要求工程在 75 天完工，要不要采取措施？应从哪些方面采取措施？

工序代号	工序名称	工序时间	紧前工序
a	清理场地，准备施工	10	/
b	备料	8	/
c	车库地面施工	6	a、b
d	预制墙及房顶桁架	16	b
e	车库混凝土地面保养	24	c
f	立墙架	4	d、c
g	立房顶桁架	4	f
h	装窗及边墙	10	f
i	装门	4	f
j	装天花板	12	g
k	油漆	16	h、i、j
l	引道混凝土施工	8	c
m	引道混凝土保养	24	l
n	清理场地，交工验收	4	k、m

4. 在第 3 题中，试确定 70 天内完工，又使工程费用最低的施工方案。各工序的正常进度和赶工进度的工序时间及费用情况如下表所示。

工序代号	正常进度		赶工进度	
	工序时间（天）	每天费用（元）	工序时间（天）	每天费用（元）
a	10	50	6	75
b	8	40	8	40
c	6	40	4	60
d	16	60	12	85
e	24	5	24	5
f	4	40	2	70
g	4	20	2	30
h	10	30	8	40
i	4	30	3	45
j	12	25	8	40
k	16	50	12	80
l	8	40	6	60
m	24	5	24	5
n	4	10	4	10

5. 某工程各工序的工序时间及需要人数如下表所示。现有人数 10 人,试确定工程完工时间最短的工程进度计划。

工序代号	紧前工序	工序时间（天）	需要人数
a	/	4	9
b	/	2	3
c	/	2	6
d	/	2	4
e	b	3	8
f	b	2	7
g	f、d	3	2
h	e、g	4	1

6. 某计划项目的资料如下表所示,要求:

（1）绘制网络图并计算每个工序的期望时间和方差以及总工期的期望时间和方差;

（2）分别判断总工期提前 3 天完成以及延迟不超过 5 天完成的可能性大小。

工序	紧前工序	需 要 天 数		
		最乐观的 a	最可能的 m	最悲观的 b
a	/	2	5	6
b	a	6	9	12
c	a	5	14	17
d	b	5	8	11
e	c、d	3	6	9
f	/	3	12	21
g	e、f	1	4	7

第十章 层次分析法

第一节 层次分析法概述

在生产实践和日常生活中,常常会遇到这样一类决策问题,通常有多种可供选择的方案,在对每一个方案进行评价时需要考虑众多方面的因素,这些方案本身以及影响因素的重要性、优先程度往往难以量化,这时人的主观选择会起着相当重要的作用。这方面的例子很多,既有人们日常生活中的一些选择活动,如城市居民购房、学生毕业时选择职业,也有各级各类组织的决策,如企业面临机遇时的各种项目决策和管理,政府面对各种事件时的处理决定和政策制定,还有一些涉及全局全国的重大工程,如三峡工程、南水北调工程这样巨大建设项目的立项以及在立项后多种设计方案的取舍等。

层次分析法(analytical hierarchy process,AHP)是美国匹兹堡大学教授萨特(A.L.Saaty)于20世纪70年代提出的一种系统化、层次化的分析方法,其方法思想朴素,但却能很有效地整合那些影响一个复杂决策系统的因素和数据信息。它以综合的定性与定量分析,模拟人的决策思维过程来对多因素复杂系统,特别是难以定量描述的社会系统进行分析。在1977年第一届国际建模会议上,萨特教授发表了《无结构决策问题的建模——层次分析理论》,这之后层次分析理论引起了人们的关注,除萨特教授外,还有许多学者对这一理论进行了更深入的研究,极大地推动了这一理论的发展,也促进了这一方法的推广应用。这一理论在1982年11月召开的中美能源、资源、环境学术会上,由萨特教授的学生戈兰桑尼(H.Gholam-nezhad)首次介绍给中国学者。天津大学许树柏等发表了我国第一篇介绍层次分析理论的论文。层次分析理论研究和应用在我国得到迅速发展。1988年国际AHP学术讨论会在我国天津召开,在中国系统工程学会下设立了层次分析法专业学组并创办了《决策与层次分析法》专业学刊,这更进一步推动了AHP在中国的发展。正是由于层次分析法在理论上具有完备性,在结构上具有严谨性,在解决问题上具有简洁性,尤其在解决非结构化决策问题上具有明显的优势,因此层次分析法在各行各业得到广泛和深入的应用。

众所周知,对于那些大量重复常见的结构化决策问题可以收集到大量的数据资料,而且有现成的正规的决策模型可用,运用定量科学决策方法是行之有效的。但对于有人参与的社会经济决策现象,特别是一些重大战略决策,往往是一次性的,或就事论事的,很少有数据可用,即使有数据可用,人们对它们的理解和使用也有很大的不同,这时很难简单套用现成的数学模型。此外,有些决策本身就具有很强的创造性,有的难免带有一定的感情和政治色彩,因此给决策者留有足够创造性余地的定性定量相结合的决策方法就应运而生了。AHP正是这样一种定性定量相结合的多准则决策评价方法。尽管 AHP 方法具有深刻的数学推导和内容,但从本质上讲,AHP 是一种思维方式。应用 AHP 解决问题的思路是,首先,把要解决的问题分层次系列化,将问题分解为不同的组成因素,按照因素之间的相互影响和隶属关系将其分层聚类组合,形成一个有序的递阶层次结构模型。然后,对模型中每一层次因素的相对重要性,依据人们对客观现实的判断给予定量表示,再利用数学方法确定每一层次全部因素相对重要性次序的权值。最后,通过综合计算各层因素相对重要性的权值,得到最低层(方案层)相对于最高层(总目标)的重要性次序的组合权值,以此作为评价和选择方案的依据。AHP 将人们的思维过程和主观判断数学化,不仅简化了系统分析与计算工作,而且有助于决策者保持其思维过程和决策原则的一致性,对于那些难以全部量化处理的复杂的社会公共管理问题,能得到比较满意的决策结果。目前,AHP 是分析多目标、多准则的复杂公共管理问题的有力工具,是人们工作和生活中思考问题、解决问题的一种方法。将 AHP 引入决策,是决策科学化的一大进步。它最适宜于解决那些难以完全用定量方法进行分析的公共决策问题。因此,它在能源政策分析、产业结构研究、科技成果评价、发展战略规划、冲突求解、选优排序、人才考核评价以及发展目标分析等许多方面得到广泛的应用。

第二节　层次分析法的基本原理

层次分析法的基本原理充分体现了先分解后综合的系统思想,它通过整理和综合人们的主观判断,使定性分析与定量分析有机结合,实现定量化决策。应用这种方法,决策者通过将复杂问题分解为若干层次和若干因素,在各因素之间进行简单的比较和计算,就可以得出不同方案的权重,为最佳方案的选择提供依据。为了说明层次分析法的基本原理,下面通过分析两个简单而又具体的实物模型介绍层次分析法的基本原理。

一、判断矩阵和权向量的基本原理

实物模型一:设有 $n(n \geqslant 2)$ 篮子苹果,你可以择其多者拿走。问题是如何评估篮子里苹果的多少呢?

人们很自然能够想到用称重量的方法进行选择。可以直接称量给出 n 篮苹果的重量 $x = (x_1, x_2, \cdots, x_n)^{\mathrm{T}}$。这时选择者真正关心的并不是每篮苹果的具体重量,而真正关心的是这几篮子苹果之间重量多少的比较,因此,可以将 x 进行归一化处理,不妨记为:

$$w = (w_1, w_2, \cdots, w_n)^{\mathrm{T}} = \left(x_1 / \sum_{i=1}^{n} x_i, \ x_2 / \sum_{i=1}^{n} x_i, \ \cdots, \ x_n / \sum_{i=1}^{n} x_i \right)^{\mathrm{T}}$$

若已知某 $w_i \geqslant 0.5$,则第 i 篮子苹果肯定是最多的;若已知某 $w_i \geqslant 1/n$,则第 i 篮子苹果肯定不是最少的。

若 $w_i \geqslant 0$,且 $\sum\limits_{i=1}^{n} w_i = 1$,称 n 维向量 $w = (w_1, w_2, \cdots, w_n)^{\mathrm{T}}$ 为一个权向量。它通常被用来描述多个被比较对象的重要程度或优劣程度,这时称 $w_i(i=1, 2, \cdots, n)$ 为第 i 个被比较对象的权重。

我们还可以换一个思路,用另外一种形式来描述 n 个被比较对象的重要程度: $A = (a_{ij})_{n \times n}$,其中,分量 $a_{ij}(i, j=1, 2, \cdots, n)$ 表示,相对于第 j 个对象,第 i 个对象的重要性程度。即

$$A = \begin{bmatrix} \dfrac{w_1}{w_1} & \dfrac{w_1}{w_2} & \cdots & \dfrac{w_1}{w_n} \\[2mm] \dfrac{w_2}{w_1} & \dfrac{w_2}{w_2} & \cdots & \dfrac{w_2}{w_n} \\[2mm] & & \cdots & \\[2mm] \dfrac{w_n}{w_1} & \dfrac{w_n}{w_2} & \cdots & \dfrac{w_n}{w_n} \end{bmatrix}$$

$$= (a_{ij})_{n \times n}$$

这时称 A 为成对比较矩阵或者说判断矩阵。因为分量 $a_{ij}(i, j=1, 2, \cdots, n)$ 仅涉及 i、j 两个对象的比较,它可以最大限度地排除其他因素的影响从而让决策者作出明智的选择,使那些只适于依靠主观判断给出其重要性的一个大致性数量指标成为可能。A 矩阵满足:

$$Aw = \begin{bmatrix} \dfrac{w_1}{w_1} & \dfrac{w_1}{w_2} & \cdots & \dfrac{w_1}{w_n} \\[2mm] \dfrac{w_2}{w_1} & \dfrac{w_2}{w_2} & \cdots & \dfrac{w_2}{w_n} \\[2mm] \vdots & \vdots & & \vdots \\[2mm] \dfrac{w_n}{w_1} & \dfrac{w_n}{w_2} & \cdots & \dfrac{w_n}{w_n} \end{bmatrix} \begin{bmatrix} w_1 \\ w_2 \\ \vdots \\ w_n \end{bmatrix} = \begin{bmatrix} nw_1 \\ nw_2 \\ \vdots \\ nw_3 \end{bmatrix} = nw$$

即 n 是 A 的一个特征根,每只篮子中苹果的重量对应于特征根 n 的特征向量的各个分量。这里我们会很自然地提出这样一个的问题:如果事先不知道每只篮子中苹果的重量,也没有称过重量,我们能不能从判断矩阵(比较每两只篮子中苹果的重量是很容易的)导出每两只篮子中苹果的重量呢?

从实物模型一可以抽象出层次分析法中的两个概念:权向量与判断矩阵。在实物模型一中,$w = (w_1, w_2, \cdots, w_n)^{\mathrm{T}}$、$A = (a_{ij})_{n \times n}$ 分别表示 n 篮子苹果的权向量与判断矩阵,一般来说,也可以用这两种形式表示通常意义下多个对象的比较和它们之间的两两比较的结果。这种比较结果中,最理想的情形应满足 $a_{ij} = w_i / w_j$。这时判断矩阵 $A = (a_{ij})_{n \times n}$ 具有:

(1) 非负性: $a_{ij} > 0 \ (i, j=1, 2, \cdots, n)$;

(2) 互反性: $a_{ij} \cdot a_{ji} = 1 \ (i, j=1, 2, \cdots, n)$,特别 $a_{ii} = 1 \ (i=1, 2, \cdots, n)$;

(3) 一致性: $a_{ij} = a_{ik} / a_{jk} \ (i, j, k=1, 2, \cdots, n)$。

显然一致性比互反性要求更高,在对复杂决策系统的多个设计方案进行优化决策时,构造的判断矩阵通常很难满足一致性,而互反性却会被很自然地满足。

称一个满足非负性、互反性的矩阵为正互反矩阵。称一个满足非负性、一致性的矩阵为一致矩阵。

定理 10.1 设 $A=(a_{ij})_{n\times n}$ 是一个一致矩阵,则:

(1) A 的秩等于 1,0 是它的 $n-1$ 重特征值;

(2) n 是 A 的另外一个特征值,且 A 的任何一个列向量均为它对应特征值 n 的特征向量。

这个定理的证明是显而易见的,由此也不难发现权向量与一致矩阵之间具有一一对应关系。

定理 10.2 设 $A=(a_{ij})_{n\times n}$ 是一个正互反矩阵,则:

(1) 对 A 的所有特征值按模取最大的,必对应一个一重的正的特征值,不妨以 λ^* 记之;

(2) A 的对应特征值 λ^* 的特征向量的所有分量的正负一致,不妨以 w^* 表示 A 的对应特征值 λ^* 的符合归一化条件的特征向量,则 $\lim\limits_{k\to\infty}\dfrac{A^k e}{e^{\mathrm{T}}A^k e}=w^*$,这里 $e=(1,1,\cdots,1)^{\mathrm{T}}\in R^n$;

(3) $\lambda^*\geqslant n$,且当且仅当 A 是一致矩阵时,$\lambda^*=n$。

现在可以回答前面的问题了,在判断矩阵具有完全一致的条件下,我们可以通过解特征值问题 $Aw=\lambda_{\max}w$ 求出归一化特征向量,从而得到每只篮子中苹果的重量。

为了准确理解定理 10.2,做如下几点说明:

(1) 从定理 10.2 不难发现,它给出了数值求解一个正互反矩阵最大正特征值以及相应特征向量的思路,根据这种思路得到的一个算法,被称为幂法。运用幂法求解正互反矩阵最大正特征值以及相应特征向量的步骤为:

第一步:给定精度要求 $\varepsilon>0$,$w=\dfrac{1}{n}\cdot e$;

第二步:计算 $\widetilde{w}=Aw$,$\lambda_i=\widetilde{w}_i/w_i(i=1,2,\cdots,n)$,$\lambda_{\max}=\max\{\lambda_i\mid i=1,2,\cdots,n\}$,$\lambda_{\min}=\min\{\lambda_i\mid i=1,2,\cdots,n\}$,$w=\dfrac{1}{e^{\mathrm{T}}\cdot\widetilde{w}}\cdot\widetilde{w}$;

第三步:若 $\lambda_{\max}-\lambda_{\min}>\varepsilon$,转入第二步;否则,以 $\lambda=(\lambda_{\max}+\lambda_{\min})/2$、$w$ 为 A 的最大正特征值以及相应特征向量,计算终止。

(2) 它提供了一个评价正互反矩阵一致性程度的指标,即以 λ^* 与 n 的差来判断。

二、判断矩阵的构造

关于如何构造判断矩阵 $A=(a_{ij})_{n\times n}$,萨特建议 a_{ij} 在数字 1—9 及其倒数中取值,为什么选择 1—9 标度作为定性等级量化值? 这主要是因为用 1—9 之间的整数及其倒数作为量化标度符合人们进行判断的心理习惯。许多实验心理学亦表明,普通人在对一组事物的某种属性同时进行比较,并使判断保持满意的一致性时,所能正确辨别属性的等级(或事物的个数)在 5—9 个之间。因此在实践中,1—9 标度已基本取得社会认同,应用十分广泛。值得注意的是在应用 1—9 的比例标尺构建判断矩阵时,对于那些不具有任何竞争力的方案从一开始就应当被淘汰,以免在方法的应用中被过多的干扰因素所影响。

表 10.1　a_{ij} 取值的 1—9 标度及其含义

标　　度	含义:i 方案(因素)比 j 方案(因素)
1	同等重要
3	稍重要
5	重要
7	明显重要
9	绝对重要
2,4,6,8	介于上述两个相邻等级之间
1/2,1/3,…,1/9	i 方案(因素)与 j 方案(因素)重要性地位互换

为了评价一个判断矩阵 $A=(a_{ij})_{n \times n}$ 的一致性程度,萨特定义 $CI=(\lambda^*-n)/(n-1)$ 为 A 的一致性指标,它是 A 的除了 λ^* 之外其余 $n-1$ 个特征值平均值的相反数,它越接近 0 说明 A 的一致性越好。

但数值实验表明,判断矩阵的一致性指标同样没有将矩阵阶数对它的影响完全排除。为此,萨特提出了随机一致性指标 RI:对于取定的 n,随机地从数字 1—9 及其倒数中取值构造大量的成对互反矩阵,计算它们的一致性指标,再取平均值。当然,n 比较小时可以穷举这样的矩阵。RI 从其数学期望的角度讲,只与数 n 有关。在此基础上定义判断矩阵 A 的一致性比率 CR 如下:

$$CR = CI/RI$$

当一致性比率 CR 小于某个值(通常取 0.1)时,认为所构造的成对比较矩阵具有满意的一致性,否则需要对之进行适当的调整。

下表给出 1—9 判断矩阵的随机一致性指标:

n	1	2	3	4	5	6	7	8	9
RI	0	0	0.58	0.90	1.12	1.24	1.32	1.41	1.45

三、综合权向量

实物模型二:设有 $m \geq 2$ 种水果分装在 $n \geq 2$ 个篮子中,如图 10.1 所示。已知 n 个篮子中水果的重量归一化后的向量 $w^{(2)}=(w_1^{(2)}, w_2^{(2)}, \cdots, w_n^{(2)})^{\mathrm{T}}$,以及每篮子中各种水果的权重向量 $\widetilde{w}_j^{(3)}=(\widetilde{w}_{j1}^{(3)}, \widetilde{w}_{j2}^{(3)}, \cdots, \widetilde{w}_{jm}^{(3)})^{\mathrm{T}}$,$(j=1, 2, \cdots, n)$,你可以选择其中多的一种水果拿走。问题是如何估算各种水果的多少呢?

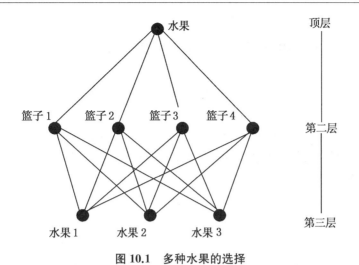

图 10.1　多种水果的选择

对这个问题,若以 $w^{(3)} = (w_1^{(3)}, w_2^{(3)}, \cdots, w_m^{(3)})^{\mathrm{T}}$ 表示各种水果的权重向量,不难得到
$w_i^{(3)} = w_1^{(2)} \cdot \widetilde{w}_{1i}^{(3)} + w_2^{(2)} \cdot \widetilde{w}_{2i}^{(3)} + \cdots + w_n^{(2)} \cdot \widetilde{w}_{ni}^{(3)} = \sum_{j=1}^{n} w_j^{(2)} \cdot \widetilde{w}_{ji}^{(3)} (i = 1, 2, \cdots, m)$,若记
$\widetilde{w}^{(3)} = (\widetilde{w}_1^{(3)}, \widetilde{w}_2^{(3)}, \cdots, \widetilde{w}_n^{(3)})$,上述关系式可以表示为 $w^{(3)} = \widetilde{w}^{(3)} \cdot w^{(2)}$,它是权向量组
$\widetilde{w}_j^{(3)}, (j = 1, 2, \cdots, n)$ 的一个凸组合,称之为组合权向量,即综合权向量。

我们可以将实物模型二的思路推广为一般意义下的层次结构关系。设层次结构图
$G(V, E)$,它的顶点集 V 可以被分为 m 组,记为

$$V = \{v_1^{(i)}, v_2^{(i)}, \cdots, v_{n_i}^{(i)}\}, \quad i = 1, 2, \cdots, m,$$

其中,n_i 表示 V_i 中元素(顶点)的个数,特别 $n_1 = 1$;而边集 $E = \{v_{j_i}^{(i)} v_{j_{i+1}}^{(i+1)} \mid i = 1, \cdots, m-1,$
$j_i = 1, \cdots, n_i, j_{i+1} = 1, \cdots, n_{n+1}\}$。 直观上,$G(V, E)$ 的顶点分为 m 层,相邻的两层间的任
意一对点均连边。这时低一层对相邻高一层的综合权重也可以用上面类似的公式表达。

综合以上分析可知,AHP 就是分解问题,然后集合所有子问题的解决方案来得到一个
结论。它通过知觉、感觉、判断和记忆组成一个框架来促进决策,这个框架展示了决策的力
量,将较宽泛、不可控问题转化为具体、可控的子问题,运用人们内在的对各种子问题进行合
理判断的能力进行合理决策。AHP 中,理性主要体现在:

(1) 集中注意力在解决问题的目标上;

(2) 对问题充分了解,进而构建一个各类关系和影响因素的完整结构;

(3) 充分利用自己和他人的知识和经验评估影响和支配在结构中的各关系间的权重
(重要性、偏好或可能性);

(4) 允许观点上的分歧,有能力找到一个最好的折中办法。

前面分析说明了层次分析法的基本原理。对于复杂的社会经济管理问题,通过建立层
次分析结构模型,构造出判断矩阵,利用特征值方法即可确定各种方案和措施的重要性排序
权值。下面我们讨论如何将这些基本原理推广到一般情形。

第三节　层次分析法的基本理论

一、层次分析法的基本步骤

用 AHP 分析问题大体要经过以下四个步骤：(1)分析问题，确定系统中各因素之间的关系，建立系统的递阶层次结构模型；(2)构造两两比较的判断矩阵；(3)计算各层次相对权重的单排序；(4)计算各层元素对系统总目标的合成权重，并进行总排序。

其中后两个步骤在整个过程中需要逐层地进行，并且需要进行一致性检验。

在实际应用过程中，如果对问题分析不透彻，对问题的实质理解不深刻，对层次分析法解决问题的基本步骤掌握不正确，则也不能正确地构造递阶层次结构模型，当然最终也很难得到满意的决策依据和支持。因此，学习层次分析法时不能仅仅从形式上掌握其步骤，更要领会其实质，只有这样才能科学应用这一方法。

(一) 建立递阶层次结构模型

应用 AHP 分析决策问题时，首先要把问题条理化、层次化，构造出一个有层次的结构模型。在这个模型下，复杂问题被分解为元素的组成部分。这些元素又按其属性及关系形成若干层次。上一层次的元素作为准则对下一层次有关元素起支配作用。这些层次可以分为以下三类：

1. 最高层：这一层次中只有一个元素，一般它是分析问题的预定目标或理想结果，因此也称为总目标层。

2. 中间层：这一层次中包含了为实现目标所涉及的中间环节，它可以由若干个层次组成，包括所需考虑的准则、子准则，因此也称为准则层。

3. 最底层：这一层次包括了为实现目标可供选择的各种措施、决策方案等，因此也称为措施层或方案层。

然后，用连线表明上一层元素与下一层的联系。如果某个元素与下一层所有元素均有联系，那么称这个元素与下一层存在完全层次关系。有时存在不完全层次关系，即某个元素只与下一层次的部分元素有联系。层次之间可以建立子层次。子层次从属于主层次的某个元素。它的元素与下一层次的元素有联系，但不形成独立层次，层次结构模型往往用结构模型表示。

递阶层次结构模型中的层次数与问题的复杂程度及需要分析的详尽程度有关，一般层次数不受限制。每一层次中各元素所支配的元素一般不要超过 9 个。这是因为支配的元素过多会给两两比较判断带来困难。下面结合一个实例来说明递阶层次结构模型的建立。

例 10.1　假期旅游有 P_1、P_2、P_3 三个旅游胜地可供选择，试确定一个最佳地点。

在此问题中，一般决策者会根据诸如景色、费用、居住、饮食和旅途条件等一些准则去反复比较三个候选地点，可以建立图 10.2 的层次结构模型。

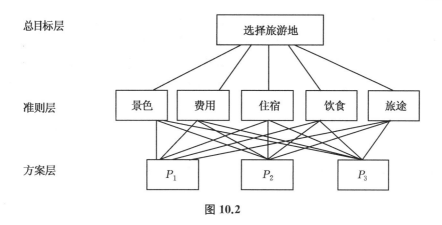

图 10.2

(二) 构造判断矩阵

层次结构反映了因素之间的关系,但准则层中的各准则在总目标衡量中所占的比重并不一定相同,在决策者的心目中,它们各占有一定的比例。

在确定影响某元素的诸因子在该元素中所占的比重时,遇到的主要困难是这些比重常常不易定量化。此外,当影响某元素的因子较多时,直接考虑各因子对该因素有多大程度的影响时,常常会因考虑不周全、顾此失彼而使决策者提出与他实际认为的重要性程度不相一致的数据,甚至有可能提出一组隐含矛盾的数据。怎样比较才能提供可信的数据呢? 萨特等人建议可以采取对因子进行两两比较建立成对比较矩阵的办法。因此,AHP 的信息基础主要是对因子进行两两比较建立起的判断矩阵及对每一层次各因素的相对重要性给出判断,这些判断用数值表示出来,写成矩阵形式就是判断矩阵。判断矩阵是 AHP 工作的出发点,构造判断矩阵是 AHP 的关键一步。

判断矩阵表示针对上一层次某元素而言,本层次与之有关的各元素之间的相对重要性。假定 A 层中元素 A_k 与下一层次中元素 B_1, B_2, $\cdots$, B_n 有联系,则针对上层 A_k 将下层元素 B_1, B_2, $\cdots$, B_n 进行两两比较,记录一个元素比另一个元素的重要程度,从而构造判断矩阵,如表 10.2 所示。

表 10.2 判断矩阵

A_k	B_1	B_2	$\cdots$	B_n
B_1	b_{11}	b_{12}		b_{1n}
B_2	b_{21}	b_{22}	$\cdots$	b_{2n}
$\vdots$	$\vdots$	$\vdots$		$\vdots$
B_n	b_{n1}	b_{n2}		b_{nn}

显然,任何判断矩阵都应满足:

$$b_{ii}=1, \ b_{ij}=\frac{1}{b_{ji}}, \quad i, j=1, 2, \cdots, n$$

表 10.2 中,b_{ij} 是对于 A_k 而言,B_i 对 B_j 的相对重要性的数值表示,通常 b_{ij} 采用 1—9

标度进行量化。鉴于层次分析法属于定性定量相结合的决策方法,一般应用于非结构化或半结构化的复杂系统,所以1—9量化标度大体上属于序标度。对它进行任何单调变换都是允许应用的保序变换。整个决策评价过程重在保序,即保持各备选方案原有的(应有的)优劣顺序。因此在实际应用中还有其他量化标度,如有人研究应用过[0,1,2]标度,1.1—1.9标度等,曾经有人统计过大概有二十多种标度。

值得说明的是层次分析法是在无法对属性用比例标度(或区间标度)明确测量其物理特征时进行测量的手段,一般序标度只能表征比较元素某属性之间的优序关系,而不具有实际物理意义,由层次分析法求出的权系数(包括单权和综合权)之间不满足比例关系。

最后,应该指出,一般地作 $\frac{n(n-1)}{2}$ 次两两判断是必要的。有人认为把所有元素都和某个元素比较,即只作 $n-1$ 个比较就可以了。这种做法的弊病在于,任何一个判断的失误均可导致不合理的排序,而个别判断的失误对于难以定量的系统往往是难以避免的。进行 $\frac{n(n-1)}{2}$ 次比较可以提供更多的信息,通过各种不同角度的反复比较,从而导出一个合理的排序。

(三) 层次单排序及一致性检验

根据层次分析法的基本原理知道,判断矩阵 A 对应于最大特征值 $\lambda_{\max}$ 的特征向量 W,经归一化后即为同一层次相应元素对于上一层次某元素相对重要性的排序权值。这一过程称为层次单排序,或单一准则下的相对权重,这种求层次单排序的方法称为本特征向量法。

上述构造判断矩阵的过程是将同层各元素相对于上一层某一特定元素进行两两重要程度的比较,虽能减少其他因素的干扰,较客观地反映出一对因子影响力的差别。但综合全部比较结果时,其中难免包含一定程度的非一致性。如果比较结果是前后完全一致的,则矩阵 A 的元素还应当满足:

$$a_{ij}a_{jk}=a_{ik}, \quad \forall i,j,k=1,2,\cdots,n$$

即为一致矩阵。

因此,运用判断矩阵 A 解出层次单排序的重要前提为矩阵 A 应该满足一致性要求。接下来需要对决策者提供的判断矩阵有必要作一次一致性检验,以决定是否能接受它。

本特征向量法的具体步骤如下:

1. 求判断矩阵 A 的最大特征值 $\lambda_{\max}$ 及其对应的特征向量 W。

具体方法:由 $|A-\lambda I|=0$,求出特征值,找出最大的 $\lambda_{\max}$,然后将 $\lambda_{\max}$ 代入 $AW=\lambda_{\max}W$,解出相应的特征向量 $W=(w_1,\cdots,w_n)^{\mathrm{T}}$。

2. 一致性检验。

具体方法:

(1) 计算一致性指标 $CI=\dfrac{\lambda_{\max}-n}{n-1}$;

(2) 查找相应的平均随机一致性指标 RI;

(3) 计算一致性比例 $CR=\dfrac{CI}{RI}$。

当 $CR < 0.10$ 时，认为判断矩阵的一致性是可以接受的，否则应对判断矩阵作适当修正。

（四）层次总排序及一致性检验

上面我们得到的是一组元素对其上一层中某元素的权重向量。我们最终要得到各元素，特别是最低层中各方案对于总目标的排序权重，从而进行方案选择。总排序权重要自上而下地将单准则下的权重进行合成。

设上一层次（A 层）包含 A_1，$\cdots$，A_m 共 m 个因素，它们的层次总排序权重分别为 a_1，$\cdots$，a_m。又设其后的下一层次（B 层）包含 n 个因素 B_1，$\cdots$，B_n，它们关于 A_j 的层次单排序权重分别为 b_{1j}，$\cdots$，b_{nj}（当 B_i 与 A_j 无关联时，$b_{ij}=0$）。现求 B 层中各元素关于总目标的权重，即求 B 层各因素的层次总排序权重 b_1，$\cdots$，b_n，计算按表 10.3 所示方式进行，即 $b_i = \sum_{j=1}^{m} b_{ij}a_j \ (i=1,\ \cdots,\ n)$。

表 10.3

层 B ＼ 层 A	A_1 a_1	A_2 a_2	$\cdots$	A_m a_m	B 层总排序权值
B_1	b_{11}	b_{12}	$\cdots$	b_{1m}	$\sum_{j=1}^{m} b_{1j}a_j$
B_2	b_{21}	b_{22}	$\cdots$	b_{2m}	$\sum_{j=1}^{m} b_{2j}a_j$
$\vdots$	$\cdots$	$\cdots$	$\cdots$	$\cdots$	$\vdots$
B_n	b_{n1}	b_{n2}	$\cdots$	b_{nm}	$\sum_{j=1}^{m} b_{nj}a_j$

对层次总排序也需作一致性检验，检验仍像层次总排序那样由高层到低层逐层进行。这是因为虽然各层次均已经过层次单排序的一致性检验，各成对比较判断矩阵都已具有较为满意的一致性。但当综合考察时，各层次的非一致性仍有可能积累起来，引起最终分析结果较严重的非一致性。

设 B 层中与 A_j 相关的元素的成对比较判断矩阵在单排序中已经过一致性检验，求得单排序一致性指标为 $CI(j)$（$j=1,\ \cdots,\ m$），相应的平均随机一致性指标为 $RI(j)$［$CI(j)$、$RI(j)$ 已在层次单排序时求得］，则 B 层总排序随机一致性比例为：

$$CR = \frac{\sum_{j=1}^{m} CI(j)a_j}{\sum_{j=1}^{m} RI(j)a_j}$$

当 $CR < 0.10$ 时，认为层次总排序结果具有较满意的一致性并接受该分析结果。

在应用层次分析法研究问题时，遇到的主要困难有两个：一是如何根据实际情况抽象出较为贴切的层次结构；二是如何将某些定性的量作比较接近实际的定量化处理。层次分析法对人们的思维过程进行了加工整理,提出了一套系统分析问题的方法,为科学管理和决策提供了较有说服力的依据。但层次分析法也有其局限性,主要表现在:(1)它在很大程度上依赖于人们的经验,主观因素的影响很大,它至多只能排除思维过程中的严重非一致性,却无法排除决策者个人可能存在的严重片面性;(2)比较、判断过程较为粗糙,不能用于精度要求较高的决策问题。AHP 至多只能算是一种半定量(或定性与定量结合)的方法。

AHP 方法经过几十年的发展,许多学者针对 AHP 的缺点进行了改进和完善,形成了一些新理论和新方法,像群组决策、模糊决策、反馈系统理论和网络分析法(ANP)等。

在应用层次分析法时,建立层次结构模型是十分关键的一步。现再分析一个实例,以便说明如何从实际问题中抽象出相应的层次结构。

例 10.2 某毕业生挑选合适的工作。经双方恳谈,已有三个单位表示愿意录用某毕业生。该毕业生根据已有信息建立了一个层次结构模型,如图 10.3 所示。

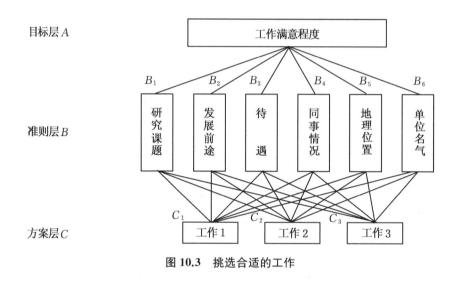

图 10.3 挑选合适的工作

该毕业生将准则层的六个条件进行了两两比较,得到判断矩阵如下:

A	B_1	B_2	B_3	B_4	B_5	B_6
B_1	1	1	1	4	1	1/2
B_2	1	1	2	4	4	1/2
B_3	1	1/2	1	5	3	1/2
B_4	1/4	1/4	1/5	1	1/3	1/3
B_5	1	1	1/3	3	1	1/3
B_6	2	2	2	3	3	1

同时又给出了方案层三个工作分别对准则层六个条件进行两两比较的判断矩阵,共六个。具体矩阵表示如下:

B_1	C_1	C_2	C_3
C_1	1	1/4	1/2
C_2	4	1	3
C_3	2	1/3	1

B_2	C_1	C_2	C_3
C_1	1	1/4	1/5
C_2	4	1	1/2
C_3	5	2	1

B_3	C_1	C_2	C_3
C_1	1	3	1/3
C_2	1/3	1	7
C_3	3	1/7	1

B_4	C_1	C_2	C_3
C_1	1	1/3	5
C_2	3	1	7
C_3	1/5	1/7	1

B_5	C_1	C_2	C_3
C_1	1	1	7
C_2	1	1	7
C_3	1/7	1/7	1

B_6	C_1	C_2	C_3
C_1	1	7	9
C_2	1/7	1	1
C_3	1/9	1	1

按照前面的步骤,计算结果已进行了一致性检验,如表 10.4 所示。

表 10.4

准　　则		研究课题	发展前途	待遇	同事情况	地理位置	单位名气	总排序权值
准则层权值		0.150 7	0.179 2	0.188 6	0.047 2	0.146 4	0.287 9	
方案层单排序权值	工作 1	0.136 5	0.097 4	0.242 6	0.279 0	0.466 7	0.798 6	0.395 2
	工作 2	0.625 0	0.333 1	0.087 9	0.649 1	0.466 7	0.104 9	0.299 6
	工作 3	0.238 5	0.569 5	0.669 4	0.071 9	0.066 7	0.096 5	0.305 2

根据层次总排序权值,该生最满意的工作为工作 1。

二、层次分析法的计算方法

层次分析法的重要内容就是求解判断矩阵的最大特征根和相应的特征向量。前面介绍的本特征根法在理论上是完善的,但实际计算时却存在一定的困难,特别是随着阶数 n 的增大,计算量和工作量都很大。计算特征根的根本问题是如何计算判断矩阵的最大特征根 $\lambda_{\max}$ 及其对应的特征向量 W。下面简要介绍常用的三种计算方法。

(一) 幂法

幂法是一种借助于数值计算求解方阵绝对值最大特征根和相应特征向量的一般方法,它使利用计算机得到任意精确度的最大特征值及其对应的特征向量 W 成为可能。这一方法的计算步骤为:

(1) 任取与判断矩阵 B 同阶的归一化的初值向量 W^0;

(2) 计算 $\overline{W}^{k+1} = BW^k$ $(k = 0, 1, 2, \cdots)$;

(3) 进行归一化处理。令 $\beta = \sum_{i=1}^{n} \overline{W}_i^{k+1}$,计算 $W^{k+1} = \dfrac{1}{\beta} \overline{W}^{k+1}$ $(k = 0, 1, 2, \cdots)$;

(4) 对于预先给定的精确度 ε,当:

$$|W_i^{k+1} - W_i^k| < \varepsilon, \quad i = 1, 2, \cdots, n$$

成立时,则 $W = W^{k+1}$ 为所求特征向量。$\lambda_{\max}$ 可由下式求得:

$$\lambda_{\max} = \sum_{i=1}^{n} \frac{W_i^{k+1}}{n W_i^k}$$

式中,n 为矩阵阶数;W_i^k 为向量 W^k 的第 i 个分量。

(5) 一致性检验。

(二) 和法

为简化计算,可采用近似方法——和法计算,它使得我们可以使用小型计算器在保证足够精确度的条件下运用 AHP。其具体计算步骤如下:

(1) 将判断矩阵按列归一化。即:

$$\overline{b}_{ij} = \frac{b_{ij}}{\sum\limits_{k=1}^{n} b_{kj}}, \quad i, j = 1, 2, \cdots, n$$

（2）按行加总。

$$\overline{W}_i = \sum_{j=1}^{n} \overline{b}_{ij}, \quad i = 1, 2, \cdots, n$$

（3）再归一化，即得权重系数。

$$W_i = \frac{\overline{W}_i}{\sum\limits_{j=1}^{n} \overline{W}_j}, \quad i = 1, 2, \cdots, n$$

所得到的 $W = [W_1, W_2, \cdots, W_3]^{\mathrm{T}}$ 即为所求特征向量。

（4）计算最大特征根 $\lambda_{\max}$。

$$\lambda_{\max} = \sum_{i=1}^{n} \frac{(AW)_i}{nW_i}$$

式中，$(AW)_i$ 为向量 AW 的第 i 个分量。

（5）一致性检验。

（三）方根法

为简化计算，AHP 也采用另一种近似方法——方根法，其原理与本特征值法完全相同，只不过在计算判断矩阵的最大特征根和相应特征向量时采用了近似计算方法方根法。这种方法比特征值法简单，用一般的计算器就可以计算，但准确程度差些。因为考虑到进行两两对比构造判断矩阵时误差也比较大，所以在计算判断矩阵特征值和特征向量时，也不要求精度很高，通常运用方根法能满足决策要求。

用方根法进行计算的步骤为：

（1）计算判断矩阵 B 中每行元素的乘积 M_i。

$$M_i = \prod_{j=1}^{n} b_{ij}, \quad i = 1, 2, \cdots, n$$

（2）计算 M_i 的 n 次方根 u_i。

$$u_i = \sqrt[n]{M_i}$$

（3）将方根向量归一化，即得特征向量 W 的第 i 个分量。

$$W_i = \frac{u_i}{\sum\limits_{i=1}^{n} u_i}$$

（4）计算判断矩阵最大特征根 $\lambda_{\max}$。

$$\lambda_{\max} = \sum_{i=1}^{n} \frac{(AW)_i}{nW_i}$$

式中，$(AW)_i$ 为向量 AW 的第 i 个分量。

（5）一致性检验。

例 10.3   用和法计算下述判断矩阵的最大特征根及对应的特征向量。判断矩阵列于表 10.5。

表 10.5

B	C_1	C_2	C_3
C_1	1	1/5	1/3
C_2	5	1	3
C_3	3	1/3	1

［解］   按上述和法的计算步骤进行求解：

（1）按列归一化后的判断矩阵为：$\begin{bmatrix} 0.111 & 0.130 & 0.077 \\ 0.556 & 0.652 & 0.692 \\ 0.333 & 0.217 & 0.231 \end{bmatrix}$

（2）按行相加，得：

$$\overline{W}_1 = \sum_{j=1}^n \overline{b}_{ij} = 0.111 + 0.130 + 0.077 = 0.318$$

$$\overline{W}_2 = 0.556 + 0.652 + 0.692 = 1.900$$

$$\overline{W}_3 = 0.333 + 0.217 + 0.231 = 0.781$$

（3）将向量 $W = [0.318, 1.900, 0.781]^T$ 归一化：

$$\sum_{j=1}^n \overline{W}_j = 0.318 + 1.900 + 0.781 = 2.999$$

$$W_1 = \frac{\overline{W}_1}{\sum_{j=1}^n \overline{W}_j} = \frac{0.318}{2.999} = 0.106$$

$$W_2 = \frac{1.900}{2.999} = 0.634$$

$$W_3 = \frac{0.781}{2.999} = 0.260$$

则所求特征向量 $W = [0.106, 0.634, 0.260]^T$。

（4）计算判断矩阵的最大特征根 λ_{max}：

$$AW = \begin{bmatrix} 1 & \dfrac{1}{5} & \dfrac{1}{3} \\ 5 & 1 & 3 \\ 3 & \dfrac{1}{3} & 1 \end{bmatrix} \begin{bmatrix} 0.106 \\ 0.634 \\ 0.260 \end{bmatrix}$$

$$(AW)_1 = 1 \times 0.106 + \frac{1}{5} \times 0.634 + \frac{1}{3} \times 0.260 = 0.319$$

$$(AW)_2 = 5 \times 0.106 + 1 \times 0.634 + 3 \times 0.260 = 1.944$$

$$(AW)_3 = 3 \times 0.106 + \frac{1}{3} \times 0.634 + 1 \times 0.260 = 0.789$$

$$\lambda_{max} = \sum_{i=1}^{n} \frac{(AW)_i}{nW_i} = \frac{(AW)_1}{3W_1} + \frac{(AW)_2}{3W_2} + \frac{(AW)_3}{3W_3}$$

$$= \frac{0.319}{3 \times 0.106} + \frac{1.944}{3 \times 0.634} + \frac{0.789}{3 \times 0.260} = 3.040$$

随着 AHP 在世界范围内的广泛应用,各类相关软件也应运而生,读者如果感兴趣的话可以自主学习。这里推荐 Super Decision(超级决策)软件。只要掌握了 AHP 的基本原理和操作方法,相关软件会让您解决实际问题时如虎添翼。

第四节　网络分析法:AHP 的拓展

一、网络分析法概述

网络分析法(Analytic Network Process,简称 ANP 法)于 1996 年出现,也是由美国匹兹堡大学的萨蒂(T. L. Saaty)教授提出,是在层次分析法(Analytic Hierarchy Process,简称 AHP)基础上发展形成的一种适应非独立的递阶层次结构的决策方法。网络分析法将系统内各元素的关系用类似网络结构表示,而不再是简单的递阶层次结构,网络层中的元素可能相互影响、相互支配,这样 ANP 能更准确地描述客观事物之间的联系,是一种更加有效的决策方法。

ANP 的提出有现实和理论两方面的缘由:一方面,AHP 在应用中遇到了现实问题的挑战。AHP 作为一种决策过程,它提供了一种表示决策因素测度的基本方法。这种方法采用相对标度的形式,并充分利用了人的经验和判断力。在递阶层次结构下,它根据所规定的相对标度——比例标度,依靠决策者的判断,对同一层次有关元素的相对重要性进行两两比较,并按层次从上到下合成方案对于决策目标的测度。这种递阶层次结构虽然给处理系统问题带来了方便,同时也限制了它在复杂决策问题中的应用。层次结构具有从头到尾的线性形式,但现实中许多决策问题不能表现为层次结构,这些决策问题往往涉及高低不同层次元素之间的相互作用和相互依存关系。在这种情况下的结构中,不仅较高层次元素(如标准)的重要性会影响较低层次元素(如备选方案)的重要性,而且较低层次元素的重要性也会影响更高层次元素的重要性,即存在反馈。反馈结构不具有层次结构的线性特征,看起来更像是一个网络,此时系统的结构更类似于网络结构。网络分析法正是适应这种需要,由 AHP 延伸发展得到的系统决策方法。另一方面,AHP 在理论与方法上也遇到了一些挑战。AHP 有时会出现逆序现象,所谓逆序是指由于增加或减少了备选方案而导致决策者对原有备选方案偏好和排列顺序发生改变的现象。在准则合成过程中使用的逆合加权方法被认为是造成逆序的根源,逆序现象的出现使层次分析法受到空前的批评和挑战,萨蒂教授一方面认为使用加权和造成的逆序是合理的,另一方面他及其他一些研究者为克服逆序现象提出了不少改进的方法,网络分析法是其中之一。

一个涉及反馈的决策问题往往在实践中产生,它通常会产生许多相互作用,反馈结构通过循环连接元素集群,元素通过回路将集群与自身相连,在极限条件下他们会聚向目标。因此,ANP 是利用比 AHP 更加复杂的结构来分解判断,用复杂却又比较简单的方法组织推理和计算,从而帮助我们理解复杂问题,以应对未来的决策。

二、网络分析法结构模型

网络分析法考虑到递阶层次结构内部循环及其存在的依赖性和反馈性,将系统元素划分为两大部分,第一部分被称为控制因素层,包括问题目标及决策准则。所有的决策准则均被认为是彼此独立的,且只受目标元素支配。控制因素中可以没有决策准则,但至少有一个目标。控制层中每个准则的权重均可用 AHP 方法获得。第二部分为网络层,它是由所有受控制层支配的元素组组成的,其内部是互相影响的网络结构。元素之间互相依存、互相支配,元素和层次间内部不独立,递阶层次结构中的每个准则支配的不是一个简单的内部独立的元素,而是一个互相依存,反馈的网络结构。控制层和网络层组成 ANP 结构模型,图 10.4 就是一个典型的 ANP 结构。

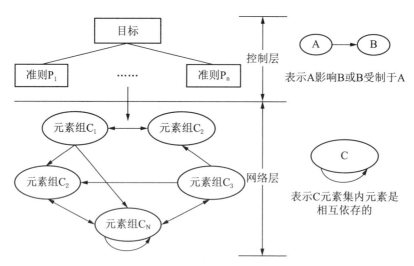

图 10.4　网络分析法的典型结构模型

网络中的成分一般用 C_h 表示,其中的元素假定有 $h=1, 2, \cdots, m$ 个,网络中的相互影响定量地可以用一个矩阵来表示,网络分析法中称之为超矩阵。ANP 中的网络结构用图形和矩阵形式表示,矩阵形式定量地表示各成分相互影响或反馈的程度大小。

三、网络分析法的算法步骤

由于 ANP 法的原理和过程比较复杂,考虑的元素较多时用手工计算几乎不可能完成,考虑的元素少则不符合实际情况,影响结果精确性。为解决 ANP 人工运算极其繁琐且难度很大的问题,必须借助计算软件。萨蒂和亚当斯(William Adams)在美国推出了超级决策(Super Decision)软件,为 ANP 模型真正应用提供条件。ANP 基本算法步骤为:

(一) 分析问题

将决策问题进行系统的分析、组合形成元素和元素集。主要分析判断元素层次是否内部独立,是否存在依存和反馈。可用会议讨论、专家填表等形式和方法进行。

(二) 构造 ANP 的典型结构

首先是构造控制层次(Control Hierarchy),先界定决策目标,再界定决策准则,这是问题的基础;各个准则相对决策目标的权重用 AHP 法得到。

其次是构造网络层次。要归类确定每一个元素集(或称簇),分析其网络结构和相互影响关系。分析元素之间的关系可用多种方法进行,一种是内部独立的递阶层次结构,即层次之间相对独立;一种是内部独立,元素之间存在着循环的 ANP 网络层次结构;还有一种是内部依存,即元素内部存在循环的 ANP 网络层次结构。这几种情况都是 ANP 的特例情况。在实际决策问题中面临的基本都是元素集间不存在内部独立,既有内部依存,又有循环的 ANP 网络层次结构,通常建立效益(Benefit)、成本(Cost)、机会(Opportunity)和风险(Risk)等四个控制系统,对每个系统分别确定其准则和子准则。ANP 网络结构的图形表示如图 10.5 所示。

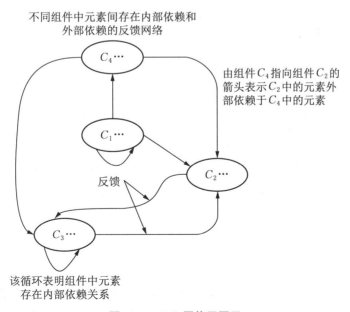

图 10.5　ANP 网络层图示

(三) 构造 ANP 超矩阵计算权重

ANP 赋权的核心工作:解超矩阵,这是一种非常复杂的计算过程,手工运算难度很大,应用 Super Decision 软件可以解决这个问题。具体实施步骤如下:

(1) 基于网络模型中各要素间的相互作用,进行两两比较。

(2) 确定未加权超矩阵,基于两两判断矩阵,使用特征向量法获得归一化特征向量值,填入超矩阵列向量。网络结构的超矩阵及其子矩阵如下:

$$
W = \begin{array}{c} \\ C_1 \\ \\ C_2 \\ \\ \\ C_N \\ \end{array}
\begin{array}{c}
e_{11} \\ \cdots \\ e_{1n_1} \\ e_{21} \\ \cdots \\ e_{2n_2} \\ \vdots \\ e_{N1} \\ \cdots \\ e_{Nn_N}
\end{array}
\begin{bmatrix}
W_{11} & W_{12} & \cdots & W_{1N} \\
W_{21} & W_{22} & \cdots & W_{2N} \\
\vdots & \vdots & \cdots & \vdots \\
W_{N1} & W_{N2} & \cdots & W_{NN}
\end{bmatrix}
$$

$$
\begin{array}{ccc}
C_1 & C_2 & \cdots & C_N \\
e_{11}e_{12}\cdots e_{1n_1} & e_{21}e_{22}\cdots e_{2n_2} & \cdots & e_{N1}e_{N2}\cdots e_{Nn_N}
\end{array}
$$

其中 W_{ij} 形式如下:

$$
W_{ij} = \begin{bmatrix}
w(i_1, j_1) & w(i_1, j_2) & \cdots & w(i_1, j_{n_j}) \\
w(i_2, j_1) & w(i_2, j_2) & \cdots & w(i_2, j_{n_j}) \\
\cdots & \cdots & \cdots & \cdots \\
w(i_{n_i}, j_1) & w(i_{n_i}, j_2) & \cdots & w(i_{n_i}, j_{n_j})
\end{bmatrix}
$$

W_{ij} 中的每一列对应于网络模型中的第 i 个元素组中的元素对第 j 个元素组中的元素的重要性影响的主特征向量,即按照层次分析法确定的局部权重向量。

(3) 确定超矩阵中各元素组的权重,保证各列归一。

依据给定原则对元素组进行成对比较,由此可以获得在某一准则下反应元素组间权重关系的权重矩阵 A,乘以无权重矩阵 W,得到权重矩阵

$$
W_s^k = AW
$$

(4) 计算加权超矩阵。

(5) 计算极限超矩阵。

ANP 中的网络结构用矩阵形式表示,矩阵形式定量地表示各成分相互影响或反馈的程度大小。使用幂法,即求超矩阵的 n 次方,直到矩阵各列向量保持不变。对权重超矩阵进行

归一化处理,得到极限超矩阵

$$W_s^{(l)} = \lim_{k \to \infty} W_s^{(k)}$$

在极限超矩阵中,每一列数值是在准则 S 下各元素对该列元素的极限相对优先权。

(6) 对可选方案排序。

对每一控制准则的极限向量按照各准则权重加总,并依据各可选方案的权重值排序,从而得出最佳方案。

四、层次分析法与网络分析法的特点比较

AHP 是一套复杂的评价系统,当我们进行多目标、多准则,以及多评委的决策时,面对众多的可选方案,AHP 能够用来解决各种量化和非量化、理性与非理性的决策问题。AHP 简单易用,其缜密的理论基础决定了它能解决各种实际问题。AHP 模型使各决策层之间相互联系,并能推出跨层次之间的相互关系。模型的顶层为决策问题的总目标,然后逐层分解成各项具体的准则、子准则等,直到管理者能够量化各子准则的相对权重为止。

层次分析法能够为决策者解决各种复杂系统问题,但它也存在一些缺憾。例如,AHP 就未能考虑到不同决策层或同一层次之间的相互影响,AHP 模型只是强调各决策层之间的单向层次关系,即下一层对上一层的影响。但在实际工作中对总目标层进行逐层分解时,时常会遇到各因素交叉作用的情况。如一个项目的不同研究阶段对各评委的权重是不同的;同样,各评委在项目研究的不同阶段对各评价指标的打分也会发生变化。这时,AHP 模型就显得有些无能为力了。

网络分析法的特点就是,在层次分析法的基础上,考虑到了各因素或相邻层次之间的相互影响,利用"超矩阵"对各相互作用并影响的因素进行综合分析得出其混合权重。而 ANP 模型并不要求像 AHP 模型那样有严格的层次关系,各决策层或相同层次之间都存在相互作用,用双箭头表示层次间的相互作用关系。若是同一层中的相互作用就用双循环箭头表示。箭头所指向的因素受到箭尾因素的影响。基于这一特点,ANP 越来越受到决策者的青睐,成为组织对许多复杂问题进行决策的有效工具。ANP 中各因素的相对重要性指标的确定与 AHP 基本相同。各因素的相对重要性指标(标度)是通过对决策者进行问卷调查得到的。

例 10.4 空调购买决策

考虑一个简单的空调购买方案选择问题,假如计划从如下三种品牌的空调中选择购买:格力、海尔和西门子,选择的标准有:成本、售后服务、寿命。问如何进行决策。

[解] 假定决策方案与决策标准间有相关关系,如图:

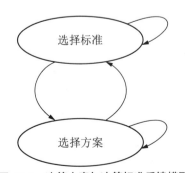

图 10.6 决策方案与决策标准反馈模型

成本标准下的判断矩阵

成本标准	格力	西门子	海尔	特征向量	一致性比率
格力	1	5	3	0.637	
西门子	1/5	1	1/3	0.105	0.033
海尔	1/3	3	1	0.258	

售后服务标准下的判断矩阵

售后服务标准	格力	西门子	海尔	特征向量	一致性比率
格力	1	5	2	0.582	
西门子	1/5	1	1/3	0.109	0.003
海尔	1/2	3	1	0.309	

寿命标准下的判断矩阵

寿命标准	格力	西门子	海尔	特征向量	一致性比率
格力	1	1/5	1/3	0. 105	
西门子	5	1	3	0. 637	0.033
海尔	3	1/3	1	0.258	

格力空调各项指标判断矩阵

格力	成本	服务	寿命	特征向量	一致性比率
成本	1	3	4	0.634	
服务	1/3	1	1	0.192	0.008
寿命	1/4	1	1	0.174	

西门子空调各项指标判断矩阵

西门子	成本	服务	寿命	特征向量	一致性比率
成本	1	1	1/2	0.250	
服务	1	1	1/2	0.250	0.008
寿命	1/2	2	1	0.500	

海尔空调各项指标判断矩阵

海尔	成本	服务	寿命	特征向量	一致性比率
成本	1	2	1	0.4	
服务	1/2	1	1/2	0.2	1.000
寿命	1	2	1	0.4	

求解极限超矩阵

从以上六个特征向量,得到该网络结构的定量表示矩阵,结果如下

$$W=\begin{bmatrix} & 成本 & 售后服务 & 寿命 & 格力 & 西门子 & 海尔 \\ & 1 & 0 & 0 & 0.634 & 0.250 & 0.400 \\ & 0 & 1 & 0 & 0.192 & 0.250 & 0.200 \\ & 0 & 0 & 1 & 0.174 & 0.500 & 0.400 \\ & 0.637 & 0.582 & 0.105 & 1 & 0 & 0 \\ & 0.105 & 0.109 & 0.637 & 0 & 1 & 0 \\ & 0.258 & 0.309 & 0.258 & 0 & 0 & 1 \end{bmatrix}$$

现在 W 不是一个随机矩阵,需要决策者进一步的分析比较信息来随机化,假定决策者对某一个控制标准而言,决策标准和决策方案的偏好权重分别为 0.5,通过加权处理,可以得到下列加权超矩阵,该矩阵为随机矩阵。

$$\underline{W}=\begin{bmatrix} 0.5 & 0 & 0 & 0.317 & 0.125 & 0.200 \\ 0 & 0.5 & 0 & 0.096 & 0.125 & 0.100 \\ 0 & 0 & 0.5 & 0.087 & 0.250 & 0.200 \\ 0.318 & 0.291 & 0.052 & 0.5 & 0 & 0 \\ 0.053 & 0.055 & 0.319 & 0 & 0.5 & 0 \\ 0.129 & 0.154 & 0.129 & 0 & 0 & 0.5 \end{bmatrix}$$

所得到的极限超矩阵如下。

$$\underline{W}=\begin{bmatrix} 0.232 & 0.232 & 0.232 & 0.232 & 0.232 & 0.232 \\ 0.105 & 0.105 & 0.105 & 0.105 & 0.105 & 0.105 \\ 0.163 & 0.163 & 0.163 & 0.163 & 0.163 & 0.163 \\ 0.226 & 0.226 & 0.226 & 0.226 & 0.226 & 0.226 \\ 0.140 & 0.140 & 0.140 & 0.140 & 0.140 & 0.140 \\ 0.134 & 0.134 & 0.134 & 0.134 & 0.134 & 0.134 \end{bmatrix}$$

从极限矩阵的列中可以得到选择标准成本、售后服务和寿命的重要性权重分别 0.464、0.210 和 0.326,以及三种品牌空调格力、西门子和海尔的优先选择权重分别为 0.452、0.280 和 0.268。

应用案例

我国长途客货运输交通方式选优的层次分析法模型

由于运输资源的有限性,在规划交通运输体系时,需要合理确定交通方式的组成结构。

因此,评价各种交通方式在可持续发展中的作用,在规划中优先选择对社会可持续发展更为有利的交通方式,是研究交通可持续发展问题的关键所在。利用层次分析法将各种交通方式的发展可持续性进行评价,从定量分析的角度,为交通体系建设选择可持续发展性良好的交通方式提供一定的依据。

一、确定评价指标

交通运输可持续发展的评价指标体系,应包括交通项目对经济、社会、资源和环境的影响。选择的指标应能客观、公正、全面地评价各种交通方式,且易于比较分析。在加拿大的温哥华召开的"走向可持续性交通"OECD会议上,制定了九个可持续性交通的"温哥华原则":通达、便捷,公平、公正,个人和社会的责任,健康和安全,教育和公众的参与,整体规划,土地和资源的利用,污染物的控制,经济的效益。

目前适合我国中长途客货运输的交通方式主要有铁路运输、公路运输和航空运输三种方式。铁路运输适应我国幅员辽阔、国土面积大的特点,适于客货的中、长途运输,是目前我国运输体系的主要框架。公路运输的特点是快速便捷,可以实现"门到门"运输,高速公路的发展增加了公路的运距,提高了运送速度,目前我国高速公路运输已成为中、长途运输中一种重要方式。航空运输的最大优点是速度快、安全舒适、两地间航程最短,但是它的成本高、运费高、运量小、油耗高,因此主要用于大城市间旅客和贵重货物运输。

评价不同交通运输方式的可持续发展性能时,综合考虑我国国情和三种交通方式的不同特点,以选择可持续发展性能比较优越的交通方式为目标,选择便捷性、安全性、占地面积、能源消耗、废气污染、噪声污染、社会公平性七个主要方面作为指标层,对三种交通方式进行评价。

(1)便捷性。便捷性主要是对不同交通方式在服务时间上的灵活性、服务范围的广泛性评价,指标反映了不同交通方式的实用性和运输的及时性。在中长途运输中便捷性是乘客和货主选择交通方式时考虑的重要因素。

(2)安全性。安全性指标是旅客、货主关心的首要因素,在运输成本的评价中,交通事故损失是交通运输外部成本的主要构成部分。

(3)占地面积。占地面积指标是用来衡量各种交通方式建设及运营中所占用土地资源的状况。对不同交通方式在运输能力相同的条件下,比较所需占用土地面积的多少。

(4)能源消耗。交通运输的发展需要能源支撑,发展节能型交通方式是目前交通发展的一大趋势。

(5)环境指标。环境指标包括交通的废气污染和交通噪声对周边环境的影响,由于各种交通方式的污染特点不同,将主要对这两种污染指标进行比较。

(6)社会公平性。社会公平性指标主要考虑各种交通方式服务的人群,反映了交通方式服务的广泛性。在规划交通项目时需要充分考虑交通方式的社会公平性,使交通为尽可能多的人服务。

二、构造层次分析法模型

(一) 层次结构图

根据各类因素之间的隶属关系分为三个层次:第一层为目标层 Z;第二层为评价指标层 C;第三层为方案层 P。其结构如图 1 所示。

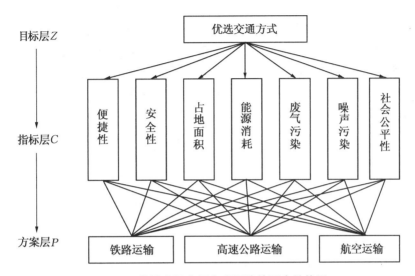

图 1　可持续发展交通方式评价的层次结构图

(二) 构造判断矩阵

1. 判断矩阵的构造原理。

根据我国目前中长途运输的特点、旅客与货主所关心的主要问题,以及可持续发展的要求,对层次结构中的各指标进行两两比较得到判断矩阵 A。采用 1—9 及其倒数作为标度的方法。

2. 指标层判断矩阵 A。

评价指标层 C_i 中,根据便捷性 C_1、安全性 C_2、占地面积 C_3、能源消耗 C_4、废气污染 C_5、噪声污染 C_6 和社会公平性 C_7 对目标层 Z 的影响,确定它们在 Z 中所占的比重。依据可持续发展为导向的交通规划中各评价指标的重要程度,并通过咨询专家意见,得到指标层的两两比较判断矩阵 A:

$$A = \begin{bmatrix} 1 & 3 & 1/3 & 1/3 & 1/2 & 1/2 & 3 \\ 1/3 & 1 & 1/5 & 1/5 & 1/3 & 1/2 & 2 \\ 3 & 5 & 1 & 1 & 3 & 4 & 6 \\ 3 & 5 & 1 & 1 & 3 & 4 & 6 \\ 2 & 3 & 1/3 & 1/3 & 1 & 1 & 4 \\ 2 & 2 & 1/4 & 1/4 & 1 & 1 & 3 \\ 1/3 & 1/2 & 1/6 & 1/6 & 1/4 & 1/3 & 1 \end{bmatrix}$$

3. 方案层判断矩阵 B_i。

通过对国内外的统计数据和资料分析,得出方案层中铁路运输 P_1、高速公路运输 P_2、航空运输 P_3 三种方式在评价指标中的优势比例,构造出方案的两两比较矩阵 B_i。其中,由于判断矩阵 A 遵循评判结果越好值越大的原则,因此对于 C_3、C_4、C_5 和 C_6 几个指标在进行两两比较时取其比值的倒数。

(1) 便捷性 B_1。从交通方式服务时间上的灵活性、服务范围的广泛性评价,公路运输的优势远高于铁路运输与航空运输,而铁路运输又高于航空运输。

(2) 安全性 B_2。据德国数据统计,公路事故率是铁路的 24 倍。

(3) 占地面积 B_3。交通基础设施基本上都是占用土地资源巨大的项目,但是各种运输方式有所不同。为完成相同的运量,一般建设高速公路需要占用的土地比铁路多 3.5 倍,而航空用地主要是集中在机场等基础设施的建设上,占用土地面积较少。

(4) 能源消耗 B_4。各种运输方式消耗的能源所占比重各不相同,据我国 1995 年的统计,各种运输方式每吨公里的能耗换算成标准煤分别为:铁路 9.64 克;公路 63.68 克;航空 434 克。

(5) 废气污染 B_5。各交通工具排放的废气是大气污染的主要来源。据有关研究表明,客运造成的单位污染强度,铁路是航空的 20%—40%,是公路的 10% 左右。

(6) 噪声污染 B_6。根据统计数据表明噪声污染指标也是铁路最低,日本的铁路、公路和航空单位运送量所产生的噪音之比为 0.1:1:1。

(7) 社会公平性 B_7。由于三种交通方式的运输能力、服务范围、出行成本的不同,交通方式所能服务的人群也不同。铁路运输更大程度上适应我国经济发展的水平,为大众服务的水平优于高速公路运输,更优于航空运输。

通过对以上数据、资料分析,并依据对各种运输方式的可持续发展的定性评价和对各种运输方式的主要技术指标及环境影响比较,利用判断矩阵标度含义,得出三种适合我国中长途运输方案的判断矩阵 B_i 分别为:

$$B_1 = \begin{bmatrix} 1 & 1/5 & 3 \\ 5 & 1 & 7 \\ 1/3 & 1/7 & 1 \end{bmatrix} \quad B_2 = \begin{bmatrix} 1 & 7 & 1/2 \\ 1/7 & 1 & 1/8 \\ 2 & 8 & 1 \end{bmatrix} \quad B_3 = \begin{bmatrix} 1 & 4 & 1/2 \\ 1/4 & 1 & 1/5 \\ 2 & 5 & 1 \end{bmatrix}$$

$$B_4 = \begin{bmatrix} 1 & 4 & 9 \\ 1/4 & 1 & 5 \\ 1/9 & 1/5 & 1 \end{bmatrix} \quad B_5 = \begin{bmatrix} 1 & 6 & 4 \\ 1/6 & 1 & 1/2 \\ 1/4 & 2 & 1 \end{bmatrix} \quad B_6 = \begin{bmatrix} 1 & 7 & 9 \\ 1/7 & 1 & 3 \\ 1/9 & 1/3 & 1 \end{bmatrix}$$

$$B_7 = \begin{bmatrix} 1 & 3 & 5 \\ 1/3 & 1 & 3 \\ 1/5 & 1/3 & 1 \end{bmatrix}$$

三、模型的分析求解

1. 求判断矩阵 A 及一致性检验。计算出指标层的各个指标对于目标层 Z 的权重

$W_i(i=1, 2, \cdots, 7)$，计算 CI、CR 判断构造的判断矩阵是否合理。各指标的权重见表1。其中：$n=7$ 查表得 $RI=1.32$，$CI=0.036$，$CR=0.027<0.1$

表1　各指标对于目标 Z 的权重

指标	C_1	C_2	C_3	C_4	C_5	C_6	C_7
权重 W_i	0.090	0.050	0.297	0.297	0.126	0.105	0.036

2. 判断矩阵 B_i 的单层排序和一致性检验见表2。其中：$n=3$ 时查表，$RI=0.58$ $(i=1, 2, \cdots, 7)$。表中 $CR(B_i)$ 值均小于 0.1，一致性检验通过。

表2　单层排序和一致性检验表

i	1	2	3	4	5	6	7
	0.188	0.353	0.333	0.709	0.701	0.785	0.637
$w(B_i)$	0.731	0.061	0.097	0.231	0.106	0.149	0.258
	0.081	0.586	0.570	0.060	0.193	0.066	0.105
$\lambda_{\max}(B_i)$	3.065	3.035	3.025	3.071	3.040	3.080	3.039
$CI(B_i)$	0.033	0.018	0.013	0.036	0.020	0.040	0.019
$CR(B_i)$	0.057	0.031	0.022	0.062	0.034	0.069	0.033

3. 各方案对总目标 Z 的层次排序见表3。

表3　层次权重排序表

	C_1	C_2	C_3	C_4	C_5	C_6	C_7	P 的总排序值
P_1	0.188	0.353	0.333	0.709	0.701	0.785	0.637	0.539
P_2	0.731	0.061	0.097	0.231	0.106	0.149	0.258	0.204
P_3	0.081	0.586	0.570	0.060	0.193	0.066	0.105	0.259

4. 总排序与一致性检验。

$$CI = \sum_{i=1}^{7} w_i CI(B_i) = 0.023$$

$$RI = 0.58 \times \sum_{i=1}^{7} w_i = 0.581$$

$$CR = 0.040 < 0.1$$

一致性检验通过。

四、结 果 分 析

根据交通可持续发展中七个主要评价指标的重要性比较构造判断矩阵 A，对三种交通

方式铁路运输 P_1、高速公路运输 P_2、航空运输 P_3 在指标层各个评价指标下的优势评价构造判断矩阵 $B_i(i=1,2,\cdots,7)$,利用层次分析法比较得出三种交通方式在可持续发展优势中的评价权重:$P_1(0.539) > P_3(0.259) > P_2(0.204)$。遵循可持续发展的理念,在发展我国中长途交通运输方式时,铁路运输的优势比较明显,因此,在规划我国中长途运输通道时,根据可持续发展的理念,可优先考虑铁路运输方式。而航空运输与高速公路运输方式不相上下,可根据需要适当发展。

思考题

1. 某人准备选购一台电冰箱,他对市场上 6 种不同类型的电冰箱进行了解,在决定买哪一款式时,较难进行比较和选择,因为存在许多不可比的因素,因此选取了一些中间指标进行考察。例如电冰箱的容量、制冷级别、价格、外形、耗电量、外界信誉、售后服务等。然后再考虑各种型号冰箱在上述各中间标准下的优劣排序。请根据上面的分析过程构建递阶层次结构模型。

2. 某单位拟从三名干部中提拔一人担任领导工作,干部的优劣(由上级人事部门提出),用六个属性来衡量:健康状况、业务知识、写作水平、口才、政策水平、工作作风,分别用 $p1$、$p2$、$p3$、$p4$、$p5$、$p6$ 来表示。判断矩阵如下 B。

B	$p1$	$p2$	$p3$	$p4$	$p5$	$p6$
$p1$	1	1	1	4	1	1/2
$p2$	1	1	2	4	1	1/2
$p3$	1	1/2	1	5	3	1/2
$p4$	1/4	1/4	1/5	1	1/3	1/3
$p5$	1	1	1/3	3	1	1
$p6$	2	2	2	3	1	1

组织部门给甲、乙、丙三个人,对每个目标打分。
健康状况 $p1$:

$B1$	甲	乙	丙
甲	1	1/4	1/2
乙	4	1	3
丙	2	1/3	1

业务水平 $p2$:

$B2$	甲	乙	丙
甲	1	1/4	1/5
乙	4	1	1/2
丙	5	2	1

写作水平 $p3$：

$B3$	甲	乙	丙
甲	1	3	1/5
乙	1/3	1	1
丙	5	1	1

口才 $p4$：

$B4$	甲	乙	丙
甲	1	1/3	5
乙	3	1	7
丙	1/5	1/7	1

政策水平 $p5$：

$B5$	甲	乙	丙
甲	1	1	7
乙	1	1	7
丙	1/7	1/7	1

工作作风 $p6$：

$B6$	甲	乙	丙
甲	1	7	9
乙	1/7	1	5
丙	1/9	1/5	1

要求：

（1）画出层次结构分析图；

（2）求出目标层的权数估计；

（3）求出方案层对目标层的最大特征向量；

（4）求出三人所得总分，并分析应该提拔谁到领导岗位上。

3. 若发现一判断矩阵 A 的非一致性较为严重，应如何寻找引起非一致性的元素？例如，设已构造了成对比较矩阵：

$$A = \begin{bmatrix} 1 & \dfrac{1}{5} & 3 \\ 5 & 1 & 6 \\ \dfrac{1}{3} & \dfrac{1}{6} & 1 \end{bmatrix}$$

（1）对 A 作一致性检验。

（2）如 A 的非一致性较严重，应如何作修正？

第十一章　博　弈　论

　　博弈论(game theory),有时也称为对策论,或者竞赛论,它主要研究具有竞争或对抗性质现象的数学理论与方法,是管理定量分析的一个分支。博弈论的研究方法和其他许多利用数学工具研究社会经济现象的学科一样,都是从复杂的现象中抽象出基本的元素,对这些元素构成的数学模型进行分析,而后逐步引入对其产生影响的其他因素来分析其结果。博弈论是建立在一个很强的假设之上,在博弈论中参与人是理性的决策者,他必须在考虑其他局中人反应的基础上选择使自己效用最大化的行动方案。虽然如此,其结论却有深刻的内涵,具有深刻的意义。

　　目前,博弈论在企业管理、生物学、经济学、国际关系、计算机科学、政治学、军事战略和其他很多学科都有广泛的应用。利用博弈论可以证明现实生活中许多有趣的问题,如多劳者不多得,公共资源的过度使用,非合作者在一段时间内选择合作,坏人做好事。目前经济学中的委托-代理制、激励理论都可以用博弈论来分析。现代的企业间竞争有很多情况都是在合作的背景下进行的。比如垄断市场的寡头 A、B,他们可以协议指定一个产量来维持自己的最大利润。但是在许多情况下,总有为了维护自己的局部利润而提高产量的情况,结果导致价格下降,利润流失。竞争情报往往在这种情况下起重要作用,如果 A 掌握了 B 的实际生产能力这类竞争情报,就可以调整自己的产量甚至突破协议,从而形成新的均衡。

　　日常生活中,可以经常见到一些相互之间斗争或竞争的行为,比如下棋、打牌及其他体育竞赛,各国际集团之间的利益争斗,各公司企业之间为争夺市场而进行的竞争,战争中的敌对双方。这些行为的各方都力图选取对自己最为有利的策略,千方百计去战胜对手,无一不具有竞争或对抗的性质。

　　对策是决策者在某种竞争场合下为战胜竞争对手所作出的决策,是在供选择的策略集合中选取对付对方的策略。博弈论思想古已有之,我国古代的《孙子兵法》不仅是一部军事著作,而且算是最早的一部博弈论专著。博弈论最初主要研究象棋、桥牌、赌博中的胜负问题,人们对博弈局势的把握只停留在经验上,没有向理论化发展,正式发展成一门学科则是在 20 世纪初。1928 年冯·诺伊曼证明了博弈论的基本原理,从而宣告了博弈论的正式诞生。1944 年,冯·诺伊曼和摩根斯坦共著的划时代巨著《博弈论与经济行为》将二人博弈推广到 n 人博弈结构并将博弈论应用于经济领域,从而奠定了这一学科的基础和理论体系。谈到博弈论就不能忽略博弈论天才纳什,纳什的开创性论文《n 人博弈的均衡点》(1950)、《非合作博弈》(1951)等等,给出了纳什均衡的概念和均衡存在定理。此外,泽尔腾、海萨尼的研究也对博弈论发展起到推动作用。今天,博弈论已发展成一门较完善的学科。

第一节 博弈论的基本概念

我们先介绍几个博弈论的例子。

例 11.1 (囚徒困境)一天,有一位富翁在家中被杀,财物被盗。警方在此案的侦破过程中,抓到两个犯罪嫌疑人甲和乙,并从他们的住处搜出被害人家中丢失的财物。但是,他们矢口否认曾杀过人,辩称是先发现富翁被杀,然后只是顺手牵羊偷了点儿东西。于是警方将两人隔离,分别关在不同的房间进行审讯。由地方检察官分别和每个人单独谈话。检察官说,"由于你们的偷盗罪已有确凿的证据,所以可以判你们一年刑期。但是,我可以和你做个交易。如果你单独坦白杀人的罪行,我就判你无罪释放,但你的同伙要被判十年刑。如果你拒不坦白,而被同伙检举,那么你就将被判十年刑,他只判一年的监禁。但是,如果你们两人都坦白交代,那么,你们都要被判八年刑"。甲和乙该怎么办呢?

可以用下面的表 11.1 表示。

表 11.1

囚犯甲的判刑情况		囚 犯 甲	
		招 供	不招供
囚 犯 乙	招 供	判刑 8 年	判刑 10 年
	不招供	释 放	判刑 1 年

由于囚犯甲、乙都是理性人,都会从自身利益的最大化出发作出选择,因此囚犯甲、乙都选择了招供,各被判刑 8 年。

例 11.2 (田忌赛马)战国时期,齐王与田忌赛马,双方约定:从各自的上、中、下三个等级的马中各选一匹参赛,每匹马均只能参赛一次,每一次比赛双方各出一匹马,负者要付给胜者千金。已知在同等级的马中,田忌的马不如齐王的马跑得快,而如果田忌的马比齐王的马高一等级,则田忌的马跑得快。田忌的一个谋士给他出了个主意:每次比赛时先让齐王牵出他要参赛的马,然后用下等马对齐王的上等马,用中等马对齐王的下等马,用上等马对齐王的中等马。比赛结果,田忌二胜一负,可得千金。

例 11.3 (智猪博弈)猪圈里有两头猪,一头大猪,一头小猪。猪圈的一边有个踏板,每踩一下踏板,在远离踏板的猪圈的另一边的投食口就会落下少量的食物。如果有一只猪去踩踏板,另一只猪就有机会抢先吃到另一边落下的食物。当小猪踩动踏板时,大猪会在小猪跑到食槽之前刚好吃光所有的食物;若是大猪踩动了踏板,则还有机会在小猪吃完落下的食物之前跑到食槽,争吃到另一半残羹。那么,两只猪各会采取什么策略?由于这大小两头猪都是"智猪",就像经济学中所分析的"理性人"一样,那么聪明的小猪必然的选择是等待,剩下的那头大猪别无选择只能跑去踩踏板,因为否则的话大家都得饿肚子。答案是:小猪将选择"搭便车"策略,也就是舒舒服服地等在食槽边;而大猪则为一点残羹,不知疲倦地奔忙于踏板和食槽之间。

一、博弈模型的三个基本要素

虽然博弈问题千差万别,涉及的领域也各有不同,但作为博弈问题可以通过建立博弈模型来研究。博弈模型本质上都包括如下三个基本要素:

1. 局中人(player)。

在博弈中,有权决定自己行动方案的参加者,称为局中人,一个博弈中至少有两个局中人。如在"田忌赛马"的例子中,局中人就是齐王和田忌。

局中人的概念是广义的,既可以理解为个人,还可以理解为某一集体,如球队、交战国、企业等。当研究在不确定的气候条件下,进行某项与气候条件有关的生产决策时,也可以把大自然当作局中人。一个博弈中,利益完全一致的参加者只能看成是一个局中人。桥牌中虽有四人参赛,但只能算有两个局中人,东西方、南北方各作为一个局中人。

博弈论中对局中人有一个重要的假设:每一个局中人都是"理智的",即对任意局中人来讲,不存在侥幸心理,不存在利用其他局中人决策的失误来扩大自身利益的行为。

2. 策略集(strategies)。

博弈中,可供局中人选择的一套可行而完整的行动方案成为一个策略。即策略不是某阶段的行动方案,而是指导整个行动的一个方案,一个局中人的一个可行的自始至终全局筹划的一个行动方案。参加博弈的每一局中人都有自己的策略集,每一局中人的策略集中至少包括两个策略。

在"田忌赛马"的例子中,如果用上、中、下表示以上马、中马、下马依次参赛这样一个次序,就是一个完整的行动方案,即为一个策略。可见,局中人齐王和田忌各自都有六个策略:(上,中,下)、(上,下,中)、(中,上,下)、(中,下,上)、(下,中,上)、(下,上,中)。

如果在一个博弈中局中人都只有有限个策略,则称为"有限博弈",否则称为"无限博弈"。

3. 赢得函数(也称支付函数,payoff function)。

在一个博弈中,每个局中人所出策略形成的策略组称为一个局势,如田忌的(上,中,下)对齐王的(中,下,上)就是一个局势。

当一个局势出现后,应该为每一个局中人规定一个赢得值(或损失值)。显然,每个局中人在一局博弈结束时的赢得值(或损失值),不仅与该局中人自身所选择的策略有关,而且与其他局中人所取定的一组策略有关。所以,一局博弈结束时每个局中人的"得失"是全体局中人所取定的一组策略的函数,通常称为赢得函数(支付函数)。

"田忌赛马"中齐王的赢得和损失值可以用表11.2表示。

表 11.2

齐王的策略	田 忌 的 策 略					
	β_1 上中下	β_2 上下中	β_3 中上下	β_4 中下上	β_5 下中上	β_6 下上中
α_1 上中下	3	1	1	1	1	−1
α_2 上下中	1	3	1	1	−1	1
α_5 中上下	1	−1	3	1	1	1
α_4 中下上	−1	1	1	3	1	1
α_5 下中上	1	1	−1	1	3	1
α_6 下上中	1	1	1	−1	1	3

一般当局中人、策略集和赢得函数这三个基本因素确定后,一个博弈模型也就给定了。

二、博 弈 的 类 型

根据不同的基准,博弈的分类也有不同。一般认为,博弈主要可以分为合作博弈和非合作博弈。它们的区别在于相互发生作用的当事人之间有没有一个具有约束力的协议,如果有就是合作博弈,如果没有就是非合作博弈。合作博弈主要研究人们达成合作时如何分配合作得到的收益,即收益分配问题。非合作博弈主要研究人们在利益相互影响的局势中如何决策从而使自己的收益最大,即策略选择问题。

按行为的时间序列性,博弈还可分为两类:静态博弈和动态博弈。静态博弈是指在博弈中,参与人同时选择或虽非同时选择但后行动者并不知道先行动者采取了什么具体行动;动态博弈是指在博弈中,参与人的行动有先后顺序,且后行动者能够观察到先行动者所选择的行动。如博弈论中著名的例子"囚徒困境"就是同时决策的,属于静态博弈;而棋牌类游戏等决策或行动是有先后次序的,属于动态博弈。

按照参与人对其他参与人的了解程度分为完全信息博弈和不完全信息博弈。完全信息博弈是指在博弈过程中,每一位参与人对其他参与人的特征、策略空间及支付函数有准确的信息。如果参与人对其他参与人的特征、策略空间及支付函数信息了解的不够准确,或者不是对所有参与人的特征、策略空间及支付函数都有准确的信息,在这种情况下进行的博弈就是不完全信息博弈。

目前经济学家们所谈的博弈论一般是指非合作博弈,由于合作博弈论比非合作博弈论复杂,在理论上的成熟度远远不如非合作博弈论。非合作博弈又分为:完全信息静态博弈,完全信息动态博弈,不完全信息静态博弈,不完全信息动态博弈。与上述四种博弈相对应的均衡概念为:纳什均衡(Nash equilibrium)、子博弈精炼纳什均衡(subgame perfect Nash equilibrium)、贝叶斯纳什均衡(Bayesian Nash equilibrium)、精炼贝叶斯纳什均衡(perfect Bayesian Nash equilibrium)。具体对应关系如表 11.3 所示。

表 11.3

行动次序 信　息	静　态	动　态
完全信息	纳什均衡 纳什	子博弈精练纳什均衡 泽尔腾
不完全信息	贝叶斯均衡 海萨尼	精炼贝叶斯均衡 泽尔腾等

根据参加博弈局中人的数目,可以将博弈分为二人博弈和多人博弈。

根据局中人策略集中策略的有限或无限,可将博弈分为有限博弈和无限博弈。

根据各局中人赢得值的代数和(赢者为正,输者为负)是否为零,可将博弈分为零和博弈和非零和博弈。

博弈还有很多分类,本书只介绍主要的和常见的分类,其他不一一赘述。

例 11.4 两个参加者甲、乙各出示一枚硬币,在不让对方看见的情况下,将硬币放在桌子上,若两个硬币都呈正面或都呈反面则甲得 1 分,乙付出 1 分;若两个硬币一个呈正面另一个呈反面则乙得 1 分,甲付出 1 分。

[分析] 局中人:甲、乙。

策略:$S_i = \{正面,反面\}$,$i = 1, 2$。

局势:$S = \{(正,反);(正,正);(反,正);(反,反)\}$。

支付函数:$H_1(正,反) = -1$,$H_1(正,正) = 1$,$H_1(反,正) = -1$,$H_1(反,反) = 1$;$H_2(反,正) = 1$,$H_2(正,正) = -1$,$H_2(反,正) = 1$,$H_2(反,反) = -1$。

该问题是一个两人非合作零和博弈。

第二节　矩阵对策的最优纯策略

矩阵对策就是两人有限零和博弈。这是指只有两个参加博弈的局中人,每个局中人都只有有限个策略可供选择,在任一局势下,两个局中人的赢得之和总是等于零,即双方的利益是激烈对抗的。"田忌赛马"就是一个矩阵对策,齐王和田忌都有六个策略,一局博弈结束后,齐王的所得必为田忌的所失,反之亦然。

一、矩阵对策的数学模型

通常,用 Ⅰ、Ⅱ 分别表示两个局中人,并设局中人 Ⅰ 有 m 个纯策略 $\alpha_1, \alpha_2, \cdots, \alpha_m$ 可供选择,局中人 Ⅱ 共有 n 个纯策略 $\beta_1, \beta_2, \cdots, \beta_n$ 可供选择。当局中人 Ⅰ 选定纯策略 α_i 和局中人 Ⅱ 选定纯策略 β_j 后,就形成了一个纯局势 (α_i, β_j),这样的纯局势共有 $m \cdot n$ 个。对任一纯局势 (α_i, β_j),记局中人 Ⅰ 的赢得值为 a_{ij}。则局中人 Ⅰ、Ⅱ 的对策可以表达为:

策略集:$S_1 = \{\alpha_1, \alpha_2, \cdots, \alpha_m\}$,$S_2 = \{\beta_1, \beta_2, \cdots, \beta_n\}$

局势集：$S_1 \times S_2 = \{(\alpha_i, \beta_j) \mid i = 1, 2, \cdots, m; j = 1, 2, \cdots, n\}$

支付函数：$H_1(\alpha_i, \beta_j) = a_{ij}$ 和 $H_2(\alpha_i, \beta_j) = -a_{ij}$

$$\text{矩阵 } A = \begin{matrix} & \beta_1 & & \beta_n \\ \alpha_1 \\ \\ \alpha_m \end{matrix} \begin{bmatrix} a_{11} & \cdots & a_{1n} \\ & \cdots & \\ & \cdots & \\ a_{m1} & \cdots & a_{mn} \end{bmatrix}$$

表示局中人 I 的赢得矩阵，显然因为这是个两人有限零和对策，所以局中人 II 的赢得矩阵为 $-A$。

一旦局中人 I、II 和策略集已经确定，并且局中人 I 的赢得矩阵 A 已知，一个矩阵对策就给定了。一般将矩阵对策记为 $G = (S_1, S_2; A)$。

"田忌赛马"可以用一个简单的矩阵对策模型 $G = (S_1, S_2; A)$ 表达，其中 $S_1 = S_2 = \{($上，中，下$)$，$($上，下，中$)$，$($中，上，下$)$，$($中，下，上$)$，$($下，中，上$)$，$($下，上，中$)\}$，齐王的赢得矩阵为

$$A = \begin{bmatrix} 3 & 1 & 1 & 1 & 1 & -1 \\ 1 & 3 & 1 & 1 & -1 & 1 \\ 1 & -1 & 3 & 1 & 1 & 1 \\ -1 & 1 & 1 & 3 & 1 & 1 \\ 1 & 1 & -1 & 1 & 3 & 1 \\ 1 & 1 & 1 & -1 & 1 & 3 \end{bmatrix}$$

二、矩阵对策的最优纯策略

通过前面的介绍，我们已经知道可以用简单的矩阵对策模型表达二人有限零和对策问题，接下来我们必须要思考的是如何帮助局中人寻找最佳策略，实现"理性人"的最优目标。下面从一个矩阵对策问题入手，根据博弈论中参与人假设，即局中人都是理性的决策者，不会存在侥幸心理，他总是在考虑其他局中人反应的基础上"自私自利"地选择自己效用最大化的行动方案。

例 11.5 设有一二人有限零和对策，局中人 I 的策略为 a_1, a_2, a_3, a_4；局中人 II 的策略为 b_1, b_2, b_3。局中人 A 的支付矩阵如下：

$$A = \begin{bmatrix} -5 & 2 & -7 \\ 4 & 3 & 5 \\ 10 & 0 & -9 \\ -2 & 1 & 7 \end{bmatrix}$$

局中人 I 的最大赢得是 10，要想得到 10，必须选择 a_3，假定局中人 II 也是理智的，他考虑到了局中人 I 打算出 a_3 的心理，于是便准备以 b_3 对付，使局中人 I 不但得不到 10 反而

失掉 9，局中人 I 当然也会猜到局中人 II 的这一心理，出 a_4 来对付，使局中人 II 得不到 9 反而失掉 7……所以，如果双方都不想冒险，都不存在侥幸心理，而是考虑到对方必然会设法使自己的所得最少这一点，就应该从各自可能出现的最不利的情形中选择一种最为有利的情形作为决策的依据。这就是所谓的"理智行为"，也是博弈双方实际都能接受的一种稳妥的方法。

本例中，局中人 I 分析得出纯策略 a_1，a_2，a_3，a_4 可能带来的最少赢得（矩阵中 A 中每行的最小元素）分别为：-7，3，-9，-2，在这些最少赢得（最不利的情形）中最好的结果（最有利的情形）是赢得为 3。因此，局中人 I 只要以 a_2 参加博弈，无论局中人 II 选取什么样的纯策略，都能保证局中人 I 的收入不会少于 3，而出其他任何纯策略，其收入都有可能少于 3，甚至输给对方。同理，对局中人 II 来说，各纯策略 b_1，b_2，b_3 可能带来的对其不利的结果（矩阵 A 中每列中最大元素）分别为：10，3，7，在这些最不利的结果中最好的结果（输得最少）是 3，即局中人 II 只要选择纯策略 b_2，无论局中人 I 采取什么纯策略，都能保证自己的支付不会多于 3，而采取其他任何纯策略，都有可能使自己的所失多于 3。上面分析表明，局中人 I、II 的"理智行为"分别是选取纯策略的 a_2 和 b_2，这时局中人 I 的赢得值和局中人 II 的所失值的绝对值相等（都是 3）。由此可见，局中人都选择了"坏中求好"的策略，局中人 I 按最大最小原则决策，也就是在他的最小收益中选择最大值对应的策略；局中人 II 是按最小最大原则选择自己的纯策略，这对双方来说都是一种极为稳妥的行为。因此，a_2 和 b_2 分别为局中人 I、II 的最优纯策略。

对于一般矩阵对策，有如下定义。

定义 11.1 设 $G=(S_1,S_2;A)$ 为矩阵对策，其中 $S_1=\{\alpha_1,\alpha_2,\cdots,\alpha_m\}$，$S_2=\{\beta_1,\beta_2,\cdots,\beta_n\}$，$A=(a_{ij})mn$。若等式 $\max_i \min_j a_{ij}=\min_j \max_i a_{ij}=a_{i*j*}$ 成立，则称 $V_G=a_{i*j*}$ 为对策 G 的值，称使上式成立的纯局势 (α_{i*},β_{j*}) 为 G 在纯策略下的解（或平衡局势），α_{i*} 和 β_{j*} 分别称为局中人 I、II 的最优纯策略。

由上述定义可知，在矩阵对策中两个局中人都采取最优纯策略（如果最优纯策略存在）才是理智行动。矩阵对策的值是唯一的，即当局中人 I 采用构成解的最优策略时，是保证他的赢得 V_G 不依赖于对方的纯策略。

例 11.6 求下面矩阵对策的解。

$$\begin{bmatrix} 1 & 2 & 3 & 2 \\ 5 & 3 & 6 & 4 \\ 0 & 2 & 4 & 2 \end{bmatrix}$$

[解] 由于

$$\max_i \min_j a=\min_j \max_i a_{ij}=a_{22}=3$$

所以这个矩阵对策的解存在，并且等于 3。其对应的局势为 (α_2,β_2) 在纯策略下的解，α_2，β_2 分别为两个局中人的最优纯策略。

仔细观察会发现上面例题 11.6 中的 $a_{22}=3$ 有一个很重要的特点：$a_{22}=3$ 既是它所在行

的最小元素,也是它所在列的最大元素。事实上,这是一个可以推广的结论。具体表述如下:

性质 11.1 给定矩阵对策 $\Gamma = \{S_1, S_2, A\}$,则 $\max\limits_{i} \min\limits_{j} a_{ij} \leqslant a_{i_0 j_0} \leqslant \min\limits_{j} \max\limits_{i} a_{ij}$。

性质 11.2 给定矩阵对策,$\Gamma = \{S_1, S_2, A\}$,如果

$\max\limits_{i} \min\limits_{j} a_{ij} = \min\limits_{j} a_{i_0 j}$,则局中人 1 的最稳妥策略为 α_{i_0};

$\min\limits_{j} \max\limits_{i} a_{ij} = \max\limits_{i} a_{ij_0}$,则局中人 2 的最稳妥策略为 β_{j_0};

并且 $\max\limits_{i} \min\limits_{j} a_{ij} = \min\limits_{j} \max\limits_{i} a_{ij}$,

则 $\max\limits_{i} \min\limits_{j} a_{ij} = a_{i_0 j_0} = \min\limits_{j} \max\limits_{i} a_{ij}$

性质 11.3 给定矩阵对策 $\Gamma = \{S_1, S_2, A\}$,$\max\limits_{i} \min\limits_{j} a_{ij} = \min\limits_{j} \max\limits_{i} a_{ij}$ 的充要条件是存在局势 $(\alpha_{i*}, \beta_{j*})$ 使得:

$$a_{ij*} \leqslant a_{i*j*} \leqslant a_{i*j}, \quad i = 1, 2, \cdots, m, \ j = 1, 2, \cdots, n$$

上述三个性质都是可以通过严格的理论推导得到证明,感兴趣的读者可以查阅相关参考书,也可以自己尝试进行证明。根据上面的性质也可以给出矩阵对策在纯策略意义下的解的一种判断方法:对于矩阵对策 $\Gamma = \{S_1, S_2, A\}$,如果存在局势 $(\alpha_{i*}, \beta_{j*})$ 使得:

$$a_{ij*} \leqslant a_{i*j*} \leqslant a_{i*j}, \quad i = 1, 2, \cdots, m, \ j = 1, 2, \cdots, n$$

则称 a_{i*j*} 是矩阵 A 的一个鞍点,并且局势 $(\alpha_{i*}, \beta_{j*})$ 为对策的解,策略 α_{i*},β_{j*} 分别为局中人的最优策略,$v = a_{i*j*}$ 为这个矩阵对策的值。

例 11.7 某县防汛部门要决定沙包的储备数量,已知在正常的降雨量条件下要消耗 15 万个,在降雨较少与较多的条件下分别要 10 万个和 20 万个。假定预先储备与应急装运的价格是不同的,在预先储备时沙包价格为 2 元/个,应急装运时的价格是 3 元/个。在没有关于当年降雨准确预报的条件下,应当预先储备多少万个沙包才能使支出最少?

[分析] 这是一个储量问题,可以作为一个对策问题进行决策。局中人有两个:县防汛部门(局中人 I)和大自然(局中人 II);局中人 I 的策略集为{预先储备 10 万个、15 万个、20 万个},记作{a_1, a_2, a_3},局中人 II 的策略集为{降雨较少、降雨正常、降雨较多},记作{b_1, b_2, b_3}。把该县沙包储备数量实际费用(即正常储备时的费用、应急调运时的费用总和)作为局中人 I 的赢得矩阵如表 11.4 所示。

表 11.4 某县沙包储备数量和实际费用一览表 单位:万元

沙包储备数	b_1(较少)	b_2(正常)	b_3(较多)
a_1(10 万个)	−20	−35	−50
a_2(15 万个)	−30	−30	−45
a_3(20 万个)	−40	−40	−40

[解] 因为

$$\max\limits_{i} \min\limits_{j} a_{ij} = \min\limits_{j} \max\limits_{i} a_{ij} = -40$$

所以这个矩阵对策的解存在,并且等于-40。其对应的局势为(a_3, b_3)在纯策略下的解,a_3,b_3分别为两个局中人的最优纯策略,即沙包储备 20 万个合理。

例 11.8 (军事对策)第二次世界大战期间,美国获悉日本舰队准备从南太平洋的一个岛上,向新几内亚进发,为阻截日舰,美国西南太平洋空军受命执行轰炸任务(有南北两条航线)。据气象预报,北线阴雨,南线能见度高。美军分析结果如表 11.5 所示。

表 11.5

美军策略的条件收益		美军未来客观条件	
		日航北线	日航南线
美军策略	大多北飞	2 天轰炸	2.2 天轰炸
	大多南飞	1 天轰炸	3 天轰炸

这个对策的最优纯策略为日军走了北线,美军也把大部分力量放到北线的搜索上。这个结果和历史事实是完全一致的。

例 11.9 (选举博弈)某企业由职代会选举行政负责人,经提名产生两名候选人:王、李。两人分别提出改革方案。他们的参谋人员预先作了民意测验,测验选票经比较后差额如表 11.6 所示。

表 11.6

王的策略	b_1	b_2	b_3
a_1	-40	0	-60
a_2	30	20	40
a_3	160	10	-90
a_4	-10	10	70

容易得到最优纯策略:(a_2, b_2)。

例 11.10 设矩阵对策为 $G=(S_1, S_2; A)$,其中 $S_1=\{a_1, a_2, a_3, a_4\}$,$S_2=\{b_1, b_2, b_3, b_4\}$,赢得矩阵为:

$$A = \begin{bmatrix} 6 & 8 & 6 & 7 \\ -2 & 4 & 5 & 9 \\ 6 & -1 & 6 & 5 \\ 4 & 5 & 2 & 3 \end{bmatrix}$$

求双方的最优纯策略,并求对策的值。

[解] 因为

$$\max_i \min_j a_{ij} = \min_j \max_i a_{ij} = 6$$

其中 a_1,a_3 为局中人 I 的最优策略,b_1,b_3 为局中人 II 的最优策略,对策的解 $v=6$,对应的局势有四个:(a_1, b_1),(a_1, b_3),(a_3, b_1),(a_3, b_3)。

由这个例题可以发现,矩阵对策的解可以不是唯一的,当解有多个时,这些解之间具有无差别性(即不同局势对应的对策解的数值是唯一的)和可交换性。

第三节 矩阵对策的混合策略

在上节主要讨论了矩阵对策的纯策略问题,对于矩阵对策 $G=(S_1,S_2;A)$,其中 $S_1=\{\alpha_1,\alpha_2,\cdots,\alpha_m\}$,$S_2=\{\beta_1,\beta_2,\cdots,\beta_n\}$,$A=(a_{ij})mn$。令 $v_1=\max_i\min_j a_{ij}$,$v_2=\min_j\max_i a_{ij}$,只有当等式 $v_1=v_2=a_{i*j*}$ 成立时,纯局势 (α_{i*},β_{j*}) 为 G 在纯策略下的解(或平衡局势)。但一般情况下更多的情形是 $v_1<v_2$,这时就不存在纯策略意义下的解。

一、混 合 策 略

例 11.11 根据赢得矩阵 $A=\begin{bmatrix}3&4&6\\5&8&4\\2&6&7\end{bmatrix}$ 计算出 $v_1=4$,$i=2$;$v_2=5$,$j=1$,$v_1<v_2$。

于是,当双方根据从最不利情形中选取最有利结果的原则选择纯策略时,应分别选取 a_2 和 b_1,此时局中人 I 赢得 5,比其预期赢得 4 还多,原因就在于局中人 II 选择了 b_1,使其对手多得原来不该得的赢得,故对局中人 II 来说并不是最优,因而它会考虑取 b_3。局中人 I 亦会采取相应的办法,改取 a_3 以使赢得为 9,而局中人 II 又可能取策略 b_2 对付局中人 I 的策略,如此反复,两个局中人没有一个完全肯定的选择。局中人 I 取 a_1、a_2 或 a_3 的可能性以及局中人 II 取 b_1、b_2 或 b_3 的可能性都不能排除,对两个局中人来说,不存在一个双方均可以接受的平衡局势,或者说当 $v_1<v_2$ 时,矩阵博弈 G 不存在纯策略下的解。

在这种情况下,一个比较合乎实际的想法是,既然各局中人没有最优纯策略可取,是否可以给出一个选取不同策略的概率分布? 这个概率分布不是反映局中人的确定性选择,而是说明局中人的选择偏好。这种策略是局中人的策略集上的一个概率分布,称之为混合策略。

下面给出矩阵对策的混合策略的定义。

定义 11.2 设 $G=(S_1,S_2;A)$ 为矩阵对策,其中 $S_1=\{a_1,a_2,\cdots,a_m\}$,$S_2=\{b_1,b_2,\cdots,b_n\}$,$A=\{a_{ij}\mid m\times n\}$。记策略集:

$$S_1^*=\{X=(x_1,x_2,\cdots,x_m)\mid \sum_{i=1}^m x_i=1,x_i\geqslant 0,i=1,2,\cdots,m\}$$

$$S_2^*=\{Y=(y_1,y_2,\cdots,y_n)\mid \sum_{j=1}^n y_j=1,y_j\geqslant 0,j=1,2,\cdots,n\}$$

则 S_1^* 和 S_2^* 分别称为局中人 I 和 II 的混合策略集(或策略集);$X\in S_1^*$ 和 $Y\in S_2^*$ 分别称为局中人 I 和 II 的混合策略(或策略),对 $X\in S_1^*$,$Y\in S_2^*$ 称 (X,Y) 为一个混合局势(或局势),局中人 I 的赢得函数(支付函数)记为:

$$E(X, Y) = \sum_{i=1}^{m} \sum_{j=1}^{n} a_{ij} x_i y_j$$

这样得到一个新的对策,记为 $G^* = \{S_1^*, S_2^*, E\}$,称 G^* 为对策 G 的混合扩充。

不难发现,纯策略是混合策略的一种特殊情况。一个混合策略 $X = (x_1, x_2, \cdots, x_m)$ 可设想成当两个局中人多次重复进行博弈时,局中人 I 分别采取纯策略 $a_1, a_2, \cdots, a_m$ 的频率。若只进行一次博弈,混合博弈可设想成局中人 I 对各纯策略的偏爱程度。

定义 11.3 设 $G^* = \{S_1^*, S_2^*, E\}$ 是矩阵对策 $G = (S_1, S_2; A)$ 的混合扩充,如果

$$\max_{x \in S_1} \min_{y \in S_2} E(x, y) = \min_{y \in S_2} \max_{x \in S_1} E(x, y) = V_G$$

则称 V_G 为对策 G^* 的值,称使上式成立的混合局势 (X^*, Y^*) 为 G 在混合策略意义下的解,X^*、Y^* 分别为局中人的最优混合策略。

类似于最优纯策略判断的鞍点型充要条件,矩阵对策在混合策略意义下的解也有类似的性质。即:

定理 11.1 矩阵对策 $G = (S_1, S_2; A)$ 在混合策略意义下的充要条件是:存在混合局势 $(\bar{x}, \bar{y})$,$\bar{x} \in S_1^*$,$\bar{y} \in S_2^*$ 使得:

$$E(x, \bar{y}) \leqslant E(\bar{x}, \bar{y}) \leqslant E(\bar{x}, y), \quad x \in S_1^*, y \in S_2^*,$$

也可称混合局势 $(\bar{x}, \bar{y})$,$\bar{x} \in S_1^*$,$\bar{y} \in S_2^*$ 为该矩阵对策的混合平衡局势。

例 11.12 求矩阵对策 $G = (S_1, S_2; A)$ 的最优策略,其中 $A = \begin{bmatrix} 3 & 6 \\ 5 & 4 \end{bmatrix}$。

[解] 根据赢得矩阵计算出 $v_1 = 4$,$i = 2$;$v_2 = 5$,$j = 1$,$v_1 < v_2$,说明这个问题没有纯策略意义下的解。于是设 $x = (x_1, x_2)$,$y = (y_1, y_2)$ 为局中人的混合策略,其中 $x_1 + x_2 = 1$,$y_1 + y_2 = 1$,$0 \leqslant x_1, x_2, y_1, y_2 \leqslant 1$,则局中人 1 的赢得期望为:

$$
\begin{aligned}
E(x, \bar{y}) &= 3x_1 y_1 + 6x_1 y_2 + 5x_2 y_1 + 4x_2 y_2 \\
&= 3x_1 y_1 + 6x_1(1 - y_1) + 5(1 - x_1)y_1 + 4(1 - x_1)(1 - y_1) \\
&= -4(x_1 - 1/4)(y_1 - 1/2) + 9/2
\end{aligned}
$$

取 $x^* = (1/4, 3/4)$,$y^* = (1/2, 1/2,)$,则 $E(x^*, y^*) = 9/2$,$E(x^*, y) = 9/2$,$E(x, y^*) = 9/2$,即有:

$$E(x, y^*) \leqslant E(x^*, y^*) \leqslant E(x^*, y),$$

所以 $x^* = (1/4, 3/4)$,$y^* = (1/2, 1/2)$,分别为局中人 I、II 的最优策略,对策的值为 9/2。

二、优超原则

对于矩阵对策 $G = (S_1, S_2; A)$,局中人的策略集分别为 $S_1 = \{\alpha_1, \alpha_2, \cdots, \alpha_m\}$,$S_2 = \{\beta_1, \beta_2, \cdots, \beta_n\}$。有时可能出现这样的情况:在局中人 I 的策略集中存在这样两个策略,

即不管局中人Ⅱ出什么策略的情况下,局中人Ⅰ的这两个策略中有一个策略的赢得总大于另一个的赢得(或损失总小于另一个的损失)。在这种情况下,我们可以得到一个肯定的结论,就是局中人Ⅰ一定不会选择后一个策略作为最优策略。因此,在不影响最终最优策略选择的情况下,可以从局中人Ⅰ的策略集中剔除这个策略,因为这个策略肯定不会是最优策略。这个问题可以应用优超原则来分析和解决。

定义 11.4 给定矩阵对策 $G=(S_1, S_2; A)$, A 是 $m \times n$ 的矩阵,如果 $a_{kj} \geqslant a_{lj}$ ($j=1$, 2, $\cdots$, n),则称局中人Ⅰ的策略 k 优超于策略 l。如果 $a_{ik} \leqslant a_{il}$ ($i=1, 2, \cdots, m$),则称局中人Ⅱ的策略 k 优超于策略 l。

局中人Ⅰ的策略 k 优超于策略 l 则说明对局中人Ⅰ而言,无论局中人Ⅱ采用何种策略,都应当采用策略 k,其获得都比采用策略 l 好。因而策略 l 出现的概率为0,可以在支付矩阵中删除该策略对应的行。对于局中人Ⅱ也可同理处理。

例 11.13 已知矩阵对策的支付矩阵为:

$$\begin{pmatrix} 3 & 2 & 4 & 0 \\ 3 & 4 & 2 & 3 \\ 4 & 3 & 4 & 2 \\ 0 & 4 & 0 & 8 \end{pmatrix}$$

求解矩阵对策问题。

[解] 由于支付矩阵第三行的元素总是大于等于第一行的对应元素,所以对于局中人Ⅰ而言策略3优超于策略1,因而策略1出现的概率为0,可以在支付矩阵中删除该策略对应的行,对应的矩阵为:

$$\begin{pmatrix} 3 & 4 & 2 & 3 \\ 4 & 3 & 4 & 2 \\ 0 & 4 & 0 & 8 \end{pmatrix}$$

由于矩阵第一列的元素总是大于或等于第三列的对应元素,所以对于局中人Ⅱ而言策略3优超于策略1,因而策略1出现的概率为0,可以在支付矩阵中删除该策略对应的列,对应的矩阵为:

$$\begin{pmatrix} 4 & 2 & 3 \\ 3 & 4 & 2 \\ 4 & 0 & 8 \end{pmatrix}$$

由于矩阵满足 $(4, 3, 4)^T \geqslant \frac{1}{2}(2, 4, 0)^T + \frac{1}{2}(3, 2, 8)^T$,所以对于局中人Ⅱ而言混合策略 $(0, 0, 1/2, 1/2)$ 优超于纯策略2,因而策略2出现的概率为0,可以在支付矩阵中删除该策略对应的列,对应的矩阵为:

$$\begin{pmatrix} 2 & 3 \\ 4 & 2 \\ 0 & 8 \end{pmatrix}$$

由于矩阵满足 $(2, 3) \leqslant \frac{1}{2}(4, 2) + \frac{1}{2}(0, 8)$,所以对于局中人 I 而言混合策略 $(0, 0,$
$1/2, 1/2)$优超于策略 1,因而策略 1 出现的概率为 0,可以在支付矩阵中删除该策略对应的行,对应的矩阵为:

$$\begin{bmatrix} 4 & 2 \\ 0 & 8 \end{bmatrix}$$

由于 $\max_i \min_j a_{ij} = 2$,$\min_j \max_i a = 4$,所以这个矩阵对策不存在纯策略意义下的最优策略,可运用求解混合策略的方法求出它在混合策略意义下的最优解。读者可用上题解法求解。

三、混合对策的图解法

对于混合对策的理解是比较容易的,可是要求解混合对策却不那么容易。在前面的例题中介绍了一个赢得矩阵维数为 2×2 的混合对策问题,显然这种方法对于维数较高的情形无法适用。这里首先介绍对于没有鞍点的矩阵博弈问题,当赢得矩阵维数为 $2 \times n$ 或 $m \times 2$ 时,可以适用的解法——图解法。

例 11.14 设赢得矩阵为 $A = \begin{bmatrix} 2 & 3 & 11 \\ 7 & 5 & 2 \end{bmatrix}$,求解矩阵对策问题。

[解] 如图 11.1 所示,设局中人 I 的混合策略为 $\begin{bmatrix} x \\ 1-x \end{bmatrix}$,过数轴上的坐标为 0 和 1 两点分别做两条垂线 I I 和 II II,垂线上的点的纵坐标值分别表示局中人 I 采取纯策略 a_1 或 a_2 时,局中人 II 采取各种纯策略时的赢得值。当局中人 I 选择每一策略 $\begin{bmatrix} x \\ 1-x \end{bmatrix}$ 时,其中最少可能的收入为由局中人 II 选择 b_1,b_2,b_3 时所确定的三条直线 $2x + 7(1-x) = V$,$3x +$

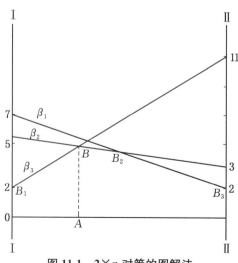

图 11.1 2×n 对策的图解法

$5(1-x)=V$，$11x+2(1-x)=V$ 在 x 处的纵坐标中之最小者，即如折线 $B_1BB_2B_3$ 所示。所以对局中人 I 来说，其最优选择就是确定 x，使其赢得尽可能多，按最小最大原则可知，应选择 $X=OA$，而 AB 即为对策值。

为求出点 x 和对策的值 V，可以联立过 B 点的两条线段 B_2 和 B_3 所确定的方程：

$$3x+5(1-x)=V$$
$$11x+2(1-x)=V$$

解得 $x=3/11$，$V=49/11$。 所以，局中人 I 的最优策略 $\begin{bmatrix} \dfrac{3}{11} \\ \dfrac{8}{11} \end{bmatrix}$。此外，从图上还可以看出，局中人 II 的最优混合策略只由 b_2 和 b_3 组成，可知 $y_1^*=0$，因此可解方程组：

$$\begin{cases} 3y_2+11y_3=\dfrac{49}{11} \\ 5y_2+2y_3=\dfrac{49}{11} \\ y_2+y_3=1 \end{cases}$$

求得 $y^*=(0,\,9/11,\,2/11)$

同理，对于 $m\times2$ 的赢得矩阵，可以先求出局中人 II 的最优策略 $\begin{bmatrix} y \\ 1-y \end{bmatrix}$，纵坐标中之最大者中的最小处交点对应的 y 值为最优策略，然后按照交点处相应直线对应的方程式求解出 x 值即可。对于 m、n 均大于 2 的赢得矩阵可以用下面的线性规划方法求解。

四、混合策略的线性规划方法

首先介绍混合策略的线性规划方法的基本思想。根据混合策略的定义和定理 1，对于矩阵对策 $G=(S_1,S_2;A)$，局势 (x^*,y^*) 是混合平衡局势的充要条件是：

$$\sum_{j=1}^{n}a_{ij}y_j^* \leqslant \sum_{i=1}^{m}\sum_{j=1}^{n}a_{ij}x_i^*y_j^* \leqslant \sum_{i=1}^{m}a_{ij}x_i^*$$
$$i=1,2,\cdots,m,\ j=1,2,\cdots,n$$

即 $\displaystyle\sum_{j=1}^{n}a_{ij}y_j^* \leqslant V \leqslant \sum_{i=1}^{m}a_{ij}x_i^*$，$\quad i=1,2,\cdots,m;\ j=1,2,\cdots,n$

上述表述的一个等价形式如下：

$$\text{s.t.}\begin{cases} \displaystyle\sum_{j=1}^{n}a_{ij}y_j \leqslant V;\ \sum_{j=1}^{n}y_j=1,\quad i=1,2,\cdots,m \\ \displaystyle\sum_{i=1}^{m}a_{ij}x_i \geqslant V;\ \sum_{i=1}^{m}x_i=1,\quad j=1,2,\cdots,n \\ x_i \geqslant 0;\ y_j \geqslant 0,\quad i=1,2,\cdots,m;\ j=1,2,\cdots,n \end{cases}$$

即：

$$\max V$$

$$\mathrm{s.t.}\begin{cases} \sum_{i=1}^{m} a_{ij}x_i \geqslant V \\ \sum_{i=1}^{m} x_i = 1, \quad j = 1, 2, \cdots, n \\ x_i \geqslant 0, \quad i = 1, 2, \cdots, m \end{cases}$$

和

$$\min V$$

$$\mathrm{s.t.}\begin{cases} \sum_{j=1}^{n} a_{ij}y_j \leqslant V \\ \sum_{j=1}^{n} y_j = 1, \quad i = 1, 2, \cdots, m \\ y_j \geqslant 0, \quad j = 1, 2, \cdots, n \end{cases}$$

又可转化为如下形式：

$$\max V$$

$$\mathrm{s.t.}\begin{cases} \sum_{i=1}^{m} a_{ij}(x_i/V) \geqslant 1 \\ \sum_{i=1}^{m} (x_i/V) = 1/V, \quad j = 1, 2, \cdots, n \\ x_i/V \geqslant 0, \quad i = 1, 2, \cdots, m \end{cases}$$

$$\min V$$

$$\mathrm{s.t.}\begin{cases} \sum_{j=1}^{n} a_{ij}(y_j/V) \leqslant 1 \\ \sum_{j=1}^{n} (y_j/V) = 1/V, \quad i = 1, 2, \cdots, m \\ y_j/V \geqslant 0, \quad j = 1, 2, \cdots, n \end{cases}$$

通过上面等价变换,最后得到下面的形式,而这一形式在求解矩阵对策时是特别有意义。

$$\min \sum_{i=1}^{m} x_i \qquad\qquad \max \sum_{j=1}^{n} y_j$$

$$\mathrm{s.t.}\begin{cases} \sum_{i=1}^{m} a_{ij}x_i \geqslant 1 \\ x_i \geqslant 0, \quad i = 1, 2, \cdots, m \end{cases} \qquad \begin{cases} \sum_{j=1}^{n} a_{ij}y_j \leqslant 1 \\ y_j \geqslant 0, \quad j = 1, 2, \cdots, n \end{cases}$$

综上所述,混合矩阵问题的求解实质上等价于上面的两个对偶线性规划问题。

例 11.15　给定矩阵对策的支付矩阵：

$$A = \begin{bmatrix} 1 & 3 & 3 \\ 4 & 2 & 1 \\ 3 & 2 & 2 \end{bmatrix}$$

求最优策略和值。

　［解］　求解这个矩阵对策问题的最优解等价于求线性规划

$$\min x_1 + x_2 + x_3 \qquad \max y_1 + y_2 + y_3$$

$$\text{s.t.} \begin{cases} x_1 + 4x_2 + 3x_3 \geqslant 1 \\ 3x_1 + 2x_2 + 2x_3 \geqslant 1 \\ 3x_1 + x_2 + 2x_3 \geqslant 1 \\ x_1, x_2, x_3 \geqslant 0 \end{cases} \text{和 s.t.} \begin{cases} y_1 + 3y_2 + 3y_3 \leqslant 1 \\ 4y_1 + 2y_2 + y_3 \leqslant 1 \\ 3y_1 + 2y_2 + 2y_3 \leqslant 1 \\ y_1, y_2, y_3 \geqslant 0 \end{cases}$$

利用计算机软件计算最优解结果为(1/3，0，2/3)和(1/3，0，2/3)，所以最优策略为(1/3，0，2/3)和(1/3，0，2/3)，对策的值为7/3。

第四节　博弈论经典案例"囚徒困境"及其实证分析

半个多世纪以来,博弈论作为现代经济学和管理学的前沿领域,已成为占据主流的基本分析工具。从 1994 年诺贝尔经济学奖授予约翰·海萨尼(J. Harsanyi)、约翰·纳什(J.Nash)和赖因哈德·泽尔滕(Reinhard Selten)等 3 位博弈论专家开始,多次诺贝尔经济学奖与博弈论的研究有关(具体见表 11.7)。这些诺贝尔经济学奖的成果标志着博弈论在现代经济管理领域的重要地位,也激发了人们了解和应用博弈论的热情。

表 11.7　与博弈论相关的诺贝尔经济学奖统计表

年份	得奖者	主要贡献
1994	约翰·海萨尼(J.Harsanyi)、约翰·纳什(J.Nash)和赖因哈德·泽尔滕(Reinhard Selten)	非合作博弈
1996	詹姆斯·莫里斯(James A. Mirrlees)与威廉·维克瑞(William Vickrey)	不对称信息条件下的经济激励理论
2001	乔治·阿克尔洛夫(George A. Akerlof)、迈克尔·斯宾塞(A. Michael Spence)和约瑟夫·斯蒂格利茨(Joseph E. Stiglitz)	不对称信息市场的一般理论
2005	托马斯·克罗姆比·谢林(Thomas Crombie Schelling)和罗伯特·约翰·奥曼(Robert John Aumann)	冲突与合作问题
2007	里奥尼德·赫维茨(Leonid Hurwicz)、埃里克·马斯金(Eric S. Maskin)以及罗杰·迈尔森(Roger B. Myerson)	机制设计理论
2012	埃尔文·罗斯(Alvin E. Roth)与罗伊德·沙普利(Lloyd S. Shapley)	"稳定分配"理论与"市场设计"实践
2014	梯若尔(Jean Tirole)	串谋问题和规制理论

"囚徒困境"是博弈论里最经典的例子之一。讲的是两个嫌疑犯(A 和 B)作案后被警察抓住,隔离审讯;警方的政策是"坦白从宽,抗拒从严",如果两人都坦白则各判 8 年;如果一人坦白另一人不坦白,坦白的放出去,不坦白的判 10 年;如果都不坦白则因证据不足各判 1 年。

在这个例子里,博弈的参加者就是两个嫌疑犯 A 和 B,他们每个人都有两个策略即坦白和不坦白,判刑的年数就是他们的支付。A 和 B 均坦白是这个博弈的纳什均衡。这是因为

A 和 B 都是非常"理智"的人，他们从自利的目的出发作出选择，结果，两个人都选择了坦白，各判刑 8 年。在(坦白、坦白)这个组合中，A 和 B 都不能通过单方面的改变行动增加自己的收益，于是谁也没有动力游离这个组合，因此这个组合是纳什均衡。但不难理解 A 和 B 两囚犯的选择对他们而言并非最佳。

囚徒困境反映了个人理性和集体理性的矛盾。如果 A 和 B 都选择抵赖，各判刑 1 年，显然比都选择坦白各判刑 8 年好得多。当然，A 和 B 可以在被警察抓到之前订立一个"攻守同盟"，但是这可能不会有用，因为它不构成纳什均衡，没有人有积极性遵守这个协定。

"囚徒困境"在实践中有很多应用，也有力地解释了一些现实中存在的现象，下面对电信价格竞争、垄断企业竞争和环境污染治理等问题进行实证分析。

一、公共资源的过度使用

哈丁(Hardin)于 1968 年在《科学》杂志上发表的论文《公共地悲剧》是一个典型的"囚徒困境"，主要思想：如果人们都只关注个人福利，公共资源就会被过度使用。下面针对"公共草地牧羊"进行具体分析：

一片公共草地可以养羊，但是随着羊的数量增加，草地对羊的贡献价值在下降，假设养 2 只羊，每只可以带来 100 元的价值，养 3 只羊，则每只可以得到 60 元的价值，到了养 4 只以后，每只的价值只有 40 元。如果共有 2 个养殖户，可以各自选择养 1 只还是 2 只时，盈利表显示各自的优势策略是养 2 只，共 4 只，所以草地作为公共资源只能产生 160 元的价值，远低于 200 元的贡献，这就是公共资源过度利用，而最后各人利益也被消减了。

这个案例也说明了对公共财产界定私有产权的重要性。

二、学校应试教育"经久不衰"的博弈分析

几乎所有的教育学家都明白我们的教育过于侧重应试教育，这样对国家的人才培养是极其不利的，但是现实是应试教育愈演愈烈，素质教育可以被学校选择，但是没有多大的生存空间。原因在于，在优势策略均衡中，假定别人搞素质教育，而自己搞应试教育，那么自己在升学率上就会领先，这样的附加利益是巨大的。假定别人搞应试教育，而自己就更要搞应试教育以便不被别人甩开。

三、污 染 博 弈

对于今天的我们来说，曾经认为取之不尽用之不竭的新鲜空气、干净的水等资源都是"自然而然"的，未曾想到清洁的空气、有机安全的食物和蔚蓝透亮的天空都成了现代人的"奢侈品"。全球变暖、能源匮乏、大气污染、人口膨胀和物种灭绝时时刻刻威胁着人类的生存环境。中国作为全球最大的发展中国家，环境污染问题同样不容小视。我国江河湖泊普遍遭受污染，全国 75% 的湖泊出现了不同程度的富营养化，90% 的城市水域污染严重；二氧

化硫、烟尘、粉尘排放总量居高不下,氮氧化物、一氧化碳和碳氢化合物排放总量逐年上升,严重危害大气环境;工业固体废物每年增长 7%。由此可见,中国在发展经济的同时正在遭受环境污染的巨大冲击,各种环境污染正在威胁着人类的健康。

运用"囚徒困境"博弈思想简单描述并分析环境污染问题。假如市场经济中存在着污染问题,但政府并没有管制环境,多数企业为了追求利润的最大化,宁愿以牺牲环境为代价,也绝不会主动增加环保设备投资。按照"看不见的手"的原理,所有企业都会从利己的目的出发,采取不顾环境的策略,从而进入"纳什均衡"状态。如果一个企业从利他的目的出发,投资治理污染,而其他企业仍然不顾环境污染,那么这个企业的生产成本就会增加,价格就要提高,它的产品就没有竞争力,甚至企业还要破产。这是一个"看不见的手的有效的完全竞争机制"失败的例证。

下面以水污染进行博弈模型分析:

表 11.8 无管制下排污企业间博弈模型

A \ B	排 污	不排污
排 污	(P_a, P_b)	(P_a, I_b)
不排污	(I_a, P_b)	(I_a, I_b)

假设在没有政府监管的环境里,有 A、B 两个企业,存在完全信息静态博弈,企业对外不排污的情况下收益分别为:I_a 和 I_b,企业对外排污时收益分别 P_a、P_b。由于环境改善的长期性和正的外部性,使得对环保投资往往大于从其中得到的短期的直接得益,即 $I_a < P_a$,$I_b < P_b$。构造收益矩阵如表 11.8 所示,最终达到纳什均衡(I_a, I_b),即策略组合(排污,排污)构成企业排污的唯一纳什均衡解,把企业扩展到长江流域的 n 个企业造成的是流域内排污行为的泛滥,最终导致水环境的恶化,从而造成严重的"公共地悲剧",经济学上典型的私人最优与社会最优背离最终带来的负外部性效应。

由此可见,在完全市场情况下,阻止企业排污几乎是不可能的。企业作为追求私人利益最大化的理性人在环境保护问题上必然采取非合作博弈,最终达到的均衡是建立在环境的负收益的基础上。只有在政府加强污染管制时,企业才会采取低污染的策略组合。企业在这种情况下,获得与高污染同样的利润,但环境将更好。为了公众以及下一代利益,流域水环境保护权责应交由政府承担。这时政府必须作为代表公众利益的博弈方,制定并执行各种制度规则,制止企业排污,保证公众的生活环境质量。

四、OPEC 组织成员国之间的合作与背叛

"囚徒困境"告诉我们,个人理性和集体理性之间存在矛盾,基于个人理性的正确选择会降低大家的福利,也就是说,基于个人利益最大化的前提下,帕累托改进得不到执行,帕累托最优得不到实现。

在现实生活当中,信任与合作是很常见的现象。无论在自然界还是在人类社会,"合作"都

是一种随处可见的现象。比如中东石油输出国组织(Organization of Petroleum Exporting Countries,简称 OPEC)的成立,本身就是要通过限制各石油生产国的产量,以保持石油价格,以便获取利润,这是合作的产物。OPEC 之所以能够成立,各组织成员国之间之所以能够合作,是因为囚徒困境如果是一次性博弈(One shot game)的话,基于个人利益最大化,得到纳什均衡解,但如果是多次博弈,人们就有了合作的可能性,囚徒困境就有可能破解,合作就有可能达成。连续的合作有可能成为重复的囚徒困境的均衡解,这也是博弈论上著名的"大众定理"(Folk Theorem)的含义。

当然,合作的可能性不是必然性。博弈论的研究表明,要想使合作成为多次博弈的均衡解,博弈的一方(最好是实力更强的一方)必须主动通过可信的承诺(Credible commitment),向另一方表示合作的善意,努力把这个善意表达清楚,并传达出去。如果该困境同时涉及多个对手,则要在博弈对手中形成声誉,并用心地维护这个声誉。这里"可信的承诺"是一个很牵强的翻译,"Credible commitment"并不是什么空口诺言,而是实实在在的付出。合作是非常困难的。OPEC 组织经常会有成员国不遵守组织的协定,私自增加石油产量。每个成员国都这样想,只要它们不增加产量,我增加一点点产量对价格没什么影响,结果每个国家都增加产量,造成石油价格下跌,大家的利润都受到损失。当然,一些产量增加较少的国家损失更多,于是也更加大量生产,造成价格进一步下降——结果,陷入一个困境:大家都增加产量,价格下跌,大家再增加产量,价格再下跌……

在理论上,几乎所有的卡特尔都会遭到失败,原因就在于卡特尔的协定(类似囚犯的攻守同盟)不是一个纳什均衡,没有成员有兴趣遵守。那么卡特尔有可能成功合作吗? 如果是无限期的合作,双方考虑长远利益,它们的合作是会成功的。但只要是有限次的合作,合作就不会成功。比如合作十次,那么在第九次博弈参与人就会采取不合作态度,因为大家都想趁最后一次机会捞一把,反正以后我也不会跟你合作了。但是大家料到第九次会出现不合作,那么就很可能在第八次就采取不合作的态度。第八次不合作会使大家在第七次就不合作……一直到,从第一次开始大家都不会采取合作态度。

以上是运用博弈论中的经典案例"囚徒困境"对现实经济生活的一些简单的理论上的分析,虽然在现实生活当中影响人们决策和态度的因素很多,但是,博弈论作为现代管理定量分析的一个分枝,始终是一个强有力的分析工具。

应用案例

通过"智猪博弈"建立合理激励机制

前面介绍了博弈论中的经典案例"智猪博弈",通过分析发现"智猪博弈"的结果是达到纳什均衡,也就是说,小猪将选择"搭便车"策略,舒舒服服地等在食槽边;而大猪则为一点残羹,不知疲倦地奔忙于踏板和食槽之间。原因何在? 因为小猪踩踏板将一无所获,不踩踏板反而能吃上食物。对小猪而言,无论大猪是否踩动踏板,不踩踏板总是好的选择。反观大猪,已明知小猪是不会去踩动踏板的,自己亲自去踩踏板总比不踩强吧,所以只好多勤劳一点。

其实,"小猪躺着大猪跑"带给我们的启示,实际在企业的运营过程中也不乏其例。很多企业的高层管理人员常常会抱怨说一般员工甚至中层管理者工资、福利也不算低,但依然缺乏工作能动性,不能创造优异的绩效,很多事情还要亲力而为。

我们回过头来,再看看是什么导致"小猪躺着大猪跑"的现象? 可以看出,是由于规则的核心指标所导致的:每次落下的食物数量和踏板与投食口之间的距离。我们可以改变这两个关键条件,再来看看相应的策略:

方案一:减量方案,投食为原来的一半分量。结果是小猪、大猪都不去踩踏板了。小猪去踩,大猪将会把食物吃完;大猪去踩,小猪也将会把食物吃完。谁去踩踏板,就意味着为对方贡献食物,所以谁也不会有踩踏板的动力了。

方案二:增量方案,投食为原来的一倍分量。结果是小猪、大猪都会去踩踏板。谁想吃,谁就会去踩踏板,反正对方不会一次把食物吃完。小猪和大猪相当于生活在物质相对丰富的社会,但竞争意识却不会很强。

方案三:减量加移位方案,投食为原来的一半分量,但同时将投食口移到踏板附近。结果呢,小猪和大猪都在拼命地抢着踩踏板。等待者不得食,而多劳者多得。每次的收获刚好消费完。

同样,对于组织的领导者而言,采取不同的激励方案,对员工积极性调动的影响也是不同的,并不是足够多的激励就能充分调动员工的积极性。举一个例子来说,在一些改制案例中,企业由于原先改制过程中实施了职工全员持股的方案,结果如增量方案一样,人人有股不但没有起到相应的激励作用,反而形成了新的大锅饭。

正如"智猪博弈"变化方案,不同的方法会导致不同的结果,结果产出并不完全与投入成正比。对于增量方案,虽然能够保证大猪和小猪都会踩踏板,但是缺乏一定的积极性,而且成本较高;对于减量加移位方案,在移动投食口的基础上,采取低成本方案,反而取得了较好的效果,大猪和小猪都抢着踩踏板。

同样的,企业和政府等组织在构建战略性激励体系过程中,也需要从目标出发,设计相应的合理方案。一是根据不同激励方式的特点,结合组织自身发展的要求,准确定位激励方案的目标和应起到的作用。二是根据激励方案的目标和应起到的作用,选择相关激励方式,并明确激励的对象范围和激励力度。

根据经验,组织的激励最终会形成以下两种导向:

一是福利型导向,最终使员工产生归宿感,使员工真正融入组织。由于其普及性的特征,因此投入与产出并不成正比,也就是说,较大数额的激励与较小数额的激励产生的效应可能相差不大。从这个角度而言,福利型导向与上述的增量方案类似,虽然能够调动大部分员工的积极性,但程度不高,且需要较多的成本。因此,福利型导向的激励更多趋于形式层面和精神层面,其主要目的在于创造一种和谐、舒适的氛围。

二是激励与约束型导向,赋予员工相应的权利和义务,真正调动员工积极性,通过各种奖励等方式实现个人价值。激励与约束型导向的特点在于其针对性较强,投入与产出相应呈现同步增长趋势,也就是说,激励往往与员工业绩挂钩,进而起到对绩优员工奖励和对绩差员工鞭策的作用。从这个角度而言,激励与约束型导向与上述的减量加移位方案类似,通过合适的方法,以适当的成本获取较大的效应。因此,激励与约束型导向的激励更多趋于实质层面和物质层面,其主要目的在于实现员工责任义务和获取利益的统一。

一个有效的战略性激励体系,将综合福利型导向和激励与约束型导向,相互补充与完善,最终多方位、多层次形成一种立体化结构。总的来说,组织构建一个完整的战略性激励体系,首先,要依据组织的发展战略目标,形成相应的激励指导思想;然后,在此基础上选择合适的激励方式和方法,根据组织的特性,针对不同对象实现相应不同的激励。

思考题

1. 解释下列概念,并说明同组概念之间的联系和区别:

(1) 策略,纯策略,混合策略;

(2) 鞍点,平衡局势,纯局势,纯策略意义下的解;

(3) 混合扩充,混合局势,混合策略意义下的解;

(4) 优超,某纯策略被另一纯策略优超。

2. 判断下列说法是否正确:

(1) 矩阵对策中,如果最优解要求一个局中人采取纯策略,则另一局中人也必须采取纯策略;

(2) 矩阵对策中当局势达到平衡时,任何一方单方面改变自己的策略将意味着自己更少的赢得或更大的损失;

(3) 任何矩阵对策一定存在混合策略意义下的解,并可以通过求解两个互为对偶的线性规划问题得到;

(4) 矩阵对策的对策值相当于进行若干次对策后局中人 I 的平均赢得值或局中人 II 的平均损失值。

3. 在一次军事演习中,红军有 5 个团的兵力,蓝军有 4 个团的兵力,两军争夺 A、B 两个据点。设红、蓝两军派到某个据点的兵力分别为 m、n 个团,那么:

(1) 若 $m > n$,则红胜(得 $n+1$ 分)蓝败(失 $n+1$ 分);

(2) 若 $m < n$,则红败(得 $m+1$ 分)蓝胜(失 $m+1$ 分);

(3) 若 $m = n$,则红蓝各得 0 分。

试指出此对策的三要素,问该对策有无鞍点?

4. 甲、乙两药厂竞争 A、B 两种药品的市场,目前甲药厂这两种药品的销量都只是乙药厂销量的三分之一。两家药厂都已完成这两种药品更新换代的研制,但要投产上市则还需一段时间。若同时投产两种新药品上市,每药厂都需一年;若只投产一种抢先上市,则甲药厂需 10 个月,乙药厂需 9 个月,而另一种药品对每厂都再需 9 个月才能上市。对任一种新药品,若两药厂的药品同时上市,估计甲药厂该药品的市场占有率将增加 8 个百分点(即由 25% 增至 33%)。若甲药厂的药品抢先 2 个月、6 个月、8 个月上市,则其市场占有率将分别增加 20 个、30 个、40 个百分点;若甲药厂的药品落后 1 个月、3 个月、7 个月、10 个月上市,则其市场占有率将下降 4 个、10 个、12 个、14 个百分点。假设每药厂都以其两种药品市场占有率增加的百分点之和的一半作为赢得指标,试建立此对策的模型并求解。

5.用图解法求给定矩阵对策的最优策略与对策值。已知赢得矩阵为:

(1) $\begin{bmatrix} 1 & 0 & 4 & -1 \\ -1 & 1 & -2 & 5 \end{bmatrix}$
(2) $\begin{bmatrix} 2 & 7 \\ 3 & 5 \\ 11 & 2 \end{bmatrix}$

6.求下列矩阵对策的最优纯策略:

(1) $\begin{bmatrix} 1 & 2 & 3 & 2 \\ 5 & 3 & 6 & 4 \\ 0 & 2 & 4 & 2 \end{bmatrix}$
(2) $\begin{bmatrix} 6 & 5 & 6 & 5 \\ 1 & 4 & 2 & -1 \\ 8 & 5 & 7 & 5 \\ 0 & 2 & 6 & 2 \end{bmatrix}$

7.求解下列矩阵对策,已知赢得矩阵为:

(1) $\begin{bmatrix} 7 & 4 \\ 3 & 6 \end{bmatrix}$
(2) $\begin{bmatrix} 2 & 2 & 5 \\ 4 & 2 & 2 \\ 2 & 8 & 2 \end{bmatrix}$

(3) $\begin{bmatrix} 3 & 4 & 0 & 3 & 0 \\ 5 & 0 & 2 & 5 & 9 \\ 7 & 3 & 9 & 5 & 9 \\ 4 & 6 & 8 & 7 & 6 \\ 6 & 0 & 8 & 8 & 3 \end{bmatrix}$
(4) $\begin{bmatrix} -1 & -1 & 2 & 2 & 3 \\ 1 & 8 & 4 & 4 & -1 \\ 8 & 8 & 4 & 6 & 3 \\ 7 & 5 & 6 & 3 & 6 \\ 7 & 2 & 7 & 5 & -1 \end{bmatrix}$

第十二章　大数据分析方法

第一节　大数据时代与数据分析方法

一、大数据时代与大数据

（一）大数据时代

自 1980 年美国未来学家阿尔文·托夫勒（Alvin Toffler）首次提出"大数据"概念以来，"大数据"经历了三个发展阶段。第一个阶段是 1980—2010 年间，托夫勒最初提出的仅仅是概念性的理论，在信息资源并不是那么丰富的当时没有受到很大的关注。第二个阶段是 2011—2012 年间，麦肯锡公司于 2011 年发布了一份大数据调研报告，题目是"大数据：下一个创新、竞争和生产力的前沿"。这份大数据调研报告显示出大数据慢慢受到人们的关注，并将大数据定义为一种超出传统数据库软件采集、储存、管理和分析能力的数据集。之后在 2012 年出版的《大数据时代》中指出大数据注重全面性和整体性，不是在小规模数据上分析利用。此后大数据的概念和特征越来越明晰，大数据开始被人们接受。第三阶段是 2013 年至今，2013 年被称为"大数据元年"。大数据技术在此之后也慢慢发展，并且应用到了各个行业和领域，尤其是在前沿科技和物流领域中备受瞩目。这一点也在国际前沿学术期刊上显现出来，2008 年《自然杂志》（*Nature*）出版专刊"Big data：Science in the Petabyte Era"，2011 年《科学》（*Science*）推出了关于数据处理的专刊"Dealing with Data"，2012 年 4 月 *ERCIM News* 出版了专刊"Big Data"。这些期刊均从不同角度对大数据概念、大数据特征和大数据技术的应用提出了独到的见解。

在大数据时代，大数据在各个领域中相继兴起，首先是互联网、金融及 IT 行业等虚拟行业的数据爆炸，随后延续到教育、科研以及物联网等实际领域当中。事实上，大数据几乎完全占据了我们生活的方方面面，我们可以想象到的各个领域都在产生着大数据。比如考生的成绩、个人身份信息、商场的购买物品以及会员信息、网络运营商中存储着的手机信息和通话记录等，只要有生活的痕迹，都会形成数据。大数据，无论是数据型态、数据来源，还是数据体量、数据构成、数据载体、数据表现都更加丰富多彩，与以往数据资源相比呈现出数据量巨大、形式多样化、涌现速度快和价值大的特点，因而大数据时代的大数据具有更大的复杂性和更加显著的不确定性，使人类分析和利用数据遇到了困难。面对新型数据类型的涌现,人类要有能力去获取数据并有能力从数据中挖掘有效的信息,这种现实的需求持续推动管理定量分析的发展。

大数据时代的数据科学发展催生了许多新兴职业,如数据分析师、数据科学家等,提供了许多数据驱动型工作机会,也使得这些新兴职业需求的人才变得稀缺而高价值。这样的变化也使得像管理定量分析这样以数据为研究对象的方法科学变得更加重要。

管理定量分析作为一门以数据为研究对象的方法论科学,旨在为揭示真相、发现规律,以及为解决人类面临的问题寻找解决方案提供定量依据。管理定量分析理论和方法必须根据数据型态和问题本质的变化而发展。数据型态是由数的表现方式和量两个维度决定的,问题本质是由事物的本质属性和人类的诉求两个维度决定的。管理定量分析的研究对象是数据而不是数字,它是有灵魂的。数据中蕴含了丰富的信息和内容。在从初级数据到科学数据再到大数据的演进过程中,管理定量分析大致经历了以下三个阶段:第一个阶段是只能收集到少量的数据并作简单分析;第二阶段是有目的地收集数据并科学分析、利用数据;第三阶段是当下面临着社会经济生活中涌现的大数据型数据形态并发展大数据挖掘分析理论。

(二) 大数据的特征

什么是大数据? 大数据从概念提出到现在受到广泛关注,并没有形成公认的定义,学界大多以特征描述来说明大数据。麦肯锡公司定义大数据为数据规模超过传统数据库的管理分析软件的取得、保存、管理以及分析能力的数据。高德纳公司认为大数据是一种信息资产。维基百科提出,大数据是利用常用软件工具捕获、管理和处理数据所耗时间超过可容忍时间限制的数据集。也有不少学者从不同角度对大数据进行了定义,相同之处是,认为大数据本质上是一种数据集,其特性可以通过与传统数据相比较体现出来。本书从管理定量分析方法发展的角度出发,采纳如下定义,大数据是指所涉及的数据规模巨大到无法通过目前主流工具,在合理时间内达到撷取、管理、处理、并整理成为有助于决策信息的资讯,是一种基于电子信息技术自动记录、储存的各种信息。

大数据的特征可以概括为 5 个特点,即大量(Volume)、多样(Variety)、高速(Velocity)、价值(Value)和在线(Online)。

第一个特征是数据量大(Volume),包括采集、存储和计算的量都非常大。计算机中最小的基本单位是 bit,然后是 Byte、KB、MB、GB、TB、PB、EB、ZB、YB、BB、NB、DB 等。当下大数据的起始计量单位至少是 P(1 000 个 T)、E(100 万个 T)或 Z(10 亿个 T)。随着时间的推移和信息技术的高速发展,数据开始爆发性增长。社交网络(微博、微信、知乎)、移动网络、各种智能工具、服务工具等都成为数据的来源,存储单位从过去的 GB 到 TB,乃至现在的 PB、EB 级别。例如,2019 年 6 月 30 日淘宝用户规模已达到的 7.55 亿。淘宝网拥有所有用户任何时间在淘宝上浏览和购物的记录,这是用户行为在淘宝上自然沉淀下来的数据。随着云计算的发展,存储和运算成本会越来越低。只有用这种接近零成本的方式存储下的数据,才能够创造价值——这是一个沙里淘金的过程。沙要足够多,最后淘出的金也相对会更多。

第二个特征是类型繁多(Variety)。数据种类和来源多样化,包括结构化、半结构化和非结构化数据,具体表现为网络日志、音频、视频、图片、地理位置信息,等等。目前应用广泛的推荐系统,如淘宝、网易云音乐、今日头条等平台都会对用户日志数据进行分析,进而推荐用户喜欢的东西。日志数据是结构化明显的数据,还有一些数据结构化不明显,例如图片、音频、视频等,这些数据因果关系弱,需要人工对其进行标注。广泛的数据来源决定了大数据形式的多样性,多样化类型的数据对数据处理能力提出了更高的要求。

第三个特征是价值密度低(Value)。大数据主要通过互联网产生和传输,随着互联网以及物联网的广泛应用,信息感知无处不在,数据无时无刻不在产生,网民每天都在提供大量的数据资料,信息海量,但价值密度较低,大数据存储的高成本要求大数据处理要在较短时间内"大浪淘沙"保留下价值较高的数据资料,很多平台都需要做到实时分析。谁的速度更快,选择有效数据的能力更强,谁就有优势。相比于传统数据,大数据最大的价值在于通过从大量不相关的多样化数据中,挖掘出对未来趋势与模式预测分析有价值的数据,并通过机器学习方法、人工智能方法或数据挖掘方法深度分析,发现新规律和新知识,并运用于社会经济发展各个领域,从而最终达到改善社会治理、提高生产效率、推进科学研究的效果。

第四个特征是速度快、时效高(Velocity)。大数据增长速度快,处理速度也快,时效性要求高。比如搜索引擎要求几分钟前的新闻能够被用户查询到,个性化推荐算法尽可能要求实时完成推荐。这是大数据区别于传统数据挖掘的显著特征。

第五个特征是数据是在线的(Online)。数据是永远在线的,是随时能调用和计算的,这是大数据区别于传统数据最大的特征。现在我们所谈到的大数据不仅仅是大,更重要的是数据是在线的,这是互联网高速发展背景下的特点。比如,对于打车工具,客户的数据和出租司机数据都是实时在线的,这样的数据才有意义。在线数据的商业价值远远大于存放在计算机中的离线数据。

大数据时代用户行为数据、用户业务活动和交易记录、用户社交数据及其相关信息,还有可感知的智能数据采集构成了大数据生态环境。如果说科学的数据资源为管理定量分析提供了沃土,那么大数据时代的到来将为管理定量分析学科的发展提供新的历史机遇,管理定量分析迫切需要利用智能的算法、强大的数据处理平台和新的数据处理技术分析、预测和实时处理大规模的数据,管理定量分析也将插上腾飞的翅膀更好地造福人类社会。

二、数据类型与数据变化

(一)数据类型

大数据时代,管理定量分析需要更新对数据的理解,凡是具备以下四个特征的都可以被理解为现代意义下的数据,即:(1)可记录,能够以适当的方式加以记录和储存的;(2)事实,是对客观事物及其发展过程的真实记录,这里所指的事实只要满足客观真实记录事件或事物的真实信息就可以,并不排斥如网络大数据中的一些虚假信息,因为这些数据本身记录了真实的网络数据产生过程;(3)有最合适的表现方式,在众多可供选择的表现方式中能够用最合适的方式加以表现,如数字、文本、图像等;(4)蕴含信息价值,只有包含有价值信息的数据才值得花费时间和精力去挖掘,才值得去开发和研究对应的科学研究方法,分析出其中有价值的东西。

根据数据结构性特征可以将数据分为结构化数据、半结构化数据和非结构化数据三种类型。结构化数据就是以数字表现的可进行数学运算的数值,这是传统管理定量分析的主要数据类型。非结构化数据则是指一切可以用一定形式记录和反映的客观事实,是信息的表现方式或载体,除了数值、图表,它还可以是符号、文字、图像、声音、视频等形式,主要反映了大数据时代新型数据类型,更多的需要依靠大数据分析方法进行信息挖掘和分析。

(二) 数据变化

大数据时代,作为管理定量分析对象的数据发生了多方面的变化,主要表现为:

(1) 数据内涵的变化。以往对数据的认识主要以数字为基础、以可计算为标准;而大数据则主要以信号为基础、以可分析为标准。

(2) 数据来源与构成的变化。以往只能通过"无中生有"的办法去获得数据,主要通过专门调查或实验等方式获取数据,以结构性数据为主,而大数据则主要是"有中选优",是从基于现代信息技术获取的一切信息,包括人与人之间的网络交流数据、人与机器之间的人机交互数据以及机器自动记录的感应数据等中有选择地删除数据。这意味着数据收集,未来从大数据中筛选数据的方法和能力是挖掘大数据价值的重要影响因素。当然,大数据时代并不是任何数据都可以从现成的大数据中获得,在有些方面还需要采用传统的方式方法去收集特定需要的数据,数据来源和采集方式更加多样化。

(3) 数据形式和存储方式变化。以往数据的表现形式以数字形式为主,并表现为良好的结构特征;而大数据的表现形式是多样化的,包括数字、文字、图像、影像和视频等数据形式,由此导致大数据的储存方式也不同于以往数据的存储方式。

(4) 数据复杂程度的变化。以往管理定量分析数据的复杂性主要体现在数据收集方法、测量方法和测量精度,以及变量的多元性等方面;而大数据的复杂性主要表现为六个不确定性,即数据总体的非确定性、数据表现的非标准性、数据含义的非单一性、数据产生的非独立性、数据真伪的难分辨性和数据来源的有偏性。

与传统数据分析"先有总体后有数据"的思维模式不同,大数据研究者首先看到的是数据本身,然后才会分析总体或元素,即大数据研究是总体跟着数据走。根据大数据研究对象的不同,大数据总体可以有两种情况:一是由全部数据构成的数据总体,二是由全部数据的承担者所组成的总体。但无论怎样,都是先有数据再确定样本或元素。根据数据范围和特征分析,大数据总体可能有三种情况:一是某一现象某一方面数据的集合;二是某一现象所有方面数据的集合;三是所有相同现象或相关现象某一方面或所有方面数据的集合。从时间角度进行划分,后面时刻的大数据总体都包含了前面时刻的大数据总体,这是由大数据的累积性决定的,所以前面时刻的大数据总体都是后面时刻大数据总体的一个样本。

三、大数据分析方法

前面十一章的管理定量分析理论和方法主要是针对大数据前时代所拥有的数据特征和数据资源所研究的成果,对于现实世界中传统数据类型数据的定量分析和研究是非常有用的。这些方法遵循"定性—定量—定性"的逻辑分析框架,具体思路通常为:先提出需要解决的问题、收集数据资料,然后基于归纳推理或演绎推理的分析思维构建模型或分析框架,运用数据进行数学运算或推演计算,最后形成结论。总体而言,这些数据分析方法基本上是以问题为导向,通过数据的收集和分析,运用管理定量分析方法来实现解决问题的根本目标。

大数据时代的数据分析主要不是以问题为导向,是以大量数据为前提的,是要把大数据作为宝贵的资源,从中挖掘有价值的信息。因此数据分析的思路发生了变化,数据挖掘的分析思路主要为"探求式的现象特征描述、多元化的数据分析思维、挖掘性的数学运算、强大的计算技术、形成结论",其遵循的逻辑分析框架也有不同,主要遵循"定量—定性"的逻辑分析框架。

由于大数据分析方法体系还处于形成和发展过程中,对大数据分析方法的分类有各种不同角度。比如,有学者根据大数据分析的具体目标,将大数据分析方法分可视化分析、语义引擎、数据挖掘算法、预测性分析、数据质量和数据管理五个方面的方法。可视化分析主要是针对数据呈现形成要可视化要求,是大数据分析最基本的要求。语义引擎是解析、提取、分析数据的工具,需要被设计成能够从"文档"中智能提取信息,这主要是针对大数据时代多样化非结构化数据的分析的新要求。数据挖掘算法是大数据分析的理论核心,基于不同的数据类型和格式产生了各种各样的数据挖掘算法,只有那些能遵循科学统计理论并能深入数据内部挖掘有效信息、又能快速获得准确结论的算法才能被认可和生存下来。预测性分析是基于大数据分析的应用目标,具有很强的实用价值。通过基于数据挖掘获得的有效信息构建模型,将新的数据输入模型获得对未来预测的数据。数据质量和数据管理是所有大数据分析都必须有的环节,只有高质量的数据和有效的数据管理才能够保证数据分析结果的真实性和价值性。

大数据分析方法还有一种比较常见的分类是按大数据分析的内容要求来划分的,分为描述型分析、诊断型分析、预测性分析和指令型分析。具体地:(1)描述型分析主要回答"是什么"的问题,这是最常见的分析方法。例如,企业每个月的营业收入和损失账单是在获取大量客户数据和经营数据基础上对企业运营状况的描述。利用可视化工具,能够有效增强描述型分析所提供的信息;(2)诊断型分析主要回答"为什么"的问题,通常是继描述性数据分析后进行的较深入分析。通过评估描述型数据,诊断分析工具能够让数据分析更加深刻——钻取到数据的核心。如良好设计的商业智能仪表盘(business intelligence dashboard,BI dashboard)是一般商业智能都拥有的实现数据可视化的模块,是向企业展示度量信息和关键业务指标(KPI)现状的数据虚拟化工具。商业智能仪表盘能够按照时间序列进行数据读入、特征过滤和钻取数据等功能,以便更好地分析数据;(3)预测型分析主要回答"将会怎么样"。预测型分析方法主要用于预测事件未来发生的可能性、预测一个可量化的值,或者是预估事情发生的时间点,这些都可以通过预测模型来完成。在充满不确定性的环境下,预测能够帮助人们做出更好的决定;(4)指令型分析主要回答"应该做什么"。指令型分析是基于"是什么""为什么""将会怎么样"分析结果的基础上,帮助用户决定"应该做什么"。例如,交通规划分析通过考量所有路线及其相互间的距离、所有线路的行驶速度限制,以及交通管制等方面因素,来帮助选择最好的通行交通路线。

大数据分析方法的特点和多样化对相关专业人员提出了新的要求,通常大数据分析人员必须掌握的基础知识包括数据库、数据及编程方法、管理定量分析方法等。

第二节　Python 简介

一、Python 语言的特点

Python,中文名字叫爬虫,是一种计算机程序设计语言,是一种动态的、面向对象的脚本语言。Python 是由吉多·范罗苏姆(Guido van Rossum)于 1989 年底发明,1991 年发行第一个公开发行版。Python 最初被设计用于编写自动化脚本(shell),随着版本的不断更新和语言新功能的添加,越来越多被用于独立的、大型项目的开发。像 Perl 语言一样,Python 源代码同样遵循 GPL(GNU General Public License)协议。目前,Python 在世界脚本语言排行榜中名列前茅,是多领域选择使用最多的语言,是人工智能的首选编程语言,可用来进行数据分析、开发爬虫等。Python 之所以成为目前最热门的编程语言,是由于其语法灵活、语法结构清晰、可读性强、可移植性强和可跨平台开发且运用范围广,使学习这门语言的新手容易上手、入门快,并可开展深入的数据挖掘和分析。

Python 语言具有非常多的优点,主要包括:

(1) 简单易学:Python 是一种代表简单主义思想的语言。阅读一个良好的 Python 程序就感觉像是在读英语句子一样。它使你能够专注于解决问题而不是去搞明白语言本身。Python 极其容易上手,因为 Python 有极其简单的说明文档。

(2) 免费、开源和可移植性:Python 是自由/开放源码软件之一。使用者可以自由地发布这个软件的拷贝、阅读它的源代码、对它做改动、把它的一部分用于新的自由软件中。FLOSS 是基于一个团体分享知识的概念。由于它的开源本质,Python 可以被移植在许多平台上,包括 Linux、Windows、FreeBSD、Macintosh、Solaris、OS/2、Amiga、AROS、AS/400、BeOS、OS/390、z/OS、Palm OS、QNX、VMS、Psion、Acom RISC OS、VxWorks、PlayStation、Sharp Zaurus、Windows CE、PocketPC、Symbian 以及基于 linux 开发的 android 平台等。

(3) 解释性:Python 语言写的程序不需要编译成二进制代码。可以直接从源代码运行程序。在计算机内部,Python 解释器把源代码转换成被称为字节码的中间形式,然后再把它翻译成计算机使用的机器语言并运行。这使得使用 Python 更加简单,也使得 Python 程序更加易于移植。

(4) 面向对象:Python 既支持面向过程的编程也支持面向对象的编程。在"面向过程"的语言中,程序是由过程或仅仅是可重用代码的函数构建起来的。在"面向对象"的语言中,程序是由数据和功能组合而成的对象构建起来的。

(5) 可扩展性和可嵌入性:如果需要一段关键代码运行得更快或者希望某些算法不公开,可以部分程序用 C 或 C++编写,然后在 Python 程序中使用它们。Python 可以把其程序嵌入 C/C++程序,从而向程序用户提供脚本功能。

（6）丰富的库:Python 标准库很庞大。它可以帮助处理各种工作,包括正则表达式、文档生成、单元测试、线程、数据库、网页浏览器、CGI、FTP、电子邮件、XML、XML-RPC、HTML、WAV 文件、密码系统、GUI(图形用户界面)、Tk 和其他与系统有关的操作。除了标准库以外,还有许多其他高质量的库,如 wxPython、Twisted 和 Python 图像库等等。

（7）规范的代码:Python 采用强制缩进的方式使得代码具有较好可读性。而 Python 语言写的程序不需要编译成二进制代码。

（8）速度快:Python 的底层是用 C 语言写的,很多标准库和第三方库也都是用 C 写的,运行速度非常快。

当然,Python 语言虽然具有非常多的优点,但也存在一些缺点,主要有两个方面:

（1）单行语句和命令行输出问题:很多时候不能将程序连写成一行,如 import sys; for i in sys.path: print i。而 perl 和 awk 就无此限制,可以较为方便地在 shell 下完成简单程序,不需要如 Python 一样,必须将程序写入一个.py 文件。

（2）运行速度相对较慢:这里是指与 C 和 C++语言相比。

Python 之所以成为很热门的数据分析软件是由它的诸多优势所决定的,但要真正感受它的魅力需要使用它,只有通过实践才能真正体会 Python 在大数据分析方面的价值,而且更多人的参与也将会使 Python 更有价值。

二、Python 入门

Python 是一种强大的面向对象、面向函数的编程语言,这样的编程环境需要使用者既要熟悉编程语言的各种命令,还要熟悉 DOS 编程环境。如果学习者具备了这些条件,可以从 Python 官网 https://www.python.org/downloads/下载 Python 最新版本(具体见图 12.1),下载 Python 提供最基本的语言环境。

图 12.1　Python 官网下载页面

如果学习者没有编程经验或没熟练使用管理定量分析方法的能力,要直接学习 Python 编程是有一定困难的。建议学习者可以采用基于 Anaconda 的 Jupyter 平台进行数据分析。Jupyter 项目提供一个在线使用开源计算程序的云服务平台,可以帮助学习者快速学习和掌握包括 Python 在内超过四十种的编程语言。可以在 https://jupyter.org/try(具体见图 12.2)

选择使用 Try Classic Notebook 就会出现 Jupyter Notebook（具体见图 12.3）。Jupyter Notebook 是一款开放源代码的 Web 应用程序，允许创建和共享包含实时代码、方程式、可视化和叙述文本的文档。具有数据清理和转换、数值模拟、统计建模、数据可视化和机器学习等功能。数据挖掘领域的热门比赛 Kaggle 里的资料都采用了 Jupyter 格式。

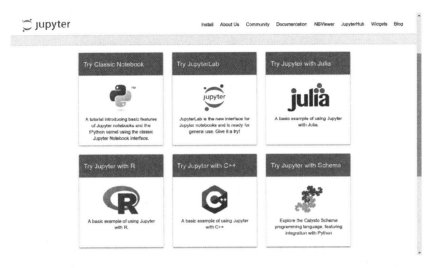

图 12.2 Jupyter.org/try 主页面

图 12.3 Jupyter Notebook 页面

如何新建 Jupyter Notebook 文档？单击文件（file），依次选择 New Notebook-Python3 就会先后出现图 12.4 的两个页面，新建文档名默认为 Untitled.ipynb，当然也可以更换文档名（操作 file-rename）。接下来就可以用文档进行计算和分析了。Jupyter Notebook 中 cell 是一对 In Out 会话，被视作一个代码单元，Jupyter 有三种 cell 类型：Code（编辑代码，运行后显示代码运行结果）、Markdown（编写 Markdown 文档，运行后输出 Markdown 格式的文档）和 Raw NBConvert（普通文本，运行不会输出结果）。Python 进行科学运算和画图时需要调用的分析包如 numpy、scipy、pandas 等在 Jupyter 中都已安装。

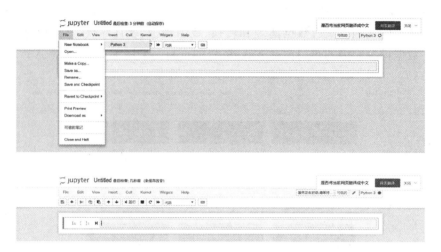

图 12.4   新建 Jupyter Notebook 文档的操作方法和页面格式

如果不想安装庞大的 Python 和 Jupyter Notebook,只想先尝试学习一下,那么可以使用浏览器版的 Jupyter Lab 试试。Jupyter Lab 是一个基于网页的集成开发环境(IDE, Integrated Development Environment),保留了 Jupyter Notebook 的全部特性。

三、Python 的分析包

Python 具有丰富的数据分析模块。所有的 Python 函数和数据集是保存在包里面的。只有当一个包被安装并被载入(import)时,它的内容才可以被访问。在 Anaconda 和 Jupyter Notebook 都已安装了常用的 numpy、scipy、pandas、matplotlib 等数据分析包,所以初学者只要学习如 numpy、pandas、matplotlib 包的一些基本知识就够在数据分析时使用了。下面简单介绍一下这几个数据包的主要功能。

(1) Numpy 数值计算工具包是 Python 的数值计算扩展。它专为严格的计算处理而产生,可以更加深刻地理解 Numpy 数组和面向数组的计算。它提供许多高级的数值编程工具,如矩阵数据类型、矢量处理,以及精密的运算包。Numpy 提供了两种基本的对象:ndarray 和 ufunc。ndarray 是存储单一数据类型的多维数组,而 ufunc 是能够对数组进行处理的函数。

(2) Scipy 数值分析包是一款方便、易于使用、专门为科学和工程设计的 Python 包,它包括统计、优化、整合、线性代数模块、傅里叶变换、信号和图像处理、常微分方程求解器等。Scipy 依赖于 Numpy,并提供许多对用户友好的和有效的数值例程,如数值积分和优化。

(3) Pandas 数据操作包是进行数据清晰和整理的最好工具,使用 Pandas 更容易处理丢失数据,可以合并流行数据库(如基于 SQL 的数据库)。Pandas 最初被用作金融数据分析工具而开发出来,因此 Pandas 为时间序列分析提供了很好的支持。Pandas 是为了解决数据分析任务而创建的,纳入了大量的库和标准数据模型,提供了大量快速便捷处理数据的函数和方法。Pandas 包含了高级数据结构,以及让数据分析变得快速、简单的工具。它建立在 Numpy 之上,使得 Numpy 应用变得简单。

(4) Matplotlib 基本绘图包是 Python 的一个可视化模块,是基于 Numpy 的一套 Python 包,这个包提供了数据绘图工具,主要用于绘制一些统计图形。Matplotlib 有一套允许定制各种属性的默认设置,可以控制 Matplotlib 中的每一个默认属性:图像大小、每英寸点数、线宽、色彩和样式、子图、坐标轴、网格属性、文字和文字属性。使用 Matplotlib,可以定制所做图表的任一方面,并且可以将图形输出为常见的矢量图和图形测试,如 PDF、SVG、JPG、PNG、BMP、GIF。

需要说明的是,安装程序包和载入程序包是两个不同的概念,安装程序包是指将需要的程序包安装到电脑中;载入程序包指将程序包调入 Python 环境中。程序包的安装通常要在命令行状态输入 pip install pandas。Python 调用包的命令是 import,如调用 Numpy 数值计算工具包可用 import numpy。

四、Python 的数据类型

Python 创建和控制的对象(object)可以有变量、数组、字符串、函数或结构等多种类型。例如,一个人的年龄可以用数字来存储,名字可以用字符来存储。Python 定义了一些标准类型,用于存储各种类型的数据。Python 有五个标准的数据类型:数值(Numbers)、字符串(String)、列表(List)、元组(Tuple)和字典(Dictionary)。

(1) 数值(Numbers)用于存储数值。他们是不可改变的数据类型,这意味着改变数字数据类型会分配一个新的对象。Python 支持四种不同的数字类型:int(有符号整型)、long(长整型;也可以代表八进制和十六进制)、float(浮点型)和 complex(复数)。

(2) 字符串(String)是编程语言中表示文本的数据类型,由数字、字母、下划线组成的一串字符。Python 的字串列表有两种取值顺序:

- 从左到右索引默认 0 开始的,最大范围是字符串长度少 1;
- 从右到左索引默认−1 开始的,最大范围是字符串开头。

例如一个由 6 个字符构成的字符串中的每个字符的编号可以是 0、1、2、3、4、5,也可以是−6、−5、−4、−3、−2、−1。

如果你要实现从字符串中获取一段子字符串的话,可以使用[头下标:尾下标]来截取相应的字符串,其中下标是从 0 开始算起,可以是正数或负数,下标可以为空表示取到头或尾。[头下标:尾下标]获取的子字符串包含头下标的字符,但不包含尾下标的字符。

(3) 列表(List)是 Python 中使用最频繁的数据类型。列表可以完成大多数集合类的数据结构实现。它支持字符、数字、字符串甚至可以包含列表(即嵌套)。列表用[]标识,是 Python 最通用的复合数据类型。列表中值的切割也可以用到变量[头下标:尾下标],就可以截取相应的列表,从左到右索引默认 0 开始,从右到左索引默认−1 开始,下标可以为空表示取到头或尾。

(4) 元组(Tuple)是一个类似于 List 的数据类型。元组用()标识。内部元素用逗号隔开。但是元组不能二次赋值,相当于只读列表。

(5) 字典(dictionary)是除列表以外 Python 之中最灵活的内置数据结构类型。列表是有序的对象集合,字典是无序的对象集合。两者之间的区别在于:字典当中的元素是通过键来存取的,而不是通过偏移存取。字典用"{ }"标识。字典由索引(key)和它对应的值 value 组成。

需要说明的是,Python 对象是通过名字创建和保存的,用 who 命令来查看当前打开的 Python 环境中的对象,用 del 删除这些对象。

五、Python 编程运算

Python 是面向对象、面向函数的编程语言,具有常规语言的算术运算和逻辑运算功能,以及控制语句、自定义函数等功能。运算通常可以根据最终获得的值不同分为两类,一类结果为具体的值,另一类结果为 bool 值。Python 编程运算主要有算术运算、赋值运算、比较运算、逻辑运算和成员运算。

表 12.1　算术运算

运算符	描　　述	实　　例
＋	加—两个对象相加	a＋b 输出结果 30
—	减—得到负数或是一个数减去另一个数	a—b 输出结果—10
＊	乘—两个数相乘或是返回一个被重复若干次的字符串	a＊b 输出结果 200
/	除—x 除以 y	b/a 输出结果 2
％	取模—返回除法的余数	b％a 输出结果 0
＊＊	幂—返回 x 的 y 次幂	a＊＊b 为 10 的 20 次方,输出结果 100000000000000000000
//	取整除—返回商的整数部分	9//2 输出结果 4,9.0//2.0 输出结果 4.0

表 12.2　赋值运算

运算符	描　　述	实　　例
＝＝	等于—比较对象是否相等	(a＝＝b)返回 False
!=	不等于—比较两个对象是否不相等	(a!＝b)返回 True
<>	不等于—比较两个对象是否不相等	(a<>b)返回 True。这个运算符类似!＝
＞	大于—返回 x 是否大于 y	(a＞b)返回 False
＜	小于—返回 x 是否小于 y。所有比较运算符返回 1 表示真,返回 0 表示假。这分别与特殊的变量 True 和 False 等价。注意,这些变量名的大写	(a＜b)返回 True
＞＝	大于等于—返回 x 是否大于等于 y	(a＞＝b)返回 False
＜＝	小于等于—返回 x 是否小于等于 y	(a＜＝b)返回 True

表 12.3 比较运算

运算符	描　述	实　例
＝	简单的赋值运算符	c＝a＋b 将 a＋b 的运算结果赋值为 c
＋＝	加法赋值运算符	c＋＝a 等效于 c＝c＋a
－＝	减法赋值运算符	c－＝a 等效于 c＝c－a
＊＝	乘法赋值运算符	c＊＝a 等效于 c＝c＊a
/＝	除法赋值运算符	c/＝a 等效于 c＝c/a
%＝	取模赋值运算符	c%＝a 等效于 c＝c%a
＊＊＝	幂赋值运算符	c＊＊＝a 等效于 c＝c＊＊a
//＝	取整除赋值运算符	c//＝a 等效于 c＝c//a

表 12.4 逻辑运算

运算符	描　述	实　例
and	布尔"与"—如果 x 为 False，x and y 返回 False，否则它返回 y 的计算值	(a and b)返回 True
or	布尔"或"—如果 x 是 True，它返回 True，否则它返回 y 的计算值	(a or b)返回 True
not	布尔"非"—如果 x 为 True，返回 False。如果 x 为 False，它返回 True	not(a and b)返回 false

表 12.5 成员运算

运算符	描　述	实　例
in	如果在指定的序列中找到值返回 True，否则返回 False	x 在 y 序列中，如果 x 在 y 序列中返回 True
not in	如果在指定的序列中没有找到值返回 True，否则返回 False	x 不在 y 序列中，如果 x 不在 y 序列中返回 True

第三节　网络爬虫方法

一、网络爬虫的含义

大数据时代大量数据资料散落于互联网之中，而且无时无刻不在生成新的数据信息。对于数据分析者来说，如何将网页中的最新数据自动汇入而不必手动或较少手动整理数据就成为重要的基础工作。网络爬虫技术满足了数据分析者的这方面需求。

网络爬虫(别称网络蜘蛛、网络机器人)是一个为搜索引擎从互联网上自动提取网页的程序，它按一定的规则自动从网络中抓取信息。网络爬虫技术就是能够帮助人们将大量散落在互联网中的数据抓取出来，为进一步的大数据分析提供条件的方法。Python 拥有网络爬虫技术,可以将大量结构化数据资料直接导入 Python 中,为数据分析提供条件。由于每个网页通常包含其他网页的入口,网络爬虫是通过一个网址依次进入其他网址获取所需内容,一个网络爬虫至少由以下几个部分组成:(1)爬虫调度程序(程序的入口,用于启动整个程序);(2)URL 管理器(用于管理未爬取的 URL 及已经爬取过的 URL);(3)网页下载器(用于下载网页内容用于分析);(4)网页解析器(用于解析下载的网页,获取新的 URL 和所需内容);(5)网页输出器(用于把获取到的内容以文件的形式输出)。

通常利用网络爬虫技术能爬取的数据包括以下类型:(1)网页文本:如 HTML 文档,Json 格式化文本等;(2)图片:获取到的是二进制文件,保存为图片格式;(3)视频:同样是二进制文件;(4)其他:只要请求到的,都可以获取。

二、Python 网络爬虫步骤和方法

(一) 网络爬虫步骤

通常,网络爬虫技术的基本操作流程由四个步骤构成:

第一步,发起请求。通过 HTTP(Hyper Text Transfer Protocol,超文本传输协议)库向目标站点发起请求,也就是发送一个 Request,请求可以包含额外的 header 等信息,等待服务器响应。

第二步,获取响应内容。如果服务器能正常响应,会得到一个回应(Response),Response 的内容便是所要获取的页面内容,类型可能是 HTML 的 json 字符串,二进制数据(图片或者视频)等类型。

第三步,解析内容。得到的内容可能是 HTML(Hypertext Markup Language,超文本标记语言),可能用正则表达式,页面解析库进行解析;可能是 json,可以直接转换为 json 对象解析;可能是二进制数据,可以做保存或者进一步的处理。

第四步,保存数据。保存形式多样,可以存为文本,也可以保存到数据库,或者保存特定格式的文件。

(二) Request 和 Response

HTTP Request 是指浏览器发送消息给网址所在的服务器的过程。HTTP Response 是指由服务器收到浏览器发送的消息,到能够根据浏览器发送消息的内容做相应的处理,再到展示的过程。

1. Request 中包含的内容

Request 中包含的内容主要包括请求方式、请求 URL、请求头和请求体。

(1) 请求方式

请求方式(method)主要有:GET/POST 两种常用类型,另外还有 HEAD/PUT/DELETE/OPTIONS。

GET:向指定的资源发出"显示"请求。使用 GET 方法应该只用在读取数据,而不应当被用于产生"副作用"的操作中,例如在 Web Application 中。其中一个原因是 GET 可能会被网络蜘蛛等随意访问。POST:向指定资源提交数据,请求服务器进行处理(例如提交表单

或者上传文件）。数据被包含在请求本文中。这个请求可能会创建新的资源或修改现有资源，或二者皆有。GET 和 POST 的区别就是：请求的数据 GET 是在 URL 中，POST 则是存放在头部。

HEAD：与 GET 方法一样，都是向服务器发出指定资源的请求。只不过服务器将不传回资源的本文部分。它的好处在于，使用这个方法可以在不必传输全部内容的情况下，就可以获取其中"关于该资源的信息"（元信息或称元数据）。PUT：向指定资源位置上传其最新内容。OPTIONS：这个方法可使服务器传回该资源所支持的所有 HTTP 请求方法。用"＊"来代替资源名称，向 Web 服务器发送 OPTIONS 请求，可以测试服务器功能是否正常运作。DELETE：请求服务器删除 Request-URI 所标识的资源。

（2）请求目标

爬虫爬取数据时必须要有一个目标的 URL 才可以获取数据，因此，它是爬虫获取数据的基本依据。URL，即统一资源定位符，也就是我们常说的网址，是互联网上标准资源的地址。互联网上的每个文件都有一个唯一的 URL，它包含的信息指出文件的位置以及浏览器应该怎么处理它。

URL 的格式由三个部分组成：第一部分是协议（或称为服务方式）。第二部分是存有该资源的主机 IP 地址（有时也包括端口号）。第三部分是主机资源的具体地址，如目录和文件名等。

（3）请求头

请求头（headers）包含请求时的头部信息，如 User-Agent、Host、Cookies 等信息，图 12.5 是请求百度时所有的请求头部信息参数。

（4）请求体

请求体（response）表达请求返回数据，如提交表单数据时候的表单数据（POST）。

图 12.5　请求百度时请求头部信息页面

2. Response 中包含的内容

所有 HTTP 响应的第一行都是状态行,依次是当前 HTTP 版本号,3 位数字组成的状态代码,以及描述状态的短语,彼此由空格分隔。Response 中包含的内容主要有响应状态、响应头和响应体等。

(1) 响应状态

有多种响应状态,如:200 代表成功,301 跳转,404 找不到页面,502 服务器错误。具体有:

1xx 消息——请求已被服务器接收,继续处理。

2xx 成功——请求已成功被服务器接收、理解、并接受。

3xx 重定向——需要后续操作才能完成这一请求。

4xx 请求错误——请求含有词法错误或者无法被执行。

5xx 服务器错误——服务器在处理某个正确请求时发生错误。

常见代码:200 OK(请求成功)、400 Bad Request(客户端请求有语法错误,不能被服务器所理解)、401 Unauthorized(请求未经授权,这个状态代码必须和 WWW-Authenticate 报头域一起使用)、403 Forbidden(服务器收到请求,但是拒绝提供服务)、404 Not Found(请求资源不存在,eg:输入了错误的 URL)、500 Internal Server Error(服务器发生不可预期的错误)、503 Server Unavailable(服务器当前不能处理客户端的请求,一段时间后可能恢复正常)、301(目标永久性转移)、302(目标暂时性转移)。

(2) 响应头

响应头主要包括内容类型、类型的长度、服务器信息、设置 Cookie,如图 12.6 百度响应头部信息页面。

(3) 响应体

响应体最主要的部分,包含请求资源的内容,如网页 HTML,图片,二进制数据等。

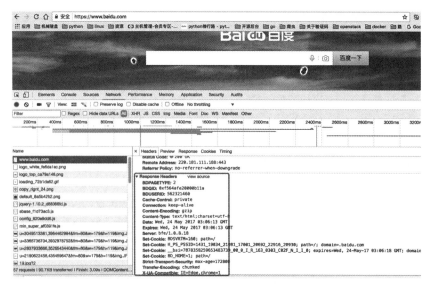

图 12.6　百度响应头部信息页面

三、Python 网络爬虫步骤

第一,准备所需库。

准备一款名为 BeautifulSoup(网页解析)的开源库,用于对下载网页进行解析,建议使用 PyCharm 编译环境,可以直接下载该开源库。

步骤如下:

(1) 选择 File→Settings;

(2) 打开 Project:PythonProject 下的 Project interpreter;

(3) 点击加号,添加新的库;

(4) 输入 bs4,选择 bs4 点击 Install Packge 进行下载。

第二,编写爬虫调度程序。

bike_spider 是项目名称,引入的四个类分别对应下面的四段代码:url 管理器、url 下载器、url 解析器、url 输出器。

第三,编写 url 管理器。

把已经爬取过的 url 和未爬取的 url 分开存放,以免重复爬取某些已经爬取过的网页。

第四,编写网页下载器,通过网络请求来下载页面。

第五,编写网页解析器。

对网页进行解析时需要知道要查询的内容都有哪些特征,可以打开一个网页点击右键审查元素来了解所查内容的共同之处。

第六,编写网页输出器。

输出的格式有很多种,建议选择以 html 的形式输出,这样可以得到一个 html 页面。

第四节　文献计量研究方法

一、文献计量分析简介

文献计量学是指用数学和统计学的方法,定量地分析一切知识载体的交叉科学。它是集数学、统计学、文献学为一体,注重量化的综合性知识体系。其计量对象主要是:文献量(各种出版物,尤以期刊论文和引文居多)、作者数(个人集体或团体)、词汇数(各种文献标识,其中以叙词居多)。文献计量学最本质的特征在于其输出一定是"量"。

文献计量学是以几个经验统计规律为核心的。例如:表征出科技文献作者分布的洛特卡定律(1926);表征文献中词频分布的齐普夫定律(1948);确定某一学科论文在期刊中分布的布拉德福定律(1934)等。文献计量学一直围绕这几个定律,沿着两个方向发展:其一是验证与完善这些经验定律;其二是扩大与推广这些经验定律的实际应用。目前,文献计量学应用十分广泛。微观的应用有确定核心文献、评价出版物、考察文献利用率、实现图书情报部门的科学管理。宏观的应用有设计更经济的情报系统和网络、提高情报处理效率、寻找文献服务中的弊端与缺陷、预测出版方向、发展并完善情报基础理论等。

文献计量分析的主要研究内容有:

(1) 发表数量:文献年度发表数量、累计数量;

(2) 作者:作者发文数量、作者分布、作者合作网络;

(3) 研究机构,研究机构所属地域;

(4) 关键词词频、关键词共现网络、关键词变迁;

(5) 文献互引网络、共引、共被引;

(6) 期刊来源分布;

(7) 资源分布、基金分布、学科分布;

(8) 高频词下载/引用文献列表等。

二、文献计量分析的步骤和具体方法

(一) 文献计量分析的步骤

文献计量分析的基本步骤为:

第一步,确定题录数据并进行探索性分析,根据需要统计某类主题(如年度、期刊、关键词、机构、基金等)出现的频数,并排出先后次序。

第二步,基于共现分析思路构建共现矩阵,画出知识图谱,对数据和图谱进行深入分析获得有效信息。

在第一步中可以将题录数据导入 Python,为进一步分析提供依据。

(二) 文献计量分析具体方法

下面介绍如何利用中国知网(CNKI)相关功能获得文献题录数据,并进行文献计量可视化分析。

第一步,检索。通过中国知网检索,可以设置文献来源于某期刊,或是查询某个主题,有针对性地了解其文献的计量可视化内容。如果想要了解某一领域的研究,也可以检索该关键词。

第二步,勾选。选择需要进行文献计量可视化分析的文献。如想要了解《管理世界》在2018 年所发表的文献内容,可选择"发表年度"——"2018"。操作提示:(1)可以增加每页显示文献数量,具体地,点击每页显示 50 页,尽可能多地显示文献量;(2)选中全部期刊,具体地,点击当前页最上方勾选按钮,一次性勾选当前页全部期刊文章。

第三步,进入。点击"计量可视化分析"——"已选文献分析"。查看分析结果,可以发现当前最多只能支持分析 200 篇文献。可以查看的分析内容主要包括了两个大的方面:(1)从关系网络来看,可以分出文献互引网络、关键词共现网络、作者合作网络;(2)从分布情况来看,可以找出资源类型、学科、来源、基金、作者、机构。

第四步,解读。获得知网提供的文献分析知识图谱后,可以对其内容作进一步解读。此处以关系网络为例,通过文献互引网络,可以找出这一系列期刊文章中的关键期刊,可以通过圆圈的大小、颜色、连线判断该文章的关键性。通常关键文献具有多条连线,处于中心地位,如果文献年份较早,颜色为深色。

第五节　社会网络分析方法

一、社会网络分析方法

社会网络(Social Network)可以简单地被称为社会关系所构成的结构。社会网络分析(Social Network Analysis,SNA)问题起源于物理学中的适应性网络,通过研究网络关系,有助于把个体间关系、"微观"网络与大规模的社会系统的"宏观"结构结合起来,社会网络分析(Social Network Analysis)方法是由社会学家根据数学方法、图论等发展起来的定量分析方法。从社会网络的视角看,人在社会环境中的相互作用可以表达为基于关系的一种模式或规则,而基于这种关系的有规律模式反映了社会结构,这种结构的量化分析是社会网络分析的出发点。社会网络分析不仅仅是一种工具,更是一种关系论的思维方式。社会网络分析家 B.韦尔曼(Barry Wellman)指出:"网络分析探究的是深层结构——隐藏在复杂的社会系统表面之下的一定的网络模式。"可以用来解释一些社会学、经济学、管理学等领域问题。

构成社会网络的主要要素有行动者(actor)和关系纽带(relational tie)两类。行动者(actor)不仅可以是具体的个人,还可以是群体、公司或其他集体性的社会单位。每个行动者在网络中的位置被称为"结点"(node)。关系纽带(relational tie)反映了行动者之间相互的关联,其形式是多种多样的,如亲属关系、合作关系、交换关系、对抗关系等。社会网络分析是对社会网络的关系结构及其属性加以分析的一套规范和方法,属于结构分析法(structural analysis),因为它主要分析的是不同社会单位(个体、群体或社会)所构成的社会关系的结构及其属性。

社会网络分析法主要关注的内容包括中心性分析、凝聚子群分析、核心—边缘结构分析以及结构对等性分析等。

(一) 中心性分析

"中心性"是社会网络分析的重点之一。个体的中心度(Centrality)测量个体处于网络中心的程度,反映了该点在网络中的重要性程度。因此一个网络中有多少个行动者/节点,就有多少个个体的中心度。除了计算网络中个体的中心度外,还可以计算整个网络的集中趋势(可简称为中心势)(Centralization)。与个体中心度刻画个体特性不同,网络中心势刻画的是整个网络中各个点的差异性程度,因此一个网络只有一个中心势。根据计算方法的不同,中心度和中心势都可以分为3种:点度中心度/点度中心势,中间中心度/中间中心势,接近中心度/接近中心势。

(二) 凝聚子群分析

当网络中某些行动者之间的关系特别紧密,以至于结合成一个次级团体时,这样的团体在社会网络分析中被称为凝聚子群。分析网络中存在多少个这样的子群,子群内部成员之间关系的特点,子群之间关系的特点,一个子群的成员与另一个子群成员之间关系的特点等就是凝聚子群分析。由于凝聚子群成员之间的关系十分紧密,因此有的学者也将凝聚子群分析形象地称为"小团体分析"。

(三)核心—边缘结构分析

核心—边缘(Core-Periphery)结构分析的目的是研究社会网络中哪些节点处于核心地位,哪些节点处于边缘地位。核心边缘结构分析具有较广的应用性,可用于分析精英网络、科学引文关系网络以及组织关系网络等多种社会现象中的核心—边缘结构。

二、Python 社会网络分析步骤

Python 是开源的,它的第三方模块 networkx 的源码谁都可以看到。networkx 是一款用 Python 语言开发的图论与复杂网络建模的软件包,可以产生许多种类的随机网络或经典网络,也可以分析网络结构,建立网络模型,设计新的网络算法,绘制网络等等。安装 networkx 比较容易,如果已经装了 pip 的环境,只需要 pip install networkx 即可;如果没有安装 pip 环境,可以先安装 pip 再安装 networkx。Python3 默认安装 pip。

概括地讲,社会网络分析的基本步骤有三步:构建网络模型、分析网络和展示网络图之知识图谱。下面简单列出利用 networkx 进行社会网络分析的具体步骤:

(1)创建一个空图,不包含任何结点和边。图是由顶点集和确定的顶点之间的边集组成的。在 NetworkX 中,顶点可以是任何可以类型的对象,比如文本、图片、XML 对象、任意定制的节点对象,等等。注意 Python 中的 None 对象不可以作为结点类型。

```
import networkx as nx
G = nx.Graph( )
```

(2)图的增长,包括顶点的增长和边的增长。顶点的增长方式有一次添加一个顶点、添加顶点的列表、从 nbunch 中添加节点等三种方式,nbunch 是任何可迭代的节点容器(如list、set、graph、file 等),nbunch 本身不是图中的一个节点。NetworkX 包含了许多图的产生函数和一些读写图的工具。边的增长有一次加一条边、一次加入一组边(边的列表),或者通过添加任何 ebunch 来增长。一个 ebunch 是任何可迭代的边的元组,一个边的元组可以是两个节点之间的一个 2 元组(无权值的边)或者 3 元组(3 元组还有一个元素是边的权值)。以用类似的方法拆除图。

(3)指定对象。在 NetworkX 中指定节点和边的对象,最常见的对象是数值和字符串,但是一个节点可以是任意 hash 对象(除了 None 对象),一条边也可以关联任意的对象 x。使用 add_nodes( ), add_nodes_from( ),或者 G.nodes 来添加顶点属性。使用 add_edges( ),add_edges_from( )或者下标表示上来增加/改变边的属性。

(4)分析网络图。可以通过各种图论的函数来分析网络结构。

(5)画图(Drawing graphs)。NetworkX 并不是专门用来绘图的包,但是 Matplotlib 以及一些接口却提供了很好的绘图功能。首先导入 Matplotlib 的 plot 接口(pylab 也可以,使用"ipthon-pylab"q 去交互测试代码是很有用,它提供了强大的 ipython 和 matplotlib,也提供了一个方便的交互模式)。然后测试 networkx.drawing 是否导入成功,最后用 Matplotlib 将图形绘制到屏幕。

应用案例

案例一：基于共现发现人物关系的 Python 实现——《人民的名义》人物关系

一、共 现 关 系

在文献计量学中,关键词的共词方法常用来确定该文献集所代表学科中各主题之间的关系。这里,我们分析小说《人民的名义》中各个角色之间的人物关系。一般,在一篇文章中的同一段出现的两个人物之间,一定具有某种关联,因此我们的分析流程为,先做分词,将每一段中的人物角色抽取出来,然后以段落为单位,统计两个角色同时出现的次数,并把结果存在一个二维矩阵之中。这个矩阵也可以作为关系图的矩阵,矩阵中的元素(统计出现的次数)就是边的权值。为了方便,我们把人物和人物关系也通过文件记录。

二、jieba 分词

jieba 分词的原理和语法可以参考《中文分词的基本原理以及 jieba 分词的用法》等。虽然有 jieba 分词可以对文章进行分析,但是仍然不是很准。比如,《人民的名义》中有一个角色叫"易学习","易"是副词,"学习"是动词,因此很难将这个人名分出来。这时可以利用结巴分词提供的自定义字典,根据之前的分词结果,一点一点去修正自己的字典即可。通过先分词、然后筛选词性的方式,把名字筛选出来。筛选出之后,就记录到每一段的一个 list 中,用于后面的矩阵构成。这个过程是以段落为单位进行的,因此可以设置一个全局字典来记录每一个角色的权重(即词频统计)。代码如下:

```
# 将剧本进行分词,并将表示人名的词提出,将其他停用词和标点省略
# 提出人名的同时,同 name 字典记录下来,作为矩阵的行和列
def cut_word(text):
    words = pseg.cut(text)
    L_name = []
    for x in words:
        if x.flag! = 'nr' or len(x.word) < 2:
            continue
        if not Names.get(x.word):
            Names[x.word] = 1
        else:
            Names[x.word] = Names[x.word] + 1
        L_name.append(x.word)
    return L_name
```

```
# 建立词频字典和每段中的人物列表
def namedict_built():
    global Names
    with open('e:/PY/relationship_find/test.txt','r') as f:
        for l in f.readlines():
            n = cut_word(l)
            if len(n)>=2: # 由于要计算关系,空 list 和单元素 list 没有用
                Lines.append(n)
    Names = dict(sorted(Names.items(),key = lambda x:x[1],reverse = True)[:36])
    # print(Line)
```

三、构 建 矩 阵

这里的矩阵实际上在代码里使用二维字典完成,因为这样访问起来比较快。统计就是把上面得出的每一段的人物 list 都遍历一遍。由于,分词结果总是会有一些奇怪的词,所以,在构建矩阵的时候,直接以上面代码中的 Names 中的人物为基准,滤掉其他不在 Names 中的词。代码如下:

```
# 通过遍历 Lines 来构建贡献矩阵
def relation_built():
    for key in Names:
        relationships[key] = {}
    for line in Lines:
        for name1 in line:
            if not Names.get(name1):
                continue
            for name2 in line:
                if name1 == name2 or (not Names.get(name2)):
                    continue
                if not relationships[name1].get(name2):
                    relationships[name1][name2] = 1
                else:
                    relationships[name1][name2] = relationships[name1][name2] + 1
    # print(relationships)
```

四、networkx+matplotlib 作图

有了前面的 relationships 矩阵,就可以根据矩阵来做带权边的网络图了。作图代码如下:

```
def Graph_show():
    mpl.rcParams['font.sans-serif'] = ['FangSong']  # 指定默认字体
    mpl.rcParams['axes.unicode_minus'] = False  # 解决保存图像是负号'-'显示
为方块的问题
    G = nx.Graph()
    # 在 NetworkX 中,节点可以是任何哈希对象,像一个文本字符串,一幅图像,一个
XML 对象,甚至是另一个图或任意定制的节点对象
    with open('e:/PY/relationship_find/edge.txt','r') as f:
        for i in f.readlines():
            line = str(i).split()
            if line == []:
                continue
            if int(line[2]) <= 50:
                continue
            G.add_weighted_edges_from([(line[0],line[1],int(line[2]))])
    nx.draw(G,pos = nx.shell_layout(G),node_size = 1000,node_color =
'#A0CBE2',edge_color = '#A0CBE1',with_labels = True,font_size = 12)
    plt.show()
```

最后,得到小说《人民的名义》中人物关系图谱见图 1。

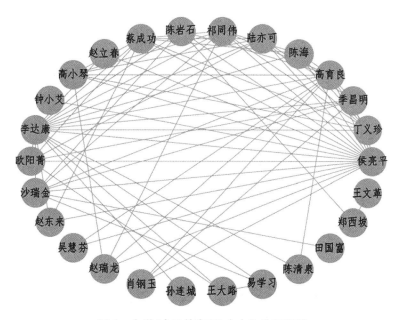

图 1　小说《人民的名义》中人物关系图谱

(资料来源:本案例是基于《基于共现发现人物关系的 python 实现》(https://www.cnblogs.com/August1s/p/8907251.html)整理得到的。)

案例二:引力波的发现是大数据分析的结果

2018 年 12 月天文学家探测到了迄今为止最大规模的黑洞合并所产生的引力波。在 2017 年 7 月 29 日,他们的激光干涉仪捕捉到了来自这场巨大碰撞的时空涟漪。在这次事件中,两个质量分别相当于太阳 50 倍和 34 倍的黑洞碰撞、合并,形成了一个超过 80 倍太阳质量的黑洞。这个黑洞距离地球至少 50 亿光年。

天文学家通过一个大数据重分析项目取得了这一发现。LIGO-VIRGO 团队的研究人员还列出了其他三次在初次数据梳理中遗漏的黑洞合并事件,并将此前一次不确定的“候选”事件提升到完全探测的状态。这次重新分析使目前在目录中的引力波事件总数达到 11 次。其中 10 次是黑洞合并;一次是密集恒星残余物——所谓的中子星——之间的碰撞。

一、为什么选择现在公布这一发现?

2017 年 8 月 1 日,升级后的室女座干涉仪(VIRGO)加入了激光干涉引力波天文台(LIGO)两个探测器的搜索行列,由国际合作团队负责它们的运行,地点分别在美国的华盛顿州和路易斯安那州,以及意大利的比萨附近。这三个超级灵敏的激光干涉仪主要“聆听”两段时期中宇宙事件所产生的引力波,分别是 2015 年和 2016 年至 2017 年。研究人员利用算法对庞大的数据流进行梳理,发现了一些(他们当时认为的)与引力波相关的明显模式,但他们总是需要回溯这些数据并重新进行评估。

国际团队成员、美国西北大学的肖恩·拉尔森(Shane Larson)教授在自己的博客上写道:“自(最初的发现)以来,我们一直在筛选数据,查看每个特征,将其与我们的天体物理学预测进行比较,并与显示仪器正常工作情况的监视器交叉检查,确保它出现在所有探测器中,并利用我们最强大(但运行缓慢)的超级计算机来分析代码。”正是这把“细齿梳”为我们梳理出了新的黑洞合并事件。所有新的探测结果都来自第二段运行时期,即从 2016 年 11 月至 2017 年 8 月,持续将近 9 个月。在前缀为“GW”——意为“引力波”——的目录中,新发现的引力波事件分别被记为 GW170729、GW170809、GW170818 和 GW170823,后面的数字代表年/月/日。

二、不确定的疑似信号是什么?

位于华盛顿州和路易斯安那州的先进 LIGO 激光干涉仪于 2015 年 9 月开始首次科学运行,并且很快在 9 月 14 日历史性地探测到了一次黑洞合并事件(GW150914)。这一发现后来帮助莱纳·魏斯、巴里·巴里什和基普·索恩获得了诺贝尔物理学奖。

不到一个月后,一个疑似揭示引力波的信号出现。当时,科学家认为这一事件还不能达到确定是引力波信号的程度,他们将其编号为 LVT151012。该事件在学术通讯中经常被提及,但很长时间里一直未能列入完全探测的目录中。

现在,经过细致的重新分析,研究人员终于将前缀从"LVT"换成了"GW"。美国西北大学的克里斯托弗·贝里(Christopher Berry)教授将 GW151012 的确认过程称为一个"灰姑娘的故事"。

三、这些额外的探测意味着什么?

引力波搜寻是一场统计的游戏。根据迄今为止的探测结果数量,科学家可以推算出给定体积空间内可能存在的黑洞数量。这个数量刚刚上升了一些。此外,扩展后的目录还能告诉我们未来激光干涉仪实验室可能取得的成功。目前这些干涉仪处于下线升级状态,它们的性能将得到提高。当这些干涉仪重新上线的时候,它们将具有探测两倍目前距离的能力,从而很有希望达到目前 8 倍的探测速率。

我们正在迅速迈向一个引力波发现变得习以为常的时代。而且,随着技术的发展,科学家也将发现更多有关黑洞和中子星性质的新细节。如果幸运的话,我们还能找到一些全新且意想不到的引力波来源。

四、引力波:时空的涟漪

爱因斯坦的广义相对论预言了引力波的存在。

引力波探测技术经过了几十年的发展,终于在 2015 年首次直接探测到引力波。引力波是时空交织结构中的涟漪,源自剧烈的宇宙事件。加速中的质量会产生以光速传播的波。

目前探测到的引力波来源包括黑洞合并和中子星合并。LIGO 和 VIRGO 激光干涉仪都是在 L 形的管道中发射激光,通过测量不同长度干涉臂对相同引力波产生的响应来进行探测。对引力波的探测为宇宙研究开辟了全新的领域。

（资料来源:《天文学家探测到引力波:由迄今为止最大黑洞合并产生》,新浪科技,2018 年 12 月 14 日 08:24,https://tech.sina.com.cn/d/s/2018-12-14/doc-ihqackac4401740.shtml。)

附录一 标准正态分布表

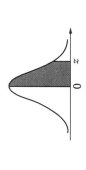

z	0.00	0.01	0.02	0.03	0.04	0.05	0.06	0.07	0.08	0.09
0.0	0.000 0	0.004 0	0.008 0	0.012 0	0.016 0	0.019 9	0.023 9	0.027 9	0.031 9	0.035 9
0.1	0.039 8	0.043 8	0.047 8	0.051 7	0.055 7	0.059 6	0.063 6	0.067 5	0.071 4	0.075 3
0.2	0.079 3	0.083 2	0.087 1	0.091 0	0.094 8	0.098 7	0.102 6	0.106 4	0.110 3	0.114 1
0.3	0.117 9	0.121 7	0.125 5	0.129 3	0.133 1	0.136 8	0.140 6	0.144 3	0.148 0	0.151 7
0.4	0.155 4	0.159 1	0.162 8	0.166 4	0.170 0	0.173 6	0.177 2	0.180 8	0.184 4	0.187 9
0.5	0.191 5	0.195 0	0.198 5	0.201 9	0.205 4	0.208 8	0.212 3	0.215 7	0.219 0	0.222 4
0.6	0.225 7	0.229 1	0.232 4	0.235 7	0.238 9	0.242 2	0.245 4	0.248 6	0.251 8	0.254 9
0.7	0.258 0	0.261 2	0.264 2	0.267 3	0.270 4	0.273 4	0.276 4	0.279 4	0.282 3	0.285 2
0.8	0.288 1	0.291 0	0.293 9	0.296 7	0.299 5	0.302 3	0.305 1	0.307 8	0.310 6	0.313 3
0.9	0.315 9	0.318 6	0.321 2	0.323 8	0.326 4	0.328 9	0.331 5	0.334 0	0.336 5	0.338 9
1.0	0.341 3	0.343 8	0.346 1	0.348 5	0.350 8	0.353 1	0.355 4	0.357 7	0.359 9	0.362 1
1.1	0.364 3	0.366 5	0.368 6	0.370 8	0.372 9	0.374 9	0.377 0	0.379 0	0.381 0	0.383 0
1.2	0.384 9	0.386 9	0.388 8	0.390 7	0.392 5	0.394 4	0.396 2	0.398 0	0.399 7	0.401 5
1.3	0.403 2	0.404 9	0.406 6	0.408 2	0.409 9	0.411 5	0.413 1	0.414 7	0.416 2	0.417 7
1.4	0.419 2	0.420 7	0.422 2	0.423 6	0.425 1	0.426 5	0.427 9	0.429 2	0.430 6	0.431 9

（续表）

z	0.00	0.01	0.02	0.03	0.04	0.05	0.06	0.07	0.08	0.09
1.5	0.4332	0.4345	0.4357	0.4370	0.4382	0.4394	0.4406	0.4418	0.4429	0.4441
1.6	0.4452	0.4463	0.4474	0.4484	0.4495	0.4505	0.4515	0.4525	0.4535	0.4545
1.7	0.4554	0.4564	0.4573	0.4582	0.4591	0.4599	0.4608	0.4616	0.4625	0.4633
1.8	0.4641	0.4649	0.4656	0.4664	0.4671	0.4678	0.4686	0.4693	0.4699	0.4706
1.9	0.4713	0.4719	0.4726	0.4732	0.4738	0.4744	0.4750	0.4756	0.4761	0.4767
2.0	0.4772	0.4778	0.4783	0.4788	0.4793	0.4798	0.4803	0.4808	0.4812	0.4817
2.1	0.4821	0.4826	0.4830	0.4834	0.4838	0.4842	0.4846	0.4850	0.4854	0.4857
2.2	0.4861	0.4864	0.4868	0.4871	0.4875	0.4878	0.4881	0.4884	0.4887	0.4890
2.3	0.4893	0.4896	0.4898	0.4901	0.4904	0.4906	0.4909	0.4911	0.4913	0.4916
2.4	0.4918	0.4920	0.4922	0.4925	0.4927	0.4929	0.4931	0.4932	0.4934	0.4936
2.5	0.4938	0.4940	0.4941	0.4943	0.4945	0.4946	0.4948	0.4949	0.4951	0.4952
2.6	0.4953	0.4955	0.4956	0.4957	0.4959	0.4960	0.4961	0.4962	0.4963	0.4964
2.7	0.4965	0.4966	0.4967	0.4968	0.4969	0.4970	0.4971	0.4972	0.4973	0.4974
2.8	0.4974	0.4975	0.4976	0.4977	0.4977	0.4978	0.4979	0.4979	0.4980	0.4981
2.9	0.4981	0.4982	0.4982	0.4983	0.4984	0.4984	0.4985	0.4985	0.4986	0.4986
3.0	0.4986	0.4987	0.4987	0.4988	0.4988	0.4989	0.4989	0.4989	0.4990	0.4990

附录二　t 分布表

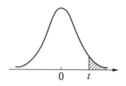

自由度	上　单　侧				
	0.10	0.05	0.025	0.01	0.005
1	3.078	6.314	12.706	31.821	63.657
2	1.886	2.920	4.303	6.965	9.925
3	1.638	2.353	3.182	4.541	5.841
4	1.533	2.132	2.776	3.747	4.604
5	1.476	2.015	2.571	3.365	4.032
6	1.440	1.943	2.447	3.143	3.707
7	1.415	1.895	2.365	2.998	3.499
8	1.397	1.860	2.306	2.896	3.355
9	1.383	1.833	2.262	2.821	3.250
10	1.372	1.812	2.228	2.764	3.169
11	1.363	1.796	2.201	2.718	3.106
12	1.356	1.782	2.179	2.681	3.055
13	1.350	1.771	2.160	2.650	3.012
14	1.345	1.761	2.145	2.624	2.977
15	1.341	1.753	2.131	2.602	2.947
16	1.337	1.746	2.120	2.583	2.921
17	1.333	1.740	2.110	2.567	2.898
18	1.330	1.734	2.101	2.552	2.878
19	1.328	1.729	2.093	2.539	2.861
20	1.325	1.725	2.086	2.528	2.845
21	1.323	1.721	2.080	2.518	2.831
22	1.321	1.717	2.074	2.508	2.819
23	1.319	1.714	2.069	2.500	2.807
24	1.318	1.711	2.064	2.492	2.797
25	1.316	1.708	2.060	2.485	2.787
26	1.315	1.706	2.056	2.479	2.779
27	1.314	1.703	2.052	2.473	2.771
28	1.313	1.701	2.048	2.467	2.763
29	1.311	1.699	2.045	2.462	2.756
30	1.310	1.697	2.042	2.457	2.750
40	1.303	1.684	2.021	2.423	2.704
60	1.296	1.671	2.000	2.390	2.660
120	1.289	1.658	1.980	2.358	2.617
∞	1.282	1.645	1.960	2.326	2.576

附录三 χ^2 分布表

上　单　侧

自由度	0.995	0.99	0.975	0.95	0.90	0.10	0.05	0.025	0.01	0.005
1	392.704×10^{-10}	157.088×10^{-9}	982.069×10^{-9}	393.214×10^{-8}	0.015 790 8	2.705 54	3.841 46	5.023 89	6.634 90	7.879 44
2	0.010 025 1	0.020 100 7	0.050 635 6	0.102 587	0.210 720	4.605 17	5.991 47	7.377 76	9.210 34	10.596 6
3	0.071 721 2	0.114 832	0.215 795	0.351 846	0.584 375	6.251 39	7.814 73	9.348 40	11.344 9	12.838 1
4	0.206 990	0.297 110	0.484 419	0.710 721	1.063 623	7.779 44	9.487 73	11.143 3	13.276 7	14.860 2
5	0.411 740	0.554 300	0.831 211	1.145 476	1.610 31	9.236 35	11.070 5	12.832 5	15.086 3	16.749 6
6	0.675 727	0.872 085	1.237 347	1.635 39	2.204 13	10.644 6	12.591 6	14.449 4	16.811 9	18.547 6
7	0.989 265	1.239 043	1.689 87	2.167 35	2.833 11	12.017 0	14.067 1	16.012 8	18.475 3	20.277 7
8	1.344 419	1.646 482	2.179 73	2.732 64	3.489 54	13.361 6	15.507 3	317.534 6	20.090 2	21.955 0
9	1.734 926	2.087 912	2.700 39	3.325 11	4.168 16	14.683 7	16.919 0	19.022 8	21.666 0	23.589 3
10	2.155 85	2.558 21	3.246 97	3.940 30	4.865 18	15.987 1	18.307 0	20.483 1	23.209 3	25.188 2
11	2.603 21	3.053 47	3.815 75	4.574 81	5.577 79	17.275 0	19.675 1	21.920 0	24.725 0	26.756 9
12	3.073 82	3.570 56	4.403 79	5.226 03	6.303 80	18.549 4	21.026 1	23.336 7	26.217 0	28.299 5
13	3.565 03	4.106 91	5.008 74	5.891 86	7.041 50	19.811 9	22.362 1	24.735 6	27.688 3	29.819 4
14	4.074 68	4.660 43	5.628 72	6.570 63	7.789 53	21.064 2	23.684 8	26.119 0	29.141 3	31.319 3

（续表）

自由度	0.995	0.99	0.975	0.95	0.90	0.10	0.05	0.025	0.01	0.005
					上　单　侧					
15	4.600 94	5.229 35	6.262 14	7.260 94	8.546 75	22.307 2	24.995 8	27.488 4	30.577 9	32.801 3
16	5.142 24	5.812 21	6.907 66	7.961 64	9.312 23	23.541 8	26.296 2	28.845 4	31.999 9	34.267 2
17	5.697 24	6.407 76	7.564 18	8.671 76	10.085 2	24.769 0	27.587 1	30.191 0	33.408 7	35.718 5
18	6.264 81	7.014 91	8.230 75	9.390 46	10.864 9	25.989 4	28.869 3	31.526 4	34.805 3	37.156 4
19	6.843 98	7.632 73	8.906 55	10.117 0	11.650 9	27.203 6	30.143 5	32.852 3	36.190 8	38.582 2
20	7.433 86	8.260 40	9.590 83	10.850 8	12.442 6	28.412 0	31.410 4	34.169 6	37.566 2	39.996 8
21	8.033 66	8.897 20	10.282 93	11.591 3	13.239 6	29.615 1	32.670 5	35.478 9	38.932 1	41.401 0
22	8.642 72	9.542 49	10.982 3	12.338 0	14.041 5	30.813 3	33.924 4	36.780 7	40.289 4	42.795 8
23	9.260 42	10.195 67	11.688 5	13.090 5	14.847 9	32.006 9	35.172 5	38.075 7	41.638 4	44.181 3
24	9.886 23	10.856 4	12.401 1	13.848 4	15.658 7	33.196 3	36.415 1	39.364 1	42.979 8	45.558 5
25	10.519 7	11.524 0	13.119 7	14.611 4	16.473 4	34.381 6	37.652 5	40.646 5	44.314 1	46.927 8
26	11.160 3	12.198 1	13.843 9	15.379 1	17.291 9	35.563 1	38.885 2	41.923 2	45.641 7	48.289 9
27	11.807 6	12.878 6	14.573 3	16.151 3	18.113 8	36.741 2	40.113 3	43.194 4	46.963 0	49.644 9
28	12.461 3	13.564 8	15.307 9	16.927 9	18.939 2	37.915 9	41.337 2	44.460 7	48.278 2	50.993 3
29	13.121 1	14.256 5	16.047 1	17.708 3	19.767 7	39.087 5	42.556 9	45.722 2	49.587 9	52.335 6
30	13.786 7	14.953 5	16.790 8	18.492 6	20.599 2	40.256 0	43.772 9	46.979 2	50.892 2	53.672 0
40	20.706 5	22.164 3	24.433 1	26.509 3	29.050 5	51.805 0	55.758 5	59.341 7	63.690 7	66.765 9
50	27.990 7	29.706 7	32.357 4	34.764 2	37.688 6	63.167 1	67.504 8	71.420 2	76.153 9	79.490 0
60	35.534 6	37.484 8	40.481 7	43.187 9	46.458 9	74.397 0	79.081 9	83.297 6	88.379 4	91.951 7
70	43.275 2	45.441 8	48.757 6	51.739 3	55.329 0	85.527 1	90.531 2	95.023 1	100.425	104.215
80	51.172 0	53.540 0	57.153 2	60.391 5	64.277 8	96.578 2	101.879	106.629	112.329	116.321
90	59.196 3	61.754 1	65.646 6	69.126 0	73.291 2	107.565	113.145	118.136	124.116	128.299
100	67.327 6	70.064 8	74.221 9	77.929 5	82.358 1	118.498	124.342	129.561	135.807	140.169

附录四　F 分布表

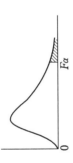

$F\alpha$

0.05

第二自由度	第一自由度																		
	1	2	3	4	5	6	7	8	9	10	12	15	20	24	30	40	60	120	∞
1	161.4	199.5	215.7	224.6	230.2	234.0	236.8	238.9	240.5	241.9	243.9	245.9	248.0	249.1	250.1	251.1	252.2	253.3	254.3
2	18.51	19.00	19.16	19.25	19.30	19.33	19.35	19.37	19.38	19.40	19.41	19.43	19.45	19.45	19.46	19.47	19.48	19.49	19.50
3	10.13	9.55	9.28	9.12	9.01	8.94	8.89	8.85	8.81	8.79	8.74	8.70	8.66	8.64	8.62	8.59	8.57	8.55	8.53
4	7.71	6.94	6.59	6.39	6.26	6.16	6.09	6.04	6.00	5.96	5.91	5.86	5.80	5.77	5.75	5.72	5.69	5.66	5.63
5	6.61	5.79	5.41	5.19	5.05	4.95	4.88	4.82	4.77	4.74	4.68	4.62	4.56	4.53	4.50	4.46	4.43	4.40	4.36
6	5.99	5.14	4.76	4.53	4.39	4.28	4.21	4.15	4.10	4.06	4.00	3.94	3.87	3.84	3.81	3.77	3.74	3.70	3.67
7	5.59	4.74	4.35	4.12	3.97	3.87	3.79	3.73	3.68	3.64	3.57	3.51	3.44	3.41	3.38	3.34	3.30	3.27	3.23
8	5.32	4.46	4.07	3.84	3.69	3.58	3.50	3.44	3.39	3.35	3.28	3.22	3.15	3.12	3.08	3.04	3.01	2.97	2.93
9	5.12	4.26	3.86	3.63	3.48	3.37	3.29	3.23	3.18	3.14	3.07	3.01	2.94	2.90	2.86	2.83	2.79	2.75	2.71
10	4.96	4.10	3.71	3.48	3.33	3.22	3.14	3.07	3.02	2.98	2.91	2.85	2.77	2.74	2.70	2.66	2.62	2.58	2.54
11	4.84	3.98	3.59	3.36	3.20	3.09	3.01	2.95	2.90	2.85	2.79	2.72	2.65	2.61	2.57	2.53	2.49	2.45	2.40
12	4.75	3.89	3.49	3.26	3.11	3.00	2.91	2.85	2.80	2.75	2.69	2.62	2.54	2.51	2.47	2.43	2.38	2.34	2.30
13	4.67	3.81	3.41	3.18	3.03	2.92	2.83	2.77	2.71	2.67	2.60	2.53	2.46	2.42	2.38	2.34	2.30	2.25	2.21
14	4.60	3.74	3.34	3.11	2.96	2.85	2.76	2.70	2.65	2.60	2.53	2.46	2.39	2.35	2.31	2.27	2.22	2.18	2.13

(续表)

0.05

第二自由度	第一自由度																		
	1	2	3	4	5	6	7	8	9	10	12	15	20	24	30	40	60	120	∞
15	4.54	3.68	3.29	3.06	2.90	2.79	2.71	2.64	2.59	2.54	2.48	2.40	2.33	2.29	2.25	2.20	2.16	2.11	2.07
16	4.49	3.63	3.24	3.01	2.85	2.74	2.66	2.59	2.54	2.49	2.42	2.35	2.28	2.24	2.19	2.15	2.11	2.06	2.01
17	4.45	3.59	3.20	2.96	2.81	2.70	2.61	2.55	2.49	2.45	2.38	2.31	2.23	2.19	2.15	2.10	2.06	2.01	1.96
18	4.41	3.55	3.16	2.93	2.77	2.66	2.58	2.51	2.46	2.41	2.34	2.27	2.19	2.15	2.11	2.06	2.02	1.97	1.92
19	4.38	3.52	3.13	2.90	2.74	2.63	2.54	2.48	2.42	2.38	2.31	2.23	2.16	2.11	2.07	2.03	1.98	1.93	1.88
20	4.35	3.49	3.10	2.87	2.71	2.60	2.51	2.45	2.39	2.35	2.28	2.20	2.12	2.08	2.04	1.99	1.95	1.90	1.84
21	4.32	3.47	3.07	2.84	2.68	2.57	2.49	2.42	2.37	2.32	2.25	2.18	2.10	2.05	2.01	1.96	1.92	1.87	1.81
22	4.30	3.44	3.05	2.82	2.66	2.55	2.46	2.40	2.34	2.30	2.23	2.15	2.07	2.03	1.98	1.94	1.89	1.84	1.78
23	4.28	3.42	3.03	2.80	2.64	2.53	2.44	2.37	2.32	2.27	2.20	2.13	2.05	2.01	1.96	1.91	1.86	1.81	1.76
24	4.26	3.40	3.01	2.78	2.62	2.51	2.42	2.36	2.30	2.25	2.18	2.11	2.03	1.98	1.94	1.89	1.84	1.79	1.73
25	4.24	3.39	2.99	2.76	2.60	2.49	2.40	2.34	2.28	2.24	2.16	2.09	2.01	1.96	1.92	1.87	1.82	1.77	1.71
26	4.23	3.37	2.98	2.74	2.59	2.47	2.39	2.32	2.27	2.22	2.15	2.07	1.99	1.95	1.90	1.85	1.80	1.75	1.69
27	4.21	3.35	2.96	2.73	2.57	2.46	2.37	2.31	2.25	2.20	2.13	2.06	1.97	1.93	1.88	1.84	1.79	1.73	1.67
28	4.20	3.34	2.95	2.71	2.56	2.45	2.36	2.29	2.24	2.19	2.12	2.04	1.96	1.91	1.87	1.82	1.77	1.71	1.65
29	4.18	3.33	2.93	2.70	2.55	2.43	2.35	2.28	2.22	2.18	2.10	2.03	1.94	1.90	1.85	1.81	1.75	1.70	1.64
30	4.17	3.32	2.92	2.69	2.53	2.42	2.33	2.27	2.21	2.16	2.09	2.01	1.93	1.89	1.84	1.79	1.74	1.68	1.62
40	4.08	3.23	2.84	2.61	2.45	2.34	2.25	2.18	2.12	2.08	2.00	1.92	1.84	1.79	1.74	1.69	1.64	1.58	1.51
60	4.00	3.15	2.76	2.53	2.37	2.25	2.17	2.10	2.04	1.99	1.92	1.84	1.75	1.70	1.65	1.59	1.53	1.47	1.39
120	3.92	3.07	2.68	2.45	2.29	2.17	2.09	2.02	1.96	1.91	1.83	1.75	1.66	1.61	1.55	1.50	1.43	1.35	1.25
∞	3.84	3.00	2.60	2.37	2.21	2.10	2.01	1.94	1.88	1.83	1.75	1.67	1.57	1.52	1.46	1.39	1.32	1.22	1.00

0.01

第二自由度	第一自由度																		
	1	2	3	4	5	6	7	8	9	10	12	15	20	24	30	40	60	120	∞
1	4 052	4 999.5	5 403	5 625	5 764	5 859	5 928	5 982	6 022	6 056	6 106	6 157	6 209	6 235	6 261	6 287	6 313	6 339	6 366
2	98.50	99.00	99.17	99.25	99.30	99.33	99.36	99.37	99.39	99.40	99.42	99.43	99.45	99.46	99.47	99.47	99.48	99.49	99.50
3	34.12	30.82	29.46	28.71	28.24	27.91	27.67	27.49	27.35	27.23	27.05	26.87	26.69	26.60	26.50	26.41	26.32	26.22	26.13
4	21.20	18.00	16.69	15.98	15.52	15.21	14.98	14.80	14.66	14.55	14.37	14.20	14.02	13.93	13.84	13.75	13.65	13.56	13.46
5	16.26	13.27	12.06	11.39	10.97	10.67	10.46	10.29	10.16	10.05	9.89	9.72	9.55	9.47	9.38	9.29	9.20	9.11	9.06
6	13.75	10.92	9.78	9.15	8.75	8.47	8.26	8.10	7.98	7.87	7.72	7.56	7.40	7.31	7.23	7.14	7.06	6.97	6.88
7	12.25	9.55	8.45	7.85	7.46	7.19	6.99	6.84	6.72	6.62	6.47	6.31	6.16	6.07	5.99	5.91	5.82	5.74	5.65
8	11.26	8.65	7.59	7.01	6.63	6.37	6.18	6.03	5.91	5.81	5.67	5.52	5.36	5.28	5.20	5.12	5.03	4.95	4.86
9	10.56	8.02	6.99	6.42	6.06	5.80	5.61	5.47	5.35	5.26	5.11	4.96	4.81	4.73	4.65	4.57	4.48	4.40	4.31
10	10.04	7.56	6.55	5.99	5.64	5.39	5.20	5.06	4.94	4.85	4.71	4.56	4.41	4.33	4.25	4.17	4.08	4.00	3.91
11	9.65	7.21	6.22	5.67	5.32	5.07	4.89	4.74	4.63	4.54	4.40	4.25	4.10	4.02	3.94	3.86	3.78	3.69	3.60
12	9.33	6.93	5.95	5.41	5.06	4.82	4.64	4.50	4.39	4.30	4.16	4.01	3.86	3.78	3.70	3.62	3.54	3.45	3.36
13	9.07	6.70	5.74	5.21	4.86	4.62	4.44	4.30	4.19	4.10	3.96	3.82	3.66	3.59	3.51	3.43	3.34	3.25	3.17
14	8.86	6.51	5.56	5.04	4.69	4.46	4.28	4.14	4.03	3.94	3.80	3.66	3.51	3.43	3.35	3.27	3.18	3.09	3.00
15	8.68	6.36	5.42	4.89	4.56	4.32	4.14	4.00	3.89	3.80	3.67	3.52	3.37	3.29	3.21	3.13	3.05	2.96	2.87
16	8.53	6.23	5.29	4.77	4.44	4.20	4.03	3.89	3.78	3.69	3.55	3.41	3.26	3.18	3.10	3.02	2.93	2.84	2.75
17	8.40	6.11	5.18	4.67	4.34	4.10	3.93	3.79	3.68	3.59	3.46	3.31	3.16	3.08	3.00	2.92	2.83	2.75	2.65
18	8.29	6.01	5.09	4.58	4.25	4.01	3.84	3.71	3.60	3.51	3.37	3.23	3.08	3.00	2.92	2.84	2.75	2.66	2.57
19	8.18	5.93	5.01	4.50	4.17	3.94	3.77	3.63	3.52	3.43	3.30	3.15	3.00	2.92	2.84	2.76	2.67	2.58	2.49

（续表）

0.01

第二自由度	第一自由度																		
	1	2	3	4	5	6	7	8	9	10	12	15	20	24	30	40	60	120	∞
20	8.10	5.85	4.94	4.43	4.10	3.87	3.70	3.56	3.46	3.37	3.23	3.09	2.94	2.86	2.78	2.69	2.61	2.52	2.42
21	8.02	5.78	4.87	4.37	4.04	3.81	3.64	3.51	3.40	3.31	3.17	3.03	2.88	2.80	2.72	2.64	2.55	2.46	2.36
22	7.95	5.72	4.82	4.31	3.99	3.76	3.59	3.45	3.35	3.26	3.12	2.98	2.83	2.75	2.67	2.58	2.50	2.40	2.31
23	7.88	5.66	4.76	4.26	3.94	3.71	3.54	3.41	3.30	3.21	3.07	2.93	2.78	2.70	2.62	2.54	2.45	2.35	2.26
24	7.82	5.61	4.72	4.22	3.90	3.67	3.50	3.36	3.26	3.17	3.03	2.89	2.74	2.66	2.58	2.49	2.40	2.31	2.21
25	7.77	5.57	4.68	4.18	3.85	3.63	3.46	3.32	3.22	3.13	2.99	2.85	2.70	2.62	2.54	2.45	2.36	2.27	2.17
26	7.72	5.53	4.64	4.14	3.82	3.59	3.42	3.29	3.18	3.09	2.96	2.81	2.66	2.58	2.50	2.42	2.33	2.23	2.13
27	7.68	5.49	4.60	4.11	3.78	3.56	3.39	3.26	3.15	3.06	2.93	2.78	2.63	2.55	2.47	2.38	2.29	2.20	2.10
28	7.64	5.45	4.57	4.07	3.75	3.53	3.36	3.23	3.12	3.03	2.90	2.75	2.60	2.52	2.44	2.35	2.26	2.17	2.06
29	7.60	5.42	4.54	4.04	3.73	3.50	3.33	3.20	3.09	3.00	2.87	2.73	2.57	2.49	2.41	2.33	2.23	2.14	2.03
30	7.56	5.39	4.51	4.02	3.70	3.47	3.30	3.17	3.07	2.98	2.84	2.70	2.55	2.47	2.39	2.30	2.21	2.11	2.01
40	7.31	5.18	4.31	3.83	3.51	3.29	3.12	2.99	2.89	2.80	2.66	2.52	2.37	2.29	2.20	2.11	2.02	1.92	1.80
60	7.08	4.98	4.13	3.65	3.34	3.12	2.95	2.82	2.72	2.63	2.50	2.35	2.20	2.12	2.03	1.94	1.84	1.73	1.60
120	6.85	4.79	3.95	3.48	3.17	2.96	2.79	2.66	2.56	2.47	2.34	2.19	2.03	1.95	1.86	1.76	1.66	1.53	1.38
∞	6.63	4.61	3.78	3.32	3.02	2.80	2.64	2.51	2.41	2.32	2.18	2.04	1.88	1.79	1.70	1.59	1.47	1.32	1.00

0.025

第二自由度	第一自由度																		
	1	2	3	4	5	6	7	8	9	10	12	15	20	24	30	40	60	120	∞
1	647.8	799.5	864.2	899.6	921.8	937.1	948.2	956.7	963.3	968.6	976.7	984.9	993.1	997.2	1 001	1 006	1 010	1 014	1 018
2	38.51	39.00	39.17	39.25	39.30	39.33	39.36	39.37	39.39	39.40	39.41	39.43	39.45	39.46	39.46	39.47	39.48	39.48	39.50
3	17.44	16.04	15.44	15.10	14.88	14.73	14.62	14.54	14.47	14.42	14.34	14.25	14.17	14.12	14.08	14.04	13.99	13.95	13.90
4	12.22	10.65	9.98	9.60	9.36	9.20	9.07	8.98	8.90	8.84	8.75	8.66	8.56	8.51	8.46	8.41	8.36	8.31	8.26
5	10.01	8.43	7.76	7.39	7.15	6.98	6.85	6.76	6.68	6.62	6.52	6.43	6.33	6.28	6.23	6.18	6.12	6.07	6.02
6	8.81	7.26	6.60	6.23	5.99	5.82	5.70	5.60	5.52	5.46	5.37	5.27	5.17	5.12	5.07	5.01	4.96	4.90	4.85
7	8.07	6.54	5.89	5.52	5.29	5.21	4.99	4.90	4.82	4.76	4.67	4.57	4.47	4.42	4.36	4.31	4.25	4.20	4.14
8	7.57	6.06	5.42	5.05	4.82	4.65	4.53	4.43	4.36	4.30	4.20	4.10	4.00	3.95	3.89	3.84	3.78	3.73	3.67
9	7.21	5.71	5.08	4.72	4.48	4.32	4.20	4.10	4.03	3.96	3.87	3.77	3.67	3.61	3.56	3.51	3.45	3.39	3.33
10	6.94	5.46	4.83	4.47	4.24	4.07	3.95	3.85	3.78	3.72	3.62	3.52	3.42	3.37	3.31	3.26	3.20	3.14	3.08
11	6.72	5.26	4.63	4.28	4.04	3.88	3.76	3.66	3.59	3.53	3.43	3.33	3.23	3.17	3.12	3.06	3.00	2.94	2.88
12	6.55	5.10	4.47	4.12	3.89	3.73	3.61	3.51	3.44	3.37	3.28	3.18	3.07	3.02	2.96	2.91	2.85	2.79	2.72
13	6.41	4.97	4.35	4.00	3.77	3.60	3.48	3.39	3.31	3.25	3.15	3.05	2.95	2.89	2.84	2.78	2.72	2.66	2.60
14	6.30	4.86	4.24	3.89	3.66	3.50	3.38	3.29	3.21	3.15	3.05	2.95	2.84	2.79	2.73	2.67	2.61	2.55	2.49
15	6.20	4.77	4.15	3.80	3.58	3.41	3.29	3.20	3.12	3.06	2.96	2.86	2.76	2.70	2.64	2.59	2.52	2.46	2.40
16	6.12	4.69	4.08	3.73	3.50	3.34	3.22	3.12	3.05	2.99	2.89	2.79	2.68	2.63	2.57	2.51	2.45	2.38	2.32
17	6.04	4.62	4.01	3.66	3.44	3.28	3.16	3.06	2.98	2.92	2.82	2.72	2.62	2.56	2.50	2.44	2.38	2.32	2.25
18	5.98	4.56	3.95	3.61	3.38	3.22	3.10	3.01	2.93	2.87	2.77	2.67	2.56	2.50	2.44	2.38	2.32	2.26	2.19
19	5.92	4.51	3.90	3.56	3.33	3.17	3.05	2.96	2.88	2.82	2.72	2.62	2.51	2.45	2.39	2.33	2.27	2.20	2.13

(续表)

0.025

第二自由度	第一自由度																		
	1	2	3	4	5	6	7	8	9	10	12	15	20	24	30	40	60	120	∞
20	5.87	4.46	3.86	3.51	3.29	3.13	3.01	2.91	2.84	2.77	2.68	2.57	2.46	2.41	2.35	2.29	2.22	2.16	2.09
21	5.83	4.42	3.82	3.48	3.25	3.09	2.97	2.87	2.80	2.73	2.64	2.53	2.42	2.37	2.31	2.25	2.18	2.11	2.04
22	5.79	4.38	3.78	3.44	3.22	3.05	2.93	2.84	2.76	2.70	2.60	2.50	2.39	2.33	2.27	2.21	2.14	2.08	2.00
23	5.75	4.35	3.75	3.41	3.18	3.02	2.90	2.81	2.73	2.67	2.57	2.47	2.36	2.30	2.24	2.18	2.11	2.04	1.97
24	5.72	4.32	3.72	3.38	3.15	2.99	2.87	2.78	2.70	2.64	2.54	2.44	2.33	2.27	2.21	2.15	2.08	2.01	1.94
25	5.69	4.29	3.69	3.35	3.13	2.97	2.85	2.75	2.68	2.61	2.51	2.41	2.30	2.24	2.18	2.12	2.05	1.98	1.91
26	5.66	4.27	3.67	3.33	3.10	2.94	2.82	2.73	2.65	2.59	2.49	2.39	2.28	2.22	2.16	2.09	2.03	1.95	1.88
27	5.63	4.24	3.65	3.31	3.08	2.92	2.80	2.71	2.63	2.57	2.47	2.36	2.25	2.19	2.13	2.07	2.00	1.93	1.85
28	5.61	4.22	3.63	3.29	3.06	2.90	2.78	2.69	2.61	2.55	2.45	2.34	2.23	2.17	2.11	2.05	1.98	1.91	1.83
29	5.59	4.20	3.61	3.27	3.04	2.88	2.76	2.67	2.59	2.53	2.43	2.32	2.21	2.15	2.09	2.03	1.96	1.89	1.81
30	5.57	4.18	3.59	3.25	3.03	2.87	2.75	2.65	2.57	2.51	2.41	2.31	2.20	2.14	2.07	2.01	1.94	1.87	1.79
40	5.42	4.05	3.46	3.13	2.90	2.74	2.62	2.53	2.45	2.39	2.29	2.18	2.07	2.01	1.94	1.88	1.80	1.72	1.64
60	5.29	3.93	3.34	3.01	2.79	2.63	2.51	2.41	2.33	2.27	2.17	2.06	1.94	1.88	1.82	1.74	1.67	1.58	1.48
120	5.15	3.80	3.23	2.89	2.67	2.52	2.39	2.30	2.22	2.16	2.05	1.94	1.82	1.76	1.69	1.61	1.53	1.43	1.31
∞	5.02	3.69	3.12	2.79	2.57	2.41	2.29	2.19	2.11	2.05	1.94	1.83	1.71	1.64	1.57	1.48	1.39	1.27	1.00

参 考 文 献

Han Z, Daqing C, Ziru X, et al., Joint Optimization of Tree-based Index and Deep Model for Recommender Systems. arXiv：1902.07565.

Han Z, Xiang L, Pengye Z, et al., Learning Tree-based Deep Model for Recommender Systems. In Proceedings of the 24th ACM SIGKDD International Conference on Knowledge Discovery & Data Mining.

Robert A. Hanneman，Mark Riddle：《社会网络分析方法：UCINET 的应用》，陈世荣等译，知识产权出版社 2019 年版。

T. L. Saaty, *Creative Thing*, *Problem Solving* & *Decision Making*（Fourth Printing），RWS Publication，2010.

T. L. Saaty, *The Analytic Hierarchy Process*，New York，McGraw-Hill，Inc，1980.

陈挺：《决策分析》，科学出版社 1987 年版。

崔庆才：《Python 3 网络爬虫开发实战》，人民邮电出版社 2018 年版。

戴维·安德森、丹尼斯·斯维尼、托马斯 J. 威廉斯等：《数据、模型与决策：管理科学篇》（原书第 13 版），侯文华等译，机械工业出版社 2012 年版。

耿修林、张琳：《管理统计》（第二版），科学出版社 2009 年版。

管梅谷、郑汉鼎：《线性规划》，山东科学技术出版社 1983 年版。

韩伯棠：《管理运筹学》（第四版），高等教育出版社 2015 年版。

胡光宇编著：《战略定量研究基础——预测与决策》，清华大学出版社 2010 年版。

胡运权等：《运筹学教程》（第四版），清华出版社 2012 年版。

黄桐城：《运筹学基础教程》（第二版），格致出版社 2019 年版。

杰克·吉多、克莱门斯：《成功的项目管理》（第 5 版），张金成等译，电子工业出版社 2018 年版。

科兹纳：《项目管理：计划、进度和控制的系统方法》（第 11 版），杨爱华等译，电子工业出版社 2014 年版。

寇玮华：《运筹学》（第 2 版），西南交通大学出版社 2019 年版。

李金昌、苏为华：《统计学》（第 5 版），机械工业出版社 2018 年版。

李金昌：《应用抽样技术》（第 3 版），科学出版社 2015 年版。

林峰、葛新权：《经济统计分析方法》，社会科学文献出版社 2003 年版。

刘家壮、王建方:《网络最优化》,华中工学院出版社 1987 年版。

马军海:《管理统计学》(第 2 版),北京大学出版社 2016 年版。

宁宣熙、刘思峰:《管理预测与决策方法》(第二版),科学出版社 2017 年版。

钱颂迪:《运筹学》(第四版),清华大学出版社 2013 年版。

钱学森、许国志、王寿云:《论系统工程》,上海交通大学出版社 2007 年版。

斯坦利·沃瑟曼:《社会网络分析:方法与应用》,陈禹等译,中国人民大学出版社 2012 年版。

孙建军等:《定量分析方法》,南京大学出版社 2005 年版。

谭跃进、陈英武等:《系统工程原理》(第二版),科学出版社 2017 年版。

谭跃进:《定量分析方法》(第三版),中国人民大学出版社 2012 年版。

汤姆布朗:《营销调研基础》(第 8 版),中国人民大学出版社 2019 年版。

陶长琪:《决策理论与方法》,高等教育出版社 2016 年版。

托马斯·萨蒂:《创造性思维:改变思维做决策》,石勇、李兴森译,机械工业出版社 2019 年版。

托马斯·萨蒂:《网络层次分析法原理及其应用:基于利益、机会、成本及风险的决策方法》,鞠彦兵、刘建昌译,北京理工大学出版社 2015 年版。

汪应洛:《系统工程理论、方法与应用》,高等教育出版社 2004 年版。

王斌会、王术:《Python 数据挖掘方法及应用》,电子工业出版社 2019 年版。

维克托·迈尔-舍恩伯格、肯尼思·库克耶:《大数据时代》,盛杨燕、周涛译,浙江人民出版社 2013 年版。

吴清烈、将尚华:《预测与决策分析》,东南大学出版社 2004 年版。

吴有庆、刘雅琴:《统计学原理》,华中科技大学出版社 2019 年版。

徐光辉等:《运筹学手册》,科学出版社 1999 年版。

徐南荣、钟伟俊编著:《科学决策理论与方法》,东南大学出版社 1995 年版。

徐映梅:《市场调查理论与方法》,高等教育出版社 2018 年版。

许树柏:《层次分析法原理》,天津大学出版社 1988 年版。

闫秀荣、崔佳:《市场调查与预测》(第四版),上海财经大学出版社 2019 年版。

余本国:《基于 Python 的大数据分析基础及实战》,中国水利水电出版社 2018 年版。

约翰·鲍威尔编著:《定量决策分析》,李洁等译,上海远东出版社 2003 年版。

张霭珠、陈力君:《定量分析方法》,复旦大学出版社 2012 年版。

张宝珊、宁宣熙:《实用系统工程》,航空工业出版社 1989 年版。

赵蓉英:《信息计量分析工具理论与实践》,武汉大学出版社 2017 年版。

朱九龙、高晶:《运筹学》,中国纺织出版社 2019 年版。

左小德、薛声家:《管理运筹学》(第五版),暨南大学出版社 2016 年版。

图书在版编目(CIP)数据

管理定量分析:方法与实践/吕燕,朱慧编著.—
上海:上海人民出版社,2021
ISBN 978 - 7 - 208 - 17437 - 5

Ⅰ.①管… Ⅱ.①吕… ②朱… Ⅲ.①管理学-定量
分析 Ⅳ.①C93 - 03

中国版本图书馆 CIP 数据核字(2021)第 226529 号

责任编辑 于力平
封面设计 夏 芳

管理定量分析:方法与实践
吕燕 朱慧 编著

出　　版　上海人&大出版社
　　　　　　(201101　上海市闵行区号景路 159 弄 C 座)
发　　行　上海人民出版社发行中心
印　　刷　上海商务联西印刷有限公司
开　　本　787×1092　1/16
印　　张　22
插　　页　2
字　　数　497,000
版　　次　2022 年 1 月第 1 版
印　　次　2024 年 8 月第 2 次印刷
ISBN 978 - 7 - 208 - 17437 - 5/C · 640
定　　价　85.00 元